高等院校精品课系列教材
高等院校经济学管理学精品规划教材

证券投资理论与实务

（第四版）

高广阔　编著

上海财经大学出版社

图书在版编目(CIP)数据

证券投资理论与实务/高广阔编著．—4版．—上海：上海财经大学出版社，2020.8

(高等院校精品课系列教材)

(高等院校经济学管理学精品规划教材)

ISBN 978-7-5642-3549-9/F・3549

Ⅰ.①证…　Ⅱ.①高…　Ⅲ.①证券投资-高等学校-教材

Ⅳ.①F830.91

中国版本图书馆CIP数据核字(2020)第089862号

□ 责任编辑　刘光本
□ 责编电话　021-65904890
□ 责编电邮　lgb55@126.com
□ 封面设计　张克瑶

证券投资理论与实务

(第四版)

高广阔　编著

上海财经大学出版社出版发行

(上海市中山北一路369号　邮编200083)

网　址：http://www.sufep.com

电子邮箱：webmaster@sufep.com

全国新华书店经销

上海新文印刷厂印刷装订

2020年8月第4版　2020年8月第1次印刷

787mm×1092mm　1/16　21印张　538千字

印数：28501—32500　　定价：56.00元

前　言

PREFACE

翻开"中国证券市场大事记(1984～2019年)",浏览期间所发生的种种事件,无论是专家、学者还是投资者,都可从字里行间体验到近年来中国资本市场的风云变幻,包括股市的大起大落。随着作为合格境外机构投资者(QFII)的瑞士银行、野村证券首批获得证券投资业务许可证、沪港通试点启动以及注册制改革,中国证券市场的对外开放不断加深,令我们感受到国际化的趋势。从证监会重罚"红光实业违法行为""8.16乌龙指事件"和"银广夏造假案"曝光,到"中科创操纵股价案"公开宣判,体现了证券市场公开、公平、公正"三公"原则的落实和规范化运作。从起初传统交易信息传输的滞后,到《网上证券委托管理办法》实施后交易系统的升级,使我们享受到信息化时代证券交易的高效快捷。"德隆系三驾马车"全线跌停向世人警示中国股市庄股时代的终结。2006年年底股权分置改革基本结束,成为中国证券市场与国际接轨和市场化程度提高的里程碑。2009年创业板、2010年融资融券及股指期货的正式推出以及沪深交易所不断加强对上市公司履行现金分红承诺等考核,标志着中国资本市场从此走向成熟发展的道路,更预示着在全流通背景下价值投资时代的真正来临。可以说,随着规范化、市场化、法制化和国际化程度的不断提高,中国证券市场面临着一次次深度变革,目前已经进入崭新的、关键的发展阶段。因此,加强证券投资理论与实务课程的建设具有重要的现实意义。

一位投资大师曾经说过:如果爱一个人,就让他(她)去股市;如果恨一个人,也请他(她)去股市。因为那里是智者的天堂,从中可以得到投资收益的快乐;那里又是愚者的地狱,饱尝着投机风险的苦果。本书是从理论与实务层面使愚者变智、让智者成为投资大师的操作指南。"证券投资理论与实务"是上海理工大学的精品课程,也是上海市教育委员会重点建设课程;历经十余年的建设与发展,日臻成熟,主要面向金融学、电子商务、国际贸易、管理科学、信息管理与信息系统及工商管理等专业学生,培养目标是为企业及金融机构培养具备证券业务操作能力并具备一定的证券投资分析能力和理财基本知识的岗位型、操作型人才。本课程经过上海理工大学重点实验室课程建设,在吸收国内外优秀教材基础上,已经出版《证券投资学》教材一部,具有完备的教案,案例库较为丰富。该课程全部采用多媒体教学。依托上海理工大学国家级经济科学实验中心所属的证券期货投资模拟实验室、经济科学实验中心金融信息统计实验室、证券期货接收与软件系统,建立了包括国泰君安证券有限公司、兴业证券有限公司、富国基金公司、广发基金公司等企业在内的多个教学、实习基地;通过上海理工大学"课程中心"网站(http://cc.usst.edu.cn)与在线网络教学平台(usst.fanya.chaoxing.com)建设了"证券投资与实务"课程网页,将所有教学资源都放在网上,包括视频、PPT教案、教学大纲、教学进度表、习题答案等。网站内容包括师资队伍、教材教案、教学资料、实验教学、多媒体教学等栏目,并制作"证券投资理论与实务""证券投资分析""证券市场基础知识""证券投资实验教程"等课程的多媒体课件,利用网络平台向学生传递课程的教学信息并在线解答问题,开出学生股票投资论坛区，建立热点问题公布栏，定时开播面向学生的投资滚动条。我们致力将“证券投资理论与实务”建设成为充分吸收高等教育教学理念、教学内容科学合理、教学方法与手段先进、具有示范作用的精品课程。本教材具有如下特征：

(1)突出时代要求，充分借鉴国内外金融证券研究领域的某些新研究成果，并力求贴近和反映中国资本市场近年来的改革实践，以满足证券投资学教学质量提高的要求。

(2)突出理论知识，系统、全面地介绍和分析证券投资理论，根据不同专业的需要分别制定教学内容，不同专业在课程内容讲解上有不同的侧重。

(3)注重实用性，增加了证券投资实务的相关内容。让读者在高趣味性条件下，掌握证券投资的方法、对策、手段等，力求体现系统化、规范化、理论化的原则。

全书共分十章：第一章为绪论；第二、三章是证券投资工具、证券市场，系统讲述了关于证券投资工具和证券市场的一般性基础知识，这是深入进行资本市场领域和证券投资研究必需的基础理论准备；第四、五章是证券市场运行与监管、证券交易，系统讲述了开放条件下的中国证券市场发行、交易与监管的理念、要素、体制、实践、证券交易的方式及程序与发行价格决定；第六、七章是证券投资的价值分析、证券投资的基本面分析，系统讲述了有价证券的价格决定、证券投资的宏观经济分析、证券投资的产业周期分析和公司价值分析等内容；第八章是证券投资的技术面分析，系统讲述了证券投资技术分析的基本理论、方法和若干主要技术指标；第九章是投资组合理论，系统讲述了证券组合管理、证券组合管理应用、投资组合管理业绩评价等内容；第十章是证券投资实务，包括证券投资的基本方法、主要策略、时机的选择及方法应用。

第四版对涉及证券投资的工具、法律、法规、政策以及上市公司的数据指标等内容进行了适时更新，并适度增加了第八章中的技术指标分析，使理论方法更加贴近市场。

本教材可作为高等院校财经类各专业特别是金融学专业的本科教材，也可以作为证券从业人员和证券投资者系统学习相关理论知识的参考用书。

因时间仓促，书中不免有瑕疵、遗漏，敬请读者批评指正，编者将及时更正。

编者

2020年8月

目　录

CONTENTS

第一章

绪 论

投资和投机的区别在于，投资者是寻求在合理的价位购买股票，投机者却是时时企图预测股票价格变动，并希望从中获利。

——沃伦·巴菲特

证券是商品经济和社会化大生产发展到一定阶段的必然产物，而证券投资则是现代社会投资活动中最重要的投资方法。学习证券投资理论与实务，必须首先掌握证券与证券投资的相关基本概念。因此，本章主要介绍证券和证券投资的定义、种类、特征，证券投资与实业投资和证券投机的区别，证券投资的过程和功能，以及证券投资理论与实务的研究对象、内容、方法等。

第一节 证 券

一、证券的定义

证券（Securities）是指各类记载并代表了一定权利的法律凭证，它用以证明持有人有权依其所持凭证记载的内容而取得应有的权益。从一般意义上说，证券是指用以证明或设定权利所做成的书面凭证，它表明证券持有人或第三者有权取得该证券拥有的特定权益，或证明其曾经发生过的行为。从经济意义上说，证券是指与财产或者债务、信用关系等有关的各种合法的权益凭证，如财产所有权凭证、财产使用权或收益权凭证、债券凭证等。

证券必须具备两个最基本的特征，即法律特征和书面特征。法律特征反映的是某种行为的结果，也就是说，它本身必须具有合法性，证券包含的特定内容必须具有法律效力；书面特征反映了证券必须按照特定格式进行书写或制作，券面上载明了有关财产的内容、数量以及规定的全部必要事项。只有同时具备上述两个特征，才可称之为证券。

证券的票面要素主要有四个：第一，持有人，即证券归谁所有；第二，证券的标的物，即证券票面上所载明的具体内容，它表明持有人权利所指的特定对象；第三，标的物的价值，即证券所载明的标的物的价值大小；第四，权利，即持有人持有该证券所拥有的权利。

证券按其性质不同，可分为无价证券和有价证券。无价证券是指本身不能使持有人或第三者取得一定收入的证券，它又包括证据证券和凭证证券两种。证据证券是单纯证明事实的文件，如信用证、身份证等。凭证证券所指认定持证人是某种私权的合法权利者，证明持证人所履行的义务是有效的文件，如存款单、借据、收据等。

作为本书研究的范畴(即投资学意义上的证券)，本书中主要讨论的证券是指各类有价证券。所谓有价证券，是指具有一定票面金额的、代表财产所有权或债权，并能为其所有者带来收益的一种书面凭证。

二、证券的特征

(一)证券的产权性

证券的产权性，是指有价证券记载着权利人的财产权内容，代表着一定的财产所有权，拥有证券就意味着享有财产的占有、使用、收益和处置的权利。如债券持有人作为债权人，拥有到期收回本金和获得利息的权利。此外，证券持有人的权利还表现在参与性上，如股票持有人作为公司的股东，可以获得参加股东大会、选举股票发行者的董事会成员以及对重大经营活动的决策权利。在现代经济社会，财产权利与证券两者融为一体，证券已成为财产权利的一般形式。虽然证券持有人并不实际占有财产，但可以通过持有证券，拥有有关财产的所有权或债权。

(二)证券的收益性

证券的收益性，是指持有证券本身可以获得一定数额的收益，这是投资者转让资本使用权的回报。由于收益既是投资的出发点，也是投资的目的，因此证券的收益性是证券的基本特点。证券代表的是对一定数额的某种特定资产的所有权，而资产是一种特殊的价值，它要在社会经济运行中不断运行和增值，最终形成高于原始投入的价值。由于这种资产的所有权属于证券投资者，投资者持有证券也就同时拥有取得这部分资产增值收益的权利，因此，证券本身具有收益性。

证券收益一般由当前收益和资本利得所构成。以股息、红利或利息所表示的收益称为当前收益。由证券的价格上升(或下降)而产生的收益(或亏损)，称为资本利得或差价收益。净收益与最初投资额的比率称为收益率。收益率是衡量收益状况的基本指标。在通常情况下，收益率越高，证券的价值就越大；反之则相反。同时，收益率与偿还期成正比，与流通性成反比，与风险性成正比。

(三)证券的流动性

证券的流动性又称变现性，是指证券持有人可按自己的需要，自由、及时、灵活地将证券进行转让、流通、偿付。正如资本的生命在于运动，流动性是证券生命力的所在，证券只有通过流通才能达到增值的目的，也只有通过流通才能经过市场评价合理反映企业的内在经营质量。因此，流动性使证券具有活力，从而吸引人们去购买。证券的流通性强弱一般取决于：

(1)宏观经济状况的好坏。如恶化的经济形势，会使证券在短时期内难以脱手。

(2)市场价格波动的程度。市场价格波动幅度越大，风险越大，其流动性越弱；反之，则越强。

(3)偿还期。流动性与证券的偿还期成反比，偿还期越短，流动性越强；反之，则越弱。

(4)债务人的经营业绩、信誉、知名度。流动性强的证券大多为经营业绩好、讲信誉、知名度较高的证券。

（四）证券的风险性

证券的风险性，是指证券持有者面临着预期投资收益不能实现，甚至本金也受到损失的可能。这是由于未来经济状况的不确定性所致。在现有的社会生产条件下，社会经济生活常常瞬息万变，投资者往往难以全面、准确地预测和把握，因此，投资者难以确定他所持有的证券将来能够取得收益和能获得多少收益，从而就使证券具有风险。证券风险一般包括：

（1）信用风险，是指证券发行者不能按期还本付息，从而使投资者遭受损失的可能性。

（2）利率风险，即由于市场利率的变化，而给证券投资者的收益带来不良的影响。

（3）购买力风险又称通货膨胀风险，是指由于货币贬值而导致证券投资收益和本金的贬值。

（4）经营风险又称企业风险，是指证券发行者经营不善或在竞争中失败引起的风险。

（5）市场风险，是指由于证券市场变化或经济形势动荡而给投资者带来损失的可能性。

（6）流动风险，即由证券不能迅速变现而带来的风险。

通常情况下，证券的风险与收益成正比，即风险越大，收益越大；风险越小，收益越小。当然，这并不意味着高风险的证券一定能获得高收益。

（五）证券的价悖性

证券的价悖性，是指证券的市场价格和证券的券面金额的不一致性。证券的券面面额是在该证券发行时确定的。当证券进入发行市场时，如果发行者采取溢价发行，则证券价格高于券面价格；当发行者采取折价发行时，则发行价格低于券面面额。即使采取平价发行，当它进入流通市场后，由于受到政治、经济等各方面因素影响，证券市场价格不断波动，证券的票面金额和发行价格往往与市场价格发生偏离。

三、证券的种类

证券有广义与狭义两种概念。广义的证券包括商品证券、货币证券和资本证券。

商品证券是证明持有人拥有特定种类和数量的商品所有权和使用权的凭证。取得这种凭证就等于取得这种商品的所有权或使用权，持有人对这种证券所代表的商品所有权或使用权受法律保护。商品证券主要包括提货单、运货单和仓库栈单等。

货币证券是证明持有人或第三人享有特定数量的货币索取权的证券。货币证券具有一般等价物的特征，能代替货币作为流通手段和支付手段，其主要功能是用于单位之间的商品交易、劳务报酬的支付以及债权债务的清算等经济往来。货币证券主要包括两大类：一类是商业证券，主要包括商业汇票和商业本票；另一类是银行证券，主要包括银行汇票、银行本票和支票。

资本证券，是指由金融投资或与金融投资有直接联系的活动而产生的证券。由于其能使持有人获得收益，发挥的是资本的作用，因此称其为资本证券。它包括股票、债券、基金证券及其衍生品种（如金融期货、可转换证券等）。

狭义的证券即指资本证券，资本证券是证券的主要形式。在日常生活中，人们通常把狭义的证券——资本证券，直接称为有价证券或证券。

此外，资本证券还可以按照不同角度进行如下分类：

1. 按发行主体的不同，可分为政府证券、金融证券和公司证券

（1）政府证券，是指政府为筹措财政资金或建设资金，凭借其信用，采用信用形式，按照一定的程序向投资者出具的一种债权债务凭证。其主要包括国库券和公债券两大类。国库券一

般由财政部发行,可以弥补财政收支中的缺口。公债是指为筹集建设资金而发行的一种债券。从发行主体上说,中央政府发行的称国家公债或国债,地方政府发行的称地方公债。

(2)金融证券,是指银行、保险公司、信托投资公司等金融机构为筹措资金而向投资者发行的承诺支付一定利息并到期偿还本金的一种证券。其主要包括金融股票、金融债券、定期存款单、可转让大额存款单和其他储蓄证券等。

(3)公司证券,是指公司、企业等经济法人为筹集资金而发行的证券。随着现代资本市场的发展,公司证券包括的范围比较广泛,其中主要包括公司股票、公司债券、优先认股权和认股证等。

2. 根据上市与否,证券可分为上市证券和非上市证券

(1)上市证券,是指经证券主管机关批准,并向证券交易所注册登记,获得在交易所内公开挂牌买卖资格的证券。因此,上市证券又称挂牌证券。证券上市可以扩大发行公司的社会影响,提高公司的名声,有利于筹集资金,扩大经济实力。对于投资者来说,购买证券是一种投资行为。由于挂牌上市的证券具有流通性强和价格合理的特点,同时由于上市公司必须定期公布其经营业绩和财务状况,从而有利于投资者做出正确的投资决策。

(2)非上市证券又称非挂牌证券、场外证券,是指未申请上市或暂时不符合上市条件的证券。非上市证券不允许在证券交易所内交易,但可以在场外交易市场上进行交易,有的也可以在取得特惠权的交易所内进行交易。一般来说,非上市证券的种类比上市证券的种类要多。在非上市证券中,有些是规模大且信誉好的商业银行和保险公司,它们为了免去每年向证券交易所付费及呈送财务报表等,即使符合证券交易所规定的条件,也不愿意在交易所注册上市。

3. 按证券适销性,可分为适销证券和不适销证券

(1)适销证券,是指随时可以在证券市场上出售并转换成为现金的证券,如股票、债券等。它们都具有流通的性质,当这些证券持有人需要资金时,能迅速在证券市场上转让。这些证券所代表的权利通常可以经过签名背书行为或交付行为而自由转让,受让人对证券的权利受法律保护。

(2)不适销证券,是指不能或不能迅速地在证券市场上出售,但在特定条件下也可以转换成现金的证券,如定期存单等。这类证券虽然不具有流通性,规模也不大,但它具有保险性、兑换性,并且有确定的收益,市场价格也不会波动,因此是一种较为安全的投资工具。

4. 按证券收益是否固定,可分为固定收益证券和变动收益证券

(1)固定收益证券,是指持券人可以在特定时间内取得固定的收益,并且预先知道取得收益的数量和时间,如固定利率债券、优先股股票等。

(2)变动收益证券,是指因客观条件的变化使其证券收益也随之变化的证券。如浮动利率证券,其利率不固定,完全随着银行利率变化而变化。又如普通股,其股利收益事先也不确定,随着公司税后利润的多少以及其他因素来确定。一般来说,变动收益证券比固定收益证券的收益要高一些,风险相对也大一些。不过在通货膨胀条件下,因为货币大幅度贬值,固定收益证券的风险要比变动收益证券大得多。

5. 按证券募集方式,可分为公募证券和私募证券

(1)公募证券,是指通过承购公司或其他中介机构向不特定的社会公众投资者公开发行的证券。公募证券的发行必须经过严格的招募程序,如注册登记,实行公示制度,即以公告的形式披露公司的经营状况及募股的数量、种类等。股份有限公司的股票,除发行人认购之外,一般都用公募证券的形式。

(2)私募证券,是指向少数特定的投资者发行的证券,其投资者多为与发行者有特定关系的机构投资者,也有发行公司、企业的内部职工。私募证券与公募证券相比,其优势是发行程序简单,免除公示制度,采取直销方式等。但对私募证券也有一些限制条件,如一般不允许转让私募证券,若要转让则须先获得发行者同意。此外,对私募证券的投资数量也有一定的限制。

6. 按证券发行的地域和国家,可分为国内证券和国际证券

(1)国内证券,是指由一家国内的金融机构、公司企业等经济组织或该国的政府在国内资本市场上以本国货币为面值所发行的证券。

(2)国际证券,是指由一国政府、金融机构、公司企业或国际金融机构在国际证券市场上以其他国家的货币为面值而发行的证券,包括国际证券和国际股票两大类。

第二节 证券投资

一、投资的概念

投资(Investment)的含义是,经济主体为了获得未来的预期收益,预先垫付一定量的货币或实物以经营某项业务的经济行为。

按照投资主体与投资对象的关系,投资可以分为以下两种:一种与“资本形成”相联系,是指投资主体为了在未来获得经济效益或社会效益而进行的实物资产构建活动,其实质是投资所有者与使用者的统一,是资产所有权与资产经营权的统一,即所谓的实业投资或直接投资。另一种与“资产运用”相联系,是指投资主体将其积累的资金委托或让渡给他人使用,其实质是资产所有者和资金使用者的分离,是资产所有权和资产经营权的分离,人们将这种行为称为间接投资或证券投资。

无论哪一种形式,投资都包括四个方面的因素:投资主体、投资客体、投资目的、投资方式,四者缺一不可。投资主体即指投资者,可以是自然人、法人或国家;投资客体即指投资对象,可以是建设项目或有价证券等;投资目的则是指投资者的意图及其所要获得的效果,如通过投资的保值、增值以获取经济或社会效益;投资方式是指资金运用的形式与方法,如购置厂房、生产所用的机械设备等的实业投资,购买股票、债券等有价证券的证券投资。

二、证券投资的概念

所谓证券投资(Securities Investment),是指投资者对有价证券的购买行为,这种行为会使投资者在证券持有期内获得与其所承担的风险相称的收益,是直接金融投资的重要形式。

证券投资中的投入物通常是货币资金,但在某些情况下,也可以使用实物或无形资产。证券投资形成的是证券形态的金融资产,即股票、债券、基金券等有价证券以及这些有价证券的衍生产品。投资者凭借其获得的有价证券,取得发行者定期或不定期支付的股息、债券利息,或通过在证券市场上低买高卖来获得差价收益。因此,证券投资具体地表现为在证券市场上买卖或持有有价证券的活动。

证券投资作为一种经济行为或活动,既可能给投资者带来巨大的收益,也蕴含着相当大的风险。其一般由三个基本要素构成:收益、风险和时间。这三大要素对投资者选择投资品种、

决定投资方向等都是至关重要的。

(一)收益

收益是证券投资中最重要、最基本的要素,是一切投资行为的驱动力。由于投资是即期消费的牺牲,因此,它必须从投资回报中得到补偿;同时,投资是一种风险行为,因而也要实现风险补偿。

收益由两部分组成:一部分是当前收益,也称利息收入;另一部分是证券在不同时间由不同原因所产生的证券差价,也称为资本利得或资本损失。不同投资工具的性质不同,所以其收益的构成也不一样。例如,投资债券的收益中利息占很大的比重,而投资股票的收益中资本利得则显得更为突出。

(二)风险

由于投资结果的不确定性,几乎任何一项投资都具有风险,因此,风险总是贯穿着证券投资的全过程。但是,投资于不同类型的证券,风险也不是等同的。按照一般经济学原理,证券投资所负的风险往往与所获得的收益是成正比的,即收益越大,风险也越大;反之,风险小的投资,收益也小。但必须注意,高风险不一定意味着高收益,高收益并不一定产生高风险。

(三)时间

证券投资的过程也是时间展开的过程,任何一项证券投资都必然涉及时间这个重要的因素。它一般包括两个方面的含义:(1)投资时点,即何时成为投资者,何时增加或减少投资的数量;(2)证券持有时间,即如何利用时间运筹所持有的证券。在证券投资中,时间与证券投资所获得的收益和所承担的风险有着直接的联系。一般来说,投资的时间越长,积累的收益可能就越高,但不确定的风险也就越大。

综上所述,投资者要达到理想的投资目的,就要正确掌握证券投资这三大要素,制定切实可行的投资方案,机敏应变,趋利避险,以达到预期投资效果。

三、证券投资的分类

证券投资按照不同的标准可以有不同的分类:

1. 按投资时间不同,证券投资可以分为短期投资和长期投资

短期投资是指期限在一年或一年以内的证券投资,长期投资是指期限在一年以上的证券投资。

2. 按投资方式不同,证券投资可以分为直接证券投资和间接证券投资

直接证券投资,是指投资者在证券市场上通过直接购买股票、债券等证券进行的投资活动。间接证券投资,是指投资者先将资金的使用权转让给银行等信用中介,并获得一种代表其权益的金融资产,再由银行等金融机构贷给资金需求者进行直接投资或购买证券。

3. 按收入性质不同,证券投资可以分为固定收入投资和不定收入投资

固定收入投资是指某种证券的投资收益是预先固定的,并在整个证券投资期限内保持不变;不定收入投资是指证券的投资收入不事先规定,也不固定。

四、实业投资与证券投资

证券投资与实业投资是两类性质不同的投资,但两者都是经济社会中重要的经济行为,因而它们之间又有一些联系和共性。

(一)证券投资与实业投资的区别

1. 投资对象不同

证券投资的对象是有价证券,因而证券投资者关心的是证券价格的涨跌及其对投资收益的影响。他们一旦发现某种证券的前景不妙,或某个企业内部出现问题,绝不会利用手中的证券努力改变企业现状,而是立即抛出手中的该种证券以保护自己不受损失。而实际产业投资的对象是具体的生产经营活动,实业家虽然也会关心证券价格的涨跌,却绝不会因为证券价格的波动而放弃自身的生产经营活动,他们通常会与企业共荣衰。在企业兴旺时,他们会为企业设想未来的发展;在企业面临困难和受到挫折时,他们会全力以赴,努力使企业走出困境。此外,实业投资者在获利的目标之外往往还会注意别的带有社会性的目标,如改善企业的社会形象、为公共事业服务等;证券投资者则很少会考虑这些。

2. 投资回收方式和时间长度不同

证券投资所投入的资金采用卖出证券的方式即可收回。由于证券交易自身的特点,证券投资收回的时间通常较短,有些投资循环甚至在几分钟内便可完成。在发育良好、交易活跃的证券市场上,只要投资者愿意,随时可以卖出证券收回投资。与此相比,实业投资者所投入的资金通常采用逐年计提折旧的方式回收,而由于固定资产的寿命周期通常在一年以上,长的甚至可以达到二三十年,因此实业投资回收速度通常很慢,若企业经营不善、难以为继,需要将它卖掉时,实业投资者收回资金也不如证券投资者卖掉证券那样简单和方便。

3. 投资活动内容不同

证券投资活动主要是收集各方面可能影响证券市场行情的信息,对上市公司的生产经营活动和发展动向进行分析、研究,判断市场的景气状况和宏观政策走向及整体经济的发展趋势。而实业投资则复杂得多:首先,投资者必须进行市场调研,并在分析产品市场的现状和未来相关政策的基础上选择最佳投资方案;其次,如果资金不足,投资者就要设法开辟融资渠道;再次,项目决策以后,还要报有关部门审查,沟通与各协作单位的关系;此外,在勘探、设计、人员培训、企业组织设计和生产准备等各个建设环节上,都还有大量的工作要做。

4. 投资所承担的风险不同

实际产业有比较充足的时间进行方案论证、评价和选择,而且社会也能提供足够的信息供投资者决策之用;此外,即便在投资过程中有失误,由于投资之后形成的是实物资产,也还存在减少损失的余地,因此其所承担的风险比较小。与此相比,一方面证券投资者很难收集到所需的足够信息,另一方面证券市场价格变化速度快、幅度大,一旦投资失误则无法减少其损失,所以从事证券投资承担的风险较大。

5. 投资制约度不同

证券投资活动有着较强的独立性,投资者可以独立地依据自己的资金力量和市场行情行动,自己决定诸如投资与否、投资多少、投资时机以及投资何种证券等问题,很少受到其他客观条件的限制;实业投资则不同,投资者不仅要受到资金实力和市场需求状况的限制,还要受到诸多因素如投资环境、行业壁垒、专业知识、经营能力、人员素质、协作条件等多方面的制约,这就决定了进入实业投资领域远远要比进入证券市场困难得多。

(二)证券投资与实业投资的联系

1. 证券投资和实业投资是相互影响、相互制约的

一方面,实业投资是证券投资的基础。一个社会的发展,归根结底是依靠物质生产来实现的,即生产是整个社会的重心和基础。证券投资对社会生产的促进作用,正是表现在通过发行

证券可以使大批闲置资金或被低效使用的资金能够流入生产领域、流入能够创造较高价值的部门。因此,实业投资的规模及其对资本的需求量直接决定证券的发行量,实业投资收益的高低影响证券投资收益的高低。

另一方面,证券投资也制约和影响着实业投资。证券投资是社会发展到一定阶段的产物,也是实业投资活动进行到一定程度以后的产物。随着人们进入高度发达的商品经济时代,以证券为工具的信用关系开始占据整个社会经济关系的主导地位。证券投资使得社会资本的流动性大大增强,其投资数量也直接影响实业投资的资金供给。对于整个社会的发展,证券投资是功不可没的。

2. 证券投资和实业投资是可以相互转换的

政府发行国债或实业家发行股票和债券,其目的都是筹集实业投资所需的资本金。证券投资的社会作用则在于,为从事实业投资的投资者提供资本金。虽然实业投资和证券投资的对象不同,但两者可以相互转化,证券投资只有通过实业投资才能对社会生产力的发展产生作用。从整个社会来看,证券投资也只有通过转化为实业投资才能实现资金的回流。离开了实业投资,证券投资就成了无源之水、无本之木。

五、证券投资与证券投机的区别

投资有广义和狭义两种定义。从广义的角度讲,投机几乎是投资的同义反复。任何投资都是为了赚取利润,使资本增值,而投机正是指寻找和掌握市场中的投资机会。西方学者普遍认为,一项良好的投资即是一次成功的投机。狭义的投机,是指人们基于对投资对象未来价格走势的判断而进行短期套利的行为,通常这种套利行为会使投机者承担因实际价格的反方向走势而带来损失的风险。本书所指的投机是指投机的狭义定义,而证券投机就是在证券市场上投资者甘冒受经济损失的风险而期望从价格波动中赚取利润的证券交易行为。

事实上,证券投资与证券投机之间不存在明显的分水岭,很难将两者进行严格的定量区分,但我们可以从以下不同的角度对两者的差异进行分析:

1. 交易的动机不同

证券投资注重的是长期的投资报酬,买进证券是为了获得该证券本身今后所能给予的回报,如股票的红利、债券的利息、衍生证券的保值功能等;而投机着眼于证券交易的差价利得,谋取短期的收益。

2. 投资时间长短不同

投资者一般长期持有证券,不轻易换手,按期取得资本收益;而投机者则经常出入证券市场,捕捉有利时机,低价买进,高价卖出,交易频繁,故其证券持有时间一般都比较短。当然,对于投资时间的长短并没有明确的界限,在国外一般以6个月为分界点进行衡量。

3. 承担的风险不同

投资者首先关心的是本金安全,希望在保本的前提下获取最大利益;投机者则正好相反,他们不怕风险,而把收益的最大化放在第一位。因此一般认为,投资是稳健的投机,投机是高风险的投资。

4. 资金的来源不同

投资者一般都是使用自己的钱进行证券的买卖;而投机者往往是信用交易,即通过买空卖空,做较大的交易。

5. 对证券实际价值的重视程度不同

投资者注重对各种证券所代表的实际价值、公司的业绩和创新能力进行分析，并以其作为他们选购或换购证券的依据；而投机者则不是很注重证券本身的分析，而是密切注意证券市场行情的变化，以证券价格变化趋势作为决策的依据。

6. 按对社会的影响划分

投资行为对社会发展有促进作用；而投机行为既有积极作用又有消极影响。一方面，证券投机具有平衡价格、保持证券交易流动性以及分担价格变动风险的作用；另一方面，过分的投机将造成市场动荡，影响经济运行。

当然，投资和投机在一定情况下也会相互转换。一个投资者投资于某股票，若购买后，该股票市场走势很好，收益高于持有的红利时，他会将其卖掉获取差价，成了投机行为；同样，一个投机者买进证券后，市场急转直下，他被套牢后又不能在短期内解套，长期持有就成了投资者了。

六、证券投资的功能

1. 为社会提供筹集资金的重要渠道

证券投资为社会提供筹集资金的重要融资渠道是其最重要的功能之一。在现代经济社会，作为生产主体的企业要求得生存与发展，必须不断地扩大生产经营规模，提高生产的技术性，扩展经营领域，这就使其经常性地面临融资要求。同时，作为社会组织者与管理者的国家(包括各级政府)，要有效地履行其职能，也总是会面对巨大的资金需求。

对于企业而言，尽管可以通过向银行借款融通资金，但银行贷款具有很多的局限性。这是因为，一方面，银行的资产必须保持相当的流动性，故银行贷款以短期为主，主要满足客户对流动资金的需要；另一方面，银行融资的规模受制于其吸收存款的数量，不能满足企业对大规模资金的需求。对于政府机构而言，如通过增加税收或向中央银行借款满足其对资金的需求，也存在不少弊端：税收是一种强制、无偿的方式，而不是纳税人自愿地与政府进行市场交易；而直接向中央银行借款容易造成货币的非经济发行，不利于宏观经济稳定。

相比较而言，证券投资作为社会性的投资方式是社会化融资最有效的途径之一。在社会经济活动中，存在着许多闲散的货币，如企业等生产单位的生产资金的临时沉淀，或消费者的个人消费结余。而通过在证券市场上发行有价证券，可以使社会上这些闲散的短期资金，相对集中起来转化为长期资金，如企业在证券市场上发行公司股票和公司债券，各级政府在证券市场上发行公债等。

当然，在证券市场上大规模发行有价证券的前提，是这一市场上存在着大量的证券投资者，或者说是证券投资行为的普遍化。简言之，如果没有人作为原始证券的认购者，没有活跃的证券发行市场上的投资活动，有价证券的发行就无法实现。不仅如此，有价证券发行后还必须实现流通，即能够自由地、无限次地进行流通转让，否则就会使原始证券的认购者面临巨大的持有风险，从而使证券发行活动难以维系，而这又要求存在大量的对已流通证券的投资行为。因此，尽管证券投资者的行为本身只是为了追逐个体的获利目标，客观上却为社会筹集资金提供了重要的渠道。

2. 促使金融资产的合理配置

证券投资的吸收力在于能够获得比银行存款更高的投资回报，在同样安全的条件下，无论是个人投资者还是机构投资者，都愿意购买回报高、变现快的证券商品。

投资者都愿意对那些经营前途广阔、竞争能力强的企业所发行的股票或债券进行投资；反之，那些经营前途暗淡、竞争能力弱、经济效益低的企业，必然遭到投资者的冷遇。由此，社会上的资金必然流入那些符合经济发展需要的、经济效益高的产业部门，并促使这样的企业不断发展壮大。在此压力下，任何企业想要在竞争激烈的商品社会中处于不败之地，就必须努力改进生产技术，完善经营管理，提高经济效益，才能赢得广大投资者的信任，否则就会被人们所淘汰。

除了朝阳行业、高效企业所发行的有价证券外，由于政府债券具有风险小、收益稳定等特点，颇受投资者的青睐。而投资者的这种偏好往往能引导社会资金流向符合社会利益的方向。因为政府通过发行有价证券筹集到巨大的社会资本，投向单个资本无力涉足领域和国民经济发展中的“瓶颈”产业，达到扩大产业规模以及平衡产业结构、产品结构的目的。

综上所述，证券投资通过投资者对投资对象的选择，发挥其在资源配置方面的积极功能，调解社会资金投资的流向和结构，促使金融资产的合理配置和运用。

3. 有效传播市场信息

证券投资的另一项重要功能就是能够迅速传播各种政治、经济或社会信息。这是因为对于证券投资者而言，信息是至关重要的，证券投资的成功与失败在很大程度上取决于有关的信息是否掌握得及时、准确。故无论是在证券投资前还是在进行证券投资活动中，证券投资者总是需要争取能够及时地掌握详尽、真实的市场信息，以便能够及时采取措施，保障其投资的安全性，或抓住机会买卖证券以增加所得。此外，参与证券投资的个人或机构通常来自不同行业、不同部门、不同地区、不同单位，因此，他们就会从不同的角度对政治、经济及其市场形势进行调查研究并通过证券市场相互传播他们所获得的信息。从另一个角度来说，证券投资的过程就是一个不断收集、整理、传播各类信息的过程。这一特征决定了围绕证券投资需要并通过证券投资过程而逐步形成的经济信息系统格外发达，信息流量极为庞大，信息内容十分全面和深入，信息流动的速度也格外快捷。

证券投资中所传递的信息主要来自证券市场。而在证券市场上流动的信息中，最有价值的信息是上市公司等企业所代表的国民经济各部门的经营信息，以及证券市场交易信息。这些信息能够反映国民经济各部门的发展状况与趋势、经济运行的景气程度以及人们对未来经济运行前景、信心的强弱等。这就有助于人们对企业、行业、部门、市场乃至整个国民经济的发展态势进行及时的估价和判断，特别是为政府分析经济形势、对国民经济运行实施宏观调控提供了重要的依据。

七、证券投资的过程

（一）收集信息

在证券投资分析中，信息起着十分重要的作用。信息的质量和数量直接影响证券投资分析的可靠性及最终结论。因此，掌握一定数量的政策信息、公司基本面信息以及价格走势信息是证券投资尤其是大规模证券投资获得成功的必不可少的前提条件，也是证券投资过程中最基础的准备工作。

（二）确定投资政策

确定投资政策，是指投资者根据拥有的财富及其风险承受能力来确定投资数量和投资品种的过程。证券投资是一项高风险的经济活动，收益的取得是以承担相应的风险为代价，因此证券投资者在正式参与证券投资活动之前，要认真分析自己承受风险的能力，追求收益与风险之间的最佳平衡。投资者应根据自己的实际情况，确定不同风险和收益特征的证券比例，在能容忍的风险下追求收益最大化。

(三)进行投资分析

进行投资分析,主要是对证券的内在价值、上市价格、外在影响因素以及价格涨跌趋势进行认真的分析。价格是由价值决定的,所以首先分析某种证券的理论价值和账面价值是非常重要的。其次,由于证券的价格与其价值相背离的情况经常发生,因此,投资者必须对证券的价格形成机制、影响证券价格波动的各种因素以及它们的作用机制进行分析。此外,投资者还必须对证券的价格进行评估,竭力发现那些价格偏离其内在价值的证券,将价格低于价值的证券吸收进证券组合,而尽量避免或剔除价格偏高的证券。

(四)构建投资组合

构建投资组合,是指在投资分析的基础上,选择与投资目标和投资政策相协调的投资组合战略。在进行投资组合的构建时,投资者要注意三个问题:证券选择、时机选择和分散风险。证券选择主要依据证券投资分析的结论,从微观层面把握所关注的个别证券的价格走势及波动情况;时机选择是指从宏观层面上分析经济政策和经济形势对不同品种证券价格走势当前和潜在的影响;分散风险是指所组建的投资组合中证券的多样化,并尽可能减少风险。由于组合中不同证券收益之间存在相关性,这使得所构建的投资组合在期望收益一定的情况下,风险达到最小。

(五)修正投资组合

投资过程实际上是一个动态过程,随着时间的推移,投资者会改变投资目标,从而使当前持有的资产组合不再为最优,为此需要对之进行调整,抛售现有组合的一些证券,同时购进一些新的证券以形成新的组合。也就是投资目标变了,投资战略就要跟着调整,结果就是对投资组合的修正。此外,投资者还应根据证券行情、上市公司经营状况和国民经济形势等各方面情况的变化,适时对证券结构进行调整,使整个证券投资过程更加趋于完善。

(六)投资业绩评估

这是整个证券投资过程的最后一步,主要是定期评价投资的表现,机构投资者常常用詹森指数、夏普指数或特雷诺指数等量化指标来衡量投资组合的综合结果。判断证券投资绩效的好坏,关键不在于收益率的绝对数值,而是在充分考虑通胀的影响、风险代价的基础上将净收益水平与整个市场的平均收益率水平进行比较,才能比出高低。

第三节 证券投资理论与实务的研究对象、内容和方法

一、证券投资理论与实务的研究对象

证券投资理论与实务是一门涉及政治经济学、货币银行学、财政学、会计学、数量经济学等众多学科门类,具有很强的综合性的学科。这一学科的性质主要反映在它以众多学科为基础和它涉及范围的广泛性。

首先,证券投资作为金融资产投资,是整个国民经济运行的重要组成部分,国民经济形势的好坏对于证券市场的走势具有重要的决定意义,因此一般的经济范畴(如资本、利润、利息等)也是证券投资理论与实务经常使用的基本范畴。

其次,证券市场是金融市场的一个重要组成部分。证券投资理论与实务研究的一个重要内容是证券市场运行和证券投资者在证券市场进行运作,因此必然涉及一些货币金融知识,需

要研究货币供应、市场利率及其变化对证券市场价格以及证券投资者收益的影响。更何况证券投资活动自始至终都是与金融机构联系在一起的，因此，货币银行学及其理论与专业知识是证券投资理论与实务必不可少的基础知识。

再次，证券投资者进行投资总是要选择到具体的企业。决定购买哪个企业的股票或债券时，总是要进行一番调查了解，掌握其经营状况及财务情况，从而做出分析、判断，决定向那个企业进行投资。在做这些基础分析时，必须掌握公司财务及一定的会计知识，能够利用公司财务报告及各种会计资料做出科学判断。

最后，证券投资理论与实务研究问题时，除了需要进行一些定性分析外，还需要大量地采用定量分析方法。证券投资的市场分析、价值分析、技术分析、组合分析等内容都是采用数学模型进行的，因此，数学方法在证券投资理论与实务中是基本的研究方法。

从总体上说，经济学科可分为理论经济学和应用经济学两大类别，而证券投资理论与实务属于应用经济学的范畴，是应用经济学的一个分支学科。证券投资理论与实务虽然也研究一些经济理论问题，但是从学科内容的主要组成部分来看，它属于应用性较强的一门科学。证券投资理论与实务侧重于对经济事实、现象及经验来进行分析和归纳，而不是注重概念、范畴、原理的抽象推理研究。它需要理论联系实际地对各种证券投资方法和技巧进行实证分析，而不是泛泛空谈。

证券投资理论与实务的研究对象是证券投资活动及其规律，具体地说，就是证券的发行、交易、分析、选择、组织管理和证券市场的运行规律等。证券投资理论与实务的研究目的是为投资者提供具体而科学的方法和基本技巧，并从以前的投资经验中总结出具有规律性的投资原理和原则，帮助投资者减少风险，促进证券交易活动的开展。

二、证券投资理论与实务的研究内容

证券投资理论与实务是研究证券投资过程中客观存在的各种投资行为及其规律对经济影响的学科。具体地讲，它包括以下几部分：

(1)证券投资的基本知识和基本理论，包括证券及证券投资的概念和原理等。

(2)证券投资工具，包括股票、债券、投资基金及金融衍生产品的种类、各自特点和特定研究。

(3)证券市场，包括发行市场、交易市场及各自的功能等。

(4)证券投资分析，包括基础分析和技术分析。其中基础分析包括宏观经济分析、行业分析和公司分析；技术分析包括图形分析和指标分析等。

(5)证券投资价值分析，包括资本资产定价模型、套利定价模型等。

(6)证券投资实务，包括证券投资的基本方法、主要策略、时机的选择及方法应用。

三、证券投资理论与实务的研究方法

1. 定性分析和定量分析相结合

对于证券投资的管理，不仅需要进行定性的判断和预测，更要进行定量的计算和分析。理论上的定价分析和技术上的指标分析，使证券投资活动更趋科学的理性。

2. 实证分析和规范分析相结合

实证分析旨在研究证券投资的现状如何，如果执行某种政策可能会达到怎样的效果。实证分析的意义在于把握客观事实，了解证券投资活动的规律。而规范分析旨在研究证券投资应遵循怎样的原则，以保护投资者并有利于经济运行。规范分析的目的是制定合理的标准。

3. 理论总结和实践操作相结合

只有通过具体的证券投资实践活动，才能探求其内在客观的联系，进而归纳成为理论以指导实践，并在实践中不断修正和发展证券投资理论。

4. 结合中国相关国情

本书所讨论的是关于证券投资的一般理论与方法，这些理论与方法的基本原则适用于任何证券市场。但是中国证券市场还未成熟，如果完全照搬照抄西方国家的理论、方法和经验对中国证券市场进行分析，必然会出现一些偏差。因此，应在了解中国证券市场的特殊性的基础上，结合中国证券市场的实际，掌握并熟练运用这些方法和理论。

本章小结

证券是指各类记载并代表了一定权利的法律凭证，它用以证明持有人有权依其所持凭证记载的内容而取得应有的权益，具有产权性、收益性、流动性、风险性、价悖性等特征。证券按其性质不同，可分为无价证券和有价证券。本书中主要讨论的证券即是指各类有价证券。

证券投资是指投资者对有价证券的购买行为，一般由收益、风险和时间三个基本要素构成。证券投资对经济的稳定和发展起着重要的作用，主要包括：为社会提供筹集资金的重要渠道，促使金融资产的合理配置，有效传播市场信息等。

证券投资过程一般包括收集信息、确定投资策略、进行投资分析、构建投资组合、修正投资组合以及投资业绩评估六个基本步骤。

练习题

一、名词解释

证券　　有价证券　　证券投机　　证券投资

二、简答题

1. 证券有哪些种类和特征？
2. 实业投资与证券投资有哪些联系？又有哪些区别？
3. 证券投资与证券投机有哪些区别？
4. 证券投资的过程有哪些？
5. 简述证券投资理论与实务的研究对象和研究内容。

第二章

证券投资工具

如果你无法判断谁是下一阶段表现最好的基金经理，那你就去买 ETF[①]。

——罗杰斯

证券投资工具主要包括股票、债券、证券投资基金以及金融衍生产品等几种类别。本章主要围绕这些证券投资工具，进行分门别类的论述与分析。每一节都从最基本的概念出发，进而对该种投资工具的特征、分类、性质等方面进行归纳，展现了证券投资工具丰富的内涵。

第一节 股 票

一、股票的定义、性质和特征

(一)股票的定义

股票(Stock)是一种有价证券，是指由股份公司签发的用以证明投资者所持股份并据以获得股息和红利的凭证。

股票有三个基本要素：发行主体、股份、持有人。

(二)股票的性质

1. 股票是一种有价证券

首先，虽然股票本身是没有价值的，但是股票中却包含了股东要求股份公司按照规定分配股息和红利的请求权，同时代表着拥有股份公司一定价值量的资产。其次，股票与其代表的股东权利有着不可分割的关系，两者合为一体。所以，股票是有价证券的一种。

---

① ETF 是 Exchange Traded Fund 的英文缩写，即“交易型开放式指数证券投资基金”，简称“交易型开放式指数基金”，又称“交易所交易基金”。ETF 是近年来在美国出现的一种新型的开放式基金。它是随着组合交易和程序化交易技术的发展、完善应运而生的。投资者可以通过下达一个单一的交易指令，一次性完成一个投资组合的交易。这种组合交易技术的出现，不仅为大额交易商节省了交易时间、减少了交易成本，而且为 ETF 的诞生和运作提供了有力的技术支持。ETF 是一种特殊形式的开放式指数基金，它集封闭式基金可以上市交易、开放式基金可以自由申购或赎回、指数基金高度透明的投资管理等优点于一身，克服了封闭式基金折价交易、开放式基金不能上市交易并且赎回压力较大、主动性投资缺乏市场择机和择股能力等缺陷，同时又最大限度地降低了投资者的交易成本。

2. 股票是一种要式证券

股票应当记载一定的事项，其内容应当全面真实，这些事项往往通过法律形式加以规定，如果缺少规定的要件，股票就没有法律效力。

3. 股票是一种证权证券

证权证券是指证券是权利的一种物化的外在形式，它是权利的载体，权利是已经存在的。

4. 股票是一种资本证券

股票是指持有股份公司资本份额的证券，属于资本证券。

5. 股票是一种综合权利的证券

股票持有者作为股份公司的股东，享有独立的股东权利，股东权是一种综合权利。

(三)股票的特征

1. 收益性

它是指投资于股票可能得到的收益。收益又分为两类：第一类来自股份公司；第二类来自股票流通。

2. 风险性

证券投资风险是指预期的不确定性。

3. 流通性

它是指股票持有人可按自己的需要和市场的实际变动情况，灵活地转让股票以换取现金。

4. 永久性

投资者购买了股票就不能退股，股票是一种无期限的法律凭证。

5. 参与性

股票持有者是股份公司的股东，可以参与公司的经营决策。基本方式是有权出席股东大会，通过选举公司董事来实现其参与权。

6. 波动性

它是指股票实际交易价格的经常性变化，或者说与股票票面价值经常不一致。

二、股票的类型

按照不同的划分方式，可以把股票划分为不同种类。

(1)根据股东享有权利和承担风险的大小不同，股票分为普通股股票和优先股股票。普通股股票的股息随股份公司的利润变动而变动，其持有者具有经营管理公司的权利；优先股股息率固定，其持有者优先分配股利和剩余财产，但无经营管理权。

(2)按票面是否记载投资者姓名，股票分为记名股票和无记名股票。记名股票的票面记载股东姓名，股东姓名也记载在公司股东名册上，这类股票持有较安全，但转让手续烦琐。不记名股票不记载股东姓名，谁持有股票即享受股东权利，可自由转让。

(3)按有无票面金额，股票分为有票面金额的股票和无票面金额的股票。有票面金额的股票又称面额股票，记载原始投入公司的资本金。无票面金额的股票又称无面额股票，它仅记载每股占资本总额的比例，其内在价值随公司净资产的增减而增减。

(4)按业绩好坏，股票分为绩优股和垃圾股。绩优股一般指业绩好、收益稳定的股票，垃圾股指业绩差、公司经营不稳定的股票。

(5)在我国，按发行地及交易币种的不同，可把股票划分为 A 股、B 股、H 股、N 股和 S 股等。A 股的正式名称是人民币普通股。它是由我国境内公司发行，供境内机构、组织或个人

(不含中国台湾、香港、澳门投资者)以人民币认购和交易的普通股股票。B股的正式名称是人民币特种股票。它是以人民币标明面值,但以外币认证和购买。2001年2月以前,B股市场只向境外及中国港、澳、台地区的投资者开放。2001年2月以后对中国境内居民开放B股市场,持有外汇的普通中国公民从此也可以参与B股交易。H股即注册地在中国内地、上市地在中国香港的股票。香港的英文是HongKong,取其字首,在香港上市的股票就称为H股。以此类推,纽约的第一个英文字母是N,新加坡的第一个英文字母是S,纽约和新加坡上市的股票就分别叫N股和S股。

三、普通股与优先股

(一)普通股的定义与基本特征

普通股是最常见的一种股票,其持有者享有股东基本权利和义务。普通股(美国称Common Stock,英国称Ordinary Stock)有一个最显著的特征,就是股利不固定,但赋予其持有人以参加公司经营管理决策的权利和根据公司剩余利润大小分配剩余利润的权利。这些权利构成所谓的普通股股权,股权的大小则取决于股份的多少。其基本特征是:

(1)普通股是最基本、最重要的股票;

(2)普通股是标准的股票;

(3)普通股是风险最大的股票。

(二)普通股的功能

(1)构成股份制企业的资本;

(2)为股份制企业的利润分配提供依据;

(3)为投资者提供投资工具;

(4)为证券市场发展提供基础。

(三)普通股股东的权利与义务

1. 普通股股东的权利

(1)分享公司剩余利润权

公司剩余利润的分配一般按普通股份总数等分,普通股份以其拥有的股份数获取相应份额的股份。股利水平不受任何比率的限制,它随公司剩余利润的多寡而变动。

(2)投票表决权

由于公司的普通股股东是公司的所有者,他们就应对公司事务拥有最终控制权。在股份有限公司中,这种权利体现为拥有普通股者即有权出席或者委托代理人出席股东大会,对公司的重大事务行使投票表决权。

(3)优先认股权

普通股股东是公司的所有者和风险的主要承担者,为保持他们在公司中拥有的股权的比例,公司在增发新股时,他们有权优先认股,认购新股时其价格通常较股票的市场价格低。因此,认股权具有一定的价值,称为"权价"。股东不想增购新股时,他可将优先认证股权转让他人,或在市场上出售。这种权利有两个主要目的:一是保证普通股股东在股份公司中保持原有的持股比例;二是能保护原普通股股东的利益和持股价值。

(4)检查监督权

拥有普通股者是公司的所有者,承担着同公司所有权相联系的最终风险。为保证公司资本的安全和增值,赋予拥有普通股者检查监督权,他们有权查阅公司章程、股东会议纪要和会计报告，监督公司的经营，提出建议或咨询。

(5)剩余财产的清偿权

当公司清理解散时，如果偿还所有债务后尚有剩余财产，普通股持有人有权按所持股份分得剩余财产，分得数额取决于公司剩余财产的多少。

2. 普通股股东义务

(1)遵守公司章程；

(2)依其所认购的股份和入股方式缴纳股金；

(3)除法律、法规规定的情形外，不得退股；

(4)法律、行政法规及公司章程规定应当承担的其他义务。

(四)优先股的定义与基本特征

优先股(Preference Stock)与普通股相对应，是指股东享有某些优先权利(如优先分配公司的盈利和剩余财产权)的股票。

与普通股相比较，优先股的特点表现为如下四个方面：

1. 股息率固定

优先股在发行之时就约定了固定的股息率，无论公司经营状态和盈利水平今后如何变化，该股息率不变。

2. 股息分派优先

在股份公司盈利分配顺序上，优先股排在普通股之前。

3. 剩余资产分配优先

当股份公司因破产或解散进行清算时，在对公司剩余财产的分配上，优先股股东排在债权人之后，但排在普通股股东之前。

4. 一般无表决权

优先股股东通常不享有公司的经营参与权。优先股不同于普通股。优先股的股息通常是固定的，可以用一个定额或相当于股票面额的一定比率表示。优先股持有者没有参与公司经营管理的权力。但优先股持有者在公司剩余利润分配上有优先分配权，即在公司未发放优先股股利之前，不得发放普通股股利，当公司因经营不善而破产时，在偿还全部债务的清理费用之后，如有剩余资产，优先股持有者有权按股票面额先于普通股东得到清偿，即优先股持有者具有剩余利润的优先分配权和剩余财产的优先清偿权。但优先股股东不享有公司公积金权益。

(五)优先股的种类

1. 累积优先股和非累积优先股

所谓累积优先股，是指历年股息累积发放的优先股，即公司在任何营业年度内未支付的优先股股息可以累积起来，由以后营业年度的盈利一起付清。

累积优先股是在公司所得本期可供分配股利的利润不足以按约定利率支付优先股股息的情况下，可以由以后年度的可供分配股利的利润中补足。在没有补足优先股任何一期的定额股息之前，普通股不得分派股利。

所谓非累积优先股，只是股息当年结清不能累积发放的优先股。它的特点是股息分派以每个营业年度为界，当年结清。如果本年度公司的盈利不足以支付全部优先股股息，对其所欠部分，公司将不予累积计算，优先股股东也不得要求公司在以后的营业年度中予以补发。这种股票因其对投资者缺乏刺激，故很少发行。我国公司发行的优先股一般为累积优先股。

2. 参与优先股和非参与优先股

所谓参与优先股，是指除了按照规定分得本期固定利息外，还有权与普通股股东一起参与本期剩余盈利分配的优先股。参与优先股又可以分为全部参与优先股和部分参与优先股两种。全部参与优先股有权与普通股一起等额分享本期的剩余盈利，其收益没有上限规定。部分参与优先股则规定了收益的上限，但它与非参与优先股相比，仍有可能获得相对高的收益。

所谓非参与优先股，是指除了按照规定分得本期固定股息外，无权再参与对本期剩余盈利分配的优先股。非参与优先股是一般意义上的优先股，其股息的收入仅以事先规定的股息率为限，即使公司在本期内盈利高，普通股股东获得红利很多，它也不能与普通股股东一起再次分享公司剩余盈利。

3. 可转换优先股和不可转换优先股

所谓可转换优先股，是指发行后在一定条件下允许持有者将它转换成其他种类股票(一般为普通股)的优先股。

所谓不可转换优先股，是指发行后不允许持有者将它转换成其他种类股票的优先股。公司为了吸引投资者投资，有时还通过发行可转换优先股筹集公司股本。

可转化优先股的意义在于：一方面，由于这种优先股可以转换为普通股，如果普通股价格上升，优先股股东可以将优先股转换为普通股，从中获利；如果普通股价格下降，优先股股东可放弃这一权利，这使得股东在公司不稳定时受到保护，在公司盈利时分享成功果实，处于有利的地位。相应地，公司可以按较低的股息率或较高的价格发行可转换优先股，降低公司的筹资成本。另一方面，当公司需要筹集股本时，若采取发行普通股的方式，股东的红利收入必将减少。而发行可转换优先股，对股东红利的影响存在一定的间隔(发行日至转换日)，使普通股红利的降低得以延迟。更为重要的是，当公司需要发行普通股而普通股市场价格偏低时，采取发行可转换优先股的方式可变相提高普通股股价。例如，某公司普通股市价为每股 40 元，价格较低，此时发行普通股对公司不利。若出售面值为 100 元的可转换优先股，规定其转换率为 2，即 1 股优先股可转换为 2 股普通股。在这种情况下，虽然可转换优先股的转换价格是每股 50 元，比目前市价高 25%，但投资者对这种优先股仍感兴趣。因为投资者目前购买的是优先股，转换价格只是相当于转换的支出，购买时并不需要实际支出，一旦公司收益在优先股转换时增加了，股票的价格上升并超过转换价格时，投资者就可获得额外收益；如果到了转换时股票价格并没有上升，投资者可放弃这种转换，故而不会带来实际损失。可见，可转换优先股为投资者提供了获得额外收益的机会，具有较大的吸引力。

4. 可赎回优先股和不可赎回优先股

所谓可赎回优先股，是指在发行后一定时期可按特定的赎买价格由发行公司收回的优先股。可赎回优先股有两种类型：一种是强制赎回，即这种股票在发行时就规定股份公司享有赎回与否的选择权。一旦发行该股票的公司决定按规定条件赎回，股东别无选择而只能缴回股票。另一种是任意赎回，即股东享有是否要求股份公司赎回的选择权。

所谓不可赎回优先股，是指发行后根据规定不能赎回的优先股。

5. 股息率可调整优先股和股息率固定优先股

所谓股息率可调整优先股，是指股票发行后股息率可以根据情况按规定进行调整的优先股。所谓股息率固定优先股，是指发行后股息率不再变动的优先股。一般的优先股就是指这种股票。

四、股票价格指数

1. 股票价格平均数

股票价格平均数采用股价平均法，用来度量所有样本股经调整后的价格水平平均值，它可分为简单算术股价平均数和加权股价平均数。

(1)简单算术股价平均数

$$\overline{P}=\frac{1}{n}\sum_{i=1}^{n}P_i \tag{2—1}$$

式中：P_i——第 i 只股票的股价；

n——样本股的数目。

(2)加权股价平均数

$$\overline{P}=\frac{\sum_{i=1}^{n}P_iW_i}{\sum_{i=1}^{n}W_i} \tag{2—2}$$

式中：P_i——第 i 只股票的股价；

n——样本股的数目；

W_i——第 i 只股票的权重。

2. 股票价格指数

股票价格指数是将计算期的股价与某一基期相比较的相对变化指数，用以反映市场股票价格的相对水平。

股票价格指数的编制分为四步：

(1)选择样本股；

(2)选定某基期，并以一定方法计算基期平均股价；

(3)计算计算期平均股价并做出必要的修正；

(4)指数化。

股价指数的编制方法有简单算术股价指数和加权股价指数两种。

3. 我国主要的股票价格指数

我国主要的股票价格指数有上证综合指数、深证综合指数、上证 50 指数、深证成分股指数、沪深 300 指数、中证 500 指数、创业板指数等。

(1)上证综合指数

上证综合指数是指以 1990 年 12 月 19 日为基期，以全部上市股票为样本，以股票发行量为权数按加权平均法计算，基期指数为 100。其计算公式为：

$$\text{本日股价指数}=\frac{\text{本日股票市价总值}}{\text{基期股票市价总值}}\times 100 \tag{2—3}$$

样本股增资扩股或改变时，修正公式为：

$$\text{新基期市价总值}=\text{修正前基期市价总值}\times\frac{\text{修正前市价总值}+\text{市价总值变动额}}{\text{修正前市价总值}} \tag{2—4}$$

$$\text{修正后本日股价指数}=\frac{\text{本日股票市价总值}}{\text{新基期股票市价总值}}\times 100 \tag{2—5}$$

(2)深证综合指数

深证综合指数是指以在深圳证券交易所上市的全部股票为样本股，以 1991 年 4 月 3 日为基期，基期指数定为100，以指数股计算日股份数为权数进行加权平均计算。其计算公式为：

$$即日指数=\frac{即日指数股总市值}{基日指数股总市值}\times基日指数 \tag{2-6}$$

若样本股的股本结构有所变动，则改用变动之前一营业日为新基日，并以新基数计算。

$$今日即时指数=上日收市指数\times\frac{今日即时指数股总市值}{经调整上日指数股收市总市值} \tag{2-7}$$

(3)上证50指数

上证50指数是根据科学客观的方法，挑选上海证券交易所市场最具代表性的50种样本股票为计算对象，以便综合反映上海证券交易市场最具有市场影响力的一批企业的整体状况。上证50指数自2004年1月2日起正式发布。其目标是建立一个成交活跃、规模大、主要作为衍生金融工具基础的投资指数。

(4)深证成分股指数

深证成分股指数简称深证成指，由深圳证券交易所按一定标准选出有代表性的上市公司作为样本股，用成分股的自由流通股数作为权数，采用派氏加权法编制而成的股价指标；基期为1994年7月20日，基点为1 000点。自2015年5月20日起，深交所对深证成指实施扩容改造，样本股数量从40家扩大到500家，以充分反映深圳市场的结构性运行特征。

(5)沪深300指数

沪深300指数由上海证券交易所和深圳证券交易所联合编制，是从上海和深圳证券市场中选取规模大、流动性好的300只A股作为样本(其中沪市179只、深市121只)而编制成的指数，指数代码是：沪市000300，深市399300。以2004年12月31日为基日，基日点位为1 000。沪深300指数于2005年4月8日正式发布。目标是反映中国证券市场股票价格变动的概貌和运行状况，并能够作为投资业绩的评价标准，为指数化投资及指数衍生产品创新提供基础条件。沪深300指数样本覆盖了沪深市场六成左右的市值，具有良好的市场代表性，而且是反映沪深市场整体走势的跨市场指数，为投资者提供了衡量自己证券投资收益情况的基本尺度。

(6)中证500指数

中证500指数又称中证中小盘500指数，剔除沪深300指数样本股及最近一年日均总市值排名前300名的股票，将其余股票按日均总市值由高到低进行排名，选取前500名的股票作为样本股，综合反映深圳市场小市值公司股票的整体行情走势。从整体收益看，中证500指数较沪深300指数高，风险也较大。

(7)中证全指

中证全指由中证指数有限公司编制并发布。指数代码是：000985(沪市)，399985(深市)；以2004年12月31日为基日，基点为1 000点。样本选取方法是：将满足以下条件的沪深A股股票作为中证全指的样本股：上市时间超过一个季度，除非该股票自上市以来的日均A股总市值在全部沪深A股中排在前30位；非ST、*ST股票，非暂停上市股票。采用派氏加权方法，按照样本股的调整股本数为权数加权计算，公式为：报告期指数＝报告期样本股的调整市值/基期×1 000；其中，调整市值＝Σ(股价×调整股本数)，调整股本数为采用分级靠档的方法对样本股股本进行调整后的股本。中证全指原则上每半年调整一次样本股，样本股调整实施时间分别是每年6月和12月的第二个星期五收盘后的下一交易日。

当样本公司有特殊事件发生时，将对中证全指指数样本股进行临时调整。

(8)创业板指数

创业板指数由深圳证券交易所于2010年6月1日起正式编制并发布。从创业板股票中选取 100 只组成样本股，以反映创业板市场层次的运行情况。选样指标为一段时期（一般为 6 个月）平均流通市值的比重和平均成交金额的比重。选样时先计算入围个股平均流通市值占创业板市场比重和平均成交金额占创业板市场比重，再将上述指标按 2∶1 的权重加权平均，计算结果从高到低排序，在参考公司治理结构、经营状况等因素后，按照缓冲区技术选取创业板指数成分股。其特点主要有：

①指数选样以样本股的"流通市值市场占比"和"成交金额市场占比"两个指标为主要依据，体现深市流通市值比例高、成交活跃等特点；

②指数计算以样本股的"自由流通股本"的"精确值"为权数，消除了因股份结构而产生的杠杆效应，使指数表现更灵敏、准确、真实；

③指数样本股调整每季度进行一次，以反映创业板市场快速成长的特点。

4. 主要国际股票市场的价格指数

（1）道·琼斯股价指数

道·琼斯股价指数是世界上最早、最享有盛誉和最有影响力的股票价格指数，由美国道·琼斯公司计算并在《华尔街日报》上公布，是以 65 家公司股票（工业股 30 家，运输股 20 家，公用事业股 15 家）为编制对象的股价综合平均数。以 1928 年 10 月 1 日为基期，基期指数为 100 点。

（2）金融时报指数

金融时报指数应该是最具权威性的股价指数，由《金融时报》编制和公布。以 1962 年 4 月 10 日为基础，基期指数为 100 点，以伦敦股市上精选 700 多种股票为样本的综合股票指数。

（3）日经 225 股价指数

日经 225 股价指数是日本经济新闻社编制公布以反映日本股票市场价格变动的股价指数。以 1950 年平均股价 176.21 元为基数，以东京证券交易所上市的 225 种股票为样本股（150 家制造业，15 家金融业，14 家运输业，46 家其他行业）的股价平均数。

（4）恒生指数

恒生指数是香港恒生银行于 1969 年 11 月 24 日起编制公布，是系统反映香港股票市场行情变动最有代表性和影响最大的指数。它以 1984 年 1 月 13 日为基期，以 975.47 点为基数，挑选了 33 种有代表性的上市股票（金融业 4 家，公用事业 6 家，地产业 9 家，其他商业 14 家）为成分股，用加权平均法计算。

（5）纳斯达克综合指数

纳斯达克综合指数是以在纳斯达克市场上市的、所有本国和外国的上市公司的普通股为基础计算的股份综合指数。该指数按每个公司的市场价值来设权重，市场总价是所有已公开发行的股票在每个交易日的卖出价总和。现在纳斯达克综合指数包括 5 000 多家公司，远远超过其他市场指数。该指数是在 1971 年 2 月 5 日启用的，基准点为 100 点。

（二）股票价格指数的功能与波动

股价平均数和股票价格指数是衡量股票市场总体价格水平及其变化趋势的尺度，也是反映一个国家或地区社会、政治、经济发展状况的灵敏信号。

股票价格指数先于一国的经济发展周期而上下波动。

第二节 债 券

一、债券的定义和特征

(一)债券的定义

债券(Bond)是债券发行人依照法定程序发行的约定在一定期限还本付息的有价证券。债券是一种确定债权债务关系的凭证,或者说是借款人向贷款人出具的对长期债务承担还本付息义务的凭证。债券与一般的借据在本质上是一样的,其区别在于两者的市场属性不同。借据是个性化债权债务凭证,而债券是非个性化债权债务凭证。

所谓个性化债权债务凭证,是指这种凭证只在签订这张凭证的双方之间有效,它的条件只在签订双方之间协商议定,由一方向另一方提供要借入的资金,其条件不受第三者是否同意的影响,每张个性化债权债务都可以与其他个性化债权债务凭证不一样,没有一个统一的标准规格。非个性化的债权债务凭证则不一样,它是一种由借款人给定条件,所有人都同意按照给定的统一条件出借资金的凭证。由于它的条件对所有人都适用,因此,任何人持有它都可以向借款人要求付息和还本。借款人出具这样的债务凭证,是为了同时向很多人借款,因此这种凭证的条件是标准化,规格基本上是统一的。这种标准化或非个性化使得这种凭证具有可分割性、整合性和可转让性。这种标准化的债权债务凭证即债券。

(二)债券的特征

1. 偿还性

它是指债券有规定的偿还期限,债务人必须按期向债权人支付利息和偿还本金。

2. 流动性

它是指债券持有人可按自己的需要和市场的实际变动状况,灵活地转让债券以换取现金。

3. 安全性

它是指债券持有人的收益相对固定,不随发行者经营收益的变动而变动,并且可按期收回本金。

4. 收益性

它是指债券能为投资者带来一定的收益。

(三)债券与股票的区别

债券不同于股票。债券是债权凭证,而股票是所有权凭证。两者在投资特性上的区别主要在于:

(1)债券有固定的还本期限,而股票的本金则是不返还的。

(2)债券的利率是固定的,它不随举债人剩余利润的增减而变化,而股利的多少则取决于募股公司剩余利润的多少。

(3)债券的还本付息是有法律保护的,如果举债人不能按期支付利息和偿还本金,债券持有人有权对举债人提起诉讼,使其承担法律责任。而股利的派发则是由募股公司的董事会视公司利润状况决定,派发多少和派与不派不受法律制约。

(4)股票的持有人(主要是普通股的持有人)有权参与公司与募股公司的经营管理决策,而债券持有人则无此权利。

(5)只有股份公司才能发行股票,而任何有还款能力的组织或机构都可以发行债券。

二、债券的分类

(一)按发行主体分类

按发行主体的不同,债券可分为公司债券、政府债券、金融债券和国际债券。

1. 公司债券的发行主体是股份公司,但有些国家也允许非股份公司的企业发行债券

公司债券一般有两种不同的形式:记名公司债券和息票公司债券。记名公司债券是在债券上记有持有人姓名的公司债券。这种债券只能偿付给债券票面的记名人。这种债券的优点是,如果债券丢失,可以挂失,比较安全。息票公司债券又称持票人公司债券,它是在债券票面上不记持有人姓名,债券本息直接付给债券实际持有人的公司债。这种债券附有各期应付的息票,持票人在每份息票到期时,可以到发行单位指定的支付单位,剪下息票获取相应的利息。这就是通常所说的凭票即付、凭票不凭人。它的缺点是与记名公司债的优点正好相反,如果遗失,无法收回。但由于这种债券不必办理登记手续,便于转让,所以其价格可略高于记名公司债券。

2. 政府债券的发行主体是政府

政府债券是政府及政府所属机构发行的债券。政府是一个国家的权力机构,它有权征税和谋取其他财源,因此它所发行债券的还本付息的能力较强,是一种比较安全的投资工具;收入的稳定性也较高,因为政府一般不会对债券按期应付的利息有所拒付、拖欠,投资者每期应得的收入比较稳定,其流动性一般也较高。但另一方面,政府债券的面值在发行时确定后,在整个还本之前的一段时间内是不变的,到期不论其市价如何,仍按面额偿还。除非投资者以低于面值的价格买入,否则是不可能产生资本增值的。利息率也是一经决定就固定下来。面值和收入的固定性使得投资于政府债券易受到通货膨胀的损失。同时,由于市场利率的变动,对于债券的市价有着很大的影响,投资政府债券包含一定的市场利率风险。此外,投资政府债券还存在一定的政治风险。

3. 金融债券的发行主体是银行或非银行的金融机构

金融机构一般有雄厚的资金实力,信用度较高,因此,金融债券往往有良好的信誉。其发行债券的目的主要有两个方面:一是筹资用于某种特殊用途;二是改变本身的资产负债结构。

4. 国际债券的发行主体是一国政府、金融机构、工商企业或国际组织等

国际债券是一国政府、金融机构、工商企业或国际组织为筹措和融通资金,在国外金融市场上发行的,以外国货币为计价单位,向外国投资者发行的债券。按照发行债券所用货币以及地点的不同,国际债券还可以分为外国债券和欧洲债券。国际债券的发行和交易,一来可以为发行国政府和企业筹措资金用以从事生产开发,二来可以平衡一个国家的国际收支。

国际债券的主要特征是:(1)资金来源的广泛性;(2)计价货币的通用性;(3)发行规模的巨额性;(4)汇率变化的风险性;(5)国家主权的保障性。

(二)按计息方式分类

按计息方式的不同,债券可分为单利债券、复利债券、贴现债券和累进利率债券等。

1. 单利债券

单利债券是指在计算利息时,不论期限长短,仅按本金计息,所生利息不再加入本金计算下期的债券。

2. 复利债券

复利债券与单利债券相对应。它是指计算利息时,按一定的期限将所生利息加入本金再

计算利息，逐期滚算的债券。

3. 贴现债券

贴现债券是指在票面上不规定利率，发行时按某一折扣率，以低于票面金额的价格发行，到期时仍按面额偿还本金的债券。

4. 累进利率债券

累进利率债券是指以利率逐年累进方法计息的债券。

(三)按风险程度分类

按风险程度的不同，债券可分为固定利率债券和浮动利率债券。

1. 固定利率债券

固定利率债券是指发行时规定了收益利息率的债券。

2. 浮动利率债券

浮动利率债券是指实际利率可浮动的债券，通常是以某种利率为基准再加上一定的利差来确定实际利率。

(四)按债券形态分类

按债券形态的不同，债券可分为实物债券、凭证债券和记账式债券。

1. 实物债券

实物债券是一种具有标准格式实物券面的债券。

2. 凭证式债券

凭证式债券的形式是一种债权人认购债券的收款凭证，而不是债券发行人指定的标准格式的债券。

3. 记账式债券

记账式债券没有实物形态的票券，而是在电脑账户中做记录。

(五)按债券发行价格方式分类

按债券发行价格是否根据面值发行，债券可分为溢价债券、平价债券和折价债券。

1. 溢价债券

溢价债券是指以高于面值发售的债券。当市场利率低于息票率时，债券通常以溢价方式发行。在其他条件相同的情况下，对于溢价发行的债券，期限越长，债券价值越大。对于溢价发行的债券，加快付息频率，其价值上升。

2. 平价债券

平价债券是指以面值发售的债券。当市场利率等于息票率时，债券通常以平价方式发行。

3. 折价债券

折价债券是指以低于面值发售的债券。其债券到期收益率大于息票率。

将折价债券、溢价债券与平价债券进行比较，有以下特点：

(1)到期时对债券价值的影响

随着时间的推移，债券的价值在周期性的波动中总体上向面值回归。如果是溢价购入的债券，从总体来看债券价值逐渐下降，在到期日价值等于面值；如果是折价购入的债券，从总体来看债券价值逐渐升高，在到期日价值等于面值；平价债券价值从总体来看始终等于面值。

(2)付息频率

在其他条件不变的情况下，溢价债券的价值随着付息频率和付息次数的增加，债券的价值是逐渐变大的，是正相关的。折价债券的价值随着付息频率和付息次数的增加，债券的价值变小，是负相关的。平价债券的价值不随付息频率和付息次数的变化而变化。

（六）其他分类

例如，可分为可转换债券和不可转换债券、可转让债券和不可转让债券等。

三、可转换公司债券

（一）可转换公司债券的定义、特征及种类

1. 可转换公司债券的定义

可转换公司债券（Convertible Bond）是指由公司发行的，投资者在一定时期内可选择一定条件转换成公司股票的公司债券，通常称作可转换债券或可转债。这种债券兼具债权和股权双重属性。

2. 可转换公司债券的特征

可转换公司债券是一种介于债券和股票之间的金融衍生工具。其特点包括：

（1）债权性

与其他债券一样，可转换债券也有规定的利率和期限。投资者可以选择持有债券到期或收取本金和利息。

（2）股权性

可转换债券在转换成股票之前是纯粹的债券，但在转换成股票之后，原债券持有人就由债权人变成了公司的股东，可参与企业的经营决策和红利分配。

（3）可转换性

可转换性是可转换债券的重要标志，债券持有者可以按约定的条件将债券转换成股票。转股权是投资者享有的、一般债券所没有的选择权。可转换债券在发行时就明确约定债券持有者可按照发行时约定的价格将债券转换成公司的普通股股票。如果债券持有者不想转换，则可继续持有债券，直到偿还期满时收取本金和利息，或者在流通市场出售变现。

3. 可转换公司债券的种类

可转换公司债券的种类很多。例如，按可转换公司债券发行的地点和币种分类，可转换公司债券可以分为境内可转换公司债券和境外可转换公司债券两种。而按照可转换债券要素的不同组合分类，则可以分为零息可转换公司债券、可交换债券、高息票可转换公司债券、滚动回售可转换公司债券等。

（二）可转换公司债券的发行与流通

可转换公司债券的发行市场也被称为一级市场。一家公司如果要发行可转换债券，不但要符合一定的发行程序，还必须经过一番适当的设计后，其可转换债券才能得以发行。

1. 可转换公司债券的发行程序

（1）决议或同意

上市公司发行可转换公司债券应由股东大会做出决议，重点国有企业发行可转换公司债券则还需要主管部门同意。

（2）申请和批准

上市公司发行可转换公司债券，应当经省级人民政府或者国务院有关企业主管部门推荐，报中国证券监督管理委员会（以下简称中国证监会）审批；重点国有企业发行可转换公司债券，应当由发行人提出申请，经省级人民政府或者国务院有关企业主管部门推荐，报中国证监会审批。对于符合规定条件的，中国证监会予以批准。

(3)公布可转换公司债券募集说明书

发行可转换公司债券,发行人必须公布可转换公司债券募集说明书。发行人应当在承销期前 2～5 个工作日内,将可转换公司债券募集说明书刊登在中国证监会指定的至少一种全国性报刊上。证券经营机构应当将可转换公司债券的募集说明书置于营业场所,并有义务提醒认购人阅读可转换公司债券募集说明书。

(4)发行

可转换公司债券采用记名式、无纸化发行方式,由证券承销机构承销,证券承销机构应当具有股票承销资格。承销方式由发行人与债券承销机构在承销协议中约定。发行人和证券经营机构应当在可转换公司债券承销期满后的 15 个工作日内,向中国证监会提交承销情况的书面说明。

2. 可转换公司债券的流通

可转换公司债券的流通市场又称为二级市场。发行的可转换公司债券在二级市场上进行交易。可转换公司债券的流通市场也与其他债券的流通市场一样,分为场内交易市场和场外交易市场,保证了可转换债券的流通性。

可转换公司债券的交易规则如下:

(1)交易方式

可转换公司债券实行 T+1 交易。可转换公司债券的委托、交易、托管、转托管、行情揭示参照 A 股办理。

(2)交易报价

可转换公司债券以面值 100 元为一报价单位,以面值 1 000 元为一交易单位,结算单位为张(即 100 元面值),价格升降单位为 0.01 元。

(3)交易时间

可转换公司债券交易的集中开市时间同 A 股。

(4)交易清算

可转换公司债券实行 T+1 交收,交易清算参照 A 股的现行清算办法办理。

(5)交易终止

可转换公司债券在转换期结束前的 10 个交易日终止交易,终止交易前一周交易所予以公告。

(6)交易费用

深交所按成交金额的 0.1‰向可转换公司债券买卖双方征收交易经手费,同时债券买卖双方还须向所委托的债券交易商缴纳佣金,佣金按成交金额的 2‰计取。

(三)可转换公司债券投资价值分析

1. 可转换公司债券的价值构成

可转换公司债券是一种混合型的金融产品,它兼有债权性和期权性的特点。因此它的价值可以由普通债券价值和买入期权的价值两部分构成。

(1)可转换公司债券的普通债券价值

可转换债券所具有的普通债券价值也称为可转换公司债券的纯粹价值或直接价值(Straight Value),其价值等于投资者持有债券期间能够获得的现金流量的贴现值。用公式表示为:

$$B=\sum_{m=0}^{n}\frac{I}{(1+i)^{n+k}}+\frac{P}{(1+i)^{n+k}} \tag{2-8}$$

式中：B——普通债券部分的价值；

I——债券每年的利息；

P——债券的本金；

i——贴现率；

n——从现在起至到期日的剩余年限的整年数；

m——从现在起至下一次付息日不足一年的时间（单位为年，$0<m<1$）；

$n+k$——从现在起至到期日的剩余年限。

（2）可转换债券的期权价值

可转换债券的期权价值主要指的是买入期权的价值。所谓买入期权的价值，是指因为投资者可以在一定时间内以约定的转股价格转换成企业股票的选择权而具有的价值，该价值等于投资者为了获取这种选择权而支付给发行企业的费用。所以，可以把可转换公司债券的期权价值表示为内在价值和时间价值。

期权的内在价值（Intrinsic Value）对于买权来说，如果到期时标的资产的市场价格高于期权的约定价格，则期权持有人行使买权，按约定价格购买。此时买权可以节约购买价款，节约的价值即等于市场价格与约定价格之差，因而此时买权的价值也就等于期权持有人节约的价款。反之，当到期时标的资产的市场价格低于或等于期权的约定价格，则期权持有人按市场价购买更为有利。因为此时期权持有人不会行使买权，买权实际上也没有作用，此时买权的内在价值为零。如果用 S 代表期权所对应的标的股票的市场价格，X 代表期权合约规定的转股价格，则当 $S>X$ 时，期权内在价值为 $S-X>0$；当 $S\leqslant X$ 时，投资者将不会行使转换权，期权的内在价值为零。用公式表示为：

$$V=\mathrm{Max}(0,S-X) \tag{2-9}$$

期权的时间价值（Time Value）是期权购买者为购买期权而支付的费用超过该期权内在价值的那部分价值。它的本质是由于期权内在价值的波动可能给投资者带来收益的预期价值。期权购买者之所以愿意支付那部分额外费用，是因为他们预期随着时间的推移和市场价格的变动，该期权的内在价值能够增加。显然，这种预期内在价值的增长越大，那么相对于现值的时间价值也就越大。当然，期权的时间价值给予其持有者带来的预期收益只是一种统计上的期望值，市场是多变的，没有任何因素可以保证这种预期收益必然会转化为真正的收益，并归期权投资者所得。

2. 影响可转换公司债券价值的因素

可转换公司债券的价值由普通债券价值和买入期权的价值两部分组成。所以，只要对这两部分有影响的因素都有可能影响可转换公司债券的价值。主要有以下几个因素：

（1）公司经营业绩

可转换债券作为发行公司向社会公众筹集资金的有价证券的凭证，代表了公司获取利润的能力和增长潜力，这同股票一样，公司的经营业绩是最本质的影响可转换债券价值的因素。

发行可转换公司债券时所制定的转换价格既体现了公司经营业绩，也代表了可转换债券的投资价值。通常的转换价格是股票价格附加5%～50%的溢价，溢价的高低代表公司未来增长预期、利润回报和过去的经营业绩。转换价格一般是同股票价格相比较而制定出来的，因此，溢价的高低还应考虑股票价格在整个股票市场中是否真实、合理地反映了公司的投资价值。投资者在投资决策时要正确地分析溢价水平是否代表了股票价格的中长期趋势,是否包含了投资偏好甚至过度的人为操纵"陷阱",是否反映了公司经营成果和投资价值,从而制定出正确的投资决策。

(2)市场的利率水平

市场的平均利率水平是同可转换公司债券的投资价值成反比例关系的,在资本市场上,市场利率提高,对投资者来说,意味着投资可转换债券的收益降低了;反之,如果市场利率水平降低,相对来说,可转换公司债券的投资价值提高了。

(3)票面利率

票面利率是可转换公司债券投资价值的保底价值指标,从目前国际市场上来看,票面利率明显低于银行利率。票面利率的高低虽然影响可转换公司债券的投资价值,但投资者更关心可转换债券能否有足够的转换为股票的获利空间,能否顺利地实现转换,因此,当时机不能满足转换条件时,票面利率也是值得期待的,它毕竟带来了基本的投资回报。

票面利率的制定与发行要素的其他条款是相关联的。当其他条款更加有利于发行人时,可转换债券的票面利率也可能适当高些;如果转换价格的溢价水平高,票面利率适当会提高。

(4)权利期间长短

权利期间是指期权的剩余有效时间。一般权利期间越长,可转换债券所包含的买入期权的价值就越高。这是因为在较长的权利期间内,期权的内在价值有更大增长可能,可转换债券投资者通过行使转换权来获利的机会更多,因此转债的期权价值也就相应增加。

(5)股票价格的波动性

可转换公司债券所对应的股票的波动性是提高可转换公司债券投资价值的一个决定性的因素。价格波动大,其股票价格与转换价格就必然存在一个较大的区别,也就是转换的投资价值较大。因为波动性大,转换的机会就多,从而增加了可转换公司债券的投资价值。

(6)发行时机

发行时机已经包含了可转换公司债券的投资价值。在熊市中,可转债的投资价值相对高一些。这是因为在制定转换价格时,总是依照其股票的现行价格,熊市中股票价格相对处于较低的状态,那么赋予未来价格上涨的空间就可大些,购买可转换债券,预期获利的机会就多;反之,市场处于牛市过程中,转换价格较熊市要高些,其转换成股票的获利收益的机会就相对小些。

(7)赎回条款、回售条款和强制转股条款的规定

赎回条款和可转换债券的价值密切相关,其中保证期的长短和可转换债券的价值成正比,保证期越长,赎回价格越高,可转换债券的价值越高。回售条款则相反,它的设计保证了投资者的最低获益。强制性转股条款因为限制了可转换公司债券的期权属性,一般将使得可转债的价值降低。

(四)可转换债券投资策略

1. 可转换公司债券的收益与风险

(1)可转换公司债券的收益

对投资者而言,可转换债券提供了债券所能提供的稳定利息收入和还本保证,也提供了股本增值可带来的利益。可转债的债券性可以使投资者至少能够获得基本收益,只是低于同期的存款收益;它的期权性又给投资者博取风险收益的机会。因此,可转换债券投资可以使投资者在风险较小的情况下获取尽可能大的风险收益;对那些既渴望得到较高收益又不希望错过

股票升值的潜在收益的投资者来说，是一个极好的投资工具。

(2)可转换公司债券的风险

①利率风险

利率升高，会导致可转债发行人的股票上市之后其市场价格较预期降低，从而导致可转债的转换价值也降低。显而易见，可转换债券的价值与利率成反方向的变动关系，且利率对转债的价值影响比较大，即可转债对利率变化具有很强的敏感性。

②市场风险

证券市场有涨也有落，有牛市也有熊市，如果可转换债券发行的股票上市之时，正逢整个市场处于低迷市道，此时即使可转债的转股价格定得较为合理，上市之后马上跌落于转股价之下也是可能的，这对于投资者而言就是一种风险。如果在可转债的整个有效期内，股票的市场价格仍处于转股股价之下，则可转债无法转换，投资者只相当于投资到一种低息债券。

③业绩风险

投资者购买可转换公司债券，是希望发行人的股票上市后，市场价格能够高于转换价格而获利。如果可转换公司债券的发行人在可转债的有效期内经营业绩越来越好，则股票上市之后，投资者转股的可能性越大，获得的收益也可能越多。相反，如果发行人在可转债的有效期内经营业绩越来越差，则发行人的股票上市之后，可能无法转股，或即使转股，投资者获得的收益也不多。

④条款风险

尤其是带有赎回条款的可转换公司债券，由于发行公司通过这些条款把部分经营风险和财务风险转嫁给债券持有人，因此，风险可能会更大些。为了降低利率风险，公司通常在发行前就订立赎回条款，规定公司有权在市场利率低于票面利率一定程度后赎回可转换公司债券。投资者在购买可转换公司债券时一定不能简单地看其票面利率的高低，因为较高的收益率意味着需相应承担较大的风险。

由此可知，投资的风险和收益总是并存的，可转换公司债券固然有着很多好处，然而在现实市场中也是存在一定风险的。与别的证券投资品种相比，可转换公司债券的发行对企业实力的要求很高。规模小、资产少的公司往往不能符合相关法规的规定，所以总体上可转换债券往往对投资者更加有利，是目前比较受到关注的证券投资品种。下面就来看一下可转换公司债券投资策略的一些内容。

2. 投资可转换公司债券需要考虑的事项

(1)对象公司的经营业绩和成长潜力

可转换公司债券作为发行公司向社会公众筹集资金的有价证券的凭证，代表了发行公司获取利润的能力和增长潜力，因此其基本面是影响可转换公司债券最主要的因素。选择可转换债券的投资对象时，一个关键的要素是要考虑该对象未来股价的水平。一般来说，投资可转债应该选择那些风险程度虽大但相对潜力也很大的上市公司，否则可转换债券无法体现出其原有的优势。

(2)投资时机的选择

一般来说，当市场从低迷状态转向复苏趋势的时候，投资可转换债券更加有利。如国家新一轮经济增长的启动；各行业开始恢复景气，公司业绩一片看好；市场利率开始下调等。投资可转换公司债券还要特别注意转股价格的变化，转股价格的调整对可转换债券的价格往往有着重大的影响。

(3)发行条款

在现实中,发行公司的真实情况及未来的走势是很难判断的,因为投资者和发行公司之间存在着信息的不对称。因此,投资者需要尽量利用现有的信息,比如从公司的发行条款中,判断发行公司的一些基本情况,从而决定是否进行投资。一般来说,可以考虑的因素有期限、票面利率、赎回条款、回售条款等。

(4)套利机会

如果可转换债券价格低于其所含债券内在价值,可以买进转债,获得的收益率至少会高于同种信用级别债券的到期收益率;如果股票价格高于转股价格,则可以选择买入转债,转换成股票并卖出,获得套利收益。一般情况下,套利机会出现的可能性较小,而且机会存在的时间比较短。

第三节　证券投资基金

一、证券投资基金的概念与特点

(一)证券投资基金的概念

证券投资基金(以下简称基金)是指一种利益共享、风险共担的集合证券投资方式,即通过发行基金单位,集中投资者的资金,由基金托管人托管、由基金管理人管理和运用资金,从事股票、债券等金融工具的投资,并将投资收益按基金投资者的投资比例进行分配的一种间接投资方式。投资基金的称谓在不同的国家有所区别,美国称为“共同基金”,英国称为“单位信托基金”“投资基金”,也有称为“基金”的。虽然称谓不同,但内涵及运作并无太大区别,其基本内涵在于将众多投资者的资金聚集起来,交由专门的投资机构经营管理,投资于各种不同的投资领域,投资收益按投资比例分配给原投资者,投资经营管理机构从中获取相应的报酬,实现投资资金与投资能力的有效组合。

基金是一种积少成多的整体组合投资方式,即投资者将资金交给专业机构(基金管理人)管理,这些专业机构根据法律、法规、基金契约规定的投资原则和投资组合的原理,进行分散投资,趋利避险,以达到分散投资风险并兼顾资金的流动性和安全性而获利的目的。对于那些资金不多,或没有时间和精力,或缺少证券投资专门知识的投资者而言,是甚佳的投资选择。

(二)基金与股票、债券的区别

基金与股票、债券一样都是金融投资工具,但又与股票、债券存在着差异。

1. 它们所反映的关系不同

股票反映的是产权关系,债券反映的是债权债务关系,而契约型基金反映的则是信托关系。

2. 它们所筹资金的投向不同

股票和债券是金融工具,筹集的资金主要投向实业,而基金主要投向其他有价证券等投资工具。

3. 它们的风险水平不同

投资于股票有较大的风险。债券的直接收益取决于债券利息率,投资风险较小。基金主要投资于有价证券,收益有可能高于债券,投资风险又可能小于股票。

(三)投资基金的特点

1. 集合投资

基金是这样一种投资方式:它将零散的资金巧妙地汇集起来,交给专业机构投资于各种金融工具,以谋取资产的增值。

2. 分散风险

基金可以实现资产组合多样化,分散投资于多种证券。通过多元化的投资组合,一方面借助于资金庞大和投资对象众多的优势使投资者所面临的投资风险变小,另一方面利用不同的投资对象之间的互补性,达到分散投资风险的目的。

3. 专家管理

基金实行专家管理制度,这些专业管理人员都经过专门训练,具有丰富的证券投资和其他项目投资经验。

二、投资基金的分类

(一)根据组织形态的不同,可分为契约型基金和公司型基金

1. 契约型基金

契约型基金又称为单位信托基金,是指把受益人(投资者)、管理人、托管人三者作为基金的当事人,通过签订基金契约的形式发行受益凭证而设立的一种基金。

契约型基金是基于契约原理而组织起来的代理投资行为,通过基金契约来规范三方当事人的行为。基金管理人负责基金的管理操作;基金托管人作为基金资产的名义持有人,负责基金资产的保管和处置,对基金管理人的运作实行监督。

契约型基金以信托契约为基础,通过发行受益凭证设立基金,该基金至少涉及经理人、信托人和投资者三个当事人。契约型基金的设立首先必须有合格的信托契约,然后才能通过发行受益凭证募集投资者的资金,因此,信托契约是契约型基金设立与运营的首要条件和必备文件。该契约是经理人在筹建基金时与信托人所签订的,用以规定经理人、信托人及投资者之间权利义务关系的文件,其作用相当于一家公司的章程,由此对投资者提供保护。契约型基金中经理人(委托人)是基金的设定人,它设计特定类型的基金,发行受益凭证(或基金单位),并负责所筹资金的具体投资和运作。信托人(受托人)是基金的名义持有人或保管人,依据基金设立时的信托契约和经理人的指示调配、分配、处分和保管基金资产,负责基金受益凭证的购回、清算、交割和过户等工作,监督经理人按契约履行职责以及其投资活动的公正与合法。信托人的基本职责是确保信托契约载明的投资者的各项权益。投资者(受益人)是普通投资者,他们凭所认购的受益凭证,实际持有基金资产。投资者有权按信托契约的规定参加持有人会议,参与决定信托基金管理及发展的方针政策等重要事项,有权从基金分配中得到收益,并享有基金运作期满后要求信托人返还剩余资金的权利。

2. 公司型基金

公司型基金是按照《公司法》以公司形态组成的,该基金公司以发行股份的方式募集资金,一般投资者通过认购基金而购买该公司的股份,就成为该公司的股东,凭其持有的股份依法享有投资收益。公司型基金是指通过组建基金股份有限公司来成立基金投资管理公司,投资者通过认购公司股票的形式设定基金。基金本身即称为股份公司型的投资管理公司,投资者为公司股东,投资管理公司是基金投资的主体,它设有董事会,负责制定基金投资政策,并选聘基金投资的经理人;基金的资产存放于托管人处,托管人为基金资产设立独立账户,分别保管、定

期检查;公司股票的募集和销售可由创办投资管理公司的机构承担,也可委托专门的承销机构充当承销人。这样,公司型基金的产权配置表现为:基金的所有权转归投资管理公司名下,投资管理公司基于自己的授权,有权向经理人发出运用基金的指示,并监督基金的运作。投资者转让资金所有权后,获取投资管理公司的股权,可以基金分配股利,并于基金运作期满后分配基金剩余资产,在基金运作期间行使表决权;经理人拥有对基金的使用权和处分权,可以在不违背基金章程的前提下,根据投资行情的变化,决定基金的投向及结构;托管人则占有基金的全部资产,并依照经理人的指示调配基金资产。

公司型基金的特点主要包括:

(1)基金公司的设立程序类似于一般股份公司,基金公司本身依法注册为法人。但不同于一般股份公司的是,它是委托专业的财务顾问或基金管理公司来经营与管理。

(2)基金公司的组织结构与一般股份公司类似,设有董事会和持有人大会,基金资产由公司所有,投资者则是这家公司的股东,承担风险并通过持有人大会行使权利。

3. 契约型基金与公司型基金的不同点

(1)资金的性质不同。契约型基金的资产是信托财产,公司型基金的资金为公司法人的资本。

(2)投资者的地位不同。契约型基金的投资者购买受益凭证后成为基金契约的当事人之一,即受益人;公司型基金的投资者购买基金公司的股票后成为该公司的股东,以股息或红利形式取得收益。因此,契约型基金的投资者没有管理基金资产的权利,而公司型基金的股东通过股东大会和董事会享有管理基金公司的权利。

(3)基金的运营依据不同。契约型基金依据基金契约运营基金,公司型基金依据基金公司章程运营基金。

(二)根据变现方式的不同,可分为封闭式基金和开放式基金

1. 封闭式基金

封闭式基金是指基金的发起人在设立基金时,限定了基金单位的发行总额和存续期,募集到这个总额后,基金即宣告成立,并进行封闭;在一定时期内不再接受新的投资。基金单位的流通采取在交易所上市的办法,投资者以后要买卖基金单位都必须经过证券经纪商,在二级市场上进行竞价交易。

封闭式基金的期限是指基金的存续期,即基金从成立之日起到结束之日止的整个时间。

2. 开放式基金

开放式基金是指基金发起人在设立基金时,基金单位的总数是不固定的,可视投资者的需要追加发行。投资者也可以根据市场状况和各自的投资决策,或者要求发行机构按现期净资产值扣除手续费后赎回股份或受益凭证,或者再买入股份或受益凭证,增持基金单位份额。

封闭式基金与开放式基金的区别有:

(1)期限不同

封闭式基金通常有固定的封闭期,而开放式基金没有固定期限,投资者可随时向基金管理人赎回基金单位。封闭式基金通常有固定的存续期,目前市场中的封闭式基金的存续期为10~15年。期满后,经基金持有人大会通过并经监管机关同意可以延长存续期。而开放式基金没有固定的存续期,如果基金的运作得到基金持有人的认可,就可以一直运作下去。

(2)发行规模限制不同

封闭式基金在招募说明书中列明其基金规模,开放式基金没有发行规模限制。封闭式基金发行上市后，在存续期内，未经法定程序认可，不能扩大基金的规模。换句话说，封闭式基金在一定时期内规模是固定不变的。而开放式基金的规模是不固定的，一般是在基金设立三个月或半年后，投资者随时可以申购新的基金单位，也可以随时向基金单位赎回自己的投资。因此，管理好的开放式基金，规模会越滚越大；相反，业绩差的开放式基金，会遭到投资者的抛弃，规模逐渐萎缩，直到规模小于某一标准时，被清盘为止。

(3)基金单位交易方式不同

封闭式基金的基金单位在封闭期限内不能赎回，持有人只能寻求在证券交易场所出售给第三者。开放式基金的投资者则可以在首次发行结束一段时间(多为 3 个月)后，随时向基金管理人或中介机构提出购买或赎回申请。

(4)基金单位的交易价格计算标准不同

封闭式基金的买卖价格受市场供求关系的影响，并不必然反映公司的净资产值，会出现溢价或折价的现象(更常见的是折价现象)。开放式基金的交易价格则取决于基金的每单位资产净值加一定的购买费，买入价即赎回价，是基金单位净资产值减去一定的赎回费，基本不受市场供求影响。

(5)投资策略不同

封闭式基金的单位数不变，资本不会减少，因此基金可进行长期投资，基金资产的投资组合能够有效地在预定计划内进行。开放式基金因基金单位可随时赎回，为应付投资者随时赎回兑现，基金资产不能全部用来投资，更不能把全部资本用来进行长线投资，必须保持基金资产的流动性，在投资组合上需保留一部分现金和高流动性的金融商品。

(三)根据投资标的的不同，可分为国债基金、股票基金和其他基金

1. 国债基金

国债基金是指将基金资产投资于收益较稳定的各类国债上的一种收益性基金。

2. 股票基金

股票基金是指将基金资产投资于普通股股票的基金，是最原始、最基本的基金品种之一。

3. 其他基金

其他基金包括货币基金、黄金基金、衍生证券基金等。

货币基金是以全球的货币市场为投资对象的一种基金，其投资工具期限在一年内，包括银行短期存款、国库券、政府公债、公司债券、银行承兑票据及商业票据等。

黄金基金是以投资于黄金或其他贵金属及其生产和相关产业的证券为主要对象的基金。

衍生证券基金是以衍生证券为投资对象的基金。

(四)根据投资目标的不同，可分为成长型基金、收入型基金和平衡型基金

1. 成长型基金

成长型基金主要投资于信誉度高、有长期成长前景或长期盈余的公司股票。它以基金资产的长期增值为目的。

2. 收入型基金

收入型基金主要以投资于可带来现金收入的有价证券为主，以获取当期的最大收入为目的。

3. 平衡型基金

平衡型基金通常投资于股票和债券，其投资目标是既要获得当期收入，又要追求长期增值。

(五)分级基金

分级基金又称杠杆基金。为满足不同投资者的需要,将母基金按照约定的比例分拆成稳健级(A)基金和杠杆级(B)基金。稳健级基金适合稳健型投资者,可保证本金与收益;杠杆级基金适合激进型投资者,可享受杠杆投资。

1. 分级

分级的本质是稳健投资者借钱给激进投资者去投资股票。运作方式是:由母基金投资运作,把母基金的收益进行不对称分割,分为两类风险收益完全不同的子份额,B类份额(高风险、高收益的积极份额)向A类份额(低风险、低收益的稳健份额)借钱,A类份额获得稳定收益;偿付A类份额收益后的收益全部分配给B类份额。基金为了保持恒定的借贷关系,产品还有一系列设计。

2. 杠杆

(1)份额杠杆,是初始的份额配比杠杆率,恒定不变。

(2)净值杠杆,是母基金净值变动1%对应B的净值涨幅倍数。随着母基金净值变动,市场每天交易,杠杆率每天都会发生变化。

(3)价格杠杆,是母基金净值变动1%对应B的价格涨幅倍数。

3. 折算

折算分为定期折算和不定期折算、向上折算和向下折算。

(1)子份额上市交易,有两套定价:净值和交易价格;子份额的净值和交易价格之间存在的差异就是折价或溢价,折溢价是投资分级基金的重要风险指标。

(2)折价率:如果价格低于净值,

$$折价率=\frac{净值}{价格}-1 \tag{2—10}$$

(3)溢价率:如果价格高于净值,

$$溢价率=\frac{净值}{价格}-1 \tag{2—11}$$

A的折价决定B的溢价中枢。

三、证券投资基金的设立、发行与交易

(一)基金的设立

1. 基金的设立制度

(1)注册制

注册制采用基金发行的公开原则,即公开管理原则。根据该原则,凡是拟发行基金的发行人,必须将依法应公开的、与所发行基金有关的一切信息和资料,制作成相应的法律文件并公之于众,且内容不得含有虚假、误导性陈述或重大遗漏;否则,发行人应承担相应的民事、行政乃至刑事责任。基金主管机关不对基金发行申请人及基金本身做价值判断,其对公开材料的审查仅做形式审查,只负责审查基金发行申请人是否严格履行相关的信息披露义务,而不涉及任何发行实质条件的审查。只要发行申请人依规定将有关信息完整、及时、真实、准确地予以披露,主管机关不得以申请人财务状况未达到一定标准而拒绝其发行。美国采取的是注册制,具有以下特点:

①投资基金法无须规定基金发行的实质性条件,只要具备最基本的条件便可申请注册。

②基金主管机关无权批准某基金公司能否设立或发行上市。基金发行上市是各基金公司可以平等获得的待遇。对基金公司来说，它可能获得市场认同，也可能没有投资者光顾而发行失败。

③基金主管机关不保证所发行基金质地优良，也不保证对经注册基金投资的回报，投资与否及收益风险完全由投资者自己负责。

④基金发行申请人必须全面公开所有与发行基金有关的任何重大信息，不得有任何隐瞒、虚假或误导性陈述，为其提供服务的相关中介机构对自己出具的证明文件负责。

(2)核准制

基金发行核准制是指基金发行人在遵守信息公开义务的同时，基金发行必须符合投资基金法规定的基金发行条件，而且只有经基金主管机关审查才能生效，即主管机关有权对基金发行人及其所发行基金做出审查和决定，其采取的是实质管理原则。日本、英国及我国台湾地区都采取核准制。核准制有以下特点：

第一，投资基金法具体规定基金发行人的资格及基金发行的实质条件，通过规定发行人资格及发行条件，将劣质基金加以排斥。

第二，基金主管机关在基金发行中享有独立的审查权，在审查期间，如果发现发行人资格及条件与法定要求不相符时，应禁止其公开发售；即使发行人资格及条件符合，主管机关也有权禁止基金的发行。

第三，基金被核准后，如果基金主管机关发现其存在违法或于社会公益及投资者利益不利时，有权撤销已做出的核准，而且主管机关撤销已做出的核准许可时，不承担责任。

(3)审批制

审批制是指证券监管当局按照有关法律的规定，对基金的设立进行实质性审查，从而决定该基金是否可以发行的制度。审查不但要包括内容的真实性，还要求检查程序和形式上的合法性。

2. 基金的设立程序

为了保障投资者的利益，许多发达国家和地区都对基金发起人的资格加以严格规定。基金发起人必须向基金的主管机关提出申请，经调查核准后方可进行基金的募集工作。在我国，中国证监会是证券投资基金的主管机关，负责基金的审批工作。基金的设立须经过准备、提交文件、主管机关审核批准等阶段。

3. 基金设立条件

(1)基金发起人的条件

基金发起人是设立基金的主要当事人，其主要工作包括进行基金可行性研究，制定基金公司章程或基金契约、托管协议等重要文件，选择基金管理人和托管人，并须认购一定的基金单位份额。所以，基金发起人的资产规模、代理能力、监督能力、研究水平等都直接影响基金募集工作和基金未来运作，进而关系到众多基金投资者的利益。

基金发起人应当符合的主要条件包括：主要发起人为按照国家有关规定设立的证券公司、信托投资公司、基金管理公司；每个发起人实收资本不少于3亿元，主要发起人有3年以上从事证券投资经验、有连续盈利的记录(基金管理公司除外)等。

(2)基金管理人的条件

申请设立基金管理公司必须具备的条件包括：主要发起人为按照国家有关规定设立的证券公司、信托投资公司；每个发起人实收资本不少于3亿元；主要发起人经营状况良好，最近3

年连续盈利；拟设立的基金管理公司的最低实收资本为1 000万元；有明确可行的基金管理计划；有合格的基金管理人才等。

(3)基金托管人的条件

基金托管人一般由兼营信托业务的金融机构担任，在我国，这一角色由商业银行承担。基金托管人应当具备的条件包括：设立专门的基金托管部；实收资本不少于80亿元；具备安全保管基金全部资产的条件；具备安全、高效的清算、交割能力等。

(4)基金设立的主要文件

拟设立基金时，发起人必须向主管机关提交一系列规范基金设立、运作方面的重要文件，主要包括：

①申请报告，是对设立基金的主要特征和基本要素的一个总体概述。

②发起人协议，是基金发起人就发起设立的基金有关事项达成一致的协议书。

③基金契约，是基金的重要文件，载明有关基金运作情况的各项资料，提供基金投资目标决策、行政及管理等方面内容。基金契约在投资活动中具备两个功能：充当推销基金单位的工具和作为保护投资者利益的依据。所以，每一位潜在的基金投资者都十分关心基金契约。

④托管协议又称委托保管协议，是规范基金管理人与基金托管人权利义务的契约。

⑤招募说明书，是发起人向社会公众提供的有关基金的各项详细材料的法律文件。

(二)基金的发行

基金的发行是指基金发起人在基金设立申请基金主管机关批准后，向社会发行基金单位、募集资金的过程。基金发行是基金整个运作过程中的一个基本环节，也是基金市场的一个重要组成部分。

1. 发行方式

在国外，根据不同的标准，将基金的发行方式分为：

(1)公募发行与私募发行；

(2)自营发行与代理发行。

目前国际上基金的发行主要有以下四种方式：

(1)直接销售方式。即基金不经过任何专门的销售组织而直接面向投资者销售。在这种最简单的发行方式中，投资基金按净资产价值出售，出价与报价相同，即不收费基金。

(2)包销方式。在这种方式中，投资基金大部分是通过包销商包销的，包销商相当于批发商，赚取批零差价。

(3)集团销售方式。为了更有效地推销基金，有些包销商会牵头组成一个或数个销售集团，而每个销售集团又由一定数量的承销商组成，各个承销商分别代理包销商销售投资基金的一部分，包销商则支付给每个承销商一定的销售费用。

(4)计划公司销售方式。它是集团销售方式的深化，即将一定比例的基金采用分期付款的方式销售。这种销售方式在包销商与投资者之间多了一个计划公司，由计划公司向投资者提供贷款，并安排投资者以分期付款方式购买投资基金，计划公司一般会向投资者收取更高的手续费。

2. 发行价格

基金的发行价格一般由基金面值和基金的发行费用两部分组成。

在国外，封闭式基金的发行价格分为平价、溢价和折价，目前我国只允许平价发行，即基金按照面值加一定比例的手续费发行。

开放式基金的发行价格一般为基金面额加一定比例的首次认购费。

3. 发行期限

基金的募集期限为自该基金批准之日起3个月。在此期间基金经理人不得动用已募集的资金进行投资。在规定期限内，封闭式基金募集的资金超过该基金批准规模的80%，开放式基金净销售额超过2亿元，该基金方可成立；否则，基金不能成立，基金发起人应将募集资金加计银行活期存款利息于30天内退还给基金认购人，并承担基金募集费用。

(三)投资基金的交易

1. 基金交易的方式

(1)封闭型基金的公开交易

封闭型基金在首次发行结束后就封闭起来。投资者在基金存续期内不能将持有的基金受益凭证卖给基金，而只能在上市后竞价买卖。其交易方式与债券、股票有着相通之处，但也具有自己的特点。

(2)开放型基金的交易

开放型基金的交易实际上是在投资者和基金之间进行的。所以投资者转让开放型基金的受益凭证，只需在基金首次发行结束的一段时间后，在开设的专门柜台，随时申购或赎回该基金。

2. 基金交易的场所

(1)封闭型基金的交易场所

封闭型基金的交易场所可能是全国性证券交易所，也可能是区域性证券交易中心。

(2)开放型基金的交易场所

开放型基金不能像封闭型基金那样上市交易，所以其交易不是在证券交易所和证券交易中心指定的场所进行，而是在各基金专门开设的柜台前进行。

3. 基金交易的价格

(1)封闭型基金的单位买卖价格以基金的净资产为基础，但主要由市场供求来确定。由于封闭型基金发行的单位数是固定的，而市场需求却不断变化，因此封闭型基金单位在交易过程中经常出现溢价或折价现象。

(2)开放型基金的单位价格则不是随行就市的，它一般是每天报价，并且每天只有一个买入价和卖出价。基金单位的买入价即赎回价，不受市场供求关系的影响，不会出现溢价或折价现象。一般买入价即为基金单位净资产值，卖出价则为基金单位净资产值加上交易费用。

四、基金管理机制

(一)基金主要当事人

开放式基金的当事人主要包括：基金投资者、基金管理人、基金托管人，以及基金销售机构、注册登记机构、注册会计师及律师等中介服务机构。

1. 基金投资者

基金投资者是基金出资人、基金资产所有者和基金投资收益受益人。

2. 基金管理人

基金管理人负责基金资产投资运作，在不同的基金市场上名称有所不同，如美国的“投资顾问公司”或“资产管理公司”，日本的“证券投资信托委托公司”“投资信托公司”“投资顾问公司”，以及我国台湾的“证券投资信托公司”，我国内地则将其称作“基金管理公司”。

作为专业从事基金资产管理的机构，基金管理人最主要的职责就是按照基金契约的规定，制定基金资产投资策略，组织专业人士，选择具体的投资对象，决定投资时机、价格和数量，运用基金资产进行有价证券投资。此外，基金管理人还须自行或委托其他机构进行基金推广、销售，负责向投资者提供有关基金运作信息（包括计算并公告基金资产净值、编制基金财务报告并负责对外及时公告等）。

基金业绩在很大程度上取决于基金管理人员的管理能力和职业操守。为了保护基金投资者利益，各国和地区资本市场监管部门均对基金管理人特别是其从业人员的资格做出严格规定。我国对基金管理公司的设立实行审批制，按照《证券投资基金管理暂行办法》的要求，在从事基金管理业务之前，基金管理公司资本金额、信誉状况及其主要业务人员的业务素质和职业道德水准都必须首先得到监管机构认可。

3. 基金托管人

基金托管人通常由具备一定条件的商业银行、信托公司等专业性金融机构担任，负责保管基金资产。在公司型基金运作模式中，托管人是基金公司董事会所雇用的专业服务机构。在契约型基金运作模式中，托管人通常还是基金的名义持有人。基金托管人的主要职责一般包括：

（1）安全保管基金资产。这是基金托管人最重要的职责；

（2）执行基金管理人的划款及清算指令；

（3）监督基金管理人的投资运作；

（4）复核、审查基金管理人计算的基金资产净值及基金价格等。

由于基金托管人在基金资产安全运作中的特殊作用，各国家和地区的基金监管法规都对基金托管人的资格有严格要求。我国对基金托管业务实行审批制，按照《证券投资基金管理暂行办法》的规定，基金托管人必须是满足一定条件的商业银行，资格条件包括实收资本金须超过 80 亿元人民币，具备必要的技术和机构设施等。目前，中国工商银行、中国建设银行、中国农业银行、中国银行及交通银行已取得基金托管业务资格。

（二）基金主要当事人之间的关系

1. 持有人与管理人之间的关系

基金持有人是基金的实际所有者，而基金管理人则是凭借专门的知识与经验，运用所管理基金的资产，根据法律、法规及基金章程或基金契约的规定，按照科学的投资组合原理进行投资决策，谋求所管理基金资产的不断增值，并为基金持有人获取尽可能多收益的机构。所以，基金持有人与基金管理人的关系实质上是所有人与经营者之间的关系。前者是基金资产的所有者，后者是基金资产的经营者。前者既可以是自然人，也可以是法人或其他社会团体；后者则是由职业投资专家组成的专门经营者，是依法成立的法人。

2. 管理人与托管人之间的关系

管理人与托管人之间的关系是经营与监管的关系。基金管理人和基金托管人应当在行政上、财务上相互独立，其高级管理人员不得在对方兼任何职务。基金管理人由投资专家组成，负责基金资产的经营；托管人由主管机关认可的金融机构担任，负责基金资产的保管，依据基金管理机构的指令处置基金资产并监督管理人的投资运作是否合法合规。对基金管理人而言，处理有关证券、现金收付的具体事务交由基金托管人办理，自己就可以专心从事资产的运用和投资决策。基金管理人和基金托管人均对基金持有人负责。他们的权利和义务在基金契约或基金公司章程中预先界定清楚，任何一方有违规之处，对方都应当监督并及时制止，直至请求更换违规方。这种相互制衡的运行机制，有利于基金信托财产的安全和基金运用的高效。

但是，这种机制的作用得以有效发挥的前提是基金托管人与基金管理人必须严格分开，由不具有任何关联的不同机构或公司担任，两者在财务上、人事上、法律地位上应该完全独立。

3. 持有人与托管人之间的关系

持有人与托管人的关系是委托与受托的关系，也就是说，基金持有人把基金资产委托给基金托管人管理。对持有人而言，把基金资产委托给专门的机构管理，可以确保基金资产的安全。对基金托管人而言，必须对基金持有人负责，监管基金管理人的行为，使其经营行为符合法律法规的要求，为基金持有人勤勉尽职，保证资产安全，提高资产的报酬。

五、证券投资基金的估价与收益分配

（一）基金的估值和净资产值

所谓基金的估值，即对基金的资产净值按照一定的价格进行估算。基金的净资产值是衡量一个基金经营好坏的主要指标，也是基金单位买卖价格的计算依据，基金经营机构必须及时计算并公布。各国一般都规定基金经营机构必须在每一营业日或每周一次或至少每月一次计算并公布基金的净资产值。基金净资产的估值方法根据投资对象的不同而变化，主要有以下几种情况：

1. 基金投资对象为上市股票等

以上市股票、认股权证、上市债券、期货合约和期权证券为投资对象的基金，其资产按估值日当天证券市场的收盘价（以这种方法计算出来的基金单位净值称为未知价或事前价），或以估值日前 5 个交易日所有投资对象的收盘价或平均值计算基金资产总值（称为已知价或事后价），估值结果须经注册会计师审核签证。

2. 基金投资对象为未上市证券等

这种基金的资产价值以其面值加上自认购日至计算日已产生的投资收益为主，或由指定的会计师事务所或资产评估机构估算。

3. 基金投资对象为其他项目等

以房地产和其他领域的项目为投资对象的基金，其资产价值的估算一般由指定的会计师事务所或资产评估机构测算。

上述三种情况的估值都须包括任何累计至有关估值日的利息，以及任何已宣布但仍未收取的股息。

根据这些估值方法，就可以对基金资产估值。这包括基金资产净值总额和基金单位净资产值。其计算公式为：

$$\text{基金资产净值总额}=\text{基金的总资产价值}-\text{基金的总负债}-\text{相关费用} \quad (2-12)$$

$$\text{基金单位净资产值}=\frac{\text{基金资产净值总额}}{\text{基金单位总数}} \quad (2-13)$$

其中，基金的总资产价值即基金投资组合的所有现金、存款、股票、各种债券、其他证券、房地产、实业及其他投资项目的实际价值（按上述估值方法测算）总和；基金的总负债包括首期发行费、应摊年费、交易费、会计师和律师费用、宣传费用、税费和借款等一切开支。

基金净资产值集中反映了基金目前的资产增值情况和投资收益情况，它会随基金的投资表现而变化，每日都可能不同，投资者应密切注意这一指标。

（二）基金报价

1. 封闭式基金

封闭式基金的交易价格是封闭式基金在证券市场挂牌交易时的价格。封闭式基金的买卖价格以基金单位的资产净值为基础，但也由市场供求来确定。所以，封闭式基金单位交易过程中经常会出现溢价或折价的现象。

2. 开放式基金

开放式基金可以随时进行申购或者赎回。其申购和赎回价格每天由基金管理人根据一定的计价方式对外公开报价。

报价通常包括卖出价和买入价两种。卖出价又称认购价，是投资者认购基金单位的价格；买入价又称赎回价，是投资者向基金公司卖出基金单位的价格。

开放式基金的价格以基金资产净值为基础进行计算。一般基金的卖出价包括首次认购费用，或者为了吸引投资者，在报价时免掉销售费用；而买入价则除包括销售费用外，有时还包括一定比例的赎回费用，增加赎回基金的成本。用公式表示为：

卖出价＝基金单位资产净值＋首次购买费 (2—14)

买入价＝基金单位资产净值－赎回费 (2—15)

基金的首次购买费一般在 3%～7%之间，有些新创立的基金为了吸引投资者，在首次推出时，不收首次购买费。

(三)基金收益的分配

基金收益的分配主要涉及分配的比例、时间和方式等，一般在信托契约等基金要件中都做了规定。

1. 收益分配比例

收益分配比例是指可分配收益中有多少用于分配给投资者。对此比例，不同国家、不同基金规定的原则各不相同。

2. 分配时间

一般基金收益的分配是一年一次，于每个会计年度结束后 1～3 个月内公布收益分配方案，但债券基金和货币市场基金则每月或每季度分配一次。

3. 分配方式

一般分配方式有四种：

(1)以现金形式发放(这是最常见的)。

(2)派送基金单位。此方式类似于股票的送红股，将应分配的利润折算成等额的新的基金单位送给投资者。

(3)把投资收益按基金单位净资产值折成相应的基金单位份额滚入本金再投资。

(4)将以上几种方式结合使用。

一般来说，对于投资基金的分配，基金都会在公开的报刊上发布分配公告，说明可分配收益的额度、分配时间、分配方式及支付办法。

六、证券投资基金的投资运作

(一)投资证券基金的经营目标和投资目标

1. 成长型投资基金

成长型投资基金，是指主要投资于成长类股票、追求资产长期稳定增长目标的基金类型。

所谓成长类股票，是指企业发行的具有良好前景的股票，其价格预期上涨速度要快于一般公司的股票或股价综合指数。发行这类股票的公司往往由于有新产品、新管理层，或整个产业类型趋于兴旺，并把其收入用于再投资，因此其资本增长速度一般快于国民经济和同行业的增长速度。成长型基金经理人购买这种股票并适时卖出，即可以从中获取利益。由于股份价格波动大，损失投资本金的风险也比较高，成长型基金被认为是风险较高的基金类型。

2. 收入型投资基金

收入型投资基金追求的目标是在稳定的前提下，取得最大的当前收入，而不强调资本的长期利益和成长。该基金的经理人通常选择能够带来现金利息的投资对象，其投资组合主要包括利息较高的债券、优先股和普通股。

(二)证券投资基金的投资策略

投资者将资金投入基金都希望能获得好的收益，即在扣除种种成本费用后能够取得理想的收益。这种动机的客观存在使得基金投资的运行机制是：建立在用投资者的资金通过专业性投资机构的操作运用，进而达到稳定收益，构成投资基金运行机制的核心。投资基金之所以能具有这一核心性机制，主要有以下几方面原因：

1. 投资组合

“不要把所有鸡蛋放在同一个篮子里”，可以说是投资的金科玉律。为分散投资风险，投资者应当分散投资于多种有价证券，但投资者往往因投资资金所限而难以实现有效的投资组合。基金投资集分散、小额投资者资金成相当规模的资金，可分散投资于数十种甚至数百种有价证券等投资对象，进行不同投资的有效组合，纵然少数跌落，但就整体而言，因投资组合形成风险分散，一般仍可取得较市场平均投资收益高的投资效率。

2. 专家理财

基金投资都是由专业的经理人操作、决策和运用，他们不同于一般的投资者，往往拥有独立的投资分析部门，集中了投资专家、经济专家和管理专家，有必备的专业知识和多年积累的投资经验，他们可以利用广泛的信息渠道、精良的设备和充裕的资金，从事有关投资市场的调查与分析，选择最佳时机和最佳目标，以最佳的投资形式求得最大的投资回报，其成功的可能性较大。单个投资者由于知识的缺乏、时间的限制、设备的短缺，往往难以达到专家理财的投资效果。

3. 规模经济

这表现在两个方面：一方面在证券市场上，交易规模与平均交易费用成反比，在大额交易中往往能获得优惠折扣，显然单个投资者难以获得这一利益。基金投资汇集小额资金为巨额资金，其交易费用分摊到每一个委托投资者或每一笔交易上的份额将大大减小，规模经济性十分明显。另一方面，通过资金共同投资，有关专家理财的管理费用由基金的所有投资者分担，这样又大大减少单位投资的专家理财成本，实现投资的规模效益。

4. 选择投资

基金投资的方式及范围十分广泛，且具体的投资由经理人操作，对投资者也没有过多的专业知识要求，这就使得广大投资者的投资途径大为拓宽，可以通过基金将资金分散投资于不同的有价证券，投资于不动产，投资于实业，还可以投资于国内外不同的市场和地区。这种投资上的多样性和间接性为广大投资者创造了良好的投资条件，使广大投资者可以有选择地进行投资，以分担风险、稳定收益。

上述种种因素的存在，使得投资基金在实际运作过程中能够给投资者提供稳定可观的投资收益。正因为如此，投资基金的运作也就有了稳固的基础，其发展自然呈欣欣向荣之势。

(三)投资基金的费用

投资基金的运行机制以投资者转让资金名义所有权和实际使用权为前提,投资者购买基金受益凭证或基金投资管理公司股票的行为发生基金上述转让性的效力。这种转让性的实质是建立在信任基础上的委托行为。行为的动机则可能来自多方面,如投资者缺乏相应的投资知识等。而投资的高收益预期又有着不可抵御的诱惑,因此这些不特定的投资者便将自有资金委托专门从事投资的机构进行操作。基于这种委托行为,投资者购买基金要担负一定的费用,年费率通常是基金总资产的0.7%左右;保管费是托管人或信托人为保管、处分基金资产而收取的费用,年保管费率一般为资产净值的0.2%;运作费则包括支付会计师、律师的费用,如开年会的费用、报表的印制费用、受益凭证或股票买卖佣金、手续费等;销售管理费是公司用于促进基金受益凭证或公司股票的发行与承销,吸引新的投资者的费用,如广告费、宣传品费、支付承销人员佣金等(美国称为12b—1费用)。

1. 管理费

管理费是指支付给实际运用基金资产、为资金提供专业化服务的基金管理人的费用,也就是管理人为管理和操作基金而收取的费用。

2. 托管费

托管费是托管人为保管及处理基金资产而收取的费用。

3. 运作费

运作费包括支付注册会计师费、律师费、稽查费、召开年会费用、中期和年度公报及公开说明书的印刷制作费、买卖有价证券的手续费等。

4. 12b—1费用

根据美国12b—1规则,准许投资基金动用小部分基金资产来支付广告费、宣传品支出、公开说明书、年报中报的印制费、销售人员佣金、股票经纪人及财务顾问的佣金等营销及摊派费用。

5. 清算费用

清算费用是指基金中止时清算所需费用,按清算时实际支出从基金资产中提取。

第四节　金融衍生品

一、金融期货与期权

(一)期货与金融期权

1. 期货及金融期货的定义

期货交易是指买卖双方约定在将来的某个日期以成交时所约定的价格交割一定数量的某种商品的交易方式。所谓金融期货,是指以各种金融商品如外汇、债券、股价指数等作为标的物的期货交易方式。金融期货是以金融期货合约为对象的交易。所谓金融期货合约,是指由交易双方订立的、约定在未来日期以成交时所约定的价格交割一定数量的某种金融商品的标准化契约。

期货又称商品期货合同。商品期货合同不同于普通商品市场上的远期交货合同。远期交货合同是特定商品的买卖双方经协商后达成交易,并约定何时、何地以何种价格、何种方式交货付款的书面凭证。在远期交货合同中,明确规定了合同商品的特定品种、质量、数量、规格、包装、交货责任、运输保险条件以及付款方式。卖方交付的商品必须符合上述合同的要求，否则会遭到退货甚至索赔。这类合同中的条件是经买卖双方协商议定的，因而很少有两张合同，也很难互相冲销。由于这个原因，远期交货合同很难进行二手买卖，正如银行贷款合同一样，由于每笔贷款都视借贷双方的需求和关系而规定不同的数额、期限、利率及其他条件，因而无法在债券市场和期货市场上自由转让。商品期货合同之所以能成为金融市场上公开交易的有价证券，成为证券投资的重要工具，主要是因为商品期货合同是标准化的、非个性化的合同。这一性质主要体现在以下四个方面：

(1)统一的品级

品级就是商品的品质级别，这是表明商品期货合同所代表的商品的品质好坏的公认标准。品级是根据商品的一项或几项主要特征(如大小、长短、粗细、色泽、均匀程度、化学成分、比重、纯度、所含水分及杂质等)来规定的。只有对容易鉴别共同特征的商品，才能规定品质划一的品级。如生丝、棉花、橡胶、小麦、咖啡、可可、食糖、各种金属等，在国际上都有沿用已久的公认的品级。品级通常由厂商的专业协会或者商品交易所来制定，有时也可以由某一商品主要生产国的政府机关来规定该商品的品级。

商品期货合同所代表的商品，只能是具有统一品级的商品；反过来说，并不是任何商品的交易都能签订商品期货合同。因此，在买卖商品期货合同时，无须对其所代表商品的品种、质量、规格等条件一一确认和反复协商。

(2)规范的交易单位

每一份商品期货合同所代表的商品数量，都是由商品交易所或交易者协会预先统一规定的，称为交易单位。利用商品期货合同买卖商品，数量只限于交易单位的整数倍，即买卖几份该商品的期货合同，不能自由议定和分割交易单位。例如，芝加哥农产品交易所规定每份小麦期货合同只能包含 5 000 蒲式耳，也就是说，小麦期货合同的交易单位是 5 000 蒲式耳，如果想多买或多卖，可以买卖两份、三份或更多的小麦期货合同，但不能打破 5 000 蒲式耳的倍数。又如，该商品交易所豆油期货合同的交易单位是 60 000 磅，黄金期货合同的交易单位是 100 金衡盎司，等等。这样，在商品期货市场上，买卖商品的数量便转化为买卖该商品期货合同的份数。

(3)指定的交割月份

商品期货合同在实际执行时，商品交割期并不是指定的日期，而是指定的月份，称为交割月份。履行交易义务的一方可在指定月份的第一个营业日起到该月份最后一个营业日止选择任何一个营业日交割商品。同时，商品交易所对每一种商品都指定了若干个交割月份。

(4)交割方式

商品期货合同在到期履行时，交货的一方并不交割实际商品，只是交付代表这批商品所有权的证明文件——栈单，并随附该商品已经过检验、符合合同规定品级的证明书，由买方自行检验在指定地点仓库中的商品，称为检验存货。正是由于商品期货合同具有上述四个区别于远期交货合同的标准化特性，使得商品期货合同具有极强的可交易性，并形成一个相对独立的市场——期货市场。

商品期货合同，可以根据所代表的商品种类不同，划分为三类期货，即软商品期货、硬商品期货和金融商品期货。

软商品期货是指各种金属期货，如黄金、白银、锡、铅、铜、锌等。

金融商品则是指其他金融市场上的金融工具，如货币市场上的国库券、债券市场上的各种期限的政府债券、外汇市场上的外币，甚至股票市场上的股票价格变动指数。金融商品期货简称金融期货，它基本上可以分为三种类型：一是利率期货，是指代表一定量的、以本国货币计算的固定利率的有价证券的期货合同；二是外币期货，是指代表一定量的外国货币的期货合同，均与本国货币对做；三是指数期货，这种期货合同代表着用某种特定的办法将股票价格变动指数折算成一定货币额。

期货交易与现货交易相比，具有如下特征：

(1)交易对象不同

商品现货的交易对象是某一具体形态的商品，证券现货交易的对象代表着一定所有权或债权关系的股票或债券，而期货交易的对象是期货合约。期货合约是由期货交易所设计的一种对指定商品的种类、规格、数量、交收月份、交收地点都做出统一规定的标准化书面协议。

(2)交易目的不同

商品交易的目的是为了取得商品的使用价值和实现商品价值，证券交易的目的是为了生产和经营筹集必要的资金及为暂时闲置的货币资金寻找生息获利的投资机会。期货交易是为了不愿承担价格风险的生产者与经营者提供稳定成本、保住盈利从而保证生产与经营活动正常进行的保值机会，发现和形成价格，同时也为一部分投机者提供投机获利的机会。

(3)了结方式不同

现货交易通常以商品、证券与货币的转手而结束交易活动。而在期货交易中，仅有极少数的合约到期进行实物交割，差不多近98%的期货合约是做相反交易对冲了结的。

金融期货的基本特性是：

(1)金融商品的基本特性：一是金融商品的同质性，二是金融商品的耐久性，三是金融商品价格的易变性。

(2)金融期货交易的基本特性：一是金融商品的持有成本低，二是金融商品交易的结算与交割十分便利。

2. 金融期货的主要种类

(1)外汇期货

外汇期货又称货币期货，是为适应人们管理外汇汇率风险的需要而产生的一种金融期货。

(2)利率期货

利率期货是为适应人们管理利率风险的需要而产生的一种金融期货，其标的物是一定数量的某种与利率相关的商品即各种固定利率的有价证券。

(3)股票价格指数期货

股票价格指数期货是为适应人们管理股市风险尤其是系统性风险的需要而产生的一种金融期货，其标的物是股票价格指数。股票价格指数期货采用现金结算的方式，其合约的价值通常是以股票价格指数乘以一个固定的金额来计算的，这样虚拟的指数就变成了可交易的具有合约价值的产品。股票指数期货是20世纪80年代发展起来的新型衍生金融工具，具有价格发现、规避股票市场的系统性风险和资产配置的功能，能够有效完善证券市场的运行机制。

①股票指数

说到股指期货，我们首先需要了解股市中的股票指数。股票指数即股票价格指数，是反映整个股票市场总体价格水平及其变动情况，并被用来衡量股票市场行情的指标，是由证券交易所或金融服务机构编制的表明股票行市变动的一种供参考的指示数字。

由于股票价格起伏无常，投资者必然面临市场价格风险。对于具体某一种股票的价格变化，投资者容易了解，而对于多种股票的价格变化，要逐一了解并掌握市场全貌则很难做到。为了适应这种情况和需要，一些金融服务机构利用自己的业务知识和熟悉市场的优势，编制出股票价格指数，公开发布，作为市场价格变动的指标，能够综合反映股票市场的价格变化情况，衡量股票市场的总体价格水平，从而为投资者判断行情、决定投资策略提供分析数据，用以预测股票市场的动向。此外，股价指数能够从一个方面反映整个国家的经济、政治状况，因而对国家宏观经济发展研究也有参考价值。

编制股价指数时，通常以过去某一时点为基期，以该期市场上部分有代表性公司发行的股票，或是市场上全部股票的加权平均价格为100，然后用当期股票价格与基期价格相比，所得百分比即为当期股票价格指数。股价指数单位是用“点”来表示的，“点”是衡量股票价格涨跌的相对尺度。世界各大证券交易所一般都有自己的股票指数，有些证券公司、金融研究机构也编制股价指数。世界上有影响、有代表性的股票指数有美国的道·琼斯股票价格平均指数、美国标准·普尔股票综合指数、日本的日经平均股价指数、中国香港的恒生指数以及英国的《金融时报》工业股票指数等。为了能实时地向投资者反映股市的动向，所有的股市几乎都是在股价变化的同时即时公布股票价格指数。由于上市股票种类繁多，计算全部上市股票的价格平均数或指数的工作是艰巨而复杂的，因此人们常常从上市股票中选择若干种富有代表性的样本股票，并计算这些样本股票的价格平均数或指数，用以表示整个市场的股票价格总趋势及涨跌幅度。

②从股票指数到股指期货

从期货的诞生历程我们可以了解到，当某种资产价格频繁波动、使人们面临巨大风险时，以该商品为标的的期货品种就应运而生了，股指期货的产生也是这样。20世纪70年代，西方各国在美元危机、石油危机等多重打击下，陷入前所未有的经济和金融双混乱时期，利率、汇率频繁波动，股票市场也不能独善其身，股市风险加剧。即使是机构投资者，面对股市齐涨共跌的系统性风险也束手无策。在这种背景下，股指期货(Share Price Index Futures，SPIF)应运而生。第一个股指期货产品是堪萨斯市交易所于1982年推出的价值线指数期货。紧随其后，芝加哥商业交易所推出了标准普尔500股指期货，纽约期货交易所推出了NYSE综合指数期货等。股指期货取得了空前的成功，价值线指数期货合约推出当年就成交35万张，标准普尔股指期货成交达150万张。1984年，股指期货交易量已占美国所有期货合约交易量的20%以上。金融期货起步虽晚但发展迅速，呈后来居上的势头。进入20世纪最后十年，金融期货已占据全球期货市场交易的大部分。截至2019年年底，全球有200多种股指期货合约在各国交易，成为期货市场的主要品种，股指期货也因此被称为“最激动人心的金融创新”。

那么股票市场的投资者面临哪些风险呢?

根据现代证券投资组合理论，股票市场的风险可分为系统性风险和非系统性风险。系统性风险是由宏观性因素决定的，作用时间长，涉及面广，难以通过分散投资的方法加以规避，因此称为不可控风险。非系统性风险则是针对特定的个别股票(或发行该股票的上市公司)而发生的风险，与整个市场无关，投资者通常可以采取投资组合的方式规避此类风险，因此又称可控风险。投资组合虽然能够在很大程度上降低非系统风险，但当整个市场环境或某些全局性的因素发生变动时，即发生系统性风险时，各种股票的市场价格会朝着同一方向变动，单凭在股票市场的分散投资，显然无法规避价格整体变动的风险。

在这种情况下，人们从商品期货的套期保值中获得启发，设计出一种新型金融投资工具，以回避股票市场的系统性风险。这种金融商品应该符合以下条件：首先，要回避市场的系统性风险，它的标的物应该是市场整体而不是单只股票；其次，这种商品要具备期货套期保值的功能，有良好的市场规模和流动性。显而易见，代表了市场整体价格水平和变动趋势的股票指数正好可充当这一金融创新产品的标的物。

可是，股票指数只是一个数字，本身不具有价值，如何将其作为商品来买卖呢？人们引入合约乘数很好地解决了这一问题。所谓合约乘数，就是一定货币金额，将股票指数的点数乘以这一货币金额，虚拟的指数就变成了可交易的具有合约价值的产品。比如沪深 300 指数 4 000 点，每点 300 元，这样一张股指期货合约价值就为 120 万元。

③股指期货的交易原理

股指期货的交易原理是怎样的呢？比方说市场上有甲与乙两位投资者，他们对于沪深 300 指数有不同的看法，甲觉得指数在 4 000 点偏低，而乙觉得 4 000 点的指数已经很高了，那么这两个投资者就会一个买进而一个卖出，并约定在未来某个时候，按照那时的沪深 300 指数的点位计算盈亏。如到了约定的时候，指数涨到了 4 100 点，那么甲就赚了 100 点，而乙则亏了 100 点。但是 100 点到底代表多少钱呢？双方事先有个约定，比如 1 个点代表 300 元，那么双方的盈亏情况就很清楚了：甲赚了 30 000 元，乙则亏损了 30 000 元。

上面的例子只是一个简化的描述，不代表真实的股指期货市场状况。真实的市场是有很多个类似于甲的做多的投资者与很多个类似于乙的做空的投资者组成的，他们对未来指数判断的分歧产生了期货价格。并且他们之间的交易并不是一对一的个人行为，而是在交易所这样的集中交易场所实现的。交易所制定了交易和结算规则，为了保证参与交易的投资者能够履约，还会事先收取一定比例的保证金，并且每天计算投资者的保证金是否足以应对市场的变化。

继续以上面的例子进行说明，假设甲和乙都有 20 万元的资金参与股指期货交易，都需要以 10%的保证金来履约，那么对于甲和乙两个投资者来说，在 4 000 点交易的时候，双方都需要 12 万元(4 000×300×10%)的保证金，此时双方账户可用的资金都是 8 万元。而随着指数上涨到 4 100 点，甲投资者的可用资金就增加到 11 万元，而乙投资者的可用资金则减少到 5 万元。

此外，进行股指期货交易还需要注意的是股指合约的时效性，一般到期日分为 3 月、6 月、9 月、12 月等几种。在到期以后，合约将不再存在，而持有合约的投资者将按照到期的点位，用现金来计算盈亏，进行现金交割。与商品期货相比，影响股指期货价格的因素更加错综复杂，而且股指期货价格对外部信息的反应比商品期货更加敏感，波动也更加频繁和剧烈。

④股指期货越来越火爆的原因

股指期货自产生以来取得了空前的成功，目前已经成为全球交易量最大的金融衍生产品。但是，回顾股指期货的发展历史，这一金融创新产品为人们认识和接受也经历了很多波折，并非一帆风顺。

在堪萨斯市交易所推出股指期货交易之前，还有个有趣的小故事：堪萨斯市交易所最早希望用来交易的是道·琼斯指数。作为全球知名的指数公司，道·琼斯公司的管理层却对此提议怒不可遏，“一群期货经纪商竟然想以我们的指数来赌博”，不仅当即拒绝了提议，还表示在必要的时候将以妨碍名誉罪提出诉讼。谁也没有想到，股指期货在推出后一发不可收拾，从 1977 年至 1984 年农产品等一般商品期货增长了 1.7 倍，而金融期货交易增长了数十倍。

1987 年 10 月 19 日，美国华尔街股市一天暴跌近 25%，从而引发全球股市重挫，即著名的“黑色星期五”。股指期货市场在这个时期经历了重创，交易量不断下降。这次股灾以后市场管理者开始意识到风险管理的重要性，陆续推出了熔断制度、涨跌停板制度等来完善市场的管理。这也奠定了市场此后持续火爆的局面。

进入 20 世纪 90 年代，有关股指期货的争议逐渐消失，投资者的投资行为更为理智，股指期货开始了新一轮繁荣时期。发达国家和部分发展中国家相继推出股票指数期货交易，配合全球金融市场国际化程度的提高，股指期货的运用更为普遍。这一时期，全球股指期货的交易量成倍上升。国际清算银行(BIS)的统计数据表明：到 2005 年年底，全球有 40 个国家和地区开设了近百种股指期货。股指期货的发展还引起了其他各种非股票指数期货品种的创新，如以消费者物价指数为标的的商品价格指数期货合约，以空中二氧化硫排放量为标的的大气污染期货合约，以及以电力价格为标的的电力期货合约等。可以预见，随着金融期货的日益深入发展，这些非实物交收方式的指数类期货合约交易将有着更为广阔的发展前景。

其中尤其值得关注的是韩国市场。在经历了 1997 年亚洲金融风暴的重创之后，韩国证券交易所 1999 年推出股指期货，进行金融改革。在其后短短的几年时间里，在这个人口只有 5 000 万的国家，其期货交易量迅速增加，交易额在 2005 年达到 91 亿韩元。KOSPI200 股指期货在 2001 年一跃成为当年全球期货交易量第一的品种，可以说是国际衍生品市场上的一匹“黑马”。而且与欧美市场不同，韩国股指期货交易中个人投资者的占据比例很大。这主要归功于韩国政府在法律制度上的完善以及投资者交易的普及。

(二)期权与金融期权

1. 期权与金融期权的定义

期权又称选择权，是指其持有者能在规定的期限内按交易双方商定的价格购买或出售一定数量的某种特定商品的权利。期权交易就是对这种选择权的买卖。金融期权是指以金融商品或金融期货合约为标的物的期权交易形式。

期权是英文“Option”一词的中文简译。它的基本含义是：买卖期货合同，并在合同到期时由合同买方决定是否执行这一合同的选择权。从形式上来看，期权是一种交易双方签订的、按约定价格在约定时间买卖约定数量的约定商品的期货合同。事实上，期权和一般商品期货合同之间有一个本质的区别，即购买并持有这种期货合同的一方，在合同规定的交割期间有权选择是否执行这一合同，而出售这种合同的一方则必须服从买方选择，这就是期权一词中“权”字的含义。例如，交易人 A 和交易人 B 签订了一份期权合同，约定交易人 A 可以在 3 个月后以每股 50 元的价格向交易人 B 购买 100 股某股票，但同时交易人 A 有到期不执行这一合同的权利。3 个月后，如果某股票的市场价格下跌到 40 元一股，交易人 A 能以这一价格买进现货股票，因此便可以不履行合同；反过来，如果 3 个月后某股票的价格上涨为 60 元一股，交易人 A 便可以实施执行该合同的权利。当然，为了获得这一选择的权利，交易人 A 要向交易人 B 专门付出一笔钱。

正是这个选择权把期货合同和一般的商品期货合同区分开来，使期货合同在金融市场“自立门户”，成为一种独特的金融市场工具。

在期货交易中，获得选择权利的一方通常称为购买人(Option Buyer)，因为他们为获得这种选择权利要向该权利的提供方付出一定的货币。而向交易对方提供这种选择权利的一方通常被称为出售人(Option Seller)，因为他们是以一定的价格出售这种权利的。有时，期权出售人也被称为期权创造人(Maker of the Option)或出具人(Writer)。

按照上面的定义，期权中包括的选择权利可以分为两类：一类是期权购买人在规定时间选择买与不买的权利。例如，交易人 A 从交易人 B 那里购买一份期权，该期权规定 A 可在本年的5月份以约定价格从B手中购买约定数量的约定股票。到期时A可以行使购买权利,也可以不行使这一购买权利,换句话说,可以行使不购买的权利。假如到了5月份,A认为实施购买是合算的,他便要求B按约定条件交割股票;反过来,如果他认为这时按协议条件购买B的股票不合算,他便行使其不购买的权利。过了5月份,这份期权自动失效,A便无权要求B按协议条件出售这笔股票了。在A行使选择权的过程中,作为这份期权的出具人,B完全是被动的。他在A要求实施交割时不能因股票市价已高于协议规定而拒绝向A出售,也不能在A决定不买时因股票市价低于协议规定的价格而强迫A购买。包含这种到期由期权购买人选择买与不买的权利的期权,称为择购期权(Call Option),简称择购(Calls)。

期权中包含的另一类权利是期权购买人在规定时间卖与不卖的权利。例如,交易人C手中持有一笔某公司股票。他向交易人D购买一份期权。该期权规定C可以在5月份以约定价格向D出售这笔股票。到期时,C可以根据自己的意愿选择卖还是不卖。如果约定的价格高于这时该种股票的市场价格,C便实施出售的权利,向D交割这笔股票;如果这时的市场价格高于约定的价格,C便可以行使不卖的权利,继续持有这种股票或按其高于约定价格的市场价格卖给他人。交易人D在C要求交割时必须按协议购买,而在C选择不卖时也不能强其出售。包含这类到期由期权购买人选择卖与不卖的权利的期权,称为择售期权(Put Option),简称择售(Puts)。

期权广泛应用于证券交易之中,代表着买卖证券的权利的转让。因为就其实质而言,已不是证券的直接交易,而是某种权利的转换,可以脱离证券而独立买卖,在预期权利所依托的证券价格的涨跌中,谋取一定的利益。由于预期价格的变动是很难掌握的,因而期权交易往往风险很大,所以一般被视为一种投机性的投资。不过,投资者如能运用得当,也可以保值或者避免较大损失。金融期权的基本类型有:

(1)看涨期权,又称买入期权,指期权的买方具有在约定期限内按协定价格买入一定数量金融资产的权利。

(2)看跌期权,又称卖出期权,指期权的买方具有在约定期限内按协定价格卖出一定数量金融资产的权利。

金融期权的种类有股票期权、股票指数期权、利率期权、货币期权、金融期货合约期权等。

2. 金融期权的特征与功能

金融期权的特征是:期权的买方只有权利而没有义务。

其功能是:一是套期保值;二是投机。

(三)金融期权与金融期货的区别

(1)标的物不同;

(2)投资者权利与义务的对称性不同;

(3)履约保证不同;

(4)现金流转不同;

(5)盈亏的特点不同;

(6)套期保值的作用与效果不同。

(四)金融期货与期权的价格

$$\text{金融期货的理论价格}=\text{现货价格}+\text{融资成本}-\text{持有收益} \tag{2—16}$$

其价格的影响因素有:

(1)现货价格;

(2)市场利率;

(3)期限;

(4)金融期权的价格是由双方协商确定的。

二、可转换证券

(一)可转换证券的定义

可转换证券,是指其持有者可以在一定时期内按一定比例或价格将之转换成一定数量的另一种证券的证券。

可转换证券主要分为两类:一类是可转换债券,即可将信用债券转换成本公司的普通股;另一类是可转换优先股,即可将优先股转换成本公司的普通股。

公司发行可转换证券的主要原因是为了增强证券对投资者的吸引力,使公司能以低成本迅速筹集所需要的资金。

(二)可转换证券的特点

(1)可以转换成普通股。可转换证券的最主要特征是可以在一定条件下转换成普通股。

(2)有事先规定的转换期限。

(3)可转换证券的形式和持有者的身份随着证券的转换而相应转换。

(4)可转换证券的市场价格变化比一般证券频繁,并随本公司普通股价格的升降而增减。

(三)可转换证券的要素

(1)转换比例。转换比例是指一定面额的可转换证券可转换成普通股的股数。

$$\text{转化比例}=\frac{\text{可转换证券面值}}{\text{转换价格}} \tag{2—17}$$

(2)转换价格。转换价格是指可转换证券转换为每股普通股所支付的价格。

$$\text{转换价格}=\frac{\text{可转换证券面值}}{\text{转换比例}} \tag{2—18}$$

(3)转换期限。转换期限是指可转换证券转换为普通股的起始日至结束日的期间。发行公司规定某一具体年限,在该有效期限之内,允许持有者按转换比例或转换价格转换成股票。

三、其他金融衍生工具

(一)存托凭证

1. 存托凭证的定义

存托凭证是指在一国证券市场流通的代表外国公司有价证券的可转让凭证。存托凭证(DR)主要以美国存托凭证(ADR)形式存在,即主要面向美国投资者发行并在美国证券市场交易。

2. 美国存托凭证(ADR)的种类

(1)无担保的 ADR

无担保的 ADR 由一家或者多家银行根据市场的需求发行,基础证券发行公司不参与,存券协议只规定存券银行与 ADR 持有者之间的权利义务关系。

(2)有担保的 ADR

有担保的 ADR 由基础证券的发行公司委托一家存券银行发行。发行公司、存券银行和托管银行三方签署存券协议。协议内容包括:ADR 与基础证券的关系,ADR 持有者的权利,

ADR 的转让、清偿、红利或利息的支付以及协议三方的权利义务，等等。采用有担保的 ADR，发行公司可以自由选择存券银行。

3. 存托凭证的优点

(1)市场容量大，筹资能力强；

(2)上市手续简单，发行成本低；

(3)避开直接发行股票与债券的法律要求。

(二)认股权证

1. 认股权证的定义

认股权证是指由股份公司发行的，能够按照特定的价格在特定的时间内购买一定数量该公司普通股的选择权凭证，其实质是一种普通股的看涨期权。

2. 认股权证的要素

(1)认股数量；

(2)认股价格；

(3)认股期限。

3. 认股权证的发行

认股权证一般采用两种方式发行。最常用的一种方式是，在新发行优先股份或公司债券时对优先股或公司的投资者发行认股权证，因投资者对认股权证无须支付认购款项，从而可增强公司优先股份或债券对投资者的吸引力。另一种发行方式为单独发行，是发行公司对老股东的一种回报。其具体做法是按老股东的持股数量以一定比例对其发放。

4. 认股权证的交易

认股权证的交易可以在交易所内进行，也可以在场外交易市场上进行，其具体交易方式与股票类似。

$$\text{认股权证的行使价}=\frac{\text{认股权证的市价}\times\text{每手认股权证的数目}}{\text{每手认股权证可转换的普通股数目}}+\text{认股价} \tag{2-19}$$

5. 认股权证的价值

(1)内在价值

$$\text{认股权证的内在价值}=\text{认股权证的认购价格}\times\text{换股比率} \tag{2-20}$$

(2)投机价值

从认股权证内在价值的决定看，如果普通股的市价高于或等于认股价格，则认股权证的内在价值就可能大于或等于零；当普通股的市价低于认股价格时，认股权证的理论价值小于零，但市场价格仍可能大于零，因为认股权证本身还有投机价值。也就是说，普通股的市价低于认股价格的现象只是暂时的，只要认股权证没有到期，普通股的价格就仍有超过认股价格的机会，其内在价值就会大于零。

另外，认股权证也有杠杆作用，即认股权证价值和变化幅度大于股价的涨跌幅度，这也是其投机价值的一种表现。

(三)备兑凭证

1. 备兑凭证的含义

备兑凭证属于广义的认股权证，它给予持有者按某一特定价格购买某种股票或集中股票组合的权利，投资者以一定的代价(备兑凭证发行价)获得这一权利，在到期日可根据股价情况选择行使或不行使该权利。与一般的认股权证不同，备兑凭证由有关股票对应的上市公司以外的第三者发行，通常是由资信良好的金融机构发行。发行后可申请在某个交易所挂牌上市。发行备兑凭证的目的，或是为了能以较高的价格套现所持有的有关股份，或是为了赚取发行备兑凭证带来的溢价。

2. 备兑凭证的意义

第一，有利于激活和发展证券市场。备兑凭证将给证券市场带来一种新的交易品种，可望形成市场新的热点，并给市场带来新的活力。

第二，备兑凭证为投资者提供了一种新的投资工具，如果设计可以一定比例认购一般备兑股票的备兑凭证，投资者可用极少量的资金取得认购一定数量转配股份的权利，从而可赢得一旦转配股份上市的市价，同时不必沉淀大量资金。

第三，对证券经营机构而言，备兑凭证一方面可活跃二级市场，活跃相关个股，另一方面可解决证券经营机构在配股承销业务上的困境，减少承销风险。

本章小结

本章通过对股票、债券、证券投资基金及几种金融衍生工具的论述与分析，向读者介绍了这些常用的金融投资工具的概念、特点、分类和性质等。读者学习本章之后，能对当前的证券投资市场增加了解，从而为后面章节的学习打下扎实的基础。

练习题

一、名词解释

股票　债券　可转换债券　投资基金　分级基金　金融期货　股指期货金融期权

二、简答题

1. 简述股票与债券的区别。
2. 简述可转换公司债券投资策略应当考虑的要素。
3. 简述封闭式基金与开放式基金的区别。
4. 简述分级基金的内涵、运作原理及风险控制策略。
5. 简述股指期货的交易原理。
6. 简要论述几种主要的金融衍生工具的概念和特点。

第三章

证券市场

在有效的市场中，资产价格完全反映了所有的信息。

——尤金·法玛

证券市场是有价证券发行和流通的场所。在现代商品经济中，证券市场是完整市场体系的重要组成部分，它不仅反映和调节货币资金的运动，而且对整个经济的运行具有重要的作用。本章首先论述了证券市场的定义、种类、特征和功能，其次介绍了证券市场的发行者、投资者以及中介机构，最后对国内外证券市场的发展状况进行了探讨。

第一节 证券市场概述

一、证券市场的定义

证券市场(Securities Market)是指股票、债券、投资基金等有价证券及其衍生产品(如期货、期权等)发行和流通转让的场所。或者更准确地说，它是包括证券投资活动全过程在内的证券供求交易的网络和体系，有着广泛的外部联系和复杂的内部结构。

证券市场是一个历史的范畴，是社会化大生产和市场经济发展的必然产物。众所周知，资本的供求矛盾是社会再生产的重要矛盾：一方面，社会上存在着大量的闲置资本，需要寻找投资机会，以实现资本的增值，它们形成资本的供给；另一方面，经济的发展又需要有更多新增的资本投入，需要向社会筹集更多的资本，它们形成资本的需求。证券市场就是为了解决资本的供求矛盾而产生的市场。它通过证券信用的方式融通资金，通过证券的买卖活动引导资金流动，有效、合理地配置社会资源，化解资本的供需矛盾，支持和推动经济发展。

在现代金融体系中，证券市场是一个极其重要的组成部分，在金融市场中占有举足轻重的地位。金融市场是资金供求双方运用金融工具进行各种金融交易活动的场所，按照资金融通的期限，它可以分为货币市场和资本市场。货币市场是经营一年以内短期资金融通的市场，包括银行同业拆借市场、票据贴现市场、短期政府债券市场、银行短期借款市场等。资本市场则是融通长期资金的市场，主要包括证券市场、中长期信贷市场等。在发达的市场经济国家，证券市场是资本市场的核心，股票和债券成为金融市场上最活跃、最重要的长期融资工具和金融资产。通过股票、债券和其他各种形式有价证券的发行，证券市场已具有巨大的吸引长期资金的能力，公开发行的各类证券还可以在二级市场上自由买卖和流通，灵活性很强。

二、证券市场的种类

按照不同的标准，可以对证券市场进行不同的分类。

1. 按照市场的职能，证券市场可以分为证券发行市场和证券交易市场

(1)证券发行市场

证券发行市场(Securities Issuing Market)又称“一级市场”“初级市场”，是筹资者以筹集资金为目的，按照一定的法律规定和发行程序，向投资者出售新证券所形成的市场。在发行过程中，证券发行市场作为一个抽象的市场，没有具体的固定场所，通常由证券发行者、证券承销商(中介机构)和认购投资者三个元素构成。

(2)证券交易市场

证券交易市场(Securities Exchange Market)又称“二级市场”“次级市场”，是已发行的证券通过买卖交易实现流通转让的场所。

证券发行市场与证券交易市场相对应，两者相互促进、相互制约，共同构成了一个完整的证券市场。一方面，证券发行为证券交易提供了对象，决定了证券交易的规模，是证券交易的前提；另一方面，证券交易使证券的流通性特征显示出来，从而有利于证券发行的顺利进行。

2. 按照交易的对象，证券市场可以分为股票市场、债券市场和基金市场

(1)股票市场

股票市场(Stock Market)是股票发行和买卖交易的场所。股票市场的发行人为股份有限公司。股份有限公司通过发行股票募集公司的股本，或是在公司营运过程中通过发行股票扩大公司的股本。股份公司在股票市场上筹集的资金是长期稳定、属公司自有的资本。股票市场交易的对象是股票，股票的市场价格除了与股份公司的经营状况和盈利水平有关之外，还受到其他因素如政治、社会、经济等的综合影响，因此，股票价格经常处于波动之中。

(2)债券市场

债券市场(Bond Market)是债券发行和买卖交易的场所。债券的发行人有中央政府、地方政府、金融机构、公司和企业。债券发行人通过发行债券筹集的资金一般都有期限，债券到期时债务人必须按时归还本金并支付约定的利息。债券是债权凭证，债券持有者与债券发行人之间是债权债务关系。债券市场交易的对象是债券。债券因有固定的票面利率和期限，其市场价格相对股票价格而言比较稳定。

(3)基金市场

基金市场是基金证券发行和流通的市场。按照是否可赎回，它可分为封闭式基金和开放式基金。封闭式基金的基金规模在发行前就已确定并且在发行完毕后和规定的期限内固定不变，它在证券交易所挂牌交易。开放式基金是在设立基金时发行的基金单位总数不固定，可视经营策略和实际需要连续发行的基金类型，它是通过投资者向基金管理公司申请和赎回实现流通的。

3. 按照证券市场的交易组织形式，证券市场可以分为交易所市场、场外交易市场

(1)交易所市场

交易所市场是最主要的证券交易所，是流通市场的核心。交易所交易必须根据国家有关的证券法律规定，有组织、规范地进行，其交易一般采用持续双向拍卖的方式，是一种公开竞争

的交易。证券交易所有严密的组织管理机构，只有交易所的会员才能在市场内从事交易活动，投资者必须通过会员经纪人进行交易。

(2)场外交易市场

场外交易市场是指证券交易所以外的证券交易市场的总称。它是一个分散的无形市场，没有固定的、集中的交易场所，而是由许多各自独立经营的证券公司分别进行交易的证券场外市场。它主要有柜台交易市场、第三市场、第四市场三种类型。

柜台交易市场又称店头市场，是指证券投资者在证券公司开办的证券交易柜台上进行证券交易的市场。它一般通过证券经营机构进行，采用协议价格成交。柜台交易市场主要是为未在交易所上市的证券及一部分上市但交易活动不活跃的证券的变现而开设，交易场所分散，交易时间一般也比交易所交易的时间要长。

第三市场是指不是某一证券交易所会员的证券商在证券交易所之外的场所，从事已在证券交易所挂牌上市的证券交易而形成的证券交易市场。第三市场的出现与证券交易所固定佣金制度紧密相关。其出现的根本目的是为了节省佣金、降低交易成本。

第四市场又被称为机构交易网，是证券交易双方绕开证券经纪人，彼此之间利用电子计算机网络进行大宗股票交易的场外交易市场。在第四市场进行交易的双方大多为机构投资者，交易量比较大，成交价格可协商，成交迅速，且因不需要通过经纪人进行交易，不公开成交价格，有利于机构投资者保持交易的秘密性，也可以避免在证券交易所市场和柜台交易市场进行大宗证券交易而给证券市场行情带来较大的压力。

证券市场除了按上述标准划分外，还可以按证券发行流通的地理范围分为国内证券市场和国际证券市场，按证券买卖交割的时间分为现货市场和期货市场等。

三、证券市场的特征

(一)证券市场的特点

证券市场具有以下三个显著特征：

1. 证券市场是价值直接交换的场所

有价证券是价值的直接代表，它们本质上只是价值的一种表现形式。虽然证券交易的对象是各种各样的有价证券，但由于它们是价值的直接表现形式，所以证券市场本质上是价值的直接交换场所。

2. 证券市场是财产权利直接交换的场所

证券市场上的交易对象是作为经济权益凭证的股票、债券和投资基金等有价证券，它们本身仅是一定量财产权利的代表，所以，证券市场实际上是财产权利的直接交换场所。

3. 证券市场是风险直接交换的场所

有价证券既是一定收益权利的代表，又是一定风险的代表。有价证券的交换在转让出一定收益权的同时，也把该有价证券所特有的风险转让出去。所以，从风险的角度分析，证券市场也是风险的直接交换场所。

(二)证券市场与商品交易市场、借贷市场的区别

证券市场的交易对象是各类有价证券，它又是资本的供求中心。因此，证券市场既不同于商品交易市场，又区别于一般借贷市场，具有自己的特点，发挥着不可替代的独特功能。

1. 证券市场与商品交易市场的区别

(1)交易空间不同

商品交易市场一般都有固定的交易市场；而在证券市场中，除了证券所固有的交易对象外，其余的场外交易都没有固定的场所。

(2)交易对象不同

商品交易市场的交易对象是具有不同使用价值的商品，人们购买它是为了满足某种消费的需要；证券市场上的交易对象则是各类有价证券，它只是一种经济权益凭证，人们购买证券的主要目的是为了实现投资收益或为了筹集资金，而不是它们的使用价值。

(3)交易方式不同

商品证券市场上的买卖双方一般是直接见面，不需要委托经纪人代为办理；而证券市场上的买卖双方一般不直接见面，需要委托经纪人代为办理。

(4)交易次数不同

商品市场上的交易通常都是一次性交易，经过交易，商品进入生产领域或消费领域；而在证券市场上，同一证券往往要经过多次交易。

(5)交易关系不同

商品交易市场上出售者与购买者的关系既简单又短暂，通常随着钱货两讫后，买卖关系也就此结束。与之相比，证券市场的关系则复杂得多。如果证券的出售者是发行人，则交易后双方关系并未结束，出售者还需按期向购买者支付利息或股利。如果出售者不是发行者，则交易后双方的关系虽然结束，但发行者与证券购买者的关系也随之建立。

(6)交易对象的价格决定因素不同

商品市场的商品价格实质上是商品价格的货币表现，取决于生产该商品所花费的社会必要劳动时间；而证券市场的证券价格取决于多方面因素，它不但会受证券发行人的资产状况、盈利能力的影响，还会受社会经济、政治状况及投资者心理预期等因素的影响。

(7)流动性强弱不同

证券市场的流动性通常比商品市场要强得多。证券可以在市场上随时转让，而一般商品则要受消费速度和销售环节等因素的制约，流动性相对很弱。证券市场越发达，交易规模越大，其流动性越强。

2. 证券市场与借贷市场的区别

(1)交易性质不同

借贷市场上的资金供求交易只是借与贷的关系，而证券市场上的交易是买与卖的关系。

(2)承担的风险不同

借贷市场上的投资者是以存款方式，通过银行向筹款者投资，投资风险由银行承担，资金供求双方形成一种间接的金融关系；而证券市场上的投资者以购买证券的方式向投资者进行投资，风险自负，形成一种直接的金融关系。

(3)收益来源不同

借贷市场上的资金供给者的收益来自利息，而证券市场上资金供给者的收益不仅来自利息，还有可能来自证券价格波动的差价收益。

(4)双方关系确定性不同

在借贷市场上，借贷合同一经签订，债权人和债务人固定不变；而在证券市场上，由于证券的流动性，投资者可以出售债券或股票而脱离债权人或投资者的地位，而另一些人则可成为新的投资者，成为债权或股权的拥有者，但原有的债权债务关系或出资关系并未因此而消失。

四、证券市场的功能

（一）筹集资金

筹集资金是指证券市场以证券形式为资金需求者和供给者融通资金提供了一种良好的机制和场所。它是证券市场最基本、最重要的功能。在经济运行过程中，必然会出现资金的盈余者，同时也会出现资金的短缺者。资金盈余者为了使自己的资金价值增值，就必须寻找投资对象，而证券市场集中了各种投资工具和投资方式，它为资金盈余者寻求理想的投资渠道提供众多的选择余地。另一方面，资金需求者为了发展自己的业务，就需要向社会寻找资金，通过证券市场，证券发行者能够迅速地把分散在社会上的闲置货币集中起来，形成巨额的、可供长期使用的资本，用于社会化大生产和大规模经营。证券市场不仅是企业筹措长期资金的手段，而且也是国家和地方政府通过发行债券筹集建设资金的重要渠道。综上所述，证券市场以其特有的方式，为资金的盈余者和短缺者提供直接融通资金的渠道，不断解决资金供求之间经常出现的矛盾，从而维持和推动社会经济的正常运行。

（二）资本定价

资本定价是指证券的发行价格和交易价格是在证券市场上通过证券的需求者和供给者的竞争而形成的。证券是资本的存在形式，因此证券的价格实际上是证券所代表的资本的价格。证券发行价格通常是由证券发行人和证券承销商在对该证券的市场供求状况进行调查研究和预测的基础上，通过协商、投标或在证券交易网络由投资者竞价产生发行价格的。因此，证券一级市场具有证券发行定价的功能。同样，证券交易价格是证券买卖双方在同一市场公开竞价，直到达成双方都认为满意合理的价格，买卖才成交。在交易过程中，二级市场为买卖双方提供了场所、设备和服务，所以，证券二级市场有确定证券交易价格的功能。

证券市场可以沟通买卖双方，而且通过证券商的互相联系，构成一个紧密相连的活动网，故整个证券市场不但成交迅速，而且价格统一，使资金供需双方的需要能够得到迅速满足。而且，各种影响证券价格的因素，如证券收益率、市场利率、供求关系等，都可以在这一高效市场中迅速得到体现，反映在证券价格中。因此，证券市场的运行易于获得证券的均衡价格，即证券市场是资本的合理定价机制。

（三）资源配置

证券市场的资源配置功能是指通过证券价格的影响，引导资本的流动而实现资源合理配置的功能。在证券市场，证券价格的高低是由该证券所能提供的预期报酬率的高低来决定的，而在价值规律的作用下，资金必定流向其能产生高报酬率的企业或行业。因为投资者为了投资的保值与增值，必定会十分注重证券发行人的经营状况、财务状况。他们随时会做出投资选择或改变投资对象，把资金投向经济利益高的证券，社会资金从而就流向效率高、发展潜力大的产业部门。

对于证券发行者来说，若他们不能合理有效地运用其所筹集到的资金，从而损害企业形象而无法开展后续融资，导致不得不减产停产，甚至还有可能面临倒闭或被其他企业收购兼并的结局。在此压力下，企业势必要加强管理，改善经营，调整生产结构，实行资产重组，从而使资本产生尽可能高的效率，以获得进一步发展的资金。如此，对于整个社会来说，产业结构不断优化，投资流向不断趋于合理，进而使整个社会资源配置得到优化。

（四）转换机制

证券市场的转制功能是指通过证券市场的运作，促进企业完善法人治理结构，转化经营机制，实现资产的优化组合。这是我国证券市场在市场化取向的经济改革中的一项特殊功能。

公司要通过证券市场筹集资金成为上市公司，首先必须改制成为股份有限公司，并按照股份公司的机制来运行，形成三级授权关系，而这种企业组织关系成功地适当分离了所有权和经营权，使公司的组织体制走上科学化、民主化、制度化和规范化的轨道。其次，由于上市公司的资本来自股东，股票又具有流通性和风险性，这就使企业时时处在股东、社会等各方面的监督和影响之中，促使上市公司形成健全的内部运作机制。

综上所述，证券市场的转换机制从根本上改变了上市公司原来单一的产权结构，实现了产权的多元化和人格化，促进了公司"三权"分离和自主经营，有利于"产权清晰，责权明确，政企分开，管理科学"现代企业制度的建立。

(五)分散风险

随着社会化大生产的发展，技术进步速度加快，致使投资的风险日益加剧。证券市场给投资者和融资者提供的不仅是丰富的投融资渠道，而且也提供了一条分散风险的渠道。

首先，由于资金和风险经常"捆绑"在一起，当资金需求者通过发行证券筹集资金而使股权或债权分散的同时，实际上还将其经营风险部分地转移和分散给了投资者，实现了风险社会化，从而使一些风险较高的新兴产业和高科技项目得以获得必要的资金，对经济发展产生了促进作用。其次，由于证券市场具备强大的信息处理和资产定价功能，其交易的产品又具备良好的流动性、较低的交易成本、很高的财务杠杆、资金容量大等特性，投资者可以很方便地构造各种投资组合，将资金分散在不同种类、期限和风险的证券上，降低风险。此外，证券市场还提供了一些金融产品，它们本身不是为了转移资金而更主要的是为了转移风险而设计，如期货、期权等衍生金融产品。

(六)宏观调控

由于各种有关政治、经济和社会的信息都在证券市场上迅速扩散传播，故证券市场是国民经济的"晴雨表"，它为政府分析经济形势、对国民经济运行实施宏观调控提供了重要的依据。在国外，经济分析家们判断经济形势的总体优劣时，就往往把证券市场作为主要观察对象，以证券价格指数作为重要指标。

此外，作为中央银行三大货币政策之一的公开市场操作也必须借助于证券市场来执行。当经济不景气、私人投资和消费不振、政府想刺激经济增长时，中央银行可以大量买进证券，商业性金融机构会随之扩大其提供信用的规模。同时，流通中的现金增加就会刺激投资与消费需求。而且当中央银行大量买进证券时还会抬高证券价格，由于证券价格上涨意味着利率的降低，从而降低融资成本，同样也会刺激投资，使得国民经济得以扩张，改变经济不景气的状况。反之，当中央银行大量抛售证券时，便会产生紧缩的效应，可以有效地抑制过热的经济形势。综上所述，证券市场是国家进行宏观经济调控的重要桥梁。

(七)推动国际化

证券市场不仅对国内经济发挥作用，而且还具有推动经济国际化的功能。证券市场的国际化功能主要体现在以下三个方面：

1. 促进国际间的资金融通

发达国家通过证券市场的自由化和完全开放，可以使本国政府和企业在国外发行证券，外国投资者也可以自由地购买本国证券。同时，外国的政府和企业也可以在本国发行证券，本国的政府和企业也可以购买外国的证券。这样就可以使融资和投资活动在世界范围内进行。一些发展中国家则可通过 QFII(Qualified Foreign Institutional Investors，合格的境外机构投资者)、RQFII①(RMB Qualified Foreign Institutional Investors,人民币合格境外机构投资者)和QDII(Qualified Domestic Institutional Investors,合格的境内机构投资者)等特殊的制度安排,采取间接的、有限制的证券市场开放模式,在一定程度上实现了融资和投资的国际化。

2. 促进跨国公司的发展

跨国公司通过利用当地证券市场的融资渠道,可以方便地在当地进行扩大再生产,扩大业务规模。

3. 促进国际金融中心的形成

国际金融中心一般需要以下六项最基本的条件:

(1)拥有强大的经济实力。

(2)实行本国货币与外国货币的自由兑换。

(3)拥有完备的金融市场,能够从事大规模的国际资金交易活动。

(4)拥有一个具有广泛国际联系的外汇市场。

(5)拥有灵活、弹性的货币金融政策。

(6)地理位置适中,交通方便,通信发达。纽约、伦敦、东京等国际金融中心都有发达的证券市场作为支撑。

第二节 证券市场主体

一、证券市场发行人

证券市场发行人是证券市场的资金需求者和证券的供给者,为筹措资金而发行债券、股票等各类有价证券。它包括政府及政府所属的机构、股份公司或其他企业以及银行等金融机构。

(一)政府机构

政府筹资通常是由财政部门担当证券的发行者,其所属机构充当证券的发行者时,一般由财政部门作为担保。政府筹资时发行的标的物称为国债,包括国库券和公债券。国债又称中央政府债券,是指由中央政府发行的并承诺到期还本付息的债券凭证,由于其信用等级在所有的金融工具中是最高的,故被誉为"金边债券"。一国政府不但可以在国内发行债券进行融资,还可以在国外市场上发行债券。政府作为证券的发行者,主要是出于以下两个原因:

1. 弥补财政资金

政府通过发行证券能迅速筹集到资金,而且这是一种自愿、有偿灵活的方式,并且它不会导致通货膨胀,因此其被认为是一种有效的弥补财政资金的手段。

2. 筹集建设资金

在现代经济社会,国家承担着公益事业、公共设施等公共品的费用支出。所谓公共品,是指不具竞争性和排他性的产品或劳务,如公路、桥梁、国防等,它们是私人不愿意或无力提供的,但对国民经济福利和经济发展有着重要的意义。国家作为非生产机构,本身不能生产所需的产品。因此,政府只有通过发行证券筹集其所需资金,增加政府公共投资。

---

① RQFII也称小QFII,以人民币为投资方式的合格境外机构投资者,把境外人民币通过在香港的中资证券公司及基金公司投资A股。

(二)企业

企业是证券发行市场的主要发行者。企业可以通过在证券市场发行股票和债券来筹集资金,满足经营活动对资金的需求。按照我国《公司法》的规定,国有独资企业和两个以上的国有企业,或其他两个以上的国有投资主体投资设立的有限责任公司,可以发行公司债券募集资金;股份有限公司可以发行股票,股票可以流通,股东所持有的股份可以自由转让。同时,股份有限公司也可以发行债券筹集资金。企业发行证券主要有三个目的:

(1)补充企业的资本金,扩大生产经营规模,取得规模经济效应。

(2)通过包括证券融资在内的各种融资方式的组合,达到分散资金来源、降低融资风险、优化企业资本结构的目的。

(3)通过发行证券,增强社会对企业的监管,促进资源的有效分配。

(三)金融机构

金融机构包括银行和非银行金融机构。前者主要包括商业银行和政策性银行;后者包括证券公司、保险公司、信托投资公司等。金融机构进行证券投资主要有三个目的:

1. 获取收益

金融机构主要是证券市场上资金的中间需求者,而不是资金的最终需求者,即它们发行证券是为了向其他资金需求者提供资金。金融机构通过发行金融债券等筹集资金,然后通过贷款、投资形式,把这部分资金运用出去,以获取收益。

2. 分散风险

金融机构管理的一条重要原则是使资产分散化,降低风险,或把风险控制在一定的限度内。由于证券投资具有选择面宽、资产分散的特点,从而为金融机构实现资产组合以分散风险开辟了道路。

3. 扩充金融机构资本金和负债

金融机构在证券市场上发行债券和股票,可以引入稳定的长期资金来源,增强竞争力。事实上,金融机构发行的有价证券在各国证券市场上都占有重要的地位,并从证券市场上吸收大量的资金。

二、证券市场投资者

证券市场投资者是证券市场上的资金供给者,也是金融工具的需求者和购买者。证券市场投资主体类型很多,投资目的也各不相同。按照证券投资主体的性质,可以分为个人投资者和机构投资者两大类。

(一)个人投资者

个人投资者是指以非特定组织成员的身份参加证券投资活动的自然人。由于社会公众是最为广泛的群体,因此个人投资者是证券市场最广泛的投资者。个人投资者在证券市场上既是资金的供给者,又是证券的投资者,但不能成为证券的发行者。

1. 资金来源

个人投资资金的主要来源是储蓄和融资借入的资金储蓄。储蓄是指当年收入减去维持生活所必需的消费以及其他必要的费用后的剩余部分。储蓄通常是个人投资者的重要资金来源。从宏观经济角度看,个人投资者将储蓄转化为投资,使消费基金转化为生产基金,满足企业部门和政府部门需要,实现国民收入的流量平衡。在国外,个人投资者的资金还可以来自于向证券公司、商业银行和人寿保险公司的贷款。但这种融资投资有很大的投机性和风险性,潜伏着助长投机猖獗的隐患,因此我国证券管理部门在过去一直不允许个人投资者进行融资融券。为了加速我国证券市场发展,并与国际接轨,中国证监会于 2006 年 6 月 30 日公布《证券公司融资融券业务试点管理办法》,并自 2006 年 8 月 1 日起施行。

2. 个人投资者的投资目的

证券投资的目的是使证券投资的净效用(收益带来的正效用减去风险带来的负效用)最大化,即在风险相同的条件下,追求最大可能的收益;或在收益既定的条件下,寻找最低风险的投资。英国著名经济学家约翰·梅纳德·凯恩斯在《就业、利息和货币通论》一书中指出,人们持有货币主要有三个动机:交易动机、预防动机和投机动机。当持有货币的机会成本较大时,人们就会在证券市场进行投资,以使货币能保值、增值。事实上,就个人投资者来说,投资的目的是多种多样的,主要有以下几种:

(1)本金安全

这是个人证券投资的基本要求,只有本金安全了,才能取得收入和实现增值。本金安全,不仅指维持原有的投资基金,而且还包含保持本金的购买力,即要防止因通货膨胀而导致的本金的贬值。因此,要保持本金的安全,应购买那些具有较高安全性、流动性及价格稳定的证券。一般来说,政府债券、优良企业债券符合本金安全的要求。但在实际购买时,并不那么简单,如长期债券,虽然收入固定,但期限长,无法弥补货币贬值的损失;外国政府债券,由于政治军事等原因也会有本金偿还与否的风险;企业债券存在着由于企业倒闭、破产重组及合并等带来的风险。

(2)资本增值

资本增值几乎是所有证券投资者的共同目标,可通过两种途径达到目的:①将投资者的股息和利息再投资,日积月累,使资本增加,这种办法适合于收入较高的投资者,他们不需要靠经常投资收入来维持家庭开支;②投资于增长型股票,通过股息和股价的不断增加而使资本增值,但这种股票价格波动大,有获得资本增值的可能,也有遭受股价下跌的可能,这种方法适合于财力上和心理上都有承受风险能力的投资者。这两种方法,对不同的投资者有不同的选择,但无论哪种方法,都不易在短期内实现资本增值,投资者一般做长期打算。

(3)收入的稳定

对许多个人投资者而言,收入的稳定较资本增值更具有吸引力,特别对一些低收入的投资者来说,他们需要用投资收入来补充其他收入来源的不足,应付日常的各种必要开支,因而更关心当前(每期)收入的可靠性和稳定性。稳定的收入主要来自债券利息和股息,因此他们大多选择固定收入的证券,如质量高的债券,资信好、经营情况良好的大公司股票,一般股息高且稳定,又有增值前景,是一种不错的选择。另外,公用事业股票的股息稳定且可靠,也是合适的投资对象。

(4)维持流动性

每个投资者在管理自己资产的时候,都要考虑应付不时之需,因此在做投资决策时要考虑满足流动性需要,保持一部分流动性强的资产。流动性和证券期限成反比,因此短期债券的流动性一般较强,但收益也相对较低。理性的投资者可以为自己设计一种合理的证券期限结构,将不同期限和不同收益率的证券进行组合,来保持流动性和收益性的平衡。

维持流动性的另一途径是购买适销性大的证券。所谓适销性证券,是指证券持有人在需要现金或希望将持有的证券转化为现金时,能够迅速地在证券市场上出售的证券。这种证券包括公司股票、公司债券和政府债券等。

(5)实现投资多样化

分散投资,实现投资多样化,已成为现代投资理念之一。在投资活动中,由于边际效用递减规律的作用,投资者不再满足于投资品种的单一性,而是适时地将资金按不同的比例投资于若干种类风险不同的证券,建立多样化的资产组合,以降低风险,增加投资者的效用。

(6)参与决策管理

少数资本实力雄厚的大投资者会通过大量购买某公司股票来达到控制和操控这家公司的目的,或是达到参加股东大会或参与决策管理的目的。但对于大多数中小投资者来说,这种观念是非常淡薄的,在他们眼里股票只被当作金融商品来对待,而不是所有权的象征。

(7)合理避税

合理避税,是指投资者利用政府对证券投资所得征税的某些优惠政策,通过证券投资合理地规避所得税。大多数国家实行征收个人综合所得税制度,把纳税人各种收入加总,分成若干档次,根据累进税率核定应交税额。由于许多国家往往对个人当前收益实行累进税率且税率较高,但对资本增值所征收的资本增值税率较低,因此就会有投资者利用税制中的政策差别,通过投资某些特定的证券来减轻自己的税赋负担,提高资金运用的实际收益。

目前,我国的税收制度对于大部分的证券投资所得都不征收所得税,所以证券投资成为很多个体投资者合理避税的场所。随着我国证券市场的不断成熟,同国际接轨,对证券投资的资本利得征收较低的税,高收入者可采取多种避税措施,如长期持有股票、购买免税债券等,以实现合理避税的目的。

个人投资者进行证券投资除上述的目的以外,还有许多,如维持流动性。当然绝大多数个体投资者都是兼顾多个投资目的的。而每一个个体投资者倾向于什么投资目的,往往受其收入、年龄、爱好、性格、教育程度等个人因素以及证券的供应与流通等市场因素的影响。

3. 个人投资者的投资特点

(1)个人投资者的投资活动不创造新的金融资产

个人投资者既不发行也不提供新的证券,他们是证券的净需求者。尽管他们在流通市场也出售证券,但并不增加证券的总量。然而从另一个角度看,由于个人投资者证券交易的次数相对比较频繁,故在一定程度上有助于增强证券市场的流动性。

(2)个人投资者的投资活动更具盲目性

由于个人投资者力量分散,资金数量有限,很难将资金分散投资于各种有价证券,所以应对非系统风险的能力较弱。此外,由于个人投资者在信息的获取、处理方面处于劣势,其投资行为又容易受到市场传言的影响,情绪波动比较大,从众心理和羊群效应比较突出,跟风投资是常见的投资决策方式,即其投资活动的盲目性较大。

(3)个人投资者的投资目的在于追求利润

个人投资者不需要像机构投资者那样承担诸如稳定股市、补市和救市的社会责任,而纯粹以追求自身利润为目的。

(4)个人投资者投资活动的途径需借助于中介机构

个人投资者都是借助于证券中介机构进行投资活动,他们相互之间很少或不允许进行直接交易。

(二)机构投资者

1. 机构投资者的特征

机构投资者,是指从事证券买卖的法人单位,主要有政府机构、金融机构、企业等。尽管它们的资金来源、投资方向、投资目的、投资策略有很大差异，但它们之间也有一些共同的特征，主要表现在以下几个方面：

(1)资金实力雄厚

因为机构投资者能够从社会吸收闲散货币，聚集起庞大的资金力量，所以他们在资金运用上具有绝对的优势。机构投资者的资金是外部资金，是带有社会性的，故它们对证券投资的实质是社会公众对证券的间接投资。

(2)专业化的投资管理

机构投资者一般都设有专门的机构和部门负责收集、分析信息，并拥有一批证券投资分析的专家和管理人员，使其证券投资有条件建立在对经济形势和市场状况进行科学分析的基础上。因此与个人投资者相比，机构投资者在投资决策、专业判断和把握时机等方面有着难以比拟的优势。

(3)可进行有效的资产组合，分散投资风险

机构投资者的资金优势决定了它们可以有条件进行比较彻底的分散投资，从而最大限度地降低风险，尤其是非系统性风险。此外，由于机构投资者有专门的机构和人员掌握着充分的信息资料和投资分析的方法，所以它们在分散投资的同时，往往有目的地建立各种有针对性的投资组合，来满足具有不同需要的间接投资者的需要。比如，增长型的组合、收入型的组合、指数型的组合、安全型的组合、行业型的组合。

(4)证券投资注重资产的安全性

除了证券经营机构的自营业务外，机构投资者在证券市场上属于稳健投资者，它们的资金大部分来源于社会闲置资金，与个人投资者的资金相比属于负债，故它们一般购买收益确定等风险较小的投资性证券。

(5)具有鲜明特点的投资管理模式

目前机构投资者已经形成两大类投资管理模式，即主动型投资管理模式和被动型投资管理模式。主动型投资管理模式是一种信息驱动型的投资管理模式，采用这种模式的机构投资者通常是积极地收集各种市场信息，不断地分析价格走势，关注市场热点，注重短线操作。被动型投资管理模式是一种价格驱动型的投资管理模式，其特点是不轻易调整投资组合，虽然这些机构投资者有时也出售证券，不过是为了流动性的需求而变现。

(6)投资决策的效率较低

与个人投资者相比，机构投资者一般很难做到迅速决断，因为在大规模的组织中，信息提供者与意志决定者之间有一个信息交流的问题，有时候还可能出现由于各个意志决定者之间的意见分歧而不能够做出果断的决策并采取适当的行动。

(7)投资行为对证券市场的影响比较大

由于机构投资者财力雄厚，且又注重从事大宗交易，因此其交易动向对证券市场价格的影响极大。机构投资者对证券市场的影响是双重的：一方面大量买进卖出证券会不时地打破市场的平衡，引起市场动荡；另一方面，因为持有大量金融资产，在理性的支配下也会采取稳定市场的措施，成为维持市场稳定的中坚力量。

机构投资者是证券市场中的主导投资力量。目前，机构投资者的主导地位是否能够确定并有效地发挥作用已被作为证券市场成熟与否的标志之一。

2. 政府机构

作为机构投资者的政府部门，其投资行为直接关系到证券市场的规模、结构和收益水平。

然而需要强调的是，政府机构进行证券投资的主要目的不是为了获取利息、股息等投资收益，其参与证券投资的目的主要有以下几个方面：

(1)调剂资金余缺

在每一个会计年度，政府通常会出现税收的低谷和支出的高峰，可能陷入严重的财政赤字中，这时政府可以通过发行债券来筹措资金；相反，如果在税收高峰时，支出不多，又会出现资金剩余，往往通过特定渠道将资金投入证券市场。

(2)进行公开市场业务

正如前文所述，中央银行作为政府的银行往往需要进行公开市场业务来实现货币政策的目标。例如，当中央银行推行紧缩性的货币政策时，它在公开市场上卖出有价证券，使相应数量的基础货币回流，引起信用规模的收缩和货币供应量的减少。

(3)我国政府机构参与证券投资的特殊目的

我国的国有股为国有资产管理部门或其授权部门持有，它们的主要职责是保证国有资产的保值增值和通过国家参股控股来控制支配更多的社会资源。

3. 企业

企业作为独立经营的法人实体，是以利润最大化为其经营目标的。因此，它们必然按照这个目标调配资源，以求获得最大的收益。在证券市场上，企业往往将自己闲置的短期资金或暂时不用的积累资金进行证券投资。

企业投资有两个主要的特点：

(1)长期投资比较稳定。企业一般以参股或控股目的购入另一家公司的股票或买入长期债券，不会在短期内转手出售，而是长期持有，以便享受股东或主债权人的权益，很少受短期性市场波动的影响。

(2)短期投资交易量大。与个人相比，公司的经济实力雄厚，其临时闲置资金规模较大，是短期投资工具交易中的主要资金来源，对市场影响较大。

企业在证券市场上进行投资活动的目的主要有两个：

(1)充分使用企业的闲置资金。企业在生产过程中，总会出现一定量的闲置资金。如果将闲置资金存于银行只能取得较低的收益，因而企业一般会选择短期的、流动性强的、风险较小的金融工具进行投资活动，从而成为短期资金的供给者，通过债券投资，将债券作为企业资产的组成部分，既有利于保持企业资产的流动性，又能使企业获得稳定的利息收益。

(2)企业可以通过股票投资来实现对目标企业的参股和控股的目的，以取得规模经济效应或开拓新的领域，实现多元化经营。出于这种投资目的的投资一般是长期性投资，相对比较稳定。通常一家企业在购买另一家企业的股票后不会在短期内马上将其转手，而是长期持有。

我国规定各企业单位和事业单位可用自有资金和单位有权自行支配的预算外资金进行证券投资，使预算外资金达到保值和增值的目的，但国有企业和上市公司不得炒作股票。

4. 金融机构

金融机构是证券市场上主要的证券需求者和机构投资者。参加证券投资的金融机构主要可以分为三大类：

(1)证券经营机构

证券经营机构，主要是指证券公司、证券经纪公司、信托投资公司、基金管理公司等，它们以自有资本和营运资金以及少量质押贷款资金参与证券投资，是证券市场上实力雄厚的机构投资者。它们进行证券投资的目的主要有两个：一是获取盈利；二是满足一般投资者需要，配合证券主管机构稳定行情。它们进行证券投资既注重资金安全性，又注重营利性和流动性，投资对象较分散，股票、政府债券、公司债券都是投资目标；它们既有可能长期持有证券，又有可能抓住机会短期操作，成为投机者。由于证券经营机构资金实力雄厚，运作金额巨大、信息流通、操作方便，因而它们是证券市场主力资金的支持者，是证券市场能否稳定的重要因素。

(2)商业银行

商业银行是以经营企业存款为主要业务，并以盈利为其主要经营目的的信用机构。商业银行进行证券投资的主要目的是分散风险，保持资产的流动性。与其他金融机构相比，商业银行作为一个存贷机构，保护储户资金安全是其首要职责，其投资活动往往受其自身业务活动和政府法令的制约，因而其投资政策比较保守而较少冒险，即它从事证券投资更多是出于保持资产的流动性和安全性方面考虑，而把投资收入放在次要地位。因此银行投资的证券一般都是信誉高、易转让的证券，如政府短期债券、地方政府债券和投资级企业债券等，这些证券可以立即变现，在第一线资金不足时以应急需。

(3)保险公司

保险公司是在投保人发生某种意外时进行支付的一种金融机构。它是西方国家证券市场上主要机构投资者之一，其中90%用于再投资。资产中用于有价证券投资的比重超过40%，高于所有其他投资方式。

保险公司进行证券投资的资金来源于保险费收取与保险赔款支出之间的时间差异。受其自身业务性质和政府有关法规的限制，保险公司证券投资活动通常是出于对本金的安全性、收入的稳定性以及较高的盈利性的综合考虑，而其中安全性最为重要，但对流动性的要求并不是很高，故通常可以进行中长期的证券投资活动。

保险公司的保险基金进入证券市场主要有以下三种方式：

①保险公司直接进入证券投资。通常在保险公司内部设立证券投资部，其功能相当于证券公司的自营部门，直接对证券进行选择和投资。

②保险公司间接入市，即由保险公司委托证券公司或基金管理公司进行证券投资。托管资产占保险基金的比例可根据保险公司的情况而定。

③多家保险公司联合组建专门运作保险基金的证券投资基金入市。由保险公司自己进行基金的管理是国外比较普遍的做法。

各国政府对保险公司的证券投资都加以严格的管理，通常禁止购买股票，或对其入市购买股票限定一定的资金比例，但对国债投资不加限制，而对地方政府债券和企业债券投资只限于高等级债券。

5. 各类基金性质的机构投资者

基金性质的机构投资者包括证券投资基金、社保基金和社会公益基金。

(1)证券投资基金

证券投资基金是指利益共享、风险共担的集合证券投资方式，即通过发行基金单位集中投资者的资金由托管人托管、由基金管理人管理和运用资金从事股票、债券等有价证券投资，并将投资收益按基金投资者的投资比例进行分配的一种间接投资方式。我国《证券投资基金管理暂行办法》规定我国的证券投资基金可投资于股票、债券，但对单个基金的投资活动有一定比例的限制。

(2)社保基金

一般国家社保基金可分为两个层次：一是国家以社会保障税等形式征收的全国性基金，二是由企业定期向员工支付并委托基金公司管理的企业年金。由于资金来源不一样，这两种形式的社保基金管理形式完全不同。全国性社会保障基金属于国家控制的财政收入，主要用于支付失业救济和退休金，是社会福利网的最后一道防线，对资金安全性和流动性要求非常高，这部分资金的投资方向有严格限制，主要投向国债市场。

(3)社会公益基金

社会公益基金是指将收益用于指定的社会公益事业的基金，如福利基金、科技发展基金、教育发展基金、文学奖励基金等。我国有关政策规定，各种社会福利基金可用于证券投资，以求保值、增值。

6. 合格境外机构投资者

为吸引外资和有条件地开放本国资本市场，部分发展中国家实行了 QFII 制度。所谓 QFII 制度，是指允许经核准的合格境外机构投资者，在一定规定和限制下汇入一定额度的外汇资金，并转换为当地货币，通过严格监管的专门账户投资当地证券市场，其资本利得、股息等经审核后可转换为外汇汇出的一种市场开放模式。

QFII 制度是一种有限度地引进外资、开放资本市场的过渡性制度。在一些国家和地区，特别是新兴市场经济国家和地区，由于货币没有完全可自由兑换，资本项目尚未开放，外资介入有可能对其证券市场带来较大的负面冲击。而通过 QFII 制度，管理层可以对外资进行必要的限制和引导，使之与本国的经济发展和证券市场发展相适应，控制外来资本对本国经济独立性的影响，抑制境外投机性游资对本国经济的冲击，推动资本市场国际化，促进资本市场健康发展。这种制度要求外国投资者进入一国证券市场时，必须符合一定的条件，得到该国有关部门的审批。

第三节　证券市场中介机构

证券市场中介机构，是指代理证券发行或充当证券交易的中介并以此获得手续费或佣金收入的机构，它主要包括证券经营机构和证券服务机构。证券中介机构主要有：证券公司、投资银行、商业银行、信托投资公司、基金公司以及证券评级机构等。它们的作用在于促进证券市场上的资金融通，在资金供给者和资金需求者之间架起桥梁，保证证券的发行和交易活动的正常进行，因此证券市场中介是证券市场的核心。

一、证券经营机构

证券经营机构简称券商，是指依法设立可经营证券业务的、具有法人资格的金融机构。按照其经营业务的内容不同，可分为证券承销商、经纪人和自营商三类。这三类证券商并非互相完全隔离，而是业务互相交叉的，尤其是随着金融自由化趋势的发展，许多证券经营机构往往身兼数职，大的证券公司一般有若干业务部门，分别从事证券发行、经纪、自营以及基金管理等业务而成为综合证券商。

(一)证券承销商

证券承销商(Underwriter)，是指经过主管部门批准有权包销或代销有价证券的证券经营机构，一般由大型商业银行、投资银行、证券公司、信托公司等构成。其作用是受发行人的委托，寻找潜在的投资公众，并通过广泛的宣传、公关等广泛社会活动，将潜在的投资者引导成为真正的投资者，从而使发行人募集到所需要的资金，并从中获取手续费收入。因此，证券承销商是证券一级市场上发行人与投资者之间的媒介，它在证券的发行过程中有着重要的职能作用。

一般来说，它们主要向证券发行者提供如下服务：

1. 为发行提供咨询服务

证券承销商在证券市场上利用自身的有利位置，为发行者提供有关发行的咨询服务，审核发行公司的财务状况及融资要求，比较各种融资方案的优劣，并根据客户的要求和宏观经济的形势提出具体的融资方案，包括证券发行的品种、发行的时间、发行的方式、证券发售期限、分销辛迪加的规模等方面，帮助发行者顺利筹集资金。

2. 办理发行事务

发行新证券需要向政府的证券监管当局提供发行单位的财务状况和经营活动的文件和报表，对于不熟悉有关规定的发行单位来说，准备这些报告和报表是很繁杂的工作，而这些事务性工作都可以交由证券承销商来帮助完成。我国规定，证券主承销商在报送申请文件之前必须对发行公司辅导一年，这是规范公司法人治理结构和完善运行机制的需要，是提高上市公司质量的必要措施。

3. 承销证券

承销证券可以分为包销和代销两种。包销是指承销商从发行者处购买新发证券，并由自己分售；发行公司在支付承销商一定的手续费或佣金后，得到全部的证券销售款。因此，当证券承销过程中发生承销困难时，承销商必须承担资本损失的风险。代销指的则是承销商只是代理发行公司承销证券，不承担任何证券发行风险，其证券发行过程中的风险全部由发行人自己承担。

为了完成数量庞大的证券销售，大的承销商如投资银行，往往自己作为承销人，与其他投资银行、证券公司等组成辛迪加承销团，首先主承销人向发行者承销，然后辛迪加承销团其他成员负责一定数量的分销，当新证券全部销售完毕时，辛迪加承销团也就解散了。

4. 向社会公众推销新发行的证券

证券承销商在确定与证券发行人是代销还是包销关系以后，就要开展向潜在的投资者推销新证券的工作。因为要在较短时间内将大量的证券投向市场，必须要有周密的准备工作，尤其是为了帮助市场了解新证券的特点，证券承销商往往通过电视、广播、报刊、网络等媒体为发行单位和新证券进行一系列的广告宣传活动，介绍发行单位的经营情况，树立发行单位的良好形象，还要按照证券监管当局的要求进行发行单位的信息披露工作。

(二)证券经纪人

证券经纪人(Brokers)，是指在证券市场上专门接收客户委托代理证券交易而收取佣金的专门从业者。证券经纪人是随着集中交易制度的实行而产生和发展起来的。由于在证券交易所内交易的证券种类繁多、数额巨大，而交易厅内席位有限，一般投资者不能直接进入证券交易所内进行交易，因此必须通过特许的经纪人代理交易。证券经纪人不能自己买卖证券以及经营证券，只能执行委托人以高价卖出或以低价买进证券的委托，其收入来源是按照规定收取的佣金，所承担的风险也仅限于客户能力所致的信用风险。

证券经纪人主要有以下几种类型：

1. 佣金经纪人

佣金经纪人，是指直接代理买卖双方进入交易所并收取佣金的经纪人。佣金经纪人是场内交易的主要成员，这些经纪人大多是以证券公司的名义在证券交易所取得席位，办理委托业务。

2. 场上经纪人

场上经纪人，是指不接受一般客户委托而在佣金经纪人繁忙时或其业务处理发生困难时，接受佣金委托人的委托，代理其进行证券买卖并收取佣金的经纪人。由于场上经纪人最初每成交 100 股固定收取 2 元，所以也称为二元经纪人。

3. 专业经纪人

专业经纪人是纽约证券交易所内一种特殊但很重要的会员，他们专门买卖交易一种或几种证券。由于他们对交易股票的历史背景、市场表现有专门的研究，掌握着交易价格和数量变化的重要信息，对股票交易有专业的知识和经验，又有一定的资金实力，因此称为专业经纪人。专业经纪人具有双重身份，他们既可以接受交易所内佣金经纪人或自营商的委托进行证券买卖，又可作为自营商自行进行证券交易，但以委托买卖为主。

4. 零股经纪人

零股经纪人，是指专门办理不满一个交易单位的零股交易的经纪人。一个交易单位一般为 1 手(100 股)，不足 100 股(1～99 股)的称为零头股票，不能在交易所零散买卖。所以当客户委托经纪人买卖的股票不足一个单位时，就由经纪人委托零股经纪人处理，并按规定支付手续费。

5. 债券经纪人

债券经纪人，是指代理客户买卖债券并从中收取佣金的经纪人。

证券经纪人的主要职能是：为投资者开立账户、接受委托代理买卖；办理过户、保管、清算、交割等业务；为投资者提供信息咨询服务等。由于证券经纪商的业务活动沟通了买卖双方的信息，克服了证券发行单位、发行数量、品种等投资与日俱增的矛盾，解决了买卖双方寻觅交易对手的困难，这既有利于交易范围的扩大和公平价格的形成，也有利于市场组织和管理，从而促进了市场的发展。所以说证券经纪商在证券交易市场的地位极为重要。

(三)证券自营商

证券自营商(Dealer)，是指在证券市场上不接受证券投资者的委托而是以自己的名义和资金参与证券交易，从中获取交易差价收益，并独立承担风险的证券经营机构。它们可以从证券发行机构或筹资单位购买证券，也可以以交易所会员的资格在证券交易所自行买卖证券，还可以兼营证券的零散交易，通过证券交易买卖差价赚取利润，获得收益。

证券自营商最主要的特点就在于，它们要依靠自己拥有的资金进行证券交易，并承担交易过程中出现的交易风险。因此自营商主要是根据自己对证券交易市场的行情判断买进或者卖出证券，而不与交易大厅以外的其他证券投资者发生直接联系。为了减少证券交易风险，证券自营商很少参与长期看涨或者看跌的证券信用交易，而只做短期交易或现货交易来赚取证券交易的差额利润。

证券自营商主要有以下三种类型：

1. 交易所自营商

交易所自营商就是一般意义上的自营商，一般不与普通的投资者接触，只在交易大厅中用自己的资金自行买卖证券并自担风险，获取差价利润。通常其交易活动有较强的投机性，在客观上也起到了缩小价差、促进交易和维持市场连续性的作用。

2. 零股自营商

零股自营商是专门处理不足一个成交单位的股票交易的自营商，他们或零数买进、整数卖出，或整数买进、零数卖出。零股交易的出现为资金薄弱的小额投资者参加证券交易提供了方便，同时，也促使小额投资者购买企业股份，使其股权分散化，避免股权过分集中在大户手中。

3. 非会员自营商

非会员自营商是指未能取得证券交易所会员资格，不能进入证券交易所参与交易，只能在场外交易市场进行自行交易的证券商。其在场外的柜台市场上直接与投资者进行交易，从中赚取差价。

证券自营商对活跃市场交易、维持证券市场的连续性有着重要的作用。因为自营商往往以某一较合理的价格暂时买进或卖出证券，而这种买卖行为既缓解了证券市场上的短期供求失衡状况，也可以解决投资者想买而买不到或想卖而卖不出的困扰，有利于交易的顺利进行。对于从事柜台式自营买卖来说，由于柜台交易分布面广、交易灵活，证券自营商可以极大地方便广大投资者的证券交易。

在国外，证券自营商通常都承担着协助证券主管部门和证券交易所维持证券市场正常运行的义务。未经证券交易所同意，证券自营商不能联手进行自营买卖，不得高价收购或低价抛售证券，不得以自营买卖的名义代他人买卖证券，也不得委托证券经纪商代为买卖证券。

二、证券服务机构

证券服务机构，是指依法设立的从事证券投资咨询、交易结算、资产评估、信用评级以及财务审计等证券服务业务的法人机构，主要包括证券登记结算公司、证券投资咨询公司、信用评级机构、会计师事务所、律师事务所、资产评估机构、证券信息公司等。

(一)证券登记结算公司

证券登记结算公司，是指专门为证券与证券交易办理证券存管、资金结算交易和证券过户业务的中介服务结构。其主要业务是：公开发行与非公开发行的证券登记，上市及非上市的记名证券的转让登记，办理有价证券的保管，代理有价证券的还本付息和分红派息，从事与证券有关的咨询业务及主管机关批准的其他业务。

证券结算公司的功能有：中央登记、中央存管和中央结算功能。

中央登记功能包括：统一管理投资者证券账户，包括开立证券账户、修改开户资料、证券账户的挂失及补发等；上市证券的发行登记，包括新股发行登记、遗留问题股份登记等；上市证券非流通股份的管理，包括股份的冻结、抵押及法人股、国家股股权的协议转让过户；股东名册管理。

结算公司为每个结算会员开设证券存管账户。该账户下设有两个托管账户：托管账户和自营账户，分别用以记录托管于该结算会员名义下及其自身拥有的证券余额及其变化情况。中央存管功能包括：上市证券的股份管理，证券托管与转托管，权益派发，配股认购等。

证券结算公司作为所有交易买方和卖方的交易对手，通过与交易所、清算银行和结算会员的电子网络，对在交易所达成的买卖以净额结算方式完成证券和资金收付。中央结算功能包括：证券交易的清算过户，证券交易的资金交收，新股网上发行的资金清算等。

我国目前上海、深圳两个证券交易所各自具有自成体系的结算系统，证券存管、结算与交收分别由上海证券登记结算公司和深圳证券结算公司承担，并通过净额结算方式，在成交后的次一工作日完成资金划拨和证券的交收。

从我国证券市场目前运作来看，证券登记结算机构有两个层面：一是专门为交易所提供集中登记、集中结算服务的机构，称为中央登记结算机构；二是代理中央登记结算机构为地方证券经营机构和投资者提供登记结算及其他服务的地方机构，称为地方登记结算机构。

(二)证券投资咨询公司

证券投资咨询公司又称证券投资顾问公司，是指对证券投资者的证券投资活动提供职业性指导的专业机构。投资咨询公司根据客户的要求，通过收集大量的基础信息资料，在科学分析和现代技术分析相结合的基础上，进行系统的研究分析，向客户提供分析报告和操作建议，帮助客户制定投资策略，确定投资方向，帮助他们制定最佳的投资、融资方案。

证券投资咨询公司的作用主要表现在以下四个方面：

1. 有利于提高证券市场的透明度

咨询人员运用专业知识和丰富的经验，通过对证券市场的系统研究和分析，形成报告公布给投资者，增加了证券市场的透明度。

2. 有利于减少投资的盲目性，提高资金运作效率

咨询机构可以帮助市场上的发行人、投资者选择筹资、投资的最佳方案，避免盲目投资，减少浪费。

3. 有利于证券市场的稳定发展

咨询机构可以运月大量的事实、数据对上市公司经营状况进行分析研究，引导投资者进行理性投资。

4. 有利于监督上市公司的经营运作

咨询机构通过对上市公司的深入研究，并在有关媒体发表分析报告文章，以促进上市公司的规范运作。

(三)信用评级机构

信用评级机构，是指由专门的经济、金融、财务、法律等专家组成的对证券发行者和证券的信用进行等级评定的中介服务机构。目前投资界公认的最具权威性的信用评级公司有美国的穆迪公司、标准普尔公司，加拿大的债务评级服务公司和英国的爱克斯坦尔统计服务公司。

信用评级机构的主要工作内容是对有价证券的发行公司进行客观、准确、真实、可靠的评级，并负责提供评级结果及有关资料。通常评级的结果对证券发行的成败、发行价格的高低等有着决定性的影响。而对于投资者而言，信用等级有利于他们迅速判断证券的风险程度，降低投资风险，节约信息成本，做出正确的投资决策。

信用评级机构一般是独立的、不受官方控制的机构。他们出于对自身的利益、信誉和权威性的考虑，遵循公正、客观、准确、可靠的原则，汇集了一大批实践经验极其丰富的证券分析、企业评估、会计统计、公司财务、电子计算机等各个领域的经济专家和技术专家，建立了完善的证券评级制度。然而需要强调的是，他们所做出的信用评级仅供投资者决策时参考，并不具有向投资者推荐这些证券的含义，只是评价该种证券的发行质量、债券发行者的资信、投资者承担的风险，更不具备对股票评级的定性作用。选择何种证券进行投资，最终仍然由投资者自行决定。

(四)会计师事务所

会计师事务所，是指国家批准的依法独立承担注册会计师业务并独立核算、自负盈亏的中介服务机构。其主要工作内容是对证券、期货相关机构的会计报表进行审计、净资产验证、实收资本的审验及盈利预测审核等业务。

注册会计师执行的业务和会计师事务所在维护证券市场运行方面有着不可低估的作用。从投资者的角度看，无论是对发行股票公司盈利能力的判断，还是对公司发行债券偿还能力的

了解，都需要以注册会计师对发行人财务资料的审查和鉴证结论为必要前提；从发行公司的角度看，既需要注册会计师进行改制计划和策略的编制，也希望通过注册会计师的审计报告，揭示企业财务报表的公信力，以便吸引更多的投资者与资金，求得公司的稳步快速发展；从国家宏观经济的角度看，为了维护正常的市场秩序，保证市场健康发展，也要求注册会计师对企业的财务报表进行客观、公正的审查。由此，在证券市场上，注册会计师执行的业务与会计师事务所发挥的作用，已经不仅要对某个公司的投资者和债权人负责，而且还要发挥社会公证的作用。

(五)律师事务所

律师事务所是指律师执行工作的组织机构。证券市场中的大量业务都涉及法律事务。律师事务所依据有关的法律法规，站在公正的立场，对有关契约文件、公司发行证券的文件是否完整和合法，公司行为是否合法，证券公司的行为是否合法等提供法律服务。由此，律师事务所的工作直接关系到投资者、公司和社会公众的利益，是资本市场的重要参与者。

律师事务所的主要工作内容有：一是为证券的发行上市和进行交易出具法律意见书。法律意见书是由律师事务所就证券的发行、上市和交易的合法性所出具的法律文件。二是审查、修改、制作与证券发行、上市和交易有关的法律文件。在证券发行市场上，律师事务所主要对股票发行所附文件是否齐备、真实，股份公司的筹备是否符合要求，公司的章程有无明显瑕疵，公司的股票结构和持股比例是否符合要求等出具法律意见书，审查、修改和制作公司章程、招股说明书、债券募集办法和证券承销协议书等。

律师事务所出具的法律意见书具有法律效力，若有虚假，律师事务所和签字的律师必须承担相应的法律责任。

(六)资产评估机构

资产评估机构，是指组织专业人员依照国家有关规定和数据资料，按照特定的目的，遵循适当的原则、方法和计价标准，对资产价格进行评定估算的专门机构。其主要工作内容是为股票公开发行、上市交易的公司资产进行评估。

我国资产评估业是随着经济体制改革特别是国有企业管理体制改革而产生的，在证券市场上发挥着越来越重要的作用。

1. 国有企业股份制的改造需要进行资产评估

国有企业在改制上市发行新股时，为了防止国有资产流失，保护投资者的合法利益，对国有企业作为出资的实物、工业产权、非专利技术或土地使用权等，必须评估作价，核实财产，折合成股份。既不能高估作价，损害投资者利益，也不能低估作价，任由国有资产流失，因此，由独立的资产评估机构依据公平、科学、客观、独立的原则进行资产评估已成为不可或缺的重要环节。

2. 上市公司资产重组需要进行资产评估

在现代市场经济中，一个公司的价值组成是极其复杂的，既包括有形资产，也包括无形资产(如商誉、字号、品牌等)，因此，上市公司在进行收购、兼并等资产重组时，对有关企业的资产(包括整体资产或部分资产)都需要进行评估，才能确认其真实价值，并且评估结果要由参与各方共同确认，才能达成协议。此外，一些上市公司增发新股或进行配股时，也需要进行资产评估。

3. 上市公司年度报告可能涉及资产评估

上市公司每年公布年度报告或中期报告时，若公司资产价值发生非经营性因素的变动，如土地使用权的增值等，也需要进行资产评估。

（七）证券信息公司

证券信息公司是依法设立的，对证券信息进行收集、加工、整理、存储、分析、传递以及进行信息产品、信息技术的开发，为客户提供各类证券信息服务的专业性中介机构。

目前，全球最大的两家财经新闻信息传播机构是路透社和道·琼斯德利财经资讯系统。它们是综合性的财经信息服务机构，其所开发的信息产品——路透财经资讯系统和德利财经资讯系统——在全球享有盛誉，用户几乎遍及全世界各个角落。目前，我国的证券信息服务还处于初级阶段，专业性证券信息服务公司还不多，规模实力较小，有待于进一步规范运作和稳定发展。

证券信息公司的功能，主要体现在为证券市场参与者提供准确、及时、全面系统的证券信息服务。对于投资者来说，证券信息公司能够帮助投资者树立理性的投资理念，有利于投资者控制和降低投资风险；对证券经营机构和上市公司来说，证券信息服务使他们从繁杂的资料整理工作中解脱出来，节省了大量的人力和时间，直接迅速地获得高质量的信息产品，有利于提高管理者的决策质量。此外，准确、及时的证券信息服务有利于证券管理机构提高对市场的把握能力和市场监管水平，对市场规范运作和稳定发展具有积极的促进作用。

整个证券市场中介机构的结构见图 3－1。

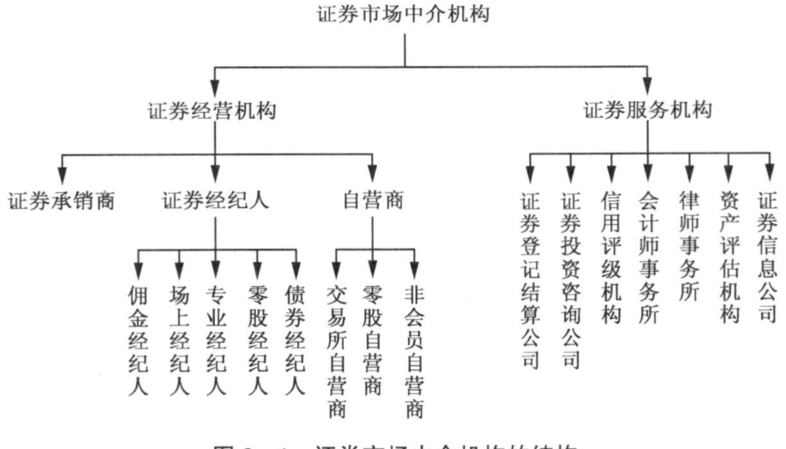

图 3－1　证券市场中介机构的结构

第四节　证券市场的发展状况

一、证券市场的产生

证券市场的产生离不开商品经济和社会化大生产的发展。在简单商品经济条件下，由于社会分工不发达，生产力水平低下，信用制度落后简单，因而不需要也不可能存在证券市场。随着生产力的发展，商品经济日益社会化和日益扩大的生产需要大大促进了信用制度的发展。由于融资的需要和有价证券的种类不断增多，各类证券的流通转让也随之发展起来，形成经营性行业，证券的发行和买卖使得证券成为一种金融性商品。在这种情况下，证券市场就应运而生了。

证券市场的形成还与股份公司相联系。随着生产力的进一步发展、生产规模的日益扩大，传统的独资经营方式和封建家族企业已经不能满足资本扩张的需要，于是产生了合伙经营的组织，随后又由单纯的合伙经营组织演变成股份制企业——股份公司。股份公司通过发行股票、债券向社会公众募集资金，实现资本的集中，满足扩大再生产对资金急剧增长的需要。因此，股份公司的建立和公司股票、债券的发行，为证券市场的产生和发展提供了坚实的基础。

信用制度的发展也促进了证券市场的形成和发展。由于近代信用制度的发展，使得信用机构由单一的中介信用发展为直接信用，即直接对企业进行投资。于是金融资本渗透到证券市场，成为证券市场的重要支柱。随着信用制度的发展，商品信用、国家信用、银行信用等融资方式不断出现，越来越多的信用工具随之涌现。信用工具一般都具有流通变现的要求，而证券市场为有价证券的流通转让创造了条件。随着信用制度的发展，证券市场的产生也成为必然。

二、证券市场的发展

证券市场的产生到现代证券市场的形成和发展，经历了 500 多年的漫长发展历史。早在 15 世纪，意大利某些商业城市中已经出现商业票据的买卖。16 世纪里昂、安特卫普已经有了证券交易所，当时进行交易的是国家债券。16 世纪中叶，随着资本主义经济的发展，所有权和经营权相分离的生产经营方式——股份公司的涌现，使股票、公司债券成为证券交易所流通和转让的主要信用工具。1602 年，在荷兰的阿姆斯特丹成立了世界上第一家股票交易所。1698 年，在英国已有大量的证券经纪人。在伦敦柴思胡同的“乔纳森咖啡馆”就是因为众多的经纪人在此交易而出名。1773 年，英国的第一家证券交易所即在该咖啡馆成立，1802 年获得英国政府的正式批准，这家证券交易所正是现在伦敦证券交易所的前身。1790 年，美国成立了第一家证券交易所——费城证券交易所，从事政府债券等有价证券的交易活动。1792 年 5 月 17 日，纽约 24 名证券经纪人在华尔街一棵梧桐树下聚会，商定了证券交易最早的条例——“梧桐树协定”，规定了公众委托收取佣金的最低标准和经纪人之间进行交易的规则等。1863 年，美国纽约证券交易所成立，主要的证券交易品种是银行、保险公司等金融类股票，后来受工业革命的影响，运输公司股票、铁路股票、矿山股票等有价证券也日益盛行。

随着国际经济、金融格局的变化以及金融证券化、证券交易多样化和证券自由化的进一步发展，目前证券市场的发展呈现出以下四大趋势：

1. 金融创新进一步深化

西方发达国家在剧烈的竞争中，为了避免风险，求得生存和发展，在证券融资技术日新月异的条件下，证券品种得以不断创新，进而增强了证券市场的活力和对投资者的吸引力，加速了证券市场的发展。

在第二次世界大战前，证券品种一般仅有股票、公司债券和政府公债券，而在第二次世界大战以后，西方发达国家相继涌现出一系列金融衍生工具，如金融期货、金融期权、可转换证券、认股权证、优先认股权、备兑凭证等。这些衍生工具的出现，一方面有利于克服国际证券市场上的突发性价格波动，起到套期保值、规避风险的作用；另一方面又对证券市场的稳定性构成了严重的挑战。尽管对这些衍生工具的功过是非尚没有明确的定论，但证券品种和证券交易方式的创新在世界各大证券市场上迅速发展却是一个不争的事实。

实际上，从 20 世纪 70 年代开始，金融创新就成了证券市场生命力的源泉。进入 21 世纪，在世界经济一体化的推动下，随着证券市场物质技术基础的更新和投资需求多元化的进一步发展，新的金融创新浪潮在不断涌现。

2. 证券市场的国际化

科学技术的发展推动了社会生产的国际化，并引导资本投资国际化，使得证券市场国际化成为当今发展的主要趋势。证券市场国际化，是指在业务上和地理上彼此分割的各国证券市场紧密地联系在一起，相互影响、相互促进，形成世界一体化的市场。其主要表现在以下五个方面：

(1)筹资的国际化

政府机构、产业部门不仅在本国，而且在国际证券市场上发行证券、筹集资金，资金来源及币种选择的余地扩大了，满足了筹资者的不同需要，其结果是国际债券、股票发行量显著增加。

(2)证券交易的国际化

证券交易国际化，是指证券交易不分国界、资金流动不分国土及投资者不分国籍的国际化。这是证券市场国际化的首要条件，它是通过本国证券机构向国际证券市场延伸网点或境外证券机构向内渗透网点而实现的。

(3)证券制度的国际化

资本在世界范围内的流动，迫使各国政府打开门户，放松管制，对外开放本国的证券市场。这就使各国证券市场的制度、原则、交易方式、惯例等逐步同质化。证券制度国际化直接决定了证券市场国际化的进程和方式。如英国伦敦证券市场在1986年名为“大爆炸”的制度改革后，再度成为世界上最具有国际化的证券市场。

(4)国际证券市场中心的出现

伦敦、纽约和东京已成为全球性的三大证券市场中心，由于地理位置的关系，这三大证券市场中心构成了一个全球性的昼夜24小时不间断连续交易的证券市场体系。

(5)基金国际化

基金国际化，是指基金的发行者、投资者和基金业务的国际化。基金国际化既是证券市场国际化的必然产物，反过来又推动了证券市场的进一步国际化。

3. 多层次证券市场体系的建立和发展

近年来，世界上经济发达国家和地区都建立了体系庞大、条块结合、功能完备、层次多样的证券市场体系，使不同规模、不同需求的企业都可以利用证券市场获取所需要的资金。以美国为例，证券市场的层次分为：全国性交易所(含纽约证券交易所和美国证券交易所)、区域性交易所(主要进行本区域内证券交易和本地区企业在全国性交易所上市的证券交易)、地方交易所(由美国证券交易管理委员会依法豁免办理注册的小型的地方证券所，也称“未经注册的交易所”)和场外交易系统(含柜台交易、第三市场、第四市场、全国证券商联合会自动报价系统)。

许多国家为了解决中小企业特别是科技型中小企业融资问题，在不断巩固和完善主板市场的同时，相继设立了二板市场。如美国的纳斯达克、英国的科技板市场、韩国的高斯达克、新加坡的二板市场以及我国香港的创业板市场等，把一大批名不见经传的中小科技企业如戴尔、微软、苹果、英特尔等培育成大公司。如今二板市场已成为多层次证券市场体系中的重要组成部分。

4. 证券市场的网络化发展

自20世纪50年代下半期以来，随着电脑软件产业、集成电路产业和网络信息产业的发展，证券交易方式发生了重大变革。1970年年初，伦敦证券交易所采用市场价格显示装置。1970年2月，美国建成“全国证券商协会自动报价系统”。1978年，纽约证券交易所创设“市场交易系统”,用电子通信网络把波士顿、纽约、费城、辛辛那提等交易所连接沟通,使各交易所每种股票的价格和成交量在荧屏上显示,经纪人和投资者可以在任何一个证券市场直接进行证券买卖。

目前世界上主要的证券市场都采用电脑、卫星通信、电讯网络相联系,从而大大提高了证券市场的运行效率。在以计算机为基础的网络技术的推动下,证券市场的网络化迅速发展,具体表现为:(1)互联网已成为投资者了解市场信息、上市公司信息的重要途径;(2)网上交易;(3)网上路演;(4)网上首次公开发行。其中以网上交易最为突出。网上交易,是指投资者利用互联网资源,获取国内外各个交易所的及时报价,查找国际、国内各类与投资者相关的经济金融信息,分析市场行情,并通过互联网进行网上的委托下单,实现实时投资。与传统交易方式相比,网上交易这种无形的交易方式打破了时间和空间的限制,极大地提高了投资者选择的自由度,增加了证券市场的流通性。此外,网上交易还增加了证券信息的丰富性和流通效率,提高了资源配置效率,降低了券商的经营成本,为投资者提供了安全的交易手段。毫无疑问,证券市场的网络化将是证券市场最基本的发展趋势之一。

三、我国的证券市场

我国最早出现的证券交易机构是由外商开办的“上海股份公所”和“上海众业公所”,这两个交易所主要是买卖外国企业股票、公司债券以及中国政府的金币公债等。与此同时,清政府为了应付甲午战争军费开支的需要,发行了我国最早的政府债券。1914 年北洋政府颁布《证券交易所法》,推动了证券交易所的建立,1917 年北洋政府批准上海交易会开设证券经营业务。1918 年夏天成立的北平证券交易所是中国人自己创办的专营证券业务的第一家证券交易所。随后,上海、天津、青岛等地也相继成立了交易所,逐渐形成了旧中国的证券市场。新中国成立之后,因为推行计划经济体制,随着天津证券交易所在 1952 年关闭,旧中国的这些证券市场也就相继消失了。

20 世纪 80 年代以来,在邓小平理论的指导下,在党中央和国务院的支持下,伴随着改革开放的深入和经济发展,我国证券市场也随之建立和发展起来。1981 年恢复国库券发行,1984 年上海、北京、深圳等地的少数企业开始发行股票和企业债券,证券发行市场重新启动。1988 年国债流通市场的建立和 20 世纪 80 年代中后期股票柜台交易的起步,标志着证券流通市场开始形成。

1990 年 12 月和 1991 年 6 月,上海证券交易所和深圳证券交易所相继成立,我国证券市场正式形成。作为一个新兴的高速成长的证券市场,在短短的十几年时间里,它从无到有,从小到大,从分散到集中,从地区性市场到全国性市场,从手工操作到采用现代化技术,市场的广度和深度有了很大的扩展。目前,沪、深证券交易所的交易和结算网络已覆盖了全国各地,证券交易技术手段处于世界先进水平,股票、基金、债券全部采用无纸化发行和交易,法规体系逐步完善,全国统一的证券监管体制也已经建立。

(一)不断深化市场化改革

1. 股权分置改革

自 2005 年以来,证监会、国资委、财政部将大部分精力放在股权分置改革上。2005 年 4 月 29 日,中国证监会发布《关于上市公司股权分置改革试点有关问题的通知》,股权分置改革试点工作宣布正式启动。2005 年 5 月 8 日,沪、深证券交易所和中国证券登记结算公司公布《上市公司股权分置改革试点业务操作指引》。

股权分置，是指由于早期的制度设计，所有上市公司的国有股权是不能流通的，只能在有限的增量上发行股票，即国有股是不流通的股票，只有个人股可以流通。股权分置作为历史遗留的制度性缺陷在诸多方面制约了中国资本市场的规范发展和国有资产管理体制的根本性变革。不解决股权分置问题就难以稳定市场预期，也就难以形成市场的上升环境。若长期搁置这一问题，其对市场的不利影响不可能自动消失，甚至由此带来的问题会越积越多。

股权分置改革为资本市场的发展确立了一个规范化的制度基础，而这恰恰是资本市场规范化建设最重要的内容，它将使中国资本市场真正进入规范发展的阶段。股权分置改革的顺利进行，有助于确定股东的共同利益基础，促进上市公司股权全面流通，促进市场化定价机制初步形成，实现国有股权的市场化。这些积极变化使得上市公司建立并逐步完成治理结构成为可能，收购兼并活动极大活跃。以并购为代表的市场化配置手段开始发挥作用，引导社会资源向经济最活跃、发展最需要的领域转移，这有助于通过资本市场的筛选为我国培育强大企业提供保障。

2. 推出创业板

创业板市场又称二板市场，泛指那些上市标准低于传统证券交易所主板市场，主要为处于初创期、规模小但成长性好的中小企业和高科技企业提供融资机会和成长空间的证券交易市场。创业板市场有利于缓解中小企业融资难的问题，扶持高科技企业和中小企业成长，并为风险资本提供了一个健全的风险退出体系，以完善资本市场建设，从而促进经济的发展。2009年以前中国证券市场主要由主板市场(沪深 A 股)、中小企业板市场、代办股份转让市场和地方产权交易市场构成，其中中小企业板市场在上市条件、监管标准等方面与主板市场区别不明显，其服务与为高新技术产业发展提供服务的创业板市场相差甚远。而创业板上市公司的股份具有全流通性，可以使股权价值得以提高。

为积极稳妥地推进创业板市场建设，促进多层次资本市场的协调发展，2000 年国务院原则同意证监会关于设立二板市场的意见，将二板市场定名为创业板市场。2004 年，证监会同意在深圳证券交易所设立中小企业板块。该板块作为中国创业板市场的雏形表明，中国设立创业板市场已成定局。2007 年 8 月 22 日，国务院批准《创业板发行上市管理办法》(草案)。2008 年 3 月 21 日，中国证监会起草了《首次公开发行股票并在创业板上市管理办法》(征求意见稿)。2009 年 7 月 2 日，深圳证券交易所与中国证券登记结算公司发布《关于发布〈创业板市场投资者适当性管理业务操作指南〉的通知》，标志着经过长期酝酿与准备的内地创业板的正式推出。2009 年 10 月 30 日，首批创业板股票共计 28 家公司在深圳登陆。

3. 融资融券

融资融券是指证券公司向客户出借资金供其买入上市证券或者出借上市证券供其卖出，并收取担保物的经营活动。2006 年 8 月 29 日，中国证券登记结算公司制定的《融资融券试点登记结算业务实施细则》正式发布并实施。

融资融券有以下功能：

(1)填补“做空”机制的空白，为市场发展增添了新的动力

融资融券的建立有利于增强证券市场的活跃程度，平滑市场价格波动，改变证券市场“单边市”的状况，形成证券市场内在的稳定机制，促进证券市场功能的进一步发挥和市场长期稳定健康发展；有利于证券公司拓宽业务范围，改善证券公司的营利模式，促进证券公司规范发展。

(2)稳定市场价格，完善价格发现功能

融资融券这种双向交易制度，使股市同时存在多方与空方两种力量的较量，在一定程度上能抑制股市暴涨暴跌。当市场过度投机导致某一股票价格暴涨时，投资者可通过融券，沽出这一股票，从而引致股价回落；相反，当某一股票被市场过度低估时，投资者可通过融资买进该股票，从而促使股价上涨。欧美等资本市场成熟的发展经验证明，融资融券者往往也是市场中最为活跃的交易者，其对市场机会的把握、对信息的快速反应和对股价的合理定位都对市场起到了非常好的促进作用。融资融券者成为价格发现功能实现的主要推动力量。

(3)为新股发行提供保证金信用，极大提升了证券市场的融资能力

从境外市场的信用交易情况来看，信用融资和新股发行有着天然的联系。通过向承销商承销新股提供信用融资以及向投资者提供承销认股融资，将有效放大券商的新股承销能力和投资者的新股认购能力，降低承销风险，提高发行成功的概率。因此，融资融券业务的开展将极大提升内地证券市场的融资效率和融资吸引力。大型优质的内地企业将更多地选择在 A 股市场上市，从而使 A 股市场的上市公司质量稳步提升，并形成以大盘蓝筹股为主体的上市公司群体。

(4)为二级市场提供增量资金，优化投资结构

从境外成熟市场的经验来看，尽管证券信用贷款规模仅占证券市值的 2%不到，但信用交易规模却占整个市场交易金额的近 20%，我国台湾地区的这一比例甚至高达 40%。短期来看，在新股不断发行的前提下，融资融券业务将有效缓解由于扩容压力导致市场短期供求失衡的现状，降低新股发行导致的"失血效应"，对维护市场的短期稳定和活跃起到积极的作用。长期来看，融资融券业务通过分散授信或集中授信的转融通机制，打通资本市场与货币市场的通道，为证券市场发展提供稳定的资金来源，从而有利于整个证券市场的发展与完善。

(5)改变投资者行为，丰富投资者结构

融资融券业务可以满足不同市场主体的投资需求和风险偏好，它既能为风险偏好者提供放大操作、博取高投资回报的机会，也能为风险厌恶者提供风险规避手段。因此，融资融券业务的开展将激发投资者的参与热情。从国际经验来看，保险公司和社保基金更是证券信用交易市场中最为重要的借券方。从长期看，市场将吸引更多的机构投资者(如养老金、保险资金等)投资于 A 股市场，彻底改变我国证券市场缺乏长期投资者的现状。

在西方国家，融资融券已经有三百多年的历史，成为成熟的或比较发达的国家或地区证券市场必不可少的一部分。1993 年，我国有些证券公司就已经为客户提供各种"透支"服务。但由于当时证券公司自我约束力严重不足，金融监管能力又不高，融资融券业务的开展不仅没有发挥其股价形成、活跃市场的目的，反而导致了证券市场的泡沫和资金"黑洞"。1996 年，中国证监会考虑到当时的实际情况，明令禁止了该项业务，此后制定的《证券法》以控制金融风险为主，也采纳了这一禁绝政策。但地下融资融券屡禁不止，给我国证券市场带来了日益严重的负面影响。随着我国资本市场的快速发展和日益国际化，市场对金融创新的呼声越来越高；而规范我国证券业存在的"地下"融资，以及银行信贷资金进入股市的合规渠道，形成统一互联的金融市场，是我国证券市场迫切需要解决的现实问题。因此，证券公司谨慎推出融资融券业务，在有效吸收和借鉴国外融资融券业务成功经验的基础上，正在有效实施风险控制方法并健全内控制度。

两融业务流动性风险管理包括：①审慎合理确定融资类业务规模总量，控制融资融券业务规模，将证券公司净资本与融资融券规模挂钩。②加强证券公司融资融券业务规模管理，将业务规模与净资本挂钩。③要细化融资融券担保股票的折算率管理，将担保股票折算率计算与

市场指数、市盈率挂钩。④将高市盈率、亏损股票调出融资标的证券范围，证券公司应暂停投资者融资买入上一年度净利润为负数或者静态市盈率过高的标的股票。⑤加强客户适当性管理，限制股票集中度。⑥加强证券公司融资融券收益权债权转让管理，将转让规模与净资本挂钩。证券公司通过融资融券债券收益权转让方式融入资金，其待偿还债券收益权转让融资余额不得超过其净资本。已经超过前述要求的公司，不得新增融资融券债权收益权转让业务，到期业务不得展期。

4. 股指期货登台亮相

2006 年 9 月中国金融期货交易所挂牌成立，2007 年 4 月《期货交易管理条例》正式实施。此后，随着股指期货相关制度规则陆续出台，投资者教育活动如火如荼地开展，股指期货越来越受到市场的重视和投资者的关注。2010 年 3 月 28 日，证监会批复同意中金所上市沪深 300 股票指数期货合约，上市启动仪式于 4 月 8 日举行，首批四个沪深 300 股票指数期货合约于 4 月 16 日上市交易。股指期货的推出不仅为广大投资者提供了新的投资理财选择，更将促进我国金融市场的发展。

5. 科创板率先实行注册制

2019 年 1 月 23 日，中央全面深化改革委员会会议审核通过了《在上海证券交易所设立科创板并试点注册制总体实施方案》。1 月 30 日，证监会向公众发布了《关于在上海证券交易所设立科创板并试点注册制的实施意见》，标志科创板正式落地。3 月 4 日，上海证券交易所正式发布《上海证券交易所科创板股票发行上市审核问答》，明确了包括上市规则、发行上市审核规则、发行承销实施办法、股票交易特别规定、上市委员会管理办法、科技创新咨询委员会工作规则等配套业务规则。而注册制审核，作为此次科创板最大的改革成果，紧紧抓住信息披露这一核心，推动发行人、中介机构、交易所归位尽责，审核注册各环节公开透明，实际效果基本得到了市场认可。随着注册制在我国资本市场的全面推进，将促进我国更多企业走向新一轮的科技与商业模式创新之路，也将引领我国资本市场由发展阶段逐步走向成熟阶段，价值投资理念必将更加深入人心。

（二）机构投资者发展迅速

近年来，我国机构投资者发展迅速，证券投资基金规模稳步增长，市场主体行为不断规范，基金业处于健康发展态势。同时，QFII、保险资金、社保基金、企业年金等各类机构投资者队伍日益壮大，初步形成了多元化的机构投资者格局。2019 年 9 月 10 日，经国务院批准，国家外汇管理局决定取消合格境外机构投资者（QFII）和人民币合格境外机构投资者（RQFII）投资额度限制，RQFII 试点国家和地区限制也一并取消。截至 2019 年 8 月末，QFII 投资总额度 3 000 亿美元，共计 292 家合格境外机构投资者获批投资额度 1 113.76 亿美元；RQFII 制度从中国香港扩大到 20 个国家和地区，投资总额度为 19 900 亿元人民币，共计 222 家 RQFII 机构获批 6 933.02 亿元人民币投资额度。据全国社会保障基金理事会的数据，2019 年全国社保基金投资收益额超过 3 000 亿元，投资收益率约为 15.5%。截至 2019 年年末，累计投资收益额 1.25 万亿元，年均投资收益率为 8.15%。社保基金投资股市的比例最高可达 30%；商业银行设立基金管理公司试点范围扩大工作已见成效。2006 年下半年我国企业年金开展市场化投资运作，2019 年年初有 1.4 万亿企业年金加速入市，向 A 股长线投资。

（三）证券公司有了长足的发展

作为证券市场最重要的中介机构，证券公司对证券市场的培育和发展发挥了十分重要的作用。经过 20 年的成长与历练，证券公司有了长足的发展。从全行业看，根据中国证券业协会公布的数据，截至2019年6月30日，全行业131家证券公司总资产为7.10万亿元，较2018年年末增长13.42%；净资产为1.96万亿元，较2018年年末增长3.70%；净资本为1.62万亿元，较2018年年末增长3.18%；客户交易结算资金余额(含信用交易资金)1.37万亿元，较2018年年末增长46.07%；受托管理资金本金总额为13.59万亿元，较2018年年末下降3.69%。2019年上半年，全行业131家证券公司中119家公司实现盈利，共实现营业收入1 789.41亿元，同比增长41.37%，其中：代理买卖证券业务净收入(含席位租赁)444.00亿元，同比增长22.06%；证券承销与保荐业务净收入148.02亿元，同比增长26.66%；财务顾问业务净收入49.62亿元，同比增长9.88%；投资咨询业务净收入16.94亿元，同比增长16.51%；资产管理业务净收入127.33亿元，同比下降8.32%；证券投资收益(含公允价值变动)620.60亿元，同比增长110.02%；利息净收入229.32亿元，同比增长103.08%；当期实现净利润666.62亿元，同比增长102.86%。

(四)证券法律法规体系不断完善

我国《证券法》于1999年7月1日起颁布并实施。当时的《证券法》主要是着眼于1997年亚洲金融危机后取得的经验和教训，规定国有企业不能炒股，银行、证券、保险行业分业经营，不能混营，但是，最近几年已经发生了很大变化。混业经营的趋势越来越明显；证券行业不能采取融资、融券交易，现在信用交易也在慢慢产生；严格控制期货交易，这与中国现在的证券市场发展形势和需求很不相符。

新的《证券法》和《公司法》于2006年1月1日起颁布并实施。这次《证券法》修改面极大，涉及《证券法》40%左右的条文，其中对违法行为的处罚条款达47条，并在完善交易制度、依法拓宽资金入市渠道、强化投资者权益保护等方面都增加了详细而明确的条款。修改后的《证券法》比较好地解决了制度体系协调性的问题，并且对《证券法》与《公司法》的关系做了比较好的调整。此外，新《证券法》为市场机制充分发挥作用提供了更大的制度空间，包括：形式上核准制得到了彻底贯彻；混业经营间接得到允许；扩大了证券的种类；间接放开了交易方式；对证券交易场所进行了扩展；等等。

本章小结

证券市场是指股票、债券、投资基金等有价证券及其衍生产品发行和流通转让的场所。证券市场的交易对象是有价证券，因而其不同于一般商品市场，又区别于一般借贷市场，它是价值、财产权利和风险的直接交换场所。

证券市场是金融市场的重要组成部分。随着现代市场经济的发展，证券市场在筹集资金、资本定价、资源配置、转换机制、分散风险、宏观调控以及推动国际化等方面的作用日益显著，在社会中的地位日益提高。

证券市场主体包括证券发行人和证券投资者。证券发行人是证券市场的资金需求者和证券的供给者，主要包括政府机构、公司企业、金融机构。证券市场投资者是证券市场上的资金供给者，也是金融工具需求者和购买者。按照证券投资主体的性质，可以分为个人投资者和机构投资者两大类。

证券市场中介是连接证券投资者和筹资者的桥梁，其在保证证券的发行和交易活动的正常进行方面有着不可缺少的作用，主要包括证券经营机构和证券服务机构。

证券经营机构是依法设立可经营证券业务的、具有法人资格的金融机构，按照其经营业务的内容不同，可分为证券承销商、经纪人和自营商三类。证券服务机构是指依法设立的从事证券投资咨询、交易结算、资产评估、信用评级、财务审计等证券服务业务的法人机构，主要有证券登记结算公司、证券投资咨询公司、信用评级机构、会计师事务所、资产评估机构、律师事务所、证券信息公司等。

练习题

一、名词解释

证券市场　证券发行市场　证券流通市场　股票市场　债券市场　公共品　个人投资者　机构投资者　适销性证券　证券投资基金　QFII（合格境外机构投资者）制度　QDII（合格境内机构投资者）制度　证券市场中介机构　证券承销商　证券经纪人　证券自营商　科创板市场

二、简答题

1. 证券市场有哪些种类？
2. 证券市场的三个显著特征是什么？与一般商品市场相比，证券市场有哪些特征？与借贷市场相比，证券市场又有哪些特征？
3. 证券市场有哪些功能？
4. 个人投资者进行投资的目的有哪些？
5. 简述机构投资者的特征和种类。
6. 什么是证券市场的国际化？证券市场的国际化主要表现在哪些方面？
7. 简述我国证券市场的发展状况。
8. 什么是股权分置？为什么要进行股权分置改革？
9. 简述融资融券的内涵、功能及风险控制。

三、思考题

1. 注册制下科创板市场对主板市场有哪些示范效应？
2. 如何构建科创板市场的风险防范机制？

第四章

证券市场的运行与监督

公开是治疗社会病和产业病的最佳药方，阳光是最好的消毒剂，灯光是最有效的警察。

——路易斯·布兰代

证券市场运行的稳定性和监管的有效性，对证券投资行业有着至关重要的作用。本章分为三节：第一节介绍证券发行市场的概念和相关的规则；第二节论述证券交易市场的具体内容；第三节重点介绍证券市场监管体系。

第一节　证券发行市场

一、证券发行市场的定义及特征

(一)证券发行市场的定义与分类

证券发行市场是证券买卖的场所，是资金供求的中心。根据市场的功能划分，证券市场分为证券发行市场和证券流通市场。证券发行市场是发行人以发行证券的方式募集资金的场所，又称一级市场、初级市场。证券交易市场是买卖已发行证券的市场，又称二级市场、次级市场。证券市场的两个组成部分既相互依存，又相互制约，是一个不可分割的整体。证券发行市场是交易市场的基础和前提，有了发行市场的证券供应，才有流通市场的证券交易，证券发行的种类、数量和发行方式决定着流通市场的规模和运行。交易市场是发行市场得以持续扩大的必要条件，有了交易市场为证券的转让提供保证，才使发行市场充满活力。此外，交易市场的交易价格制约和影响着证券的发行价格，是证券发行时需要考虑的重要因素。

(二)证券发行市场的特征

证券发行市场相对于证券流通市场而言，具有以下一些主要特征：

1. 没有固定场所

新发行证券的认购和销售一般不在有组织的交易所内进行(中国目前的情况除外)，有的由发行者自行向投资者销售，有的由证券承销商承购后再向投资者分销，也可能有一部分由证券承销商进入证券交易所推销。

2. 没有统一的交易时间

证券发行者根据自己的需要和市场行情走势来决定何时发行，没有例行的发行时间。但每次具体的发行都有发行期限的限制，时间比较集中。

3. 证券发行价格与证券票面价格较为接近

尤其是债券，常以票面价格发行。

二、证券发行的目的

(一)股票发行的目的

股票发行的目的比较复杂，除了筹集资金、满足企业发展需要外，调整公司的财务结构、进行资产重组、维护股东利益等都可引起股票发行。概括起来主要有以下几个方面：

1. 新建股份有限公司筹集资金，满足企业经营需要

股份有限公司的成立有两种形式：一种是发起设立，即由公司发起人认购全部股票。发起设立程序简单，发起人出资后公司设立即告完成，但这类公司规模较小。另一种是募集设立，即除发起人本身出资外，还需向社会公开发行股票募集资金。按照我国《公司法》的规定，以募集设立方式设立股份有限公司的发起人认购的股份不得少于股份总额的35%。这类公司的规模一般较大。

2. 改善公司财务结构，保持适当的资产负债比例

当公司负债率过高时，通过发行股票增加公司资本，可以有效地降低负债比例，改善公司财务结构。

3. 公积金转增股本及股票派息

当股份有限公司的公积金累积到一定水平时，在留足了法律规定的比例以后，可以将其余的公积金转为资本金，向公司现有股东按比例无偿增发新股。另外，当公司需要资金用于扩大投资时，会选择用股票而不是用现金来分红派息。

4. 其他目的

(1)转换证券

它是指当公司需要将发行在外的可转换债券或其他类型的证券转换成公司股票时，要向债权人发行股票。

(2)股份的分割与合并

股份的分割又称为拆股，股份的合并又称为缩股。拆股或缩股时须向原股票持有人换发新股票。

(3)公司兼并

公司可以向目标企业发行本公司的股票，目标企业以其资产作为出资缴纳股款，由此完成对目标企业的兼并。

(二)债券发行的目的

债券的发行主体有中央政府、地方政府、金融机构、公司。债券发行的目的多种多样，一般来说，中央政府和地方政府发行债券的目的主要是为了弥补财政赤字和扩大公共投资。金融机构发行债券的目的是为了获得长期稳定的资金来源，扩大贷款额和投资。公司企业发行债券的目的较为复杂，主要有：

1. 多渠道筹集资金

公司除了发行股票筹集自有资金，向银行借款取得债务资金，发行商业票据获得短期资金

外，还可以通过发行公司债券获得长期债务资金。多种筹资方式扩大了资金来源，并使各种筹资方式的副作用得以抵消和受到有效的限制，降低筹资风险。同时，也为投资者在投资方向、投资方式、投资条件等方面提供多种选择，满足了不同投资者的不同需求。

2. 实现最佳的资本结构

按照现代公司财务理论，公司可以通过改变负债与资本的比例，使公司的融资成本降低，从而提高公司的价值。当公司的资本收益率高于固定的债券利率时，可以产生财务杠杆作用，使公司资产增值。

3. 维持对公司的控制

股票是一种所有权证书，而债券的持有人与公司之间只是债权债务关系，持有人无权参与公司经营决策。所以无论发行多少，是否集中在少数人手中，都不会改变公司资本的所有关系，维持了对公司的控制。

三、证券发行的主要方式

证券发行方式的选择对于能否顺利地发售证券、筹足资金是非常关键的。依照不同的分类标准，可以划分出以下几种主要的证券发行方式：

1. 按照发行对象的不同，可以将证券发行方式划分为公募发行和私募发行

(1)公募发行

它又称公开发行，是指以不特定的广大投资者为证券发行的对象，按统一的条件公开发行证券的方式。公募发行一般数额较大，发行人通常委托证券承销商代理发行，因而发行成本较高。公募发行须经过严格的审查，发行过程比较复杂，但信用度较高且流通性较好。如果公募发行的证券是债券，其发行利率一般低于私募发行的利率。

(2)私募发行

它又称不公开发行，是指以特定的投资者为对象发行证券的发行方式。私募发行的数额一般较小，发行程序也比较简单，所以发行人不必委托中介机构办理推销，可以节省手续费开支，降低成本。但由于私募发行不经过严格的审查和批准，所以一般不能公开上市，流动性较差。

2. 按照有无发行中介的参与，可以将证券发行方式划分为直接发行和间接发行

(1)直接发行

它又称自营发行，是指发行人不委托其他机构，而是自己直接面向投资者发售证券的方式。这种发行方式的特点是：发行量小，社会影响面不大；内部发行不需向社会公众提供发行人的有关资料；发行成本较低；投资者大多是与发行人有业务往来的机构。直接发行方式由于没有证券承销商的参与，一旦发行失败，则风险全部由发行人承担。

(2)间接发行

它又称委托代理发行，是指发行人委托证券承销商代其向投资者发售证券的方式。发行人为此需支付代理费用给承销商，而承销商则需承担相应的发行责任和风险。

3. 按照证券发行价格确定方式的不同，可以将证券发行方式划分为定价发行和竞价发行

(1)定价发行

这是由发行人事先确定一个发行价格来发售证券的方式。根据发行价格同证券面值之间关系的不同，可以分为平价发行、溢价发行和折价发行。我国法律规定股票不得折价发行，债券则可根据发行时票面利率与市场利率之间的关系选择平价发行、溢价发行和折价发行，一般

多为平价发行。

(2)竞价发行

它又称招标发行，是由发行人通过公开招标的方式，经过投标人的竞争，选择对发行人最有利的价格作为中标价格即发行价格的发行方式。一般政府债券的发行多选择此种发行方式。

四、证券发行的定价方式

一级市场发行定价市场化是依据证券法的要求来推行的。我国《证券法》第28条规定，股票发行采取溢价发行的，其发行价格由证券发行人与承销的证券公司协商确定，报国务院证券监督管理机构核准。可以看出，只要符合上市条件的企业，依法发行新股，将不受发行规模、定价和地域限制，这是我国证券发行史上的一大突破，是由计划体制向市场经济转变的结果，为发行人募集资金提供了更加宽松的条件。但是仍将依法审核，即对企业拟发行股票的申请材料，由发行监管部门进行初审，再由发行审核委员会审核，政府管理机关在其中的功能更多的是监督与管理。

(一)证券发行定价的市场化

取消发行额度和指标，放开发行价格，新股上市发行采取核准制下的市场模式，这标志着“中国特色”的一级市场发行新股模式的结束，以及向国际化惯例的市场化发行模式靠拢。新股发行实行市场化模式，最大的特点是申购价格的市场化和申购主体权力的平等化，排除一些不必要的人为因素，可以最大限度地发挥证券市场优化配置功能，又可使一、二级市场的价格差异缩小。重要的是从上市公司开始上市之初，市场投资者无论是机构投资者还是广大的中小散户，都要研究上市公司的基本面，通过各种渠道和方式，努力挖掘上市公司的潜在价格，合理地评估公司质量以及后市发展空间，引导和培养市场投资者以价值评估为主的良性投资理念。在整个证券市场形成有利于我国股市健康发展的氛围。

然而新股发行实行市场化模式，相对于中小散户而言，机构投资者仍旧处于有利地位。因为机构投资者云集了一批各方面有专长的专业人士，研发力量甚强，有足够的时间和人力调查研究，去发掘上市公司约内在价值，可谓优势非常明显。而中小散户受到种种的局限，是一个弱势群体。所以，新股发行市场化实行后，很可能还是取决于机构投资者之间的博弈。不过近日增发已经取消了网上询价，保留向基金投标询价，确定发行价格再向公众发行，从这一点则反映出依然是机构投资者之间定价的结果。只不过是从过去传统的承销新股方式，转变为市场化承销而已，使券商、基金和其他机构投资者的竞争方式向市场化进了一步，更好地体现了“三公”原则。

广大的中小投资者如果要参与新股发行市场化的“游戏”，并想取得相对高的收益，恐怕只能选择经过市场检验、有较强的研发力量能把握好新股内在价值能力的基金公司，通过基金来间接地获取新股收益。这又符合政府管理层大力发展证券投资基金的构想，尤其对今后要推出的开放式基金有着正面作用。所以说政府任何一项措施在证券市场上推出都会产生系统性的连锁效应。新股发行市场化是引导证券市场逐步走向成熟的一项政策，将大大有利于我国证券市场长远健康地发展。

(二)发行定价市场化对市场的影响

证券发行定价的市场化对发行人、证券公司和投资者及证券市场都将产生深远影响。

(1)证券发行定价的市场化是优化资源配置、提高资源利用效率的重要手段。证券发行定价的合理与否将直接关系到发行承销的成败，对发行人与承销商来说，都必须共同面对这一风险。企业为了顺利发行上市,会选择有实力的券商,而券商在承销与推荐过程中也会选择好的企业,因此,这将有利于提高上市公司的质量。

(2)将直接影响一级市场申购证券的回报率。近几年来,一级市场证券申购稳赚不赔的现象导致大量的社会资金沉淀于一级市场,就好像一个蓄水池,沉淀的资金越来越多。一级市场发行定价市场化以后,申购的回报率大幅降低,这样,一级市场申购的高回报时代将成为历史,这些沉淀于一级市场的资金将逐步流向二级市场或从事其他投资。

(三)一级市场发行定价市场化与增发新股定价有区别

目前证券市场增发新股的定价,主要是以发行前一个时期内该股市场价格的均价为基础,并在均价基础上打一个折扣,然后设定一个价格区间。这种定价方式可能与国际上通行的做法更加接近。而新股发行一级市场定价最终还是由券商和发行人共同协商确定。一级市场发行定价市场化审核制度是注册登记制度的一种过渡形式,发行定价的市场化将培育出一大批市场投资者。有了成熟的机构投资者,我国新股发行定价的完全市场化也就具备了条件。

(四)在一级市场发行定价市场化的条件下,证券的发行定价将遵循市场规律

证券的发行价格高低将直接关系到发行人募集资金的多少以及成功与否,同时也直接影响到证券的销售状况和销售成本,对发行人和承销商的利益都有着重大的影响。因此,《证券法》规定了一级市场发行的价格由发行人和承销商确定。发行人与承销的证券公司在协定发行价格时,主要考虑以下因素:

(1)发行人募集资金投资项目的资金需求量。如果投资项目需要大量的资金,则发行数量与价格都可能较高,或者两者之中选择其一,以满足发行人的资金需要。

(2)市场供求关系。在场外资金供大于求的情况下,则发行价格可能会随行就市,适当提高。在供求失衡的情况下,发行价格相对也就会低一些。

(3)企业投资项目的发展前景。企业投资项目的发展前景将影响发行价格,如果前景被投资者看好,未来现金流兑现的比例较大,则价格即使偏高也能为市场投资者所接受。

(4)发行人在行业中的地位、其产品的市场占有率情况都是定价时的参考因素。

(5)市场贷款利率。市场利率偏低,则企业融资成本也较低,这时发行人发行证券的数量可能要小一些。

(6)对证券市场状况和同行业已上市公司二级市场的价格状况,发行人与证券承销商都得考虑。

影响证券发行定价的因素不仅仅是这些,但上述因素是发行人与承销的证券公司协商的重点。

五、证券发行的基本程序

为了保证证券市场的稳定和投资者的正当利益,证券发行都必须按一定的程序进行。从目前我国证券发行的过程来看,股票与企业债券的发行一般要有以下基本程序:

1. 证券发行报批前的准备工作

发行前的准备工作对于证券能否取得发行资格、能否顺利发行有着重要意义,主要包括:

(1)聘请中介人。主要是证券承销商,其次还包括具有从事证券相关业务资格的律师事务所、会计审计机构、资产评估机构等其他中介人。选择中介机构应当综合考虑中介机构的实力、业绩、人员素质等情况。

(2)进行财产重估和资信评审。新建股份有限公司必须经国家有关部门批准,并由发起单位认购全部股份总额的35%以上，方能对外发行股票。现有企业改制成股份有限公司必须经国家有关部门批准，并进行财产重估，合理核定企业资产的价值。我国采用资产评估的方法主要有收益现值法、重置成本法、现行市价法和清算价格法。

如果发行企业债券，则必须进行资信审查和评估，对于向社会公开发行债券的企业，还必须先向有关信誉评估机构申请评估，评估机构根据有关标准评定企业的资信等级。

(3)围绕证券发行审批的要求，准备好各项文件资料。

2. 证券发行人向有关部门提交申请文件

发行人完成了各项文件资料的准备工作后，便可向有关政府部门递交发行证券申请报告及其他所要求的文件资料。

3. 证券发行的审批

有关证券管理部门接获发行人的申报后，即进入审查批复阶段，经过对申报资料的审核，有关部门会出具书面反馈意见，发行人和中介机构须按照反馈意见修改和补充资料。对于股票发行，一般要经过两级审查——中国证监会发行部初审和发行审核委员会复审，通过后即可公开发行证券。

4. 实施发行阶段

发行人在获得证券发行审批部门同意其公开发行证券的批复后，即可按批准的发行方案发行证券，大致可分为以下几个步骤：

(1)刊登发行公告。

(2)披露招募说明书并备案。招募说明书是发行人向特定的或不特定的投资者发出销售某种证券的书面要约，发行人向社会公开发行证券，必须公告招募说明书，并承担相应的法律责任。

(3)发行证券。发行人通过证券承销机构按照一定的发行方式向公众发行证券。

(4)验资。发行的证券价款缴足后，须经法定的验资机构验资并出具证明。

(5)证券托管。

(6)发行结束。

第二节　证券交易市场

证券交易市场是指证券流通转让市场，又称二级市场、次级市场，是指对已经发行的证券进行买卖、转让和流通的市场。在二级市场上销售证券的收入属于出售证券的投资者，而不属于发行该证券的公司。证券交易市场有场内交易市场和场外交易市场两种形式。场内交易市场指由证券交易所组织的集中交易市场，有固定的交易场所和交易时间，在多数国家它还是全国唯一的证券交易场所，因此是全国最重要、最集中的证券交易市场。证券交易所接受和办理符合有关法令规定的证券上市买卖，投资者则通过证券商在证券交易所进行证券买卖。

一、证券交易所的定义和特征

(一)证券交易所的定义

证券交易所是证券买卖双方公开交易的场所，是一个有组织、有固定地点、集中进行交易的市场，是整个证券市场的核心。证券交易所本身并不买卖证券，也不决定证券价格，而是为证券交易提供一定的场所和设施，配备必要的管理和服务人员，并对证券交易进行周密的组织和严格的管理，为证券交易顺利进行提供一个稳定、公开、高效的市场。我国《证券法》规定："证券交易所是提供证券集中竞价交易场所的、不以营利为目的的法人。"

(二)证券交易所的特征

证券交易所作为高度组织化的有形市场，其特征可以概括为以下几个方面：

(1)有固定的交易场所和严格的交易时间；

(2)参加交易者为具备会员资格的证券公司，交易采取经纪制，即一般投资者不能直接进入交易所买卖证券，只能委托会员证券公司作为经纪人间接进行交易；

(3)交易的对象限于合乎一定标准的上市证券；

(4)通过公开竞价的方式决定交易价格；

(5)集中了证券的供求双方，具有较高的成交速度和成交率；

(6)实行"公开、公平、公正"原则，并对证券交易加以严格管理。

二、证券交易所的组织形式

证券交易所的组织形式大致可以分为两类:公司制和会员制。

(一)公司制

公司制的证券交易所是以股份公司形式组织并以盈利为目的的法人团体，一般由金融机构及各类民营公司组建。交易所章程中明确规定了作为股东的证券经纪商和证券自营商的名额、资格和公司的存续期限。它必须遵守本国公司法的规定，在政府证券主管机构的管理和监督下，吸收各类证券挂牌上市，但它本身的股票不得在本交易所上市交易。同时，任何成员公司的股东、高级职员、雇员都不能担任证券交易所高级职员，以保证交易的公正性。

(二)会员制

会员制的证券交易所是一个由会员自愿组成的、不以营利为目的的社会法人团体。会员大会是证券交易所的最高权力机构，理事会是证券交易所的决策机构。会员制证券交易所规定，只有会员才能进入交易所大厅进行证券交易，其他人要买卖在证券交易所上市的证券，必须通过会员进行。会员制证券交易所注重会员的自律，对于违反法令及交易所规章制度的会员，由交易所给予惩罚。对于采取会员制的证券交易所，只有其会员才能在交易所中进行交易。证券交易所的会员只能是证券经营机构，但是，证券经营机构要成为会员首先应当具备一定的条件，一般来说，证券交易所是从证券经营机构的经营范围、证券营运资金、承担风险和责任的资格及能力、组织机构、人员素质等方面规定入会的条件。

我国目前有两家证券交易所——上海证券交易所和深圳证券交易所。上海证券交易所于1990年11月26日成立，同年12月19日正式营业。深圳证券交易所于1989年11月15日筹建，1991年2月正式营业。两家证券交易所均按会员制方式组成，是非营利性的事业法人。其宗旨是:完善证券交易制度，加强证券市场的管理，促进我国证券事业的发展，维护国家、企业和社会公众的合法权益，为社会主义现代化建设服务。其业务范围包括:提供证券集中交易的场所，管理上市证券的买卖，办理上市证券交易的清算交割和过户、保管服务，提供证券市场的信息服务、证券主管部门许可或委托的其他业务。

三、证券上市程序

证券上市的程序包括申请程序、核准程序、上市程序、公告程序等。

(一)申请程序

证券上市的申请人是发行证券的股份公司,审核申请的机构是中国证监会。

1. 股票上市的申请程序

根据《证券法》第四十五条的规定,股份公司申请其公开发行的股票上市,应当向中国证监会提出同时提交下列文件:

(1)上市报告书;

(2)申请上市的股东大会决议;

(3)公司章程;

(4)公司营业执照;

(5)经法定验证机构验证的公司最近 3 年或者公司成立以来的财务会计报告;

(6)法律意见书和证券公司的推荐书;

(7)最近一次的招股说明书。

2. 公司债券上市的申请

《证券法》第五十二条规定,向中国证监会申请公司债券上市交易时,应提交下列文件:

(1)上市报告书;

(2)申请上市的董事会决议;

(3)公司章程;

(4)公司营业执照;

(5)公司债券募集办法;

(6)公司债券的实际发行数额。

(二)核准程序

1. 核准机关

根据《证券法》第四十三条、第五十条的规定,核准证券上市的机构是中国证监会,中国证监会可以授权证券交易所依照法定条件和法定程序核准股票和公司债券上市申请。

2. 审核内容

(1)关于是否符合上市条件的审核。主要对股票及公司债券上市的实质性条件进行,目前由证券交易所进行审查。

(2)关于是否符合国家产业政策的审定。《证券法》第四十四条规定:"国家鼓励符合产业政策同时又符合上市条件的公司股票上市交易。"《公司法》第一百六十一条第(四)项规定:"公司发行债券筹集的资金投向符合国家产业政策。"《股票发行与交易管理暂行条例》第八条规定,设立股份有限公司申请公开发行股票应当符合的条件之一是,"其生产经营符合国家产业政策"。

由此可见,股票的发行与上市均受到国家不同阶段产业政策的限制。

所谓"产业政策",按照普遍的观点,包括产业结构政策、产业组织政策、产业技术政策和产业布局政策,以及其他对产业发展有重大影响的政策和法规。产业政策是国家加强和改善宏观调控,有效调整和优化产业结构,提高产业素质,促进国民经济持续、快速、健康发展的重要手段。

(三)上市程序

根据《证券法》第四十六条、第四十七条、第五十三条、第五十四条的规定,证券上市须经过以下步骤:

1. 证交所审查同意

根据《证券法》的规定，股票及债券上市交易申请经中国证监会核准后，其发行人应当向证交所提交包括核准文件在内的有关文件。证交所审查同意后，在接到提交文件之日起 6 个月内，安排该股票或债券上市交易。

可见，根据规定，证券上市交易在中国证监会审核同意后、上市前，仍须证券交易所审查同意，这是必经阶段。从理论上说，证券上市的核准机关应当是证券交易所而非证券监管机构，因为证券是在证券交易所上市交易，证券交易所有权基于自己的规则决定同意或拒绝某证券来上市。许多学者认为，证券监管机构不宜过多介入此类商业行为，因此，它的审核应限于形式上的审查，而证券交易所应当对证券上市进行实质性的审查。

2. 签订上市协议书

根据《沪、深证交所股票上市规则》(2001 年修订本)的规定，发行人在股票首次上市前应当向证券交易所申请并签订股票上市协议书。上市协议书属于格式性的服务协议，它也是证券交易所对上市公司实行监管的凭据。

上市协议书主要包括以下内容：

(1)双方的权利与义务；

(2)上市公司章程的内容及其制定与修订程序符合法律法规和中国证监会的有关规定；

(3)上市费用及缴纳方式；

(4)董事会秘书及董事会证券事务代表；

(5)定期报告、临时报告的报告程序及上市公司回复本所的质询的规定；

(6)股票及其衍生品种的停牌与复牌事宜；

(7)违约责任；

(8)仲裁条款；

(9)证券交易所认为需要规定的其他内容。

3. 安排上市交易

根据《证券法》的规定，证监会核准后，发行人应当向证交所提交核准文件和前款文件，证券交易所审查同意，签订上市协议书后，在 6 个月内，安排股票上市交易；在 3 个月内，安排债券上市交易。

(四)公告程序

1. 股票上市的公告

根据《证券法》第四十七条、第四十八条的规定，股票上市交易申请经证交所同意后，上市公司(此时称“上市公司”，此前称“拟上市公司”)应当：

(1)在上市交易的 5 日前公告经核准的股票上市的有关文件，并将该文件置备于指定场所供公众查阅。

这里的股票上市包括：首发上市，配股及增发上市，派发红股与转增股本上市，公司职工股或内部职工股上市，公司高管所持股份上市，向投资基金、法人、战略投资者配售的股份上市等情况。

(2)股票获准在证交所交易的日期。

(3)持有公司股份最多的前十名股东的名单及持股数额。

(4)董事、监事、经理及有关高级管理人员姓名及其持有本公司股票和债券的情况。

2. 公司债券上市公告

《证券法》第五十四条规定，债券上市经证交所同意后，发行人应当在公司债券上市交易的5日前公告公司债券上市报告，核准文件及有关上市申请文件，并将该文件置备于指定场所供公众查阅。

四、证券的交易原则

证券交易必须遵循公开、公平、公正的原则。

（一）公开原则

（1）公开原则的核心要求是实现市场信息的公开化。

（2）按照这个原则，投资者对于所购买的证券可以进行充分、真实、准确、完整的了解；要求证券交易参与各方应依法及时、真实、准确、完整地向社会发布自己的有关信息。

（3）公开原则是《1934年美国证券交易法》最初确定的。

（二）公平原则

公平原则是指参与交易的各方应当获得平等的机会。证券交易活动中的所有参与者都有平等的法律地位。

（三）公正原则

公正原则是指应当公正地对待证券交易的参与各方，公正地处理证券交易事务。

五、场外交易市场

（一）场外交易市场的定义和特征

1. 场外交易市场的定义

场外交易市场是证券交易所以外的证券交易市场的总称，又称柜台交易或店头交易市场，是在交易所外由证券买卖双方当面议价成交的市场。它没有固定的场所，其交易主要利用电话进行，交易的证券以不在交易所上市的证券为主，在某些情况下也对在证券交易所上市的证券进行场外交易。场外交易市场中的证券商兼具证券自营商和代理商的双重身份。作为自营商，他可以把自己持有的证券卖给顾客或者买进顾客的证券，赚取买卖价差；作为代理商，又可以客户代理人的身份向别的自营商买进卖出证券。近年来，国外的一些场外交易市场发生很大变化，他们大量采用先进的电子化交易技术，使市场覆盖面更广，市场效率有很大提高。这方面，以美国的纳斯达克市场为典型代表。

2. 场外交易市场的特征

（1）场外交易市场是一个分散的无形市场。场外交易市场的组织方式采取做市商制。

（2）场外交易市场是一个拥有众多证券种类和证券经营机构的市场，以未能在证券交易所批准上市的股票和债券为主。

（3）场外交易市场是一个以议价方式进行证券交易的市场。

（4）场外交易市场的管理比证券交易所宽松。

（二）场外交易市场的功能

（1）场外交易市场是证券发行的主要场所。

（2）场外交易市场为政府债券、金融债券以及按照有关法规公开发行而又不能或一时不能到证券交易所上市交易的股票提供了流通转让的场所，为这些证券提供了流动性的必要条件，为投资者提供了兑现及投资的机会。

(3)场外交易市场是证券交易所的必要补充。

第三节 证券市场监管

一、证券市场监管的意义和原则

(一)证券市场监管的意义

证券市场监管是指证券管理机关运用法律、经济的以及必要的行政手段,对证券的发行、交易等行为以及证券投资中介机构的行为进行监督与管理。

证券市场监管是一国宏观经济监督体系中不可缺少的组成部分,对证券市场的健康发展意义重大。

1. 加强证券市场监管是保障广大投资者权益的需要

为保护投资者的合法权益,必须坚持"公开、公平、公正"的原则,加强对证券市场的监管。

2. 加强证券市场监管是维护市场良好秩序的需要

为保证证券发行和交易的顺利进行,必须对证券市场活动进行监督检查,对非法证券交易活动进行严厉查处,以保护正当交易,维护证券市场的正常秩序。

3. 加强证券市场监管是发展和完善证券市场体系的需要

完善的市场体系能促进证券市场筹资和融资功能的发挥,有利于稳定证券行市,增强社会投资信心,促进资本合理流动,从而推动金融业、商业以及社会福利事业的顺利发展。

4. 加强证券市场监管是提高证券市场效率的需要

一个发达高效的证券市场必须是一个信息灵敏的市场,它既要有现代化的信息通信设备系统,又必须有组织严密的、科学的信息网络机构;既要有收集、分析、预测和交换信息的制度与技术,又要有与之相适应的、高质量的信息管理干部队伍,而这些都只有通过国家的统一组织管理才能实现。

(二)证券市场监管的原则

证券市场的监督原则可概括为:

(1)依法管理原则;

(2)保护投资者利益原则;

(3)公开原则;

(4)公平与公正原则;

(5)国家监督与自律相结合的原则。

二、证券市场监管的对象

证券市场监管的对象可分为三类:一是对证券市场主体的监管。证券市场主体一般分为证券发行人和证券投资者。二是对证券市场客体的监管。它是指对股票、债券等有价证券的发行与流通进行审查、管理和监督。三是对证券中介机构的监管。

(一)证券发行市场的监管

证券发行市场监管是指证券管理部门对证券发行的审查、监督和管理,是加强证券市场管理的重要环节。它不仅关系到金融秩序的稳定,而且对建立和发展二级市场具有重要的意义。

1. 证券发行审核制度

证券发行审核制度主要有注册制和核准制两种类型。

(1)证券发行注册制,即所谓的公开管理原则,实质上是一种发行公司的财务公布制度,以美国联邦证券法为代表。它要求发行证券的公司提供关于证券发行本身以及同证券发行有关的一切信息,主要以招股说明书为前提和核心。

(2)证券发行核准制,即所谓的实质管理原则,以欧洲各国的公司法为代表。它的含义是:证券的发行不仅要以真实状况的充分公开为条件,而且必须符合证券管理机构指定的若干实质条件。

我国股票发行的审核制度具有如下特点:

(1)在吸收注册制的信息公开和核准制的实质审核的优点基础上,实行两级审批体制。

(2)实行"股票发行与上市"连续进行的体制。被批准公开发行的股票同时可以向上海或深圳证券交易所提出上市申请。

(3)强调证券中介服务机构在证券发行中的作用。

科创板实行注册制,具有如下特点:

(1)建立以信息披露为中心的挂牌审核机制。由挂牌企业和中介机构保证信息披露的真实性、准确性和完整性,信息披露审核的重点在于所披露信息的齐备性、一致性和可理解性;证券发行审核机构只对注册文件进行形式审查,不进行实质判断。

(2)建立合格投资者制度,主要投资者包括机构投资者和个人投资者。

IPO 注册制与核准制的区别参见表 4—1。

表 4—1　　IPO 注册制与核准制的区别

发行制度类型	注册制	核准制
发行成本	低	高
发行效率	高	低
主要推荐人	中介机构	中介机构
对发行做出实质判断的主体	中介机构	中介机构、证监会
发行监管性制度	证监会形式审核 中介机构实质审核	证监会、中介机构分担实质审核的职责
市场化程度	完全市场化	逐步市场化

2. 我国股票发行的审核程序

中国证监会对股票发行的审核程序一般可分为以下四个阶段:

(1)预收。拟公开发行、上市股票的公司进入审核程序的第一步是将申报材料报送中国证监会发行部综合处。综合处对材料进行初步审核,若文件齐备,符合要求,则予以接收。

(2)排队。综合处预收的材料经排队方可进入受理阶段。

(3)受理。公司材料正式受理后 10 个工作日内(历史遗留问题企业不受此限制),审核人员将初审意见反馈给地方政府或中央企业主管部门。

(4)批准。公司申报材料经发行审核会议研究通过后,审核人员可为公司办理批文,获得批文的公司即可按照规定组织发行、上市工作。

3. 证券发行信息披露制度

(1)信息披露的意义

①有利于价值的判断；

②防止信息滥用；

③有利于监督经营管理；

④防止不正当竞争；

⑤提高证券市场效率。

(2)信息披露的基本要求

①信息的全面性；

②资料的真实性；

③时间的有效性；

④空间的易得性；

⑤内容的易解性与形式的合法性。

(3)证券发行披露制度的基本原理

通过充分和公正的公开制度来保护公众投资者，使其免受欺诈和不法操纵行为的损害。

(4)证券发行信息披露制度要求发行人公开的信息

主要包括：基本情况、组织结构、业务和生产设施情况；主要固定资产，证券及其市场信息；财务状况；管理阶层对公司财务状况和经营业绩的讨论和分析；高级管理人员的经营、报酬及利益冲突等。

具体资料有：财务资料；有关管理人员及大股东的资料；公司财务状况和业绩的讨论与分析；股票发行的有关资料。

(二)证券交易市场的监管

1. 证券上市制度

证券上市制度是证券交易所和证券主管部门制定的有关证券上市规则的总称。主要包括：

(1)证券上市条件；

(2)上市契约与上市公司义务；

(3)证券上市程序；

(4)证券上市的暂停和中止。

2. 我国股票上市制度

(1)上市条件

股份有限公司申请其股票上市，应符合法律法规所规定的条件：股票经国务院证券监督管理机构批准已经向社会公开发行；发行后的股本总额不少于人民币 5 000 万元；开业时间在三年以上，最近三年连续盈利；持有股票面值人民币 1 000 元以上的股东人数不少于 1 000 人，个人持有股票面值不少于人民币 1 000 万元；向社会公开发行的股份达公司股份总额的 15%以上；公司职工股不超过社会公众股的 10%；公司最近三年无重大违法行为，财务会计报告无虚假记载；发行前一年末，净资产在总资产中所占比例不低于 30%，无形资产在净资产中比例不高于 20%。

(2)上市程序

上市程序分为以下三步：

①申请。符合条件的股份有限公司，向证券交易所的上市委员会提出申请。

②审核。根据《股票发行与交易管理暂行条例》及其他有关法规的规定，上市委员会应当自收到申请之日起20个工作日内做出审批，并确定具体上市时间。

③上市。在获得证券交易所批准后，上市公司应当在其股票挂牌交易首日前3个工作日内向社会公布其上市公告。

3. 上市公司信息持续披露制度

信息持续披露制度是公开原则在证券市场中的集中体现。信息持续披露文件包括证券发行公司的年度报告书、中期报告书等定期报告文件以及临时报告书和为执行证券交易所及时公开政策而公开的其他各类报告文件。

4. 信息披露的虚假或重大遗漏的法律责任

证券发行人或信息披露文件制作、鉴证相关者，应对公开文件的真实性、准确性、完整性承担相应的法律责任。

(1)责任主体

证券法律制度关于信息披露文件的责任主体主要包括四类：发行人及公司发起人；发行公司的重要职员，包括董事、监事、经理及文件中签章的其他职员；注册会计师、律师、工程师、评估师或其他专业技术人员；证券承销商。以上主体应依其地位及在证券文件中标明的所应承担的责任，承担相应的责任及连带责任。

(2)信息披露虚假或重大遗漏的法律责任

在承担发行证券的真实保证义务上，发行人或发起人(公司成立前)的责任最重。只要信息披露文件有虚假或重大遗漏事项，除发行人或发起人证明原告取得证券时已知悉外，应对整个文件的内容承担绝对责任。

5. 年度报告书制度

证券发行人负有向证券管理机构提交年度报告的义务。

(1)报告书的编制要求

年度报告书的编制要求为：真实、详细记载公司的一般概况、公司的财务状况以及经营业绩等；公司财务报告记载的会计事实必须明确，以防止影响利害关系者的投资判断；财务报告的会计原则与方法应当统一，如果有变动或调整，应在报告书中说明其影响。

(2)年度报告书的内容

包括公司最近两个营业年度的资产负债表和最近三个营业年度的损益表，并表明每一个营业年度财务的变化状况；陈述会计师对会计账目和财务公开资料的不同观点；公布公司管理人员对公司财务状况和经营结果的讨论与分析，内容包括资本来源与流动性、通货膨胀影响、收支比率、公司经营目标等；选择部分财务数据公开；公司股东、管理人员及其雇员的主要业绩。

6. 中期报告书制度

中期报告书是公开制度的又一表现形式，它要求证券发行人公开其某一营业年度前6个月的营业与财务状况，并向投资者提供预测该营业年度业绩的中期资料，以确保发行公司信息公开的最新性。中期报告书的内容与年度报告书的内容相似。

7. 临时报告书制度

定期报告书制度的缺陷是信息公开滞后，不能满足公司信息公开最新性与迅速性的需要，尤其当公司发生对证券投资有影响的特别事项时，定期报告书难以适应证券市场变动，不利于投资者判断。为此，实行临时报告书制度，以利于将临时发生的重大事件的信息迅速传递给投资者。

8. 证券交易所公开政策的披露

由于定期报告信息的滞后性与临时报告提交的特定事件的限定性不利于投资者判断，所以证券交易所的信息公开政策作为证券法公开制度的补充手段，一方面可以提高证券交易市场的透明度，另一方面也可以达到防止内幕交易的目的。

近几年来，我国信息披露制度的建设正在逐步走向规范化。

（三）对证券经营机构的监管

1. 对证券经营机构设立的监管

（1）特许制

特许制又称许可制，以日本为代表。证券经营机构申请特许，必须具备一定的条件，如拥有足够的资本、具有相当的经营业务的知识和经验、信誉良好等。

（2）注册制

注册制以美国为代表。

2. 对证券经营机构行为的监督

（1）定期报告制度

设立定期报告制度的目的在于通过证券监管机构对提供的文件进行审查，全面掌握证券经营机构及财务状况，以确保证券经营机构安全营业，忠实履行业务。

证券监管机构审查的主要事项包括：证券经营机构有无欺诈或违反法律、法规的行为以及公司的财务状况。

（2）财务保证制度

建立此项管理制度的目的是以财务的合规性和资产保证来维护证券经营机构信誉，防止发生证券事故损害投资者的利益，并使受损的投资者获得损失赔偿。

财务保证制度的主要内容有：最低资本额限制、负债比率限制、顾客保护限制。

（3）行为规范与行为禁止制度

证券经营机构按其业务性质的不同，可分为承销商、经纪商和自营商三种。其行为规范依其类别不同而有所差异：自营商的行为规范与行为禁止制度，承销商的行为规范与行为禁止制度，经纪商的行为规范与行为禁止制度。

（4）对证券自营业务的监管

证券自营业务是证券经营机构用自己可自主支配的资金自行买卖证券、独立承担风险的业务。各国法律对证券自营业务都进行严格的限制。

（5）证券经营机构的自律制度

证券经营机构的自律管理有两种形式：一是证券业协会的自律管理；二是证券交易所的自律管理。

（四）对上市公司的监管

上市公司监管是证券监管的重要组成部分。国外成熟市场中上市公司监管主要是监管上市公司的信息披露，包括首次发行的信息披露（证券发行的注册制的本质和核心即是信息的充分披露）和发行后的持续信息披露。自 20 世纪 70 年代以来，证券监管部门和证券交易所发现，仅靠强制信息披露制度不能有效保护投资者特别是中小投资者的利益，完善上市公司的法人治理结构对保护投资者特别是中小投资者的利益具有重要意义，因此纷纷对上市公司的法人治理结构做出一些特别的规定。1978 年 6 月底，美国纽约证券交易所率先规定，自该年 7

月1日起，凡在该所注册上市的企业必须设立由外部董事组成的监事会，随后，美国证券业做出类似的规定。20世纪80年代后，美国《纽约证券交易所上市公司手册》要求董事会设立独立的审计委员会对公司财务实施严格监督。香港联合交易所成立后要求该所上市的公司至少设立2名独立董事。1992年，伦敦证券交易所制定了《良好行为准则》，全面规定了上市公司董事会的行为准则，特别是强调加强董事会中非执行董事对执行董事和管理层的监督和控制。上述情况说明，督促上市公司完善法人治理结构是上市公司监管的应有之义，虽然该职责具体由证券监管部门还是由证券交易所承担应根据各国国情决定。

证券监管部门对上市公司进行监管时要正确处理上市公司监管与上市公司督导的关系。所谓上市公司督导，是指上市公司的所有者即股东在法人治理结构框架内对经营者的控制、监督和约束。公司督导产生的原因是公司所有权和经营权的分离，目的是减少代理成本，防止经营者滥用职权，损害所有者的利益。督导的方式和场所主要是股东大会、董事会和监事会。督导的对象和内容是经营者的经营管理行为。所有者对经营者的督导体现的是所有者与经营者之间的委托代理关系，是一种契约关系，而不是行政关系。因此，上市公司监管与督导无论是其产生的原因、目的和方式、工作内容以及所体现的关系都截然不同，不能将两者混为一谈。在具体工作中，监管部门特别要注意不能介入上市公司的经营管理活动。需要指出的是，监管部门督促上市公司完善法人治理结构并不是对上市公司的督导，而是对上市公司督导的规则予以规范，属于"制定并执行游戏规则"的职责范围，主要目的是为投资者督导经营者创造更多更好的渠道，同时使中小投资者也能参与对上市公司的督导。

(五)对证券业从业人员的监管

我国对证券从业人员的监管主要是集中在从业人员的资格认定上。我国对证券从业人员资格认定的规定有：

(1)《证券业从业人员资格管理暂行规定》规定，申请取得证券业从业人员资格须通过证券从业人员资格考试。资格考试由中国证监业协会统一组织。

(2)《证券业从业人员资格管理暂行规定》要求证券业从业人员必须按照规定取得证券从业人员资格证书后方可在各项证券专业岗位上工作。申请从业资格者需要向证监会提供申请表、身份证、学历证书、资格考试成绩单、以往行为说明材料以及要求报送的其他材料等。证监会接到完整的申请材料后，进行审查并对符合条件者发给资格证书。所谓资格证书，分为证券代理发行人从业资格、证券经纪从业资格、证券投资顾问从业资格、证券中介机构电脑管理从业资格以及其他类别。

证监会对获得资格证书的人员予以注册登记并向社会公布。获得资格证书后超过18个月未在证券专业岗位就职，资格证书自动失效；要重新成为证券从业人员，须按规定要求的程序重新申请。证监会对已获得资格证书并上岗工作的从业人员从事证券业务活动的情况进行定期或不定期的检查。经检查仍具备条件的，可维持其从业资格；对未能符合相应条件者，证监会将依照《证券业从业人员资格管理暂行规定》有关条款予以相应处理。

(六)对证券交易所的监管

1. 证券交易所管理模式

(1)集合型管理模式

这种管理模式既重视政府对证券交易所的监管，也充分考虑证券交易所的自律管理，又称"美国体制"。

(2)自律型管理模式

这种管理模式特别强调证券交易所的自我管理，又称“英国体制”。

(3)行政型管理模式

该管理模式的最大特点是强调政府对证券交易所的管理，又称“欧陆模式”。

2. 证券交易所管理原则

在对证券交易所实施管理的过程中，必须充分考虑到对证券投资者利益的保护，这是各国证券交易所确立管理原则的核心和归宿，而充分公开原则是证券交易所管理的基本原则。

所谓充分公开，是指上市公司和证券交易所必须把与证券交易有关的资料和信息全面、真实和准确地提供给社会公众，不得采取欺诈、垄断、操纵和内幕交易等手段影响证券交易的正常进行。具体可概括为：

(1)证券上市公司必须向社会公众和证券投资者公布有关证券发行的所有资料。

(2)证券交易所必须向证券交易的行政主管机关办理注册登记，将其所有活动，包括会员注册、证券注册、证券交易数量及结构变化等情况，按期报送管理机关。

(3)禁止证券交易所会员进行内幕交易。

(4)禁止采取欺诈、垄断、操纵和其他不法手段经营证券业务。

3. 证券交易所管理制度

(1)对证券上市公司的管理，主要表现在以下几个方面：

①上市交易的证券注册。

②证券上市公司统计和财务报表的申报。

③证券发行公司要承担不诚实填报有关报表所产生的法律责任。

(2)对证券交易所的管理。

①证券交易所的设立必须征得政府主管机关的特许。

②证券交易所的活动必须接受主管机关和自律组织的监督。

(3)对证券交易行为的管理。主要包括反欺诈、反垄断和反内幕交易等内容。

(4)对场内交易证券商的管理。

(七)证券交易所的自律管理

作为自律机构的证券交易所，必须规定适当的准则和职业道德守则，以监督和促使其成员规范行事。此外，交易所也要设立一些可行的和高效的监察系统，监督其成员遵守交易所的规则和有关证券法规，对市场上不正常的交易行为如内幕交易、操纵市场行为及证券商的不道德行为等及时发觉、深入调查，并及时对违反者做出警告和处分，从而使交易所真正履行其自我监管的责任和职能。交易所对在该所上市的公司的监管，除了要求公司严格遵守证券法的有关披露要求外，还可能提出其他要求。

(八)对证券投资者的监管

1. 对个人投资者的监管

(1)对个人投资者的资格审查，有利于保证证券市场的公平与公正，避免可能出现的内幕交易，同时有利于促进党政机关工作人员的廉政建设。

(2)对个人投资者买卖行为的管理，是指证券投资经营机构结合其业务开展对投资者的交易证券行为进行的管理。

(3)个人投资者买卖途径的管理，是指个人投资者从事证券投资必须在符合政府有关部门规定的范围内进行，不得进行私下非法买卖。

2. 对机构投资者的监管

（1）对机构投资者资金来源的管理

目前，我国对机构投资者用于证券投资的资金来源有一定限制，并不是所有资金都可用于投资证券。

（2）对机构投资者买卖证券的管理

①要审查机构投资者是否符合投资者限制的规定。

②要审查机构投资者用于购买证券的资金来源是否符合规定。

③审查机构投资者的投资手续是否完备，经办人是否具有单位投资委托书，支付款项凭证的填写是否准确，买入单位能否及时办妥过户手续等。

（3）对投资者的买卖行为的管理规定

主要包括：禁止私下串通、内外勾结，同时买卖一种证券，制造证券的虚假供求，扰乱市场价格；禁止利用内幕消息从事证券买卖；禁止以操纵市场为目的，连续抬价买入或压低卖出同一证券，影响市场行情；禁止为诱使他人参与交易，制造或散布虚假的容易使人误解的信息等。

（九）对证券欺诈行为的监管

1. 对内幕交易的监管

我国《证券法》规定，禁止任何单位或个人以获取利益或减少损失为目的，利用内幕信息进行证券发行、交易活动。内幕信息是指有关发行人、证券经营机构、有收购意图的法人、证券监督管理机构、证券业自律性管理组织以及与其有密切联系的人员所知悉的，尚未公开的和可能影响证券市场价格的重大信息。内幕交易的行为主体主要包括公司内部人员、准内部人员、第一手直接获取信息者及公务人员。

内幕交易行为包括：

（1）内幕人员利用内幕信息买卖证券或者根据内幕信息建议他人买卖证券；

（2）内幕人员向他人泄露内幕信息，使他人利用该信息进行内幕交易；

（3）非内幕人员非法获取内幕信息，并根据该信息买卖证券或者建议他人买卖证券；

（4）其他内幕交易行为。

证券交易内幕信息的知情人员或者非法获取证券交易内幕信息的人员，在涉及证券的发行、交易或者其他对证券的价格有重大影响的信息尚未公开前，买入或者卖出该证券，或者泄露该信息或者建议他人买卖证券的，责令依法处理。构成犯罪的，依法追究刑事责任。证券监督管理机构工作人员进行内幕交易的，从重处罚。

2. 对操纵市场的监管

我国《证券法》规定，禁止任何单位或个人以获取不正当利益或转嫁风险为目的，利用其资金、信息等优势或滥用职权操纵市场，影响证券市场价格，制造证券市场假象，诱导或致使投资者在不了解事实真相的情况下做出证券投资决定，扰乱证券市场秩序。

操纵市场行为包括：

（1）通过单独或者合谋，集中资金优势、持股优势或者利用信息优势联合或者连续买卖、操纵证券市场价格；

（2）与他人串通，以事先约定的时间、价格和方式相互进行证券交易或者相互买卖并不持有证券，影响证券交易价格或者证券交易量；

（3）以自己为交易对象，进行不转移所有权的自买自卖，影响证券交易价格或者证券交易量；

（4）以其他方式操纵证券市场交易价格。

对操纵市场行为的监管主要有两种：事前监管，事后救济。

根据我国《证券法》规定，操纵证券交易价格，或者制造证券交易的虚假价格或者证券交易量，获取不正当利益或者转嫁风险的，没收违法所得，并处以非法所得1倍以上5倍以下的罚款。构成犯罪的，依法追究刑事责任。

3. 对欺诈客户的监管

我国《证券法》规定，禁止证券公司及其从业人员从事下列损害客户利益的欺诈行为：

(1)违背客户的委托为其买卖证券；

(2)不在规定时间内向客户提供交易的书面确认文件；

(3)挪用客户所委托买卖的证券或者客户账户上的资金；

(4)私自买卖客户账户上的证券，或者假借客户的名义买卖证券；

(5)为谋取佣金收入，诱使客户进行不必要的证券买卖；

(6)其他违背客户真实意思表示、损害客户利益的行为。

4. 对虚假陈述行为的监管

我国《证券法》规定，禁止任何单位或个人对证券发行、交易及其相关活动的事实、性质、前景、法律等事项做出不实、严重误导或含有重大遗漏的、任何形式的虚假陈述或者诱导，致使投资者在不了解事实真相的情况下做出证券投资决定。

虚假陈述行为包括：

(1)发行人、证券经营机构在招募说明书、上市公告书、公司报告及其他文件中做出虚假陈述；

(2)律师事务所、会计师事务所、资产评估机构等专业性证券服务机构在其出具的法律意见书、审计报告、资产评估报告及参与制作的其他文件中做出虚假陈述；

(3)证券交易所、证券业协会或者其他证券业自律性组织做出对证券市场产生影响的虚假陈述；

(4)发行人、证券经营机构、专业性证券服务机构、证券业自律性组织在向证券监管部门提交的各种文件、报告和说明书中做出虚假陈述；

(5)在证券发行、交易及其相关活动中做出其他虚假陈述。

编造并且传播影响证券交易的虚假信息，扰乱证券交易市场的，处以3万元以上20万元以下的罚款。构成犯罪的，依法追究刑事责任。

证券交易所、证券公司、证券登记结算公司、证券交易服务机构、证券中介机构及其从业人员，或者证券业协会、证券监督管理机构及其工作人员，在证券交易活动中做出虚假陈述或者信息误导，责令改正，并处以3万元以上20万元以下的罚款；属于国家工作人员的，还应当依法给予行政处分；构成犯罪的，依法追究刑事责任。

三、证券监管模式

由于历史的原因、证券市场的发达程度等因素，世界各国证券监管的模式不尽相同。但是，确定监管模式的原则是一致的，即建立统一的证券监管体系。从世界各国来看，证券监管模式有三种：集中监管体制、自律监管体制和混合监管体制。

(一)集中监管体制

集中监管体制是指政府通过统一的证券监管机构来实现对证券市场监管的方式。集中监管体制的代表是美国、日本、巴西、墨西哥、菲律宾、韩国、埃及等。

1. 集中监管体制类型

（1）独立的证券监管机构，如美国的证券交易委员会。

（2）由中央银行履行监管职能，如巴西。

（3）由财政部履行监管职能，如日本的证券局。

2. 集中监管体制的优点

（1）由政府的专门证券监管部门履行监管职责，能够最大限度地保护投资者的利益。

（2）集中监管体制下的国家一般具有统一的证券法律、法规，可以保证立法的连续性、全面性、完整性。

（3）集中的证券监管部门不参与证券市场的经营活动，可以保证监管的权威性、严肃性和公正性。

3. 集中监管体制的缺点

（1）由于证券监管当局不参与证券市场的经营活动，对证券市场金融创新的反应要滞后于证券经营者，从而降低了监管的效率。

（2）监管法规的制定百密而难免一疏，脱离证券市场发展的实际。

（3）由于监管的强大压力，会减缓证券市场金融创新的发展速度。

（二）自律监管体制

自律监管体制是指政府不设专门的证券监管机构，而是通过证券交易所自身或证券自律组织进行自律监管。主要以英国为代表，此外，荷兰、芬兰、瑞典、新加坡等国家也实行自律监管体制。目前，实行自律监管体制的国家也正在进行调整，加强政府对证券市场的监管力度。

1. 自律监管体制的优点

（1）由于证券市场的监管当局参与证券市场的经营活动，因此，证券市场金融创新的发展较快。

（2）由于证券经营主体参与证券法规的制定，使市场规则更富灵活性和切合实际。

2. 自律监管体制的缺点

（1）由于监管当局多为证券交易所或其他自律组织，因此监管的权威性、独立性不够。

（2）自律监管当局可能注重对证券机构的保护，削弱投资者利益的保护程度。

（3）由于没有专门的金融立法约束证券交易活动，容易造成证券市场的混乱。

（三）混合监管体制

混合监管体制是指强调政府的统一管理，又注重自律约束的证券监管方式。主要代表国家为德国、意大利、泰国等。目前，部分实行集中监管体制的国家也十分注意发挥自律监管的作用，实行自律监管体制的国家则注重加强政府集中监管的力度。混合监管体制可避免两种体制的弱点，发挥两种体制的长处，是目前世界许多国家发展的方向。例如，英国过去实行自律监管体制，但近年来情况已有所改变，1997 年英国成立了金融服务局，加强了政府对包括证券业在内的金融监管力度。

（四）我国证券监管模式

我国证券监管体制目前属于集中管理体制。证券市场的监管当局是中国证监会及其派出机构——证券监管办公室。

中国证监会是我国证券期货市场的主管机关，依照法律法规对全国证券期货业进行集中监管，主要履行以下职能：建立统一的证券期货监管体系，按规定对证券期货监管机构实行垂直领导；对证券期货交易所、上市公司、证券期货经营机构、证券投资基金管理公司、证券期货投资咨询机构和证券期货中介机构的业务经营活动进行监管，提高信息披露质量；对证券机构的市场准入、市场运营市场退出进行集中监管;注重证券期货市场金融风险的防范和化解工作。

四、中国证券市场的监管体制

(一)我国证券市场的监管体制

1992 年 12 月 17 日,国务院颁布了《关于进一步加强证券市场宏观管理的通知》。决定成立国务院证券委员会(简称证券委)和中国证券监督管理委员会(简称证监会),以加强证券市场的宏观管理,统一协调有关政策,建立健全证券监管工作制度,保证广大投资者的利益,促进我国证券市场健康发展。在通知中,明确规定了各自的分工,形成了一个由证券委、证监会、政府部门、证券自律组织所组成的管理体系。

(1)证券委是国家对全国证券市场进行统一宏观管理的主管机构,主要职责是:负责组织拟订有关证券市场的法律、法规草案;研究制定有关证券市场的方针政策和规章;制定证券市场发展规划和提出计划建议;指导、协调、监督和检查各地区、各有关部门与证券市场有关的各项工作;归口管理证监会。

(2)证监会是证券委的监管执行机构,由证券专业知识和实践经验的专家组成,按事业单位管理,主要职责是:根据证券委的授权,拟订有关证券市场管理的规则;对证券经营机构从事证券业务特别是对股票自营业务进行监管;依法对有价证券的发行和交易以及对向社会公开发行股票的公司实施监管;对境内企业向境外发行股票实施监管;会同有关部门进行证券统计,研究分析证券市场形势并及时向证券委报告工作,提出建议。

(3)要充分发挥证券行业自律性组织的作用。我国 1990 年经中国人民银行批准并经民政部注册登记的中国证券业协会,是由证券经营机构主体会员自愿组成的全国证券行业自律组织。它按照国家的有关法律及协会章程独立开展活动,并接受证券主管部门的管理和指导,通过各种方式与主管机关保持经常性的联系和信息交流,并贯彻证券管理的意图。

(二)我国证券交易所监管的目标模式

目前我国证券交易所实行的是会员制,比较强调自律管理。在市场经济的时代背景下,随着信息技术的迅猛发展,证券交易所的购并浪潮风起云涌,经过整合,可以充分发挥规模经济效应和协同效应,提高证交所本身的营运质量和运作效率。而且,国外证交所大多采取公司制,自身上市已成为一种不可逆转的客观趋势。证交所上市,不仅可以充实其营运资本,形成良好的资本补充机制,有利于促进规模扩张和业务拓展,提高资本实力和抵御风险的能力,提升总体竞争力,而且证交所上市后成为公众公司,必须接受广泛的社会监督,有利于证交所改善和优化股权结构,建立科学合理的法人治理结构,形成有效的制衡、约束机制,促使其规范有序运作。

由此可见,我国的证券交易所业将顺应这一历史潮流,整合上市将成为证交所未来持续、快速、健康发展的必然选择。而上市的基本前提是对我国的证交所进行改制,从现行的会员制改为公司制。相应地,我国证交所的监督模式也将发生转变。

未来我国证交所监管的目标模式应是结合型监管模式,即行政监管和自律监管有机结合,健全证交所的监管体系,完善监管制度。在加强中国证监会对证交所行政监管的同时,也给证交所留下充分的自律管理空间,督促其自我管理、自我约束,促进证券交易所的规范、稳健运行。

2014 年是证券行业监管转型和制度建设的关键一年。围绕国务院《关于进一步促进资本市场健康发展的若干意见》,中国证监会大力推进监管转型实现"六个转变",统筹安排市场改革开放、创新发展、监管执法和投资者保护等各项工作，全年共取消行政审批 13 项，发布的重要法规主要涉及创业板上市规则修订完善、企业兼并重组环境优化、上市公司退市制度完善、优先股试点管理、“沪港通”机制平稳推出以及资产证券业务施行备案制管理等多个方面。

本章小结

本章通过对证券发行市场和交易市场的介绍，结合证券市场的监管体系，使读者对证券市场的运作和监管有了一定的了解。证券是怎样发行的？又是怎样形成流通的？其规则又包括哪些？通过对本章的学习，读者在这些方面应当具备了一定的基本知识。

练习题

一、名词解释

证券发行市场　场内交易市场　场外交易市场　核准制　注册制

二、简答题

1. 简述证券发行市场上证券的发行程序。
2. 简述证券市场监管的意义和原则。

第五章

证券交易

我不理会股市的涨跌，不担心经济情势的变化，不相信任何预测，不接受任何内幕消息，我只注意两点：一是买什么股票；二是买入价格。

——沃伦·巴菲特

随着商品经济的发展和世界经济形势的变化，证券交易的方式也在不断发展与更新，出现了金融期货交易和期权交易，在国际金融市场一体化潮流的背景下，掉期交易应运而生。按照证券交易从订约到履约的期限关系，证券交易可分为现货交易、信用交易、期货交易和期权交易。

第一节　证券交易方式

一、现货交易方式

现货交易是指证券买卖成交后，按成交价格及时进行实物交收和资金清算的交易方式。若买卖双方约定以现货交易方式成交，则买方付出现金并向卖方收取证券，卖方则付出证券并向买方收取现金，买卖双方都有证券实物和资金的收付进出。一般在成交的当日、次日或交易所指定的例行交收日期交收清算。在未清算交收前，双方均不可随意解约或冲销，若有一方到交收日不能履约，将按有关交易规则处以罚金并承担责任。这是证券交易所采用的最基本、最常用的交易方式。

二、信用交易方式

信用交易又称保证金交易、垫头交易，是投资者通过交付保证金取得经纪人信用而进行的交易方式。信用交易主要有两种形式，即保证金买空和保证金卖空。

保证金买空是指投资者预计证券行市将上涨并准备在现在价格较低时买进一定数量证券，但因资金不足，可通过向证券经纪商交付一定比率保证金而取得经纪商贷款并委托经纪商代理买入这种证券的交易方式。如果证券商资金不足，可用代理客户买入的证券作为抵押品向商业银行取得贷款。待证券价格上升，投资者委托证券商卖出该证券，证券商扣除买卖手续费和对投资者贷款的利息，余下即为投资者的投资收益。做保证金买空的投资者称为“多头”。

保证金卖空是指投资者如果预计证券行市下跌，准备做某一证券的卖出投机，但由于手中没有该种证券，可通过向经纪人交付一定比率保证金后从经纪人处借入一定数量证券并委托经纪人卖出。如果该证券日后果真下跌，再按市场价格买入相同种类、相同数量的证券归还给经纪人，并支付借入证券应付的利息和买卖手续费，买卖差额扣除一定费用即为投资者的收益。做保证金卖空的人称为“空头”。

保证金是证券管理机构规定在投资者以信用交易方式进行证券投资时，必须按一定比率向证券经纪商交存的资产。这种资产主要是现金，也可以是其他动产、不动产。保证金是投资者做信用交易的财力保证，可以使经纪商免受损失，也可以通过对保证金账户的清算及时向投资者提出预警信号，使投资者免受投资失败的更大损失。

以能作为保证金资产的形式划分，保证金可分为两类：一是现金保证金，即投资者按规定缴纳现款而设定的保证金。二是权益保证金，又称抵押保证金，即按投资者提供抵押品的市场价格的一定比率而设立的保证金。抵押品可以是各种有效的票据、其他的有价证券，也可以是不动产。通常证券经纪公司向客户提供约为抵押证券市值50%的贷款，或抵押不动产市值约40%的贷款。

保证金与投资者买卖证券的市值之比，称为保证金比率。保证金比率有法定保证金比率、保证金实际维持率和保证金最低维持率之分。

法定保证金比率由中央银行决定，投资者按法定保证金比率交的保证金称为原始保证金，它由法定保证金比率和买卖证券的市值决定，必须在以信用方式买卖证券前交足。法定保证金比率是中央银行的货币政策工具，由于法定保证金比率的高低决定了证券经纪商和商业银行的融资比率，会影响证券市场的资金供应和交易价格，也会影响银行系统的信用规模和货币供应量，所以中央银行将之作为选择性的货币政策工具。

投资者在交存了原始保证金并取得经纪人融资买卖证券后，由于证券市场价格在不断变化，投资者买卖的证券市值也随之变化并使投资者已交保证金的实际比率相应变化，这一比率有时会高于法定保证金比率，有时会低于法定保证金比率。投资者交存保证金的实际价值占证券市值的比率称为保证金实际维持率。证券经纪商有必要随时计算投资者的保证金实际维持率，了解盈亏状况并及时通知客户。

证券交易所或证券经纪公司对保证金账户一般有最低限度的要求，即投资者交付的保证金占证券市值的比率不得低于某一比率，这一比率称为保证金最低维持率。设定保证金最低维持率的目的是可及时发出预警信号，既可避免因投资者的亏损给证券经纪商带来损失，也可使投资者及早采取措施制止亏损扩大。当投资者账户中保证金实际维持率低于规定的最低比率时，证券经纪商向投资者发出一个追加保证金通知，投资者接到通知后，必须追加保证金，以补足法定保证金的要求。投资者可以用在账户上储存现金或证券、偿还部分贷款、出售账面上的证券并用这笔收益偿还部分债务等办法，增加保证金实际数额。当投资者无力追加保证金时，可通知经纪人结清差额，了结该保证金账户。如果投资者在规定时限内不补足保证金，证券经纪公司可出售客户账户上的证券以此补充保证金的法定比率要求，但在出售证券前一般应预先通知客户。

三、期货交易方式

(一)期货市场的功能

1. 价格发现功能

在市场经济中,生产经营者根据市场提供的价格信号做出经营决策。价格信号的真实、准确程度,直接影响他们经营决策的正确性,进而影响经营效益。

在期货交易和期货市场产生前,生产经营者主要是依据现货市场上的商品价格来进行决策的,根据现货价格的变动来调整自身的经营方向和经营方式等。由于现货交易大多是分散的,生产经营者不易及时收集到所需要的价格信息,即使收集到现货市场回馈的信息,这些信息也是零散和片面的,其准确、真实程度较低,对于未来供求关系变动的预测能力比较差。当用现货市场的价格指导经营决策时,现货价格的滞后性往往会造成决策的失误。例如,长期以来,我国的粮食流通市场受到粮价低时卖粮难、高时买粮难的困扰,部分原因就是粮食生产经营单位缺乏以远期价格指导生产销售的机制。

自期货交易产生以来,发现价格功能逐渐成为期货市场的重要经济功能。所谓发现价格功能,是指在一个公开、公平、高效、竞争的期货市场中,通过期货交易形成的期货价格,具有真实性、预期性、连续性和权威性的特点,能够比较真实地反映出未来商品价格变动的趋势。

期货市场之所以具有发现价格的功能,主要是因为期货价格的形成有以下特点:

第一,期货交易的透明度高。期货市场遵循公开、公平、公正"三公"原则。交易指令在高度组织化的期货交易所内撮合成交,所有期货合约的买卖都必须在期货交易所内公开竞价进行,不允许进行场外交易。交易所内自由报价,公开竞争,避免了一对一的现货交易中容易产生的欺诈和垄断。

第二,供求集中,市场流动性强。期货交易的参与者众多,如商品生产商、销售商、加工商、进出口商以及数量众多的投机者等。这些套期保值者和投机者通过经纪人聚集在一起竞争,期货合约的市场流动性大大增强,这就克服了现货交易缺乏市场流动性的局限,有助于价格的形成。

第三,信息质量高。期货价格的形成过程是收集信息、输入信息、产生价格的连续过程,信息的质量决定了期货价格的真实性。由于期货交易参与者大多熟悉某种商品行情,有丰富的经营知识和广泛的信息管道及一套科学的分析、预测方法,他们把各自的信息、经验和方法带到市场上来,结合自己的生产成本预期利润,对商品供需和价格走势进行判断、分析、预测,报出自己的理想价格,与众多对手竞争。这样形成的期货价格实际上反映了大多数人的预测,具有权威性,能够比较真实地代表供求变动趋势。

第四,价格报告的公开性。期货交易所的价格报告制度规定,所有在交易所达成的每一笔新交易的价格,都要向会员及其场内经纪人及时报告并公之于众。通过发达的传播媒介,交易者能够及时了解期货市场的交易情况和价格变化,及时对价格的走势做出判断,并进一步调整自己的交易行为。这种价格预期的不断调整最后反映到期货价格中,进一步提高了期货价格的真实性。

第五,期货价格的预期性。期货合约是一种远期合约,期货合约包含的远期成本和远期因素必然会通过期货价格反映出来,即期货价格反映出众多的买方和卖方对于未来价格的预期。

第六,期货价格的连续性。期货价格是不断反映供求关系及其变化趋势的一种价格信号。期货合约的买卖转手相当频繁,这样连续形成的价格能够连续不断地反映市场的供求情况及变化。

由于期货价格的形成具有上述特点，所以，期货价格能比较准确、全面地反映真实的供给和需求的情况及其变化趋势，对生产经营者有较强的指导作用。世界上很多生产经营者虽未涉足期货交易，也没有与期货市场发生直接关系，但他们都在利用期货交易所发现的价格和所传播的市场信息来制定各自的生产经营决策。

2. 期货市场套期保值功能

套期保值是指以回避现货价格风险为目的的期货交易行为。套期保值的基本形式有两种，即买入保值和卖出保值。两者是以保值者在期货市场上买卖方向来区分的。

买入保值，是指交易者现在在期货市场买入期货，以便将来在现货市场买进现货时不会因价格上涨而给自己造成经济损失的一种套期保值方式。这种用期货市场的盈利对冲现货市场亏损的做法，可以将远期价格固定在预计的水平上。买入套期保值，是需要现货商品而又担心价格上涨的客户常用的保值方法。

卖出保值，是指交易者现在在期货市场上卖出期货，当现货价格下跌时以期货市场的盈利来弥补现货市场的损失，从而达到保值目的的一种套期保值方式。卖出保值主要适用于拥有商品的生产商或贸易商，他们担心商品价格下跌使自己遭受损失。

套期保值交易之所以能有助于回避价格风险，达到保值的目的，是因为期货市场上存在一些可遵循的经济规律。

第一，同种商品的期货价格走势与现货价格走势基本一致。

现货市场与期货市场虽然是两个各自独立的市场，但由于某一特定商品的期货价格和现货价格在同一时空内，会受相同的经济因素的影响和制约，因而一般情况下两个市场的价格变动趋势相同。套期保值就是利用这两个市场上的价格关系，分别在期货市场和现货市场做方向相反的买卖，取得在一个市场上出现亏损的同时在另一个市场上盈利的结果，以达到锁定成本的目的。

第二，现货市场与期货市场价格随期货合约到期日的临近，存在两者合二为一的趋势。

期货交易的交割制度，保证了现货市场价格与期货市场价格随期货合约到期日的临近而逐渐接近，最终合二为一。期货交易规定合约到期时，必须进行实物交割或差价结算。到交割时，如果期货价格与现货价格不同，例如期货价格高于现货价格，就会有套利者买入低价现货，卖出高价期货，以低价买入的现货在期货市场上高价抛出，在无风险的情况下实现盈利。这种套利交易最终使期货价格与现货价格趋于相同。

正是上述经济原理的作用，使得套期保值能够起到为商品生产经营者最大限度地降低价格风险的作用，保障生产经营活动的稳定进行。

（二）金融期货交易

金融期货是指以金融工具为标的物的期货合约。金融期货作为期货交易的一种，具有期货交易的一般特点，但与商品期货相比较，其合约标的物不是实物商品，而是传统的金融商品，如证券、货币、汇率、利率等。

金融期货交易产生于 20 世纪 70 年代的美国市场。1972 年，美国芝加哥商业交易所的国际货币市场开始国际货币的期货交易，1975 年芝加哥商业交易所开展房地产抵押券的期货交易，标志着金融期货交易的开始。现在，芝加哥商业交易所、纽约期货交易所和纽约商品交易所等都进行各种金融工具的期货交易，货币、利率、股票指数等都被作为期货交易的对象。目前，金融期货交易在许多方面已经走在商品期货交易的前面，占整个期货市场交易量的 80%

以上，成为西方国家金融创新成功的例证。

与金融相关联的期货合约品种很多。目前已经开发出来的品种主要有三大类：

1. 利率期货

它是指以利率为标的物的期货合约。世界上最先推出的利率期货是于 1975 年由美国芝加哥商业交易所推出的。

利率期货一般可分为短期利率期货和长期利率期货，前者大多以银行同业拆借市场 3 月期利率为标的物，后者大多以 5 年期以上长期债券为标的物。利率波动使得金融市场上的借贷双方均面临利率风险，特别是越来越多持有国家债券的投资者，急需回避风险、套期保值的工具，在此情形下，利率期货应运而生。

(1)影响利率期货价格波动的主要因素

①货币供应量。当货币供应不足时，利率上升；货币供应过剩时，利率下跌。

②经济发展速度。当经济发展速度较快、贷款需求旺盛时，利率会升高；当经济发展速度放慢、贷款需求减少时，利率会下跌。

③政府的财政收入。当出现财政赤字时，利率会受到一定的影响。

④其他国家利率水平。由于当今国家间资本流动十分频繁，因此一国的利率水平很容易受到其他国家利率水平的影响。最明显的是美国利率对其他国家利率的影响。

⑤其他因素。主要包括社会政治环境、失业率等。

(2)利率期货的特点

①利率期货价格与实际利率呈反方向变动，即利率越高，债券期货价格越低；利率越低，债券期货价格越高。

②利率期货的交割方法特殊。利率期货主要采取现金交割方式，有时也有现券交割。现金交割是以银行现有利率为转换系数来确定期货合约的交割价格。

2. 货币期货

它又称为外汇期货，是以汇率为标的物的期货合约，用来回避汇率风险。20 世纪 70 年代初“布雷顿森林体系”的解体使固定汇率体制被浮动汇率体制所取代，主要西方国家的货币纷纷与美元脱钩，汇率波动频繁，市场风险加大。同时经济的全球化使得越来越多的企业面临汇率波动的风险，市场迫切需要规避这种风险的工具，货币期货就是在这种背景下产生的。

货币期货交易与远期外汇交易相比，具有以下几个特点：

(1)市场参与者不同。远期外汇交易的参与者主要是银行等金融机构及跨国公司等大企业，货币期货交易则以其灵活的方式为各种各样的企业提供了规避风险的管理工具。

(2)流动性不同。远期外汇交易由于参与者在数量上的局限性，一般而言合约的流动性较低，货币期货交易则由于参与者众多，且有大量的投机者和套利者，流动性较好。

(3)交易手段不同。远期外汇交易的市场是无形的，是由金融机构与其客户用各种通信手段构建的，货币期货交易则是在专门的交易所中进行的，是有形市场交易。

(4)合约的标准化程度不同。远期外汇交易的合约内容是由金融机构与客户根据其要求协商而定的，货币期货交易的合约则是标准化的合约，交易品种、单位、变化幅度、涨跌停板、交割时间等项目都是事先确定的。

(5)信用风险不同。远期外汇交易双方的交易主要建立在对方信用的基础上，相对而言风险较大，货币期货交易由交易所或结算机构做担保，风险由交易所承担。

(6)履约方式不同。远期外汇交易的履约主要是外汇的全额现金交收，货币期货交易则大多采取对冲方式了结交易，一小部分采取现金交割方式。

3. 股票指数期货

它是一种以股票价格指数作为标的物的金融期货合约。股市投资者在股票市场上面临的风险可分为两种：一种是股市的整体风险，又称为系统风险，即所有或大多数股票的价格一起波动的风险；另一种是个股风险，又称为非系统风险，即持有单个股票所面临的市场价格波动风险。通过投资组合，即同时购买多种风险不同的股票，可以较好地规避非系统风险，但不能有效地规避整个股市下跌所带来的系统风险。进入 20 世纪 70 年代以后，西方国家股票市场波动日益加剧，投资者规避股市系统风险的要求越来越迫切。由于股票指数基本上能代表整个市场股票价格变动的趋势和幅度，人们开始尝试着将股票指数改造成一种可交易的期货合约并利用它对所有股票进行套期保值，规避系统风险，于是股指期货应运而生。

股指期货除具有金融期货的一般特点外，还具有一些自身的特点。股指期货合约的交易对象既不是具体的实物商品，也不是具体的金融工具，而是衡量各种股票平均价格变动水平的无形的指数。一般商品和其他金融期货合约的价格是以合约自身价值为基础形成的，而股指期货合约的价格是股指点数乘以人为规定的每点价格形成的。股指期货合约到期后，合约持有人只需交付或收取到期日股票指数与合约成交指数差额所对应的现金，即可了结交易。这种现金交割方式也是股指期货合约的一大特点。

四、期权交易方式

(一)期权交易双方的可能盈亏

在期权交易中，买卖双方在是否进行合约中规定的交易方面的权利和义务是不对称的。期权的购买者有权要求进行交易，但是并无一定要进行交易的义务；期权的出售者则只有在期权购买者的要求下进行交易的义务，而没有要求后者进行交易的权利。这种权利和义务的不对称导致的直接结果是，他们各自所承担的风险及可能的盈亏也是不对称的。

假定甲支付 500 美元期权费向乙购买一张看涨期权合约。该合约允许甲在未来 3 个月内以每股 50 美元的价格买入 100 股通用汽车公司的股票。显然，若 3 个月内通用汽车公司的股价在 50 美元以下，甲将不行使该期权，并最多损失 500 美元期权费(假定甲未将该期权转让出去)。若股价涨到每股 50 美元以上，甲将行使该期权，以 50 美元的价格从乙手中购买 100 股股票，并在现货市场上转手卖出，从而获得其价差。但是在股价上升到 55 美元之前，甲行使期权的收益并不足以补偿其支付的期权费，也就是说每股 55 美元为甲的盈亏平衡点，此时他行使期权的收益($55\times100-50\times100=500$)恰好等于他支付的期权费。显然，这一点也是乙的盈亏平衡点。但是当股价上升到 55 美元之后，甲就开始有一个净剩余(即利润)，而且股价上升得越高，他的净剩余就越大，乙的亏损也越大。甲、乙两人的盈亏可能性可以用图 5－1 来表示。图中的 A 点代表期权合约中的协议价格，B 点代表买卖双方均不赔不赚的股票价格。从该图明显可以看出，在期权交易中，一方所得即为一方所失，因此期权交易也是一种零和博弈。

相应地，我们也可以画出看跌期权交易双方的盈亏图(见图 5－2)。在图 5－2 中，若股价在协议价格(即 A 点)之上，则期权购买者放弃行使期权，从而损失其期权费；若股价低于 A 点但高于 B 点，期权购买者行使期权，但由此带来的收益不足以弥补期权费，所以仍有亏损；若股价低于 B 点，则期权购买者行使期权并获利。

从上例可以看出，期权买方的风险是既定的，他的最大损失不过是他所支付的期权费，但是他可获得的利润却可能是巨大的；期权卖方的风险是巨大的，但其最大收益却是既定的，即

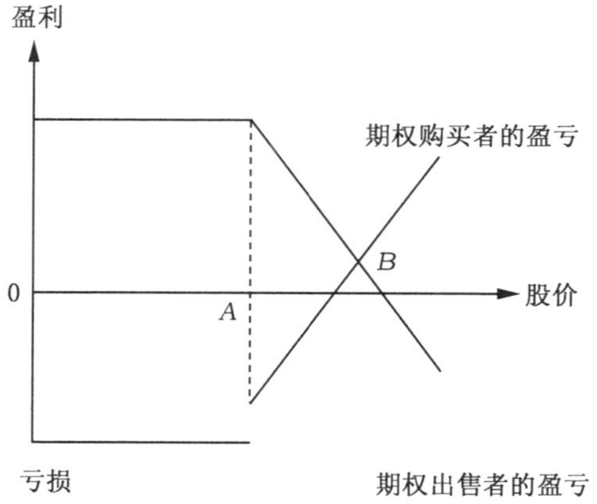

图 5—1　看涨期权买卖双方的可能盈亏

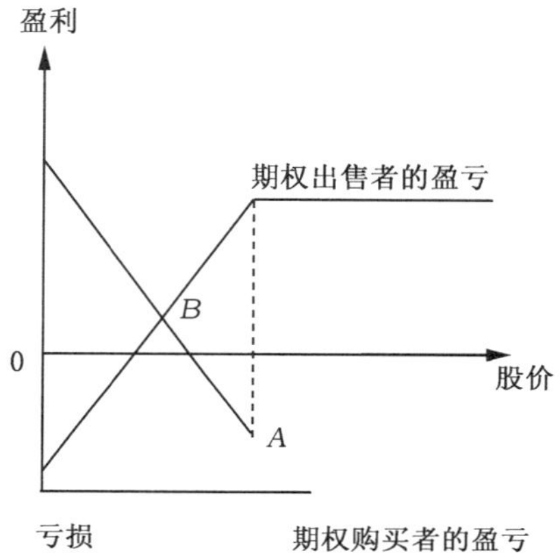

图 5—2　看跌期权买卖双方的可能盈亏

最多不过是买方支付的期权费。

(二)期权的定价

从理论上说,期权的价值包含了内在价值和时间价值两部分。

1. 期权的内在价值

所谓期权的内在价值,是指期权持有者立即行使其期权所能获得的单位收益。显然,这取决于期权协议价格与标的资产的市场价格。用 S 表示协议价格,用 X 表示标的资产的市场价格。当 $X>S$ 时,看涨期权的持有者行使其期权可以获得一个正的收益,而看跌期权的持有者若行使期权则会有亏损。所以,当 $X>S$ 时,看涨期权是正利期权,看跌期权是负利期权。当 $X=S$ 时,无论是看涨期权还是看跌期权,均为无利期权,因为当它们的持有者行使其期权时,既不赚钱,也不赔钱。

由于期权持有者只有行使期权的权利而没有必须行使期权的义务,所以无利期权和负利期权显然都不会被立即行使,因此它们的内在价值为零。正利看涨期权的内在价值为 $X-S$,正利看跌期权的内在价值为 $S-X$。更一般地,我们可以将看涨期权的内在价值写成 $\text{Max}(X-S,0)$,看跌期权的内在价值写成 $\text{Max}(S-X,0)$。

显然,看跌期权的协议价格越是低于标的资产的市场价格,看跌期权的协议价格就越是高于标的资产的市场价格，期权的内在价值就越高，期权价格也应越高。因此，在协议价格既定的条件下，标的资产市场价格的上升会使看涨期权价格上升，看跌期权价格下降；对于标的资产相同而协议价格不同的期权而言，协议价格越高，看涨期权价格越低，而看跌期权的价格则越高。

2. 期权的时间价值

在到期日之前，期权的价格通常高于其内在价值，多出来的部分被称作期权的时间价值。期权之所以具有时间价值，是由于在到期日之前，期权持有者不必立即行使期权，而可以等待更有利的机会。期权的时间价值主要取决于以下几个因素：

（1）标的资产的波动性。对于标的资产的持有者来说，该资产的价格波动性越大，意味着亏损和盈利的可能性都增大，波动性大并不是一件好事。但是对于期权的持有者来说，由于他在价格出现不利变化时损失的只是期权费，所以他主要关心的是价格出现有利变化的幅度和可能性。标的资产的价格波动性越大，价格出现有利变化的幅度和可能性就越大，期权持有者可能的获利数量和可能性也就越大，因而期权的时间价值也就越大。这一结论对看涨期权和看跌期权均成立。

（2）期权合约的期限。期权合约的期限越长，期权持有者行使其期权的机会也越多，因此期权的价格必然越高。对于美式期权来说，这一点很好理解。由于美式期权在整个有效期内都可以行使，所以期限较长的期权合约包含了比它期限更短的同种合约的全部获利机会，因此其价格必然要更高。但是对于只能在到期日行使的欧式期权来说，这一点也同样成立，因为期权合约的期限越长，标的资产在合约到期时的价格就越难以预测，或者说，其波动性就越大。由于我们已经说明较大波动性对期权的持有者来说是有利的，也就不难理解，欧式期权的价格也会随着期限的延长而上升了。

（3）利率的高低。利率的高低会影响未来收益或支出的现值。利率越高，看涨期权持有者未来行使期权所支付的协议价格的现值就越低，因此买入期权的时间价值也越高；但是对于看跌期权的持有者来说，利率越高，他在未来行使期权所得到的协议价格的现值就越小，因此看跌期权的时间价值也越低。

（三）期货交易方式与期权交易方式的异同

1. 交易对象不同

期货交易的对象是期货合约，而期权交易的对象是选择的权利，是在未来的一段时间内按约定的价格买卖某种商品或金融资产的权利。

2. 交易双方的权利和义务不同

期货交易的双方都有对等的权利和义务，如果没有做一个相反的交易对冲，这种权利和义务要到到期交割后才能解除。期权交易的权利和义务是不对等的，只有期权的买方有选择权。在期权的有效期内，买方可行使权利，也可放弃或转让权利；而卖方没有任何权利，相反，必须承担在买方要求履约时做对应交易的义务。

3. 交易双方承担的风险和可能得到的盈亏不同

期货交易双方对等地承担盈亏无限的风险，这一风险随着标的物市价的涨跌而变化。期权交易的买方承担的亏损风险是有限的，即以收取的期权费为限，但亏损的风险可能是无限的。

4. 交付的保证金不同

期货交易双方都要交付保证金，在交易期间还要对亏损一方追加收取保证金并允许盈利一方提取超额部分。期权交易只有卖方须交付作为履约财力保证的保证金，买方不需交付保证金，但需支付买入选择权的代价即期权费。

5. 价格决定方式不同

期货价格就是合约标的物的交割价格，这是由市场供需双方决定的，而且是随时变动的。期权交易要区分两种不同的价格，期权的价格是指选择权的价格，由市场供需双方决定。而期权合约标的物的交割价格即协议价格则由交易所按一定规则指定，在期权合约有效期内这一价格一般不会改变。

五、掉期交易方式

掉期交易是指交易双方约定在未来某一时期相互交换某种资产的交易形式。更为准确地说，掉期交易是当事人之间约定在未来某一期间内相互交换他们认为具有等价经济价值的现金流的交易。较为常见的是货币掉期交易和利率掉期交易。货币掉期交易，是指两种货币之间的交换交易，在一般情况下，是指两种货币资金的本金交换。利率掉期交易，是指同种货币资金的不同种类利率之间的交换交易，一般不伴随本金的交换。掉期交易与期货、期权交易一样，是近年来发展迅猛的金融衍生产品之一，成为国际金融机构规避汇率风险和利率风险的重要工具。

1981 年，IBM 公司和世界银行进行了一笔瑞士法郎和德国马克与美元之间的货币掉期交易(见图 5—3)。当时，世界银行在欧洲美元市场上能够以较为有利的条件筹集到美元资金，但是实际需要的却是瑞士法郎和德国马克。此时持有瑞士法郎和德国马克资金的 IBM 公司，正好希望将这两种货币形式的资金换成美元资金，以回避利率风险。在所罗门兄弟公司的中介下，世界银行将以低息筹集到的美元资金提供给 IBM 公司，IBM 公司将自己持有的瑞士法郎和德国马克资金提供给世界银行。通过这种掉期交易，世界银行以比自己筹集资金更为有利的条件筹集到了所需的瑞士法郎和德国马克资金，IBM 公司则回避了汇率风险，低成本筹集到美元资金。这是迄今为止正式公布的世界上第一笔货币掉期交易。通过这项掉期交易，世界银行和 IBM 公司在没有改变与原来的债权人之间的法律关系的情况下，以低成本筹集到了自身所需的资金。

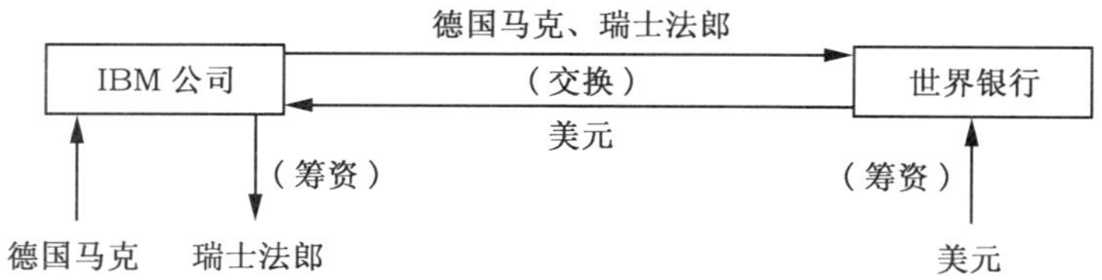

图 5—3　瑞士法郎和德国马克与美元之间的货币掉期交易

1982 年德意志银行进行了一项利率掉期交易(见图 5—4)。德意志银行对某企业提供了一项长期浮动利率的贷款。当时，德意志银行为了进行长期贷款需要筹集长期资金，同时判断利率将会上升，以固定利率的形式筹集长期资金可能更为有利。德意志银行用发行长期固定利率债券的方式筹集到了长期资金，通过进行利率掉期交易把固定利率债券换成了浮动利率，再支付企业长期浮动利率贷款。这笔交易被认为是第一笔正式的利率掉期交易。

在国际金融市场一体化潮流的背景下，掉期交易作为一种灵活、有效的避险和资产负债综

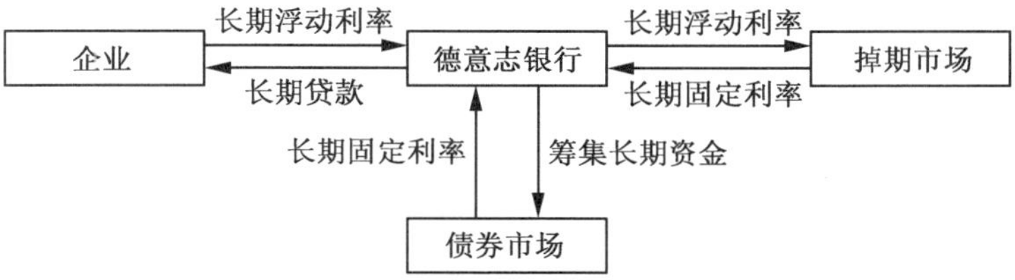

图5—4　德意志银行利率掉期交易

合管理的衍生工具，越来越受到国际金融界的重视，用途日益广泛，交易量急速增加。近来这种交易形式已逐步扩展到商品、股票等汇率、利率以外的领域。由于掉期合约内容复杂，多采取由交易双方一对一进行直接交易的形式，缺少活跃的二级市场和交易的公开性，具有较大的信用风险和市场风险。因此，从事掉期交易者多为实力雄厚、风险控制能力强的国际性金融机构，掉期交易市场基本上是银行同业市场。国际清算银行（BIS）和掉期交易商的国际性自律组织——国际掉期交易商协会（ISDA），近年来先后制定了一系列指引和准则来规范掉期交易，其风险管理越来越受到交易者和监管者的重视。

第二节　证券交易的程序与费用

一、证券场内交易程序

证券交易，主要是指投资者通过经纪人在证券交易所买卖股票的交易，要经过开户、委托、竞价成交、结算、登记过户等程序。上海和深圳证券交易所目前挂牌买卖的交易品种主要有A股、B股、债券、投资基金等。不同的投资者按照有关法律、法规的规定，根据自身条件，参与不同品种的交易活动。

(一)开户

投资者要在证券交易所买卖股票，首先要选定一家信用可靠、服务优良的证券公司办理开户手续。开户包括证券账户和资金账户。

1. 开设证券账户

证券账户是指证券登记机构为投资者设立的，用于准确记载投资者所持有的证券种类、名称、数量以及相应权益和变动情况的一种账册。投资者在开设证券账户的同时，即已委托证券登记机构为其管理证券资料，办理登记、结算和交割业务。

中国证券登记结算有限责任公司开设和管理证券账户的相关规则是：

(1)证券账户按类别分为上海证券账户和深圳证券账户。上海证券账户用于记载在上海证券交易所上市交易的证券，以及本公司认可的其他证券；深圳证券账户用于记载在深圳证券交易所上市交易的证券，以及本公司认可的其他证券。

(2)上海证券账户和深圳证券账户按证券账户的用途分为人民币普通股账户（简称A股账户）、人民币特种股票账户（简称B股账户）、证券投资基金账户（简称基金账户）、其他账户等。

(3)A股账户仅限于国家法律法规和行政规章允许买卖A股的境内投资者开立。A股账户按持有人分为：自然人证券账户、一般机构证券账户、证券公司和基金管理公司等机构证券账户。

(4)B股账户按持有人分为:境内投资者证券账户,境外投资者证券账户。

(5)自然人及一般机构开立证券账户,由开户代理机构受理;证券公司和基金管理公司等机构开立证券账户,由本公司受理。

(6)一个自然人、法人可以开立不同类别和用途的证券账户。但是,对于同一类别和用途的证券账户,一个自然人、法人只能开立一个。国家法律、法规和行政规章等另有规定的除外。

(7)自然人申请开立证券账户时,必须由本人前往开户代办点填写《自然人证券账户注册申请表》,并提交本人有效身份证明文件及复印件。委托他人代办的,还需提供经公证的委托代办书、代办人的有效身份证明及复印件。

(8)法人申请开立证券账户时,必须填写《机构证券账户注册申请表》,并提交有效身份证明文件及复印件或加盖发证机关公章的复印件、经办人有效身份证明文件及复印件。

境内法人还需提供法定代表人证明书、法定代表人授权委托书和法定代表人的有效身份证明文件复印件。证券公司和基金管理公司等还需提供中国证监会颁发的经营证券业务许可证、证券账户自律管理承诺书;境外法人还需提供董事会或董事、主要股东授权委托书,以及授权人的有效身份证明文件复印件。

(9)开户代理机构应认真审核申请人所提供的开户注册资料,审核申请人身份证明文件是否有效、注册申请表所填写内容与身份证明文件相关内容是否一致。开户代理机构审核确认合格后,在注册申请表上注明"已审核"并签名,同时加盖开户业务专用章,留存除有效身份证明文件原件以外的所有开户注册资料。

客户代理机构审核确认不合格的,在注册申请表注册不合格原因,并将有关开户注册资料退还申请人。

(10)开户代理机构应在规定时间内将审核合格的开户注册资料,按规定数据格式实时向本公司传送。内容包括自然人姓名及有效身份证明文件号码或法人名称及有效身份证明文件号码、通信地址、联系电话、开户机构、申请日期等。

(11)本公司实行实时配号开户方式。在收到开户注册资料后,本公司实时对姓名或名称、有效身份证明文件号码、通信地址、开户机构等内容是否合规,以及申请人是否已开户等进行审核。审核合格的,予以配号;审核不合格的,不予配号,并说明原因。同时,将审核结果返回开户代理机构。

(12)开户代理机构应当实时接收本公司返回的审核结果。对已配号的,按规定格式打印证券账户卡或B股账户确认书(以下统称证券账户卡)交申请人;对未配号的,如属于数据录入错误,修改后再向本公司传送,如属于开户注册资料不合格的,退返申请人。

(13)开户代理机构应当使用本公司统一制作的证券账户纸卡或磁卡。

(14)证券账户注册资料中注册的持有人为证券账户持有人。证券账户持有人依法对其账户中登记的证券享有权利。

根据国家有关规定,下列人员不得办理证券账户:

(1)证券监督管理机构的工作人员;

(2)证券交易所、证券公司、证券登记结算机构从业人员;

(3)与发行人有直接行政隶属或管理关系的机关工作人员;

(4)其他与股票发行或交易有关的知情人;

(5)未成年人或无行为能力的人以及没有公安机关颁发的居民身份证的人员;

(6)违反证券法规、主管机关决定停止其证券交易,期限未满者;

(7)法律行政法规规定不得持有股票或禁止参与股票交易的其他人员。

中国证券登记结算有限责任公司发布的《证券账户管理规则》中的其他条款,同样对开立账户做出了较为严格的规定。规则强调,自然人和机构开立证券账户,必须提供有效证件和证明;对于同一类别和用途的证券账户,一个自然人或法人只能开立一个,为证券账户管理的实名制提供了保证。

2. 开设资金账户

投资者必须向选定的证券公司申请开设资金账户,存入交易保证金。交易保证金就是投资者用于交易的资金,交易保证金的起点金额由证券商根据营业部的设备处理能力和信息传送条件等因素确定。当设备处理能力处于饱和状态时,证券商为了限制开户人数,会提高交易保证金起点金额;反之,会调低交易保证金数额,吸引投资者开户。

(1)证券公司的选择

不是证券交易所会员的投资者,不能进入交易所直接买卖证券。投资者必须选定一家证券公司,委托该公司帮助投资者买卖在证券交易所挂牌的证券。因此,证券公司或证券公司营业部的重要业务之一是证券经纪业务,即接受投资者委托,代理买卖证券。

投资者选择证券公司一般考虑以下因素:

①证券公司的信誉和经济实力。了解证券商的注册资本和实际资产状况。

②证券公司的设备条件和服务质量。在服务质量上,证券商能正确、及时地传递和处理投资者的交易指令,迅速完成交易并反馈成交回报;尽量减少除佣金、交易手续费之外的其他费用;差错率低,客户投诉少,与投资者的冲突或摩擦少;能提供必要的咨询服务和信息服务;转账和兑现安全、方便、快捷等。

③机构投资者还要考虑交易操作人员的工作环境和有利于保守商业秘密。

④个人投资者应考虑证券营业部的地理位置应交通便利,不宜太偏远;开户保证金的标准能接受等。

(2)开立资金账户

投资者持证券账户卡、个人身份证件,带交易保证金到证券公司的开户柜台领取资金账户卡。投资者可根据证券公司的设备条件选择人工委托交易、磁卡自助委托交易、电话自助委托交易等交易手段,办理相应业务。投资者缴存的交易保证金由投资者自主支配,用于购买证券或兑现、转账,证券公司不得挪用,并应按活期储蓄利率支付投资者利息。《证券法》正式实施后,客户的交易结算资金将存入指定的商业银行,单独立户管理。

(3)设立交易密码和办理制定交易

①领取资金卡后投资者应及时更换密码,防止损失。

②办理指定交易。投资者应就买卖上海证券交易所挂牌证券与证券商之间签署指定交易协议。办理指定交易有利于保护投资者利益,减少投资者证券被盗卖的机会。指定交易后,投资者就只能在指定的券商营业部买卖挂牌证券。如果要换一家证券商,还要重新指定交易。

办理上述手续之后,个人投资者既可以买卖沪、深两市挂牌的 A 股股票,也可以买卖两市挂牌的债券和基金券,并参与上网发行的 A 股股票、债券和基金券的申购。机构投资者开户后,在不违反基金券申购的有关规定的前提下,也可买卖债券和基金券,并参与证券的申购。

3. 证券账户的类型

(1)现金账户

这是为以现货交易方式进行证券投资的客户开立的账户。开立这种账户的投资者在交易过程中不得融资或融券，必须全部以现款或现券进行交易。具体地说，开立现金账户的投资者，买入证券时必须在清算日以前交付全部价款，卖出证券时必须在清算日或清算日之前交出全部准备出售的证券。具体的清算交割日期由各证券交易所自行规定，大多数证券交易所的清算交割是在证券成交后第3个营业日进行。有的证券公司要求投资者在资金账户上至少保留一定数额的存款。

(2)保证金账户

它又称普通账户，是为以保证金交易方式进行证券投资的客户开立的账户。开立保证金账户的投资者可以通过交付保证金以向证券公司融资或融券的方式进行交易。开立保证金账户时，投资者要与证券公司签订协议。该协议规定，投资者必须按有关规定缴存一定比率保证金以及在必要时追加保证金。协议还规定，证券公司有权以保证金账户上客户的证券作为证券公司贷款的抵押品，也可以将保证金账户上的证券借给其他客户做保证金卖空交易。证券公司对开立保证金账户持谨慎态度，必须真正了解客户的信用状况和资产状况，避免在交易过程中承担太大的风险。由于保证金交易是风险极大的交易方式，有些国家包括我国的证券管理机构禁止进行保证金交易。

(二)委托

委托买卖是指证券商受理投资者委托业务后进行处理的整个过程，从投资者角度看，委托买卖是指投资者根据国家法规和交易规则，用自己可以自主支配的货币或证券，通过证券经营机构在市场上寻找另一个投资者，来完成买入或卖出证券的交易行为。从证券商角度看，是指证券公司等证券商接受投资者的买卖委托后，按投资者的指令以本公司的名义在证券交易所进行的买卖。

委托买卖必须依据国家的法律、法规和有关交易规则进行，否则该委托买卖将因合法性问题而无效，因此在进行委托买卖时务必确保在交易场所、交易对象、交易原则和交易程序方面的合法性。

1. 委托形式

投资者发出委托指令的形式有柜台委托和非柜台委托两大类。

(1)柜台委托

柜台委托是指委托人亲自或由其代理人到证券营业部交易柜台，根据委托程序和必需的证件采用书面方式表达委托意向，由本人填写委托单并签章的形式。采用柜台委托方式，投资者和证券经纪商面对面办理委托手续，加强了委托买卖双方的了解和信任，比较稳妥可靠。

(2)非柜台委托

非柜台委托主要有电话委托、传真委托和函电委托、自助终端委托、网上委托等形式。另外，如果投资者的委托指令是直接输入证券经纪商交易系统并申报进场，而不通过证券经纪商人工环节申报，就可以称为投资者自助委托。证券公司提供电话、自助等非柜台委托的，应当在与客户签订的《证券交易委托买卖协议书》中明确，由客户自由选择，或与客户另行签订非柜台委托协议。

①电话委托

电话委托是指委托人通过电话方式表明委托意向，提出委托要求。在实际操作中，电话委托又可分为电话转委托与电话自动委托两种。电话转委托是指投资者将委托要求通过电话报给证券经纪商；证券经纪商根据电话委托内容代为填写委托书，并将委托内容输入交易系统申报进场;委托人应于成交后办理交割时补盖签章。电话自动委托属于自助委托方式,它是指证券经纪商把电脑交易系统和普通电话网络连接起来,构成一个电话自动委托交易系统;投资者通过普通的双音频电话,按照该系统发出的指示,借助电话机上的数字和符号键输入委托指令,以完成证券买卖的一种委托形式。

②传真委托和函电委托

传真委托和函电委托是指委托人填写委托内容后,将委托书采用传真或函电方式表达委托意向,提出委托要求;证券经纪商接到传真委托书或函电委托书后,代为填写委托书,并经核对无误后,及时将委托内容输入交易系统申报进场,同时将传真件或函电件作为附件附委托书后。

③自助终端委托

这是目前常见的自助委托方式,是指委托人通过证券营业部设置的专用委托电脑终端,凭证券交易磁卡和交易密码进入电脑交易系统委托状态,自行将委托内容输入电脑交易系统,以完成证券交易的一种委托形式。证券经纪商的委托系统应对自助终端委托过程有详细记录,并在代理协议中充分说明自助终端委托的风险,明确证券经纪商与投资者各自的责任。

④网上委托

近年来,随着互联网技术的发展,许多证券公司纷纷开展网上经纪业务,一种全新且方便快捷的委托方式——网上委托应运而生。网上委托就是证券经纪商的电脑交易系统与互联网连接,委托人利用任何可上网的电脑终端,通过互联网凭交易密码进入证券经纪商电脑交易系统委托状态,自行将委托内容输入电脑交易系统,完成证券交易。

2. 委托指令内容

委托指令的内容有多项,正确填写委托单或输入委托指令是投资决策得以实施和保护投资者权益的重要环节。以委托单为例,委托指令的基本要素包括:

(1)证券账号

投资者在买卖上海证券交易所上市的证券时,必须填写在中国结算上海分公司开设的证券账户号码;买卖深圳证券交易所上市的证券时,必须填写在中国结算深圳分公司开设的证券账户号码。

(2)日期

日期即投资者委托买卖的日期,应填写年、月、日。

(3)品种

这是指投资者委托买卖证券的名称,也是填写委托单的第一要点。填写证券名称的方法有全称、简称和代码三种。通常的做法是填写代码和简称,这种方法比较方便快捷,且不容易出错。上海证券代码为一组 6 位数字,深圳证券代码以前为 4 位数字,现在也改为一组 6 位数字。证券简称通常为 4 个汉字。委托买卖的证券代码与简称必须一致。

(4)数量

这是指买卖证券的数量,可分为整数委托和零数委托。

整数委托是指委托买卖证券的数量为一个交易单位或交易单位的整数倍。一个交易单位俗称“1 手”。按《上海、深圳证券交易所交易规则》(以下简称《交易规则》)的规定,股票以 100 股为 1 手,基金以 100 份基金单位为 1 手,债券以人民币 1 000 元面额为 1 手,债券回购以 1 000 元标准券或综合券为 1 手。买入股票或基金应以 100 股(份)或其整数倍申报;债券和债券回购以 1 手或其整数倍申报。其中,上海证券交易所债券回购以 100 手或其整数倍申报;深圳证券交易所自 2003 年 12 月 8 日起债券、债券回购买卖申报数量单位由“手”改为“张”(以人民币 100 元面额为 1 张);债券买入最小申报数量单位、债券回购买卖最小申报数量单位从 1 手调整为 10 张,债券卖出最小申报数量单位从 1 手调整为 1 张。但在实际应用中,两个交易所买卖申报均是股票按股填报买卖数量,债券按张填报买卖数量(1 张为 100 元面值债券)。

与主板不同,科创板通过竞价交易方式的,限价委托单笔申报数量最少为 200 股,且不超过 10 万股;市价委托单笔申报数量最少为 200 股,且不超过 5 万股。卖出时,余额不足 200 股的部分,应当一次性申报卖出。

零数委托是指投资者委托证券经纪商买卖证券时,买进或卖出的证券不足证券交易所规定的一个交易单位。按现行规定,1～99 股均为零数委托。目前,我国只在卖出证券时才有零数委托。

另外,我国证券交易所交易规则还规定,股票(基金)单笔申报最大数量应当低于 100 万股,债券单笔申报最大数量应当低于 1 万手。证券交易所可以根据需要调整不同种类或流量的单笔申报最大数量。

(5)价格

这是指委托买卖证券的价格,是委托能否成交和盈亏的关键。一般分为市价委托和限价委托。

市价委托是指投资者向证券经纪商发出买卖某种证券的委托指令时,要求证券经纪商按证券交易所内当时的市场价格买进或卖出证券。市价委托的优点是:没有价格上的限制,证券经纪商执行委托指令比较容易,成交迅速且成交率高。市价委托的缺点是:只有在委托执行后才知道实际的执行价格。尽管场内交易员有义务以最有利的价格为投资者买进或卖出证券,但成交价格有时会不尽如人意。尤其是当市场上市价委托买入多而卖出少的时候,卖出报价会较高;而市价委托买入少而卖出多时,买入报价会较低。

限价委托是指投资者要求证券经纪商在执行委托指令时,必须按限定的价格或比限定价格更有利的价格买卖证券,即必须以限价或低于限价买进证券,以限价或高于限价卖出证券。限价委托方式的优点是:股票可以投资者预期的价格或更有利的价格成交,有利于投资者实现预期投资计划,谋求最大利益。但是,采用限价委托时,由于限价与市价之间可能有一定的距离,故必须等市价与限价一致时才有可能成交。此时,如果有市价委托出现,市价委托将优先成交。因此,限价委托成交速度慢,有时甚至无法成交。在证券价格变动较大时,投资者采用限价委托容易坐失良机,遭受损失。

另外,不同的证券交易采用不同的计价单位。股票报价为“每股价格”,基金报价为“每股基金价格”,债券现货报价为“每百元面值的价格”,债券回购报价为“每百元资金到期年收益率”。

(6)时间

这是指投资者填写委托单的具体时点,也可由证券经纪商填写委托时点,即上午×时×分或下午×时×分。这是检查证券经纪商是否执行时间优先原则的依据。

(7)有效期

这是指委托指令的有效期间。如果委托指令未能成交或未能全部成交,证券经纪商应继续执行委托。委托有效期满,委托指令自然失效。委托指令有效期一般为当日有效或约定日有效两种;当日有效是指从委托之时起至当日证券交易所营业终了之时止的时间内有效;约定日有效是指委托人与证券公司约定,从委托之时起到约定的营业日证券交易所营业终了之时止的时间内有效。如不在委托单上特别注明，均按当日有效处理。我国现行规定的委托期为当日有效。

(8)投资者签名

投资者签名以示对所做的委托负责；若预留印鉴，则应盖章。

(9)其他内容

其他内容涉及委托买卖的方向，即是买进还是卖出；委托人的身份证号码、资金账号等。

3. 委托人、证券经纪商的权利与义务

(1)委托人的权利与义务

权利和义务是双方的。在委托买卖证券的交易中，投资者作为委托人，享有一定的权利，主要包括：

①选择经纪商的权利，即投资者可以自由地选择经纪商作为代理自己买卖证券的受托人。

②要求经纪商忠实地为自己办理受托业务的权利，即经纪商应根据交易规则，按投资者委托的条件买卖证券。如果受托人没有根据委托合同限定的证券种类、数量、价格、期限执行，委托人可拒绝接受，并有权要求赔偿。在发出委托指令后、成交之前，委托人有权变更或撤销原来的委托指令。

③对自己购买的证券享有持有权和处置权，即投资者可以自由买卖、赠予或质押自己名下的证券。

④对证券交易过程的知情权，即投资者有权知晓委托、交易、清算交割等方面的信息。

⑤寻求司法保护权，即投资者的合法权益受到经纪商或其他证券中介机构侵害时，可以通过司法途径寻求保护。

⑥享受经纪商按规定提供其他服务的权利，如交割单的打印、证券和资金结余的查询等。

同时，投资者作为委托合同的另一方，在享受权利时也必须承担下列相应的义务：

①认真阅读证券经纪商提供的《风险揭示书》和《证券交易委托代理协议书》，了解从事证券投资存在的风险，按要求签署有关协议和文件，并严格遵守协议约定。

②按要求如实提供有关证件，填写开户书，并接受证券经纪商的审核。如果开户登记的事项发生变化，委托人应立即通知受托的证券经纪商予以更正。

③了解交易风险，明确买卖方式。在提出买卖委托之前，委托人应对自己准备买入或卖出的证券价格变化情况有较充分的了解，正确选择委托买卖价格、委托方式和委托期限等。

④足额缴存交易结算资金。我国目前在证券交易中采取严格的禁止信用交易的规则。

⑤采用正确的委托手段。委托人采用柜台委托时，应当如实填写委托单；采用自助委托时，应当按证券交易所及证券经纪商规定的程序操作。

⑥接受交易结果。委托指令一旦发出，在有效期内，不管市场行情有何变化，只要受托人是按委托内容代理买卖的，委托人必须接受交易结果，不得反悔。委托人变更或撤销委托，应尽快传达到受托人处。受托人接到通知后，变更委托的，按变更后的委托内容代理买卖；撤销委托的，应停止执行原委托。但是，如果在有效期限内，受托人已经按原委托指令的内容买卖成交了，委托人就必须承认交易结果，办理交割清算。

⑦履行交割清算义务。委托人在受托人按其委托要求成交后，必须如期履行交割手续，否则即为违约。

(2)证券经纪商的权利与义务

在证券委托交易中，证券经纪商作为受托人，享有一定的权利。主要有：

①有拒绝接受不符合规定的委托要求的权利，即投资者的委托要求应符合有关法律和规章制度的规定；

②有按规定收取服务费用的权利，如交易佣金等；

③对违约或损害经纪商自身权益的客户，经纪商有通过留置其资金、证券或司法途径要求其履约或赔偿的权利。

同时，证券经纪商也必须承担一定的义务。这些义务主要体现了为委托人服务和公平买卖的原则，如：坚持信誉为本、客户至上；坚持客户优先、委托优先；坚持为客户负责，但不代替客户进行决策；坚持公平交易，不得以非正当手段谋取私利。具体来说，证券经纪商应承担下列义务：

①提醒客户了解并注意从事证券投资存在的风险。在客户办理开户手续时，证券经纪商应向客户提供中国证券业协会统一制定的《风险揭示书》，提醒客户认真、详细地阅读。

②认真与客户签订《证券交易委托代理协议书》，并严格遵守协议约定。

③坚持了解客户原则。证券经纪商应认真审查委托人，对不符合法律规定的客户，不接受其委托。

④必须忠实办理受托业务。证券经纪商应当置备统一制定的证券买卖委托书，供委托人使用；采取其他委托方式的，必须做出委托记录。客户的证券买卖委托，不论是否成交，其委托记录应当按规定的期限予以保存。在接受委托人的买卖委托后，须按委托人的指令立即以一定的方式传至证券交易所的电脑主机，尽量力以对客户最有利的价格成交。证券经纪商必须忠实地按照委托人所委托的交易种类、证券名称、买入或卖出、买卖数量、限价或市价等条件，在委托有效时间内买卖有价证券，不得以任何方式损害委托人的权益。委托人的委托如未成交或未能全部成交，在委托有效期内可继续执行，直至有效期结束。如委托人变更或撤销委托，证券经纪商也应立即将变更指令传至证券交易所的电脑主机。委托人撤销或未能成交的委托，证券经纪商应退还其缴纳资金或证券。买卖成交后，证券经纪商应当按规定制作买卖成交报告单交付客户，并代为办理清算、交收，将款项和证券及时交付给客户签收。

⑤坚持为客户保密制度。证券经纪商对委托人的一切委托事项负有保密义务，未经委托人许可严禁泄密。但监督、司法机关与证券交易所等查询不在此限。

⑥如实记录客户资金和证券的变化。证券经纪商对委托人的委托买卖内容及缴纳交易结算资金和证券库存的变化，必须有真实的凭证和翔实的记录。接受客户缴纳的交易结算资金及缴存的证券后应该给委托人合法的凭证。

⑦不接受全权委托。我国现行法规规定，证券经纪商不得接受代替客户决定买卖证券数量、种类、价格及买入或卖出的全权委托，也不得将营业场所延伸到规定场所以外。同一证券公司在同时接受两个以上委托人就相同种类、相同数量的证券按相同价格分别做委托买入和委托卖出时，不得自行对冲成交，必须分别进场申报、竞价成交。

证券经纪商在证券代理买卖中如不履行或不适当履行委托合同，应承担违约责任。因证券公司过失造成委托人损失的，必须负赔偿责任。委托人如遇证券经纪商违约造成损失而又不履行赔偿责任时，可依据证券买卖代理协议的约定申请仲裁，或者直接向法院提起诉讼。

(三)竞价成交

证券市场的市场属性集中体现在竞价成交环节上，特别是在高度组织化的证券交易所内，会员经纪商代表众多的卖方和买方按照一定规则和程序公开竞价，达成交易。正是这种竞价成交机制使证券市场成为公开、公平、公正的市场，也使市场成交价成为合理公正的价格。

1. 竞价原则

证券交易所内的证券交易按“价格优先、时间优先”原则竞价成交。

(1)价格优先。价格优先原则表现为:价格较高的买进申报优先于价格较低的买进申报;价格较低的卖出申报优先于价格较高的卖出申报。

(2)时间优先。时间优先原则表现为:同价位申报,依照申报时序决定优先顺序,即买卖方向、价格相同的,先申报者优先于后申报者。先后顺序按证券交易所交易电脑主机接受申报的时间确定。

2. 竞价方式

目前,证券交易所一般采用两种竞价方式,即在每日开盘时采用集合竞价方式,在日常交易中采用连续竞价方式。

(1)集合竞价

所谓集合竞价,是在每个交易日上午 9:25,证券交易所电脑主机对 9:15～9:25 接受的全部有效委托进行一次集中撮合处理的过程。

集合竞价确定成交价的原则是:

首先,在有效价格范围内选取使所有有效委托产生最大成交量的价位。如有两个以上这样的价位,则依以下规则选取成交价位:高于选取价格的所有买方有效委托和低于选取价格的所有卖方有效委托能够全部成交;与选取价格相同的买方或卖方至少有一方全部成交。如满足以上条件的价位仍有多个,则上海证券交易所取其中间价位为成交价,深圳证券交易所选取离上日收市价最近的价位为成交价。

其次,进行集中撮合处理。所有买方有效委托按委托限价由高到低的顺序排列,限价相同者按照进入电脑主机的时间先后排列。所有卖方有效委托按照委托限价由低到高的顺序排列,限价相同者也按照进入电脑交易主机的时间先后排列。依序逐笔将排在前面的买方委托与卖方委托配对成交。也就是说,按照价格优先、同等价格下时间优先的成交顺序依次成交,直至成交条件不满足为止,即所有买入委托的限价均低于卖出委托的限价。所有成交都以同一成交价成交。集合竞价中未能成交的委托,自动进入连续竞价。

(2)连续竞价

集合竞价结束、交易时间开始时,即进入连续竞价,直至收市。我国目前规定,每个交易日 9:30～11:30、13:00～15:00 为连续竞价时间。

连续竞价阶段的特点是,每一笔买卖委托输入电脑自动撮合系统后,当即判断并进行不同的处理:能成交者予以成交;不能成交者等待机会成交;部分成交者则让剩余部分继续等待。按照我国目前的有关规定,在无撤单的情况下,委托当日有效。

连续竞价时,成交价格的确定原则为:

①最高买入申报与最低卖出申报价位相同,以该价格为成交价。

②买入申报价格高于即时揭示的最低卖出申报价格时,以即时揭示的最低卖出申报价格为成交价。

③卖出申报价格低于即时揭示的最高买入申报价格时,以即时揭示的最高买入申报价格为成交价。

(3)竞价结果

竞价的结果有三种可能:全部成交、部分成交、不成交。

委托买卖全部成交,证券公司应及时通知委托人按规定的时间办理交割手续。

委托人的委托如果未能全部成交，证券公司在委托有效期内可继续执行，直到有效期结束。

委托人的委托如果未能成交，证券公司在委托有效期内可继续执行，等待机会成交，直到有效期结束。对委托人失效的委托，证券公司须及时将冻结的资金或证券解冻。

（四）结算

清算与交收是整个证券交易过程中必不可少的两个重要环节。清算一般有三种解释：一是指一定经济行为引起的货币资金关系应收、应付的计算；二是指公司、企业结束经营活动，回收债务、处置分配财产等行为的总和；三是指银行同业往来中应收或应付差额的轧抵及资金汇划。

证券交易的清算，适用第一种解释，具体指在每一营业日中每个结算参与人成交的证券数量与价款分别予以轧抵，对证券和资金的应收或应付净额进行计算的处理过程。

证券交易的交收是指结算参与人根据清算的结果在事先约定的时间内履行合约的行为，即买方支付一定款项以获得所购证券，卖方支付一定证券以获得相应价款。交收的实质是依据清算结果实现证券与价款的收付，从而结束整个交易过程。

清算和交收两个过程统称为结算。

目前大多数交收清算工作可分为两步：第一步是委托买卖证券的投资者与受托证券商之间的交收清算；第二步是证券商相互之间的交收清算。

1. 投资者与证券商之间的交收清算

证券商在投资者的委托买卖成交后，应立即通知投资者，投资者则必须接受证券商按委托要求成交的价格和数量，并如期履行交收手续。

(1)交收的种类

按交收日期安排，有会计日交收和滚动交收两种。

①会计日交收

它是指一个时期发生的所有交易在交易所规定的特定日期交收。这种交收方式不利于提高市场效率，容易发生结算风险，已很少使用，目前比利时、印度证券市场尚在使用。

②滚动交收

它是指所有交易的交收安排在交易日后固定天数内完成，又称例行日交收。滚动式交收日期短至 T+0 日，长至 T+40 日而有所不等。T+0 日是指证券买卖双方于成交日完成证券和价款的收付，完成结算手续。这种交收方式可缩短交收时间，有利于提高市场效率，防止发生结算风险，但也容易助长投机性，并且需要完善的清算制度和高效的清算手段配合，所以一般只适用于证券商的自营买卖，但最终实现 T+0 交收是国际证券界倡导的方向。T+1 交收是指成交次日办理证券和价款的结算，其他以此类推。目前，大多数证券市场已采用滚动交收方式。其中，美国、日本、法国、加拿大、丹麦、瑞士、卢森堡等国家采用 T+3 交收；韩国、巴西、墨西哥、中国香港、中国台湾采用 T+2 交收；英国采用 T+5 交收；我国上海、深圳证券交易所对 A 股实行 T+1 交收，对 B 股实行 T+3 交收。

(2)交收清算办法

交收清算办法随证券流通形式的发展而进步，具体包括：

①实物交收

在实物券流通情况下，投资者对证券的所有权以其对证券的持有和证券上所记载的姓名为依据，相应地以实物交收办法进行交收清算。买方必须在规定的时间内向证券经纪商交出全部价款，卖方则必须在规定时间内向证券商交出全部证券，如果交易的是记名证券，还需附加过户申请书或转让背书。交收完毕，买方收到买入的证券，卖方则收到相应的价款。这种交收办法需要对证券进行鉴别真伪、清点、运送，工作量大，效率低，交收期长，风险大。

②动账不动券

在证券集中保管制度下，投资者的证券由某一金融机构或证券交易所集中保管，并由代保管机构建立证券库存分户账。证券交收通过库存分户账的划转解决，投资者无须交收证券，价款则可通过资金账户划转清算。

③自动交收清算

在实行股票无纸化交易的情况下，交易过程中并无实物券流通，相应地实行一整套电脑自动交易、自动交收清算、自动过户制度，买卖双方凭股票账户和资金账户进行交易，投资者对证券的所有权不再凭持有证券和证券上的记名，而是以结算机构的电脑为依据。与此相对应，证券的交收不再需要交付证券和更改持有人姓名，只需要由结算机构对有关电脑记载做出更改，通过银行划转资金账户价款，从而大大减少了结算过程工作量，提高了工作效率。我国上海、深圳证券交易所采用自动交收制度。

2. 证券商之间的清算交收

证券商之间的清算交收涉及的证券种类多，证券和资金的数量大，交易对象相互交叉，手续比较复杂，一般在交易所主持下进行。交易所通常专门设立清算部并根据不同交收方式，采取个别交收和集中交收制度。

(1)个别交收制度

它是买卖双方证券公司一对一地进行证券和价款交收的制度，可以通过结算机构进行，也可由买卖双方直接进行，比较适合以大宗交易为主、成交笔数较少的证券市场和交易方式。

(2)集中交收制度

它是按净额交收原则办理的清算交收制度。这种制度无须对每个会员证券商的所有交易逐笔进行交收，而只要在营业日结束后分别计算每个会员证券商当天成交的所有应收应付证券的各自净数，并按其净数进行交收。这一制度可大大简化交割清算手续，提高工作效率，但必须通过结算机构进行。

①价款清算

证券交易所为了保证清算交收顺利进行，要求会员证券公司必须交存一定数额的清算准备金，并且在入市参加交易前一次交清。清算准备金由结算机构统一掌握使用，当证券商不能履行清算交收事务时，由结算机构动用清算准备金支付，以维持清算交收的连续性。证券公司交存的清算准备金，除法院强制执行外，不得提出动用要求。如果证券公司不如期交存和动用后不如期补交，证券交易所可以暂停其交易。

为保证日常的清算工作顺利进行，各会员证券公司必须按规定在证券交易所指定的金融机构开立资金账户，并保持足以支付日常清算交收的资金。每个营业日结束后，当天交易额相抵属应付价款的证券公司，应按应付净额如数开具转账凭证，通过开户银行将款项转至清算机构账户；属应收价款的证券公司，由清算机构按应收净额如数开具转账凭证，通过开户银行转入证券公司账户，完成证券价款的清算。

②证券交收

在实行实物券流通和实物交割的情况下，当天成交的证券收付相抵将应付证券按不同牌名如数交至证券交易所清算机构，并可领取应收证券。在实行证券集中保管或无纸化交易的制度下，各会员证券公司之间的证券交收由清算机构通过库存证券账户划转来完成。

在我国，上海、深圳证券交易所均已实现完全的电子化交易，投资者所持有的证券必须办理托管，经上海证券中央登记结算公司或深圳证券结算公司接纳进入各自的结算系统，方可在上交所或深交所进行证券交易。所谓证券托管，是指投资者将其持有的有价证券由证券结算机构或其指定的券商代为保管，证券结算机构或其指定券商收到证券后向投资者出具所有权证明的行为。上海、深圳证券交易所的证券结算采用净额交收方式。在上海，两级结算实际上是由上海证券中央登记结算公司集中一次直接完成；在深圳，在由深圳证券结算公司集中进行证券结算的同时，由证券商进行与投资者之间的结算，是通过两级结算完成的。

(五)登记托管与过户

证券托管是指证券商或投资者将自己拥有的证券存托给登记结算公司，由登记结算公司代为保管并提供相应服务的行为。托管是一种证券保管方式。在我国，托管的功能包括管理新股与配股、管理实物证券、管理非上市流通的证券、为托管证券的分红派息提供服务等。

过户是办理变更证券持有人姓名的登记手续。随着过户手续的完成，原证券持有人的证券和相应权利已转移到新持有人名下。无论是记名证券还是不记名证券，在其买卖完成后都需要支付，即：买方支付金钱，收取证券；卖方支付证券，收取金钱。不记名证券的成交以交付为要件，记名证券不仅要交付，并且要经过登记过户后才能生效。

办理证券的过户手续是各国证券交易制度中通行的做法，具有重要的法律意义。

第一，办理证券过户手续，可以使证券交易的买方获得证券所代表的全部权利。买入股票的投资者办理过户登记后方可成为股票的合法持有人，并享受股东权利。如果买入记名债券，过户后方可享有债权。

第二，证券过户后，若证券遗失或毁损，证券持有人可办理挂失手续，申请补发新的证券，不会因此丧失权利。

第三，办理了过户手续可防止购入伪造、变造证券和已被挂失证券。交易过户手续通过电脑统一办理，与清算交割同时进行，理论上可于买卖成交日的次日完成。

二、证券场外交易程序

(一)股票的柜台交易

代办股份转让服务业务，是指证券公司以其自有或租用的业务设施，为非上市公司提供的股份转让服务业务，由此形成的代办股份转让市场也称为三板市场。

1. 投资主体

参与代办股份转让市场的主体有经中国证券业协会批准可以从事该业务的证券公司；符合条件，可以在三板市场挂牌的股份有限公司和投资者。

2. 交易产品

目前，在代办股份转让市场挂牌的公司，一部分是原来在 STAQ 和 NET 系统挂牌的公司，另一部分是从交易所市场挂牌的原上市公司。股份转让公司委托证券公司代办转让应具备的条件有：

(1)为合法存续的股份有限公司；

(2)有健全的公司组织结构；

(3)登记托管的股份比例不低于可代办转让股份的 50%；

(4)中国证券业协会要求的其他条件。

代办转让的股份仅限于股份转让公司在原交易场所挂牌交易的流通股份。

3. 转让服务业务许可

证券公司申请从事代办股份转让服务业务，应当符合的条件有：

(1)有 20 家以上营业部，并且布局合理。

(2)有从事网上委托业务的资格。

(3)最近 2 年内在证券市场没有重大违法违规行为。

(4)有健全的内部控制制度和风险防范机制。

(5)有相应的从事代办股份转让服务业务的设施。

(6)中国证券业协会规定的其他条件。

在报经中国证券业协会批准，并报中国证监会备案后，证券公司方可从事代办股份转让服务业务。证券公司不得自营所代办公司的股份。

4. 开户

在个人投资者提交居民身份证，法人投资者提交法人营业执照或注册登记证书(副本)、法定代表人身份证明书、法定代表人授权委托书和经办人身份证后，证券公司营业部对投资者开户申请资料进行审核，并收取开户费，然后为投资者开立股份账户。投资者在证券公司营业部开立股份账户之后才能参与挂牌股票的转让。

5. 股份转让

转让委托申报时间为上午 9:30～11:30，下午 13:00～15:00；证券公司营业部接收投资者委托指令，以集合竞价方式配对成交。股份转让以“手”为单位，1 手等于 100 股。申报买入股份，数量应当为 1 手的整数倍。不足 1 手的股份，只能一次性申报卖出。转让股份“每股价格”的最小变动单位为人民币 0.01 元。股份转让价格实行涨跌幅限制，涨跌幅比例限制为前一转让日转让价格的 5%，投资者委托股份转让和非转让过户，应当按规定缴纳印花税和手续费。

6. 股份转让的信息发布

股份转让的价格信息通过通信系统传送至证券公司营业部，由证券公司营业部在营业场所单独发布。价格信息发布内容为：股份编码和名称，上一转让日转让价格和数量，当日转让价格和数量。证券公司负责编制、管理和发布本系统转让信息的各类日报表、周报表、月报表，并在证券公司网站、所属营业场所内予以公告。

7. 清算和交收

证券公司将投资者账户内股份变动及余额的明细数据发送到登记结算机构确认与登记，并根据转让清算数据及股份变动明细，完成投资者当日受让、转出股份的转让过户手续。

8. 信息披露

股份转让公司必须及时、充分披露信息，保证其信息披露内容的真实性、准确性、完整性，确保没有虚假记载、误导性陈述或重大遗漏，并就其保证承担法律责任。股份转让公司应按照以下规定在证券公司网站和营业场所进行信息披露：

(1)在上半年度结束后的 2 个月内，公布中期报告。

(2)在年度结束后的 4 个月内，公布经具有证券业从业资格的会计师事务所的年度报告。

(二)银行间市场债券交易

1. 开户

(1)金融机构向全国银行间同业拆借中心申请办理债券交易联网手续，应提交下列材料：企业法人营业执照副本复印件；相关金融业务许可证副本复印件，包括金融机构法人许可证、信托机构法人许可证、经营证券业务许可证、经营保险业务许可证等;商业银行分行还应提供其总行的债券交易授权书;全国银行间同业拆借中心要求的其他材料。

(2)金融机构向中央国债登记结算有限责任公司申请开立债券托管账户,应提交下列材料:企业法人营业执照副本复印件;相关金融业务许可证副本复印件,包括金融机构法人许可证、信托机构法人许可证、经营证券业务许可证、经营保险业务许可证等;《全国银行间债券市场债券回购主协议》的签署文件;商业银行分行还应提供其总行的债券交易授权书;中央国债登记结算有限责任公司要求的其他材料。

全国银行间同业拆借中心和中央国债登记结算有限责任公司对上述材料进行审查后,按规定的程序为申请者办理交易联网手续和债券托管账户的开户手续。

(3)金融机构办理联网和开户手续完毕后3个工作日内,必须向中国人民银行备案。

金融机构进入全国银行间债券市场后,应遵守《全国银行间债券市场债券交易管理办法》等有关管理规章,履行《全国银行间债券市场债券回购主协议》中的义务,遵守全国银行间同业拆借中心(以下简称同业中心)和中央国债登记结算有限责任公司制定的各项操作规程和管理规定。

2. 市场交易

(1)交易对象。交易对象是中国人民银行批准可用于全国银行间债券市场交易的政府债券、金融债券和中央银行债券等记账式债券。

(2)参与者。经中国人民银行批准可进入全国银行间债券市场进行债券交易的机构包括:在中国境内具有法人资格的商业银行及其授权分行;在中国境内具有法人资格的非银行金融机构和非金融机构;经中国人民银行批准经营人民币业务的外国银行分行;经中国人民银行批准的其他金融机构。

(3)交易种类。债券交易包括债券买卖和债券回购两种。

(4)交易原则。参与者在债券交易中要遵循公平、诚信、自律的原则,参与者自主报价、自选对手、自行清算、自担风险。

(5)交易基本规则。交易系统的工作日为每周一至周五,法定节假日除外;如遇变更,同业中心应发布市场公告。交易系统工作日的营业时间为上午9:00~11:00、下午14:00~16:30。回购期限最短为1天,最长为1年。参与者可在此区间内自由选择回购期限,不得展期。同业中心根据中央国债登记结算有限公司提供的交易券种要素公告交易券种的挂牌日、摘牌日和交易的起止日期。

债券交易数额最小为债券面额10万元,交易单位为债券面额1万元。

3. 参与者管理

参与者应指派人员参加同业中心举办的业务培训。参加培训的人员经培训并考试合格后,获得同业中心颁发的《交易员证书》,取得交易员资格。具备交易员资格的人员方可从事债券交易。参与者应在已具备同业中心交易员资格的人员内指定专人担任首席交易员,负责下属交易员的交易管理。参与者应在中国人民银行核定的交易限额范围内进行交易。参与者不得买空或卖空债券。

4. 交易程序

参与者利用交易系统进行债券交易。债券交易采用询价交易方式,包括自主报价、格式化询价、确认成交三个交易步骤。

(1)参与者的自主报价分为两类:公开报价和对话报价。公开报价是指参与者为表明自身交易意向而面向市场做出的、不可直接确认成交的报价。对话报价是指参与者为达成交易而直接向交易对手方做出的、对手方确认即可成交的报价。

(2)公开报价分为单边报价和双边报价两类。单边报价是指参与者为表明自身对资金或债券的供给或需求而面向市场做出的公开报价。双边报价是指经中国人民银行批准在银行间债券市场开展双边报价业务的参与者在进行现券买卖公开报价时，在中国人民银行核定的债券买卖价差范围内连续报出该券种的买卖实价，并可同时报出该券种的买卖数量、清算速度等交易要素。进行双边报价的参与者有义务在报价或合理范围内与对手方达成交易。

(3)格式化询价是指参与者必须按照交易系统规定的格式内容填报自己的交易意向。未按规定所做的报价为无效报价。确认成交须经过"对话报价—确认"的过程，即一方发送的对话报价，由对手方确认后成交，交易系统及时反馈成交。交易成交前，进入对话报价的双方可在规定的次数内轮流向对手方报价。超过规定的次数仍未成交的话，须进入另一次询价过程。参与者在确认交易成交前可对报价内容进行修改或撤销。交易一经确认成交，则参与者不得擅自修改或撤销。

5. 债券结算和资金清算

债券交易成交确认后，由成交双方根据交易系统的成交回报各自打印成交通知单，并据此办理资金清算和债券结算。债券结算和资金清算的时间采用"T+0"或"T+1"的方式，参与者双方自行决定债券结算和资金清算的时间。银行间债券交易中"T+0"是指参与者于债券交易成交日进行债券结算和资金清算；"T+1"是指参与者债券交易成交日之后的第一个营业日进行债券结算和资金清算。

6. 信息披露

同业中心通过信息系统向参与者发布的市场交易信息包括：按券种公布前一交易日债券买卖的收盘价，加权平均价，当日交易的开盘价，最高、最低、最新成交价，加权平均价，成交量和成交金额；按各期限公布前一交易日债券回购的加权平均利率，收盘利率，当天债券回购的开盘利率，最高、最低、最新成交利率、加权平均利率以及成交量和成交金额；按期限品种公布现券买卖和债券回购的即时成交明细；债券交易系统日报、周报、月报、季报、半年报、年报；中国人民银行授权公布的其他市场信息。

参与者应真实、准确和完整地按期披露资产负债表、损益表等有关资信信息。交易员和市场参与者如有违规行为，将受到相应的处罚。

三、证券投资费用

投资者在委托买卖证券时，需支付多项费用和税收，如委托手续费、佣金、过户费、印花税等。

(一)委托手续费

委托手续费是证券公司经有关部门批准，在投资者办理委托买卖时，向投资者收取的，主要用于通信、设备、单证制作等方面的费用。

委托手续费一般按委托的笔数计算，没有统一的标准，而且许多证券公司出于竞争的考虑不再收取此项费用。

(二)佣金

佣金是投资者在委托买卖证券成交后按成交金额一定比例支付的费用，是证券公司为客户提供证券代理买卖服务收取的报酬。此项费用由证券公司经纪佣金、证券交易所手续费及证券交易监督费等组成。

佣金的收费标准因交易品种、交易场所的不同而有所差异。根据中国证监会、国家发改委、国家税务总局联合发出的《关于调整证券交易佣金收取标准的通知》,从 2002 年 5 月 1 日开始,A 股、B 股、证券投资基金的交易佣金实行最高上限向下浮动制度。证券公司向客户收取的佣金(包括代收的证券交易监管费和证券交易所手续费等)不得高于证券交易金额的 3‰,也不得低于代收的证券交易监管费和证券交易所手续费等。A 股、证券投资基金每笔交易佣金不足 5 元的,按 5 元收取;B 股每笔交易佣金不足 1 美元或 5 港元的,按 1 美元或 5 港元收取。国债现券、企业债、国债回购,以及以后出现的新的交易品种,其交易佣金标准由证券交易所制定并报中国证监会和国家发改委备案,备案 15 日内无异议后实施。

(三)过户费

过户费是委托买卖的股票、基金成交后,买卖双方为变更股权登记所支付的费用。这笔收入属于登记结算公司的收入,由证券公司在同投资者清算交割时代为扣收。

上海证券交易所和深圳交易所在过户费的收取上略有不同。

(四)印花税

印花税是根据国家税法规定,在 A 股和 B 股成交后对买卖双方投资者按照规定的税率分别征收。我国税收制度规定,股票成交后,国家税务机关应向成交双方分别收取印花税。上海证券交易所规定,除大宗交易(含大宗专场)外,A、B 股印花税为成交金额的 0.004 87%(双向),基金(封闭式基金、ETF、LOF)、权证等印花税为成交金额的 0.004 5%(双向)。为保证税源,简化缴款手续,现行的做法是由证券公司在同投资者办理交割过程中代为扣收;然后,在证券公司同登记结算公司的清算、交割中集中结算;最后,由登记结算公司统一向征税机关缴纳。

第三节　证券交易价格

一、股票的价值形式

有关股票的价值有多种提法,它们在不同的场合有不同的含义,需要加以区分。

(一)股票的票面价值

股票的票面价值又称面值,即在股票票面上标明的金额。该种股票被称为有面额股票。股票的票面价值在初次发行时有一定参考意义。如果以面值作为发行价,称为平价发行,此时公司发行股票募集的资金等于股本的总和,也等于面值总和。发行价格高于面值称为溢价发行,募集的资金中等于面值总和的部分记入股本账户,超额部分记入资本公积金账户。股票票面价值的最初目的,是在于保证股票持有者在退股之时能够收回票面所标明的资产。随着股票的发展,购买股票后将不能再退股,所以股票面值现在的作用只是表明股票的认购者在股份公司投资中所占的比例,作为确认股东权利的依据。如某上市公司的总股本为 1 000 万元,持有 1 股股票就表示在该股份公司所占的股份为千万分之一。第二个作用就是在首次发行股票时,将股票的面值作为发行定价的一个依据。

(二)股票的账面价值

股票的账面价值又称股票净值或每股净资产,是每股股票所代表的实际资产的价值。其计算方法是将公司的注册资本加上各种公积金、累积盈余,也就是通常所说的股东权益,将净资产再除以总股本就是每股的净值。股票的账面价值是股份公司剔除了一切债务后的实际资产;股份公司的净资产在没有优先股的条件下,每股账面价值是以公司净资产除以发行在外的普通股的股数求得的。公司的净资产是公司营运的资本基础。在盈利水平相同的前提下,账面价值越高,股票的收益越高,股票就越有投资价值。因此,账面价值是股票投资价值分析的重要指标,在计算公司的净资产收益率时也有重要的作用。

(三)股票的清算价值

股票的清算价值是指股份公司破产或倒闭后进行清算之时每股股票所代表的实际价值。从理论上讲,股票的每股清算价值应当与股票的账面价值相一致,但企业在破产清算时其财产价值是以实际的销售价格来计算的,其售价有可能高于或低于账面价值,从而股票的清算价值与股票的账面价值不相一致,一般都要小于账面价值。股票的清算价值只是在股份公司因破产或因其他原因丧失法人资格而进行清算时才被作为确定股票价格的依据,在股票发行和流通过程中没有什么意义。

(四)股票的市场价值

股票的市场价值又称为股票的市值,是指股票在交易过程中交易双方达成的成交价。股票的市值直接反映股票市场行情,是股民买卖股票的依据。由于受众多因素的影响,股票的市场价值处于经常性的变化之中。股票的市场价值与股票价格紧密相关,股票价格是股票市场价值的集中表现,前者随后者的变化发生相应的波动。在股票市场中,股民是根据股票的市场价值(股票行市)的高低变化来分析判断和确定股票价格的,所以通常所说的股票价格也就是股票的市场价值。

(五)股票的内在价值

股票的内在价值也就是股票的理论价值,即股票未来收益的现值。股票的内在价值决定股票的市场价格,股票的市场价格总是围绕着其内在价值波动。研究股票的内在价值,并将内在价值与市场价格相比较,进而决定投资策略是证券分析师的主要任务。但由于未来收益及市场利率的不确定性,各种价值模型计算出来的“内在价值”只是股票真实的内在价值的估计值。经济形势的变化、宏观经济政策的调整、供求关系的变化等都会影响股票未来的收益,引起内在价值的变化。

在自由竞价的股票市场中,股票的市场价格不断变动。引起股票价格变动的直接原因是供求关系的变化,在供求关系的背后还有一系列更深层次的原因。除股份公司本身的经营状况外,任何政治、经济、军事、社会等的变动都会影响股票市场的供求关系,进而影响股票价格的涨跌。

二、股票发行价格的确定

股票发行价格的确定是股票发行计划中最基本和最重要的内容,它关系到发行人与投资者的根本利益及股票上市后的表现。若发行价过低,将难以满足发行人的筹资需求,甚至会损害原有股东的利益;而发行价太高,又将增大投资者的风险,增大承销机构的发行风险和发行难度,抑制投资者的认购热情,并会影响股票上市后的市场表现。因此发行公司及承销商必须对公司的利润及其增长率、行业因素、二级市场的股价水平等因素进行综合考虑,然后确定合理的发行价格。

从各国股票发行市场的经验看,股票发行定价最常用的方式有累积订单方式、固定价格方式以及累积订单和固定价格相结合的方式。累积订单方式是美国证券市场经常采用的方式。

其一般做法是，承销团先与发行人商定一个定价区间，再通过市场促销征集在各个价位上的需求量。在分析需求数量后，由主承销商与发行人确定最终发行价格。固定价格方式是英国、日本、中国香港等证券市场经常采用的方式。基本做法是承销商与发行人在公开发行前商定一个固定价格，然后根据此价格进行公开发售。累积订单和固定价格相结合的方式主要适用于国际筹资，一般是在进行国际推荐的同时，在主要发行地进行公开募集，投资者的认购价格为推荐价格区间的上限，待国际推荐结束，最终价格确定之后，再将多余的认购款退还给投资者。

目前，我国的股票发行定价属于固定价格方式，即在发行前由主承销商和发行人根据市盈率法来确定新股发行价：

新股发行价＝每股税后利润×发行市盈率

因此，目前我国新股的发行价主要取决于每股税后利润和发行市盈率这两个因素：

(1)每股税后利润。每股税后利润是衡量公司业绩和股票投资价值的重要指标。

(2)发行市盈率。市盈率是股票市场价格与每股税后利润的比率，它也是确定发行价格的重要因素。发行公司在确定市盈率时，应考虑所属行业的发展前景、同行业公司在股市上的表现以及近期二级市场的供求关系和总体走势等因素，以利于一级市场与二级市场之间的有效衔接和平衡发展。

总体来说，经营业绩好、行业前景佳、发展潜力大的公司，其每股税后利润多，发行市盈率高，发行价格也高，从而能募集到更多的资金；反之，则发行价格低，募集资金少。

三、证券交易价格

(一)开市价、收市价、最高价、最低价

开市价又称开盘价，是指某种证券在证券交易所每个交易日开市后第一笔买卖成交价格。世界上大多数证券交易所都采用成交量最大原则来确定开盘价格。如果开市后一段时间内(通常为半小时)某种证券没有买卖或没有成交，则取前一日的收盘价作为当日证券的开盘价；如果某种证券连续数日未成交，则由证券交易所的场内中介经纪人根据顾客对该证券买卖委托的价格走势提出指导价，促使成交后作为该证券的开盘价。在无形化交易市场中，如果某种证券连续数日未成交，以前一日的收盘价作为它的开盘价。

收市价又称收盘价，是指某种证券在证券交易所每个交易日里的最后一笔买卖成交价格。如果某种证券当日没有成交，则采用最近一次成交价作为收盘价。初次上市的证券，以其上市前公开销售的平均价作为收盘价。如果证券交易所每日开前、后两市，则会出现前市收盘价和后市收盘价，一般来说，证券交易所以后市收盘价位为当日收盘价。在我国深圳证券交易所和上海证券交易所，股票收市价的确定有所不同，深圳证券交易所股票收市价是以每个交易日最后一分钟内的所有成交加权平均计算得出的，而上海证券交易所则以最后一笔成交价格作为收盘价。

最高价，是指某种证券在某个交易日从开市到收市的交易过程中所产生的最高价格。如果当日该种证券成交价格没有发生变化，最高价就是即时价；若当日该种证券停牌，则最高价就是前收市价。如果证券市场实施了涨停板制度或涨幅限制制度，则最高价不得超过前市收盘价(1＋最大允许涨幅比率)。

最低价，是指某种证券在某个交易日从开市到收市的交易过程中所产生的最低价格。如果当日该种证券成交价格没有发生变化，最低价就是即时价；若当日该种证券停牌，则最低价就是前收市价。如果证券市场实施了跌停板制度或跌幅限制制度，则最低价不得超过前市收

盘价(1－最大允许跌幅比率)。

在证券报刊上，我们常常可以见到以月或年为期限的开市价、最高价、最低价和收市价，这些价格都是以交易日的四种价格为基础统计出来的。如月开市价是指当月第一个交易日的开市价，月收市价是指当月最后一个交易日的收市价，月最高价与月最低价以此类推。此外，在某种证券价格的统计中，经常会用到历史最高价和历史最低价，前者是指该种证券上市以来的最高成交价格，后者是指该种证券上市以来的最低成交价格。

(二)成交价格

成交价格，是经由买卖双方充分参与，在一定的撮合原则下，由市场供需决定的公平、合理的价格。

目前世界上所有证券或证券衍生产品市场，基本上可依价格形成是否连续分为连续市场和集合市场两种。连续市场，是指当买卖双方投资者连续委托买进或卖出上市证券时，只要彼此符合成交条件，交易均可在交易时段中任何时点发生，成交价格也不断依买卖供需而出现涨跌变化。集合市场，是指买卖双方投资者间隔一段较长时间，市场累积买卖申报后才做一次竞价成交。随着证券市场的发展，世界上多数证券市场在大部分交易时间均采用连续竞价方式交易。

连续市场依形成价格的直接主导力量，可区分为委托单驱动市场和报价驱动市场。委托单驱动市场的主要特点，是市场价格直接反映市场投资者供需，如日本、韩国、新加坡等国家和我国香港的证券市场均是委托单驱动市场，我国的上海、深圳证券交易所也属于委托单驱动市场。报价驱动市场的主要特点是市场价格直接反映市场中介人的多寡，如美国的纳斯达克等证券市场均是报价驱动市场。

目前，上海、深圳证券交易所都采用集合竞价和连续竞价两种竞价方式。每个交易日的9:15～9:25为开盘集合竞价时间，9:30～11:30、13:00～14:57为连续竞价时间，14:57～15:00为收盘集合竞价时间。集合竞价是指对一段时间内接收的买卖申报一次性集中撮合的竞价方式。以我国竞价交易制度为例，集合竞价时成交价格的确定原则是：(1)在有效价格范围内选取成交量最大的价位；(2)高于成交价格的买进申报与低于成交价格的卖出申报全部成交；(3)与成交价格相同的买方或卖方至少一方全部成交。集合竞价未成交的部分，自动进入连续竞价。

本章小结

随着商品经济的发展和世界经济形势的变化，证券交易的方式也在不断发展与更新，出现了金融期货交易和期权交易，在国际金融市场一体化潮流的背景下，掉期交易应运而生。按照证券交易从订约到履约的期限关系，证券交易可分为现货交易、信用交易、期货交易和期权交易。本章对这些交易进行了详细的介绍。

练习题

一、名词解释

佣金　集合竞价　成交价格　股票指数期货

二、简答题

1. 证券交易主要有哪些种类?
2. 期货交易有哪些功能? 为什么会有这些功能?
3. 期权的价值是如何确定的?
4. 证券交易的程序分为哪些步骤? 它们各有何种必要性?
5. 证券交易的价格有哪些形式?

第六章

证券投资价值分析

收入作为流量系列才有研究的意义。

——欧文·费雪

有价证券本身并没有真正的价值，它只是表示因资本的供求关系而产生的一种权利。这种权利可以给投资者带来收益，还可以使它在证券市场上进行买卖并形成了一定的价格，从而也使它具有了投资价值。有价证券的价格围绕证券投资价值上下波动。本章主要分析证券的投资价值、价格的决定及其影响因素。

第一节　债券投资价值分析

一、影响债券投资价值的因素

债券是政府或企业筹措资金的重要手段，代表着一定的债权债务关系，同时也是重要的有价证券投资品种。其投资价值受各种因素的制约，除了受市场供求关系的影响，还受票面价值、利息率、还本期限、付息方式及市场平均收益率的影响。总体来看，可以从其内部和外部两个层面对其影响因素进行分析。

(一)影响债券投资价值的内部因素

1. 债券期限的长短

一般来说，在其他条件不变的情况下，债券的期限越长，其市场价格变动的可能性就越大，投资者要求的收益率补偿就越高。

2. 票面利率

债券的票面利率越低，债券价格的易变性也就越大。在市场利率提高的时候，票面利率较低的债券的价格下降较快。但当市场利率下降时，它们的增值潜力也很大。

3. 提前赎回条款

提前赎回条款允许债券发行人在债券到期前按约定的赎回价格部分或全部偿还债务。这种规定对发行人是有利的。但对投资者来说，其再投资机会受到限制，且再投资利率也较低，这种风险应从价格上得到补偿。因此，具有该种条款债券的内在价值较低，应当有较高的票面利率。

4. 税收待遇

一般来说，免税债券的到期收益率比类似的应纳税债券的到期收益率低。在其他条件大致相同的情况下，低利附息债券比高利附息债券的内在价值要高。

5. 流动性

债券的这一性质可使债券具有可规避由市场价格波动而导致实际价格损失的能力。因此，流动性好的债券比流动性差的债券具有更高的内在价值。

6. 发债主体的信用

一般来说，除政府债券外，一般债券都有信用风险（或称违约风险），只不过是有量的差别。信用级别越低的债券，投资者要求的收益率越高，债券的内在价值越低。

（二）影响债券投资价值的外部因素

1. 基础利率

投资者投资于债券，要承担一定的风险，因此，其收益率高于无风险证券的利率。无风险证券利率也称为基础利率，是债券定价过程中必须考虑的一个重要因素。一般来说，短期政府债券的风险最小，可以近似看作无风险证券，其收益率可被用作基础利率；银行的信用度很高，使得银行存款的风险较低，因此基础利率也可参照银行存款利率来确定。应该注意的是，债券利率高并不意味着债券的收益必然高于储蓄存款。因为债券收益还要受买进价、卖出价、持有期限等诸多因素的影响。如果银行提高了利率，公司发行债券必须允诺更高的利率才能发行成功。如果利率降低了，债券的利率也可相应调低。总之，债券的利率要比照发行时银行的利率而确定。

2. 市场利率

市场利率是指市场上所有金融资产的平均报酬率，它是投资于债券的机会成本，与债券价格成反比。如果市场利率上升，意味着投资于债券的机会成本上升，债券的收益率水平也上升，从而使债券的内在价值降低；反之，在市场利率水平下降时，投资于债券的机会成本下降，债券的收益率水平也应下降，从而使债券的内在价值增加。

3. 其他因素

影响债券定价的外部因素还有通货膨胀水平以及外汇汇率风险等。通货膨胀的存在可能使投资者从债券投资中实现的收益不足以抵补由于通货膨胀而造成的购买力损失。当投资者投资于某种外币债券时，汇率的变化会使投资者的未来本币收入受到贬值损失。这些损失的可能性都必须在债券的定价中得到体现，使债券的到期收益率增加，债券的内在价值降低。

二、债券的定价模型

（一）债券定价原理

债券投资的目的在于投资者在未来某个时点可以取得一笔已发生增值的货币收入，即未来实现的现金收入流量大于今天投资的价值，因此，债券的价格可表达为投资者为取得这笔收入目前希望投入的资金。如果计算出来的价格高于当前的市场价格，则投资是合算的。

货币的时间价值是指货币按照某种利率进行投资的机会是有价值的，因此，一笔货币投资的终值高于其限制，多出的部分等于投资的利息收入；等价地，一笔未来的货币收入（含利息）的当前价值（现值）低于其终值，低于的部分等于投资的利息收入。

1. 终值的计算

债券在未来待偿期限内以利息和偿还本金方式支付给投资者的现金流量之和是债券的未来价值，或称为终值，通常它是一个确定的量。如果知道投资的利率为 r，若进行一项为期 n 年的投资，到第 n 年按复利计算的货币总额为：

$$P_n=P_0(1+r)^n \tag{6-1}$$

我国目前债券是按单利计息，到第 n 年时按单利计息的货币总额为：

$$P_n=P_0(1+r\cdot n) \tag{6-2}$$

式中：P_n——从现在开始 n 个时期后的终值；

P_0——现值；

r——每期的利率；

n——时期数。

2. 现值的计算

为了获得某一确定的未来价值，投资者今天愿意投资的货币额，称为现值。根据现值是终值的逆运算关系，运用终值计算公式，可推算出现值：

按复利计算终值的现值公式是：

$$P_0=\frac{P_n}{(1+r)^n} \tag{6-3}$$

按单利计算终值的现值公式是：

$$P_0=\frac{P_n}{1+r\cdot n} \tag{6-4}$$

我国债券是按单利计息，但国际惯例则按复利贴现。若按单利计算、复利贴现，则现值公式为：

$$P_0=\frac{M(1+r\cdot n)}{(1+r)^n} \tag{6-5}$$

式中：M——面值。

(二)根据债券的现值确定债券的市场价格

证券市场上债券的发行价格都是根据其现值决定的。债券发行人在考虑债券发行条件时通常都参照当时的市场利率来确定票面利率，但市场利率是经常波动的，从债券的发行准备到实际发行，往往要间隔一段时间，在这段时间里市场利率可能发生几种不同的变化，相应地可能出现几种不同的价格。

1. 债券现值与发行价格

主要有以下三种情况：

(1)市场利率不变。若市场利率不变，债券的票面利率等于市场同类债券的收益率，债券现值等于其面值。若以面值发行，称为平价发行。

(2)市场利率上升。若市场利率上升，债券的票面利率低于市场同类债券的收益率，其现值低于面值，因此，债券必须以低于面值的价格发售，发行价格与面值之间的差额称为债券折价，这是发行者对投资者提供的利息补偿。这种发行称为折价发行。

(3)市场利率下降。若市场利率下降，则债券的票面利率高于市场同类债券的收益率，债券现值高于面值，这是债券以高于面值的价格发行，称为溢价发行。发行价格与面值的差额是发行溢价。

2. 债券现值与债券交易价格

债券的交易价格也是以现值计算为基础的。与发行价格不同的是，在计算发行价格时，期

限 n 代表从债券发行日至到期日为止的有效期限，在计算交易价格时，期限 n 代表从发生交易转让至债券到期日为止的待偿期限。

按现值公式计算出来的债券价格仅仅是理论价格，又称债券的内在价值。其他的经济因素和非经济因素也会影响债券价格，但现值始终是决定债券价格的根本因素。

（三）一次还本付息债券的定价公式

收入的资本化定价方法认为资产的内在价值等于投资者投入的资产可获得的预期现金收入的现在价值。运用到债券上，债券的价格即等于来自债券的预期货币收入的现值。在确定债券价格时，需要知道估计的预期货币收入和投资者要求的适当收益率，也称为必要收益率。债券的预期货币收入主要有两个来源：息票利息和票面额。其必要收益率一般比照具有相同风险程度和偿还期限的债券的收益率得出。

在最简单的债券价格决定中，也就是对于一次还本付息的债券来说，其预期货币收入是期末一次性支付的利息和本金，必要收益率可参照可比债券得出。所以，如果债券按单利计息，且一次性还本付息，但按单利贴现，其价格决定公式为：

$$P=\frac{M(1+i\cdot n)}{1+r\cdot n} \qquad (6-6)$$

如果债券按单利计息，并一次还本付息，但按复利贴现，其价格决定公式为：

$$P=\frac{M(1+i\cdot n)}{(1+r)^n} \qquad (6-7)$$

如果债券按复利计息，并一次还本付息，但按复利贴现，其价格决定公式为：

$$P=\frac{M(1+i)^n}{(1+r)^n} \qquad (6-8)$$

式中：P——债券的价格；

M——票面价值；

I——每期利率；

n——剩余时期数；

r——必要收益率。

贴现债券也是一次还本付息债券，只不过付息是在债券发行时，还本是在债券到期时按面值偿还，所以可把面值视为贴现债券到期的本息和。与上述一次还本付息债券的估价公式同理，可算出贴现债券的价格。

（四）附息债券的定价公式

按期付息债券的预期货币收入有两个来源：到期日定期支付的息票利息和票面额。其必要收益率也可参照可比债券确定。

对于一年付息一次的债券来说，贴现方法有复利贴现和单利贴现两种。如果按复利贴现，其价格决定公式为：

$$P=\sum_{i=1}^{n}\frac{C}{(1+r)^i}+\frac{M}{(1+r)^n} \qquad (6-9)$$

如果按单利贴现，其价格决定公式为：

$$P=\sum_{i=1}^{n}\frac{C}{1+r\cdot t}+\frac{M}{1+n\cdot r} \qquad (6-10)$$

式中：P——债券的价格；

C——每年支付的利息；

M——面值；

n——所余年数：

r——必要收益率；

t——第 t 次。

对于半年付息一次的债券来说，由于每年会收到两次利息支付，因此，在计算其价格时，要对公式进行修改：第一，年利率要被每年利息支付的次数除，即由于每半年收到一次利息，年利率要除以 2。第二，时期数要乘以每年支付利息的次数。例如，在期限到期时，其时期数为年数乘以 2，可用式(6—9)、式(6—10)表示，只是含义有所区别。在此，C 表示半年支付的利息，n 表示剩余年数乘以 2。

三、债券的信用评级

债券的信用评级是指按一定的指标体系对准备发行债券的还本付息的可靠程度做出公正客观的评定。进行债券信用评级的最主要原因，是方便投资者进行债券投资决策。投资者购买债券是要承担一定风险的。如果发行者到期不能偿还本息，投资者就会蒙受损失。发行者不能偿还本息是投资债券的最大风险，称为信用风险。债券的信用风险依发行者偿还能力的不同而有所差异。对广大投资者尤其是中小投资者来说，由于受到时间、知识和信息的限制，无法对众多债券进行分析和选择，因此需要专业机构对准备发行的债券还本付息的可靠程度，进行客观、公正和权威的评定，也就是进行债券信用评级，以方便投资者决策。

债券信用评级的另一个重要原因，是减少信誉高的发行人的筹资成本。一般来说，资信等级越高的债券，越容易得到投资者的信任，能够以较低的利率出售；而资信等级低的债券，风险较大，只能以较高的利率发行。

目前国际上公认的最具权威性的信用评级机构，主要有美国标准·普尔公司和穆迪投资服务公司。上述两家公司负责评级的债券很广泛，包括地方政府债券、公司债券、外国债券等。由于它们占有详尽的资料，采用先进科学的分析技术，又有丰富的实践经验和大量专门人才，因此它们做出的信用评级具有很高的权威性。标准·普尔公司信用等级标准从高到低可划分为：AAA 级、AA 级、A 级、BBB 级、BB 级、B 级、CCC 级、CC 级、C 级和 D 级。穆迪投资服务公司信用等级标准从高到低可划分为：Aaa 级、Aa 级、A 级、Baa 级、Ba 级、B 级、Caa 级、Ca 级和 C 级。两家机构信用等级划分大同小异。前四个级别债券信誉高、违约风险小，是“投资级债券”，第五级开始的债券信誉低，是“投机级债券”。

标准·普尔公司和穆迪投资服务公司都是独立的私人企业，不受政府控制，也独立于证券交易所和证券公司。它们所做出的信用评级不具有向投资者推荐这些债券的含义，只是供投资者决策时参考，因此，它们对投资者负有道义上的义务，但并不承担任何法律上的责任。

四、利率期限结构

(一)利率期限结构的意义

债券有短、中、长期限之分，由于复利因素，也由于期限越长的债券隐含的风险越大，因此不同期限的债券有不同的利率水平，我们把不同期限债券利率之间的关系称为利率的期限结构。

利率期限结构有两个限制性条件：首先，它只同有固定偿还期限的债务性证券有关，包括中长期债券，也包括货币市场工具，而股票则不存在收益上的期限结构；其次，它仅以政府债券作为研究对象，因为它们的风险、税收待遇与变现能力等基本相同。

研究债券的利率期限结构都是从债券的收益率期限结构入手的。这是因为：首先，债券的收益率是债券为持有人带来的实际利息率，投资者关心的并不是债券的票面利率而是实际能得到的利率，所以，收益率期限结构才是本质上的利率期限结构；其次，债券发行的票面利率水平必须根据当时的市场收益率水平确定，因此，市场收益率的期限结构决定了新发债券的利率期限结构。

通过分析利率期限结构可以研究资金在货币市场、债券市场、房地产抵押市场等之间的流动趋势以及这些市场之间的紧密联系，对分析和确定一组即期利率有重要帮助，而即期利率又是对固定收入证券进行估价的基础；分析债券利率期限结构的重要性还在于它可以为投资者提供一些有关未来利率水平预期的信息。

(二)收益率曲线的类型

收益率曲线是用以描述某一特定时点上各种债券的期限与到期收益率之间关系的曲线。收益率曲线按其形状不同可分为以下类型：

1. 正收益率曲线

它又称上升收益率曲线(见图 6—1)，表示在正常的情况下短期债券的利率低于长期债券，债券期限越长，利率越高。债券的正收益率曲线是在整个经济运行正常、不存在通货膨胀压力和经济衰退危险的条件下出现的。

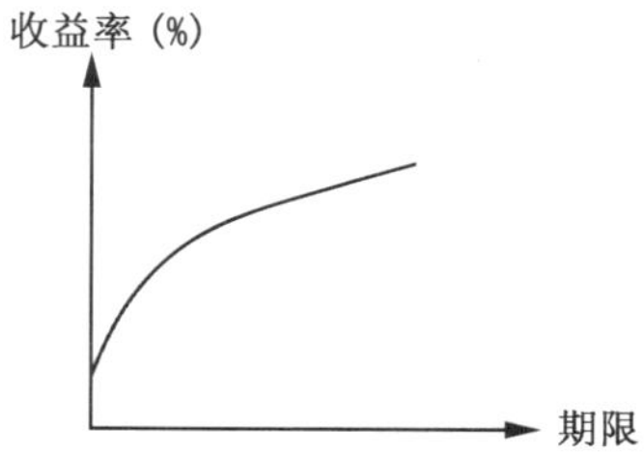

图 6—1　正收益率曲线

2. 反收益率曲线

它又称下降收益率曲线(见图 6—2)，表示短期债券收益率较高，长期债券收益率较低。反收益率曲线是一种反常的利率期限结构现象，但实际上并不少见。反收益率曲线通常发生在紧缩信贷、抽紧银根的时候，由于短期资金偏紧，供不应求，造成短期利率急剧上升，抽紧银根又使人们对今后经济发展不很乐观，对长期资金需求下降，造成长期利率下降。

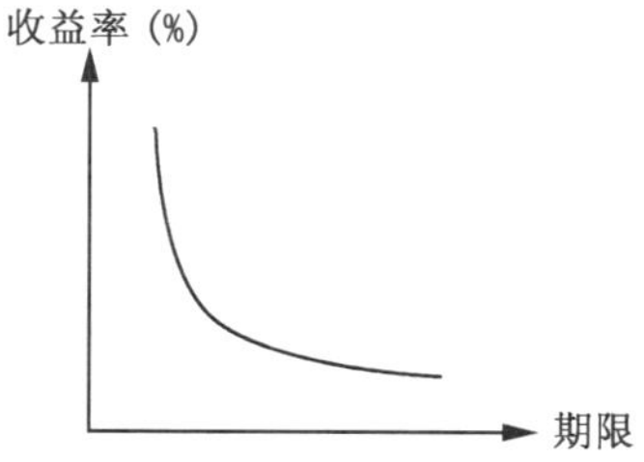

图 6—2　反收益率曲线

3. 平收益率曲线

在正、反收益率曲线相互替代的变化过程中，会出现一种长、短期债券收益率接近相等的短暂过渡阶段，此时债券收益率曲线同坐标系中的横轴趋于平行。但在一般情况下反收益率曲线不会仅仅因为资金供求关系影响而自动调整为正收益率曲线（见图6—3），在投资者对长期债券的信心和兴趣恢复以前，中央银行应采取有效的货币政策手段来消除利率的混乱，修正收益率曲线。

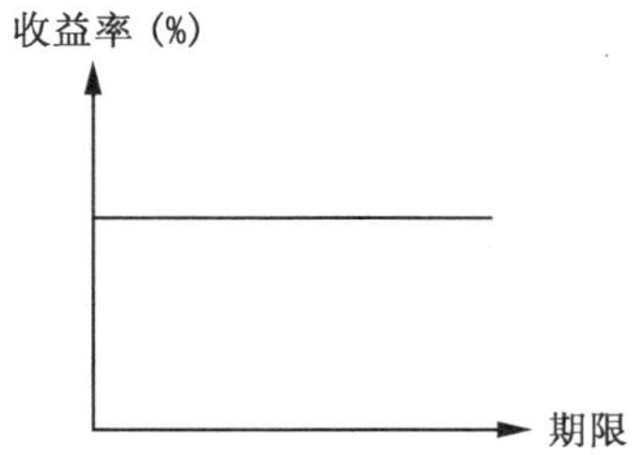

图6—3　平收益率曲线

4. 拱收益率曲线

它又称驼背形收益率曲线（见图6—4），表示在某一期限之前债券的利率期限结构是正收益率曲线，期限越长，收益率越高；在该期限之后却成反收益率曲线，期限越长，收益率越低。拱收益率曲线是在短期资金偏紧或在中央银行采取严厉的紧缩货币政策时短期利率急剧上升所引起的利率期限结构现象。在西方经济极不稳定、市场利率起伏剧烈的20世纪70年代，拱收益率曲线成为美国债券市场和货币市场最常见的利率期限结构之一。

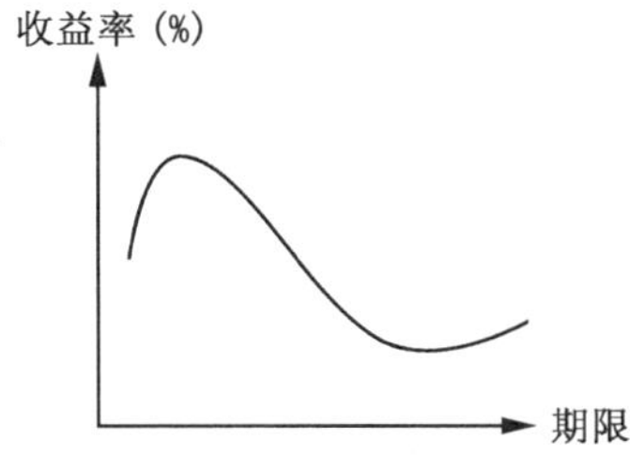

图6—4　拱收益率曲线

（三）利率期限结构理论

不同收益率曲线的形成和变化揭示了不同期限的收益率相对水平和相互关系的变化，人们在研究它的时候需要从理论上解释和阐明利率期限结构的成因。目前西方金融理论界研究这一问题的主要理论有：

1. 期限结构预期说

这是一种最容易让人们接受因而也是最流行的利率期限结构理论，又称为无偏预期理论。该理论认为，利率期限结构产生于投资者对未来市场利率变动的预期，它假设市场是有效的，投资者是有理性的，并对未来的利率预期是一致的。预期理论认为，长期利率是同一时期内各期即期利率的几何平均数，如一个 N 期限的债券在某时点的到期收益率等于 N 年内全部1年期债券收益率的几何平均数。长期债券的年收益率用公式表示为：

$$R_n=[(1+R_1)(1+R_2)(1+R_3)\cdots(1+R_{n-1})]^{1/n}-1 \qquad (6-11)$$

式中：R_n——长期债券的年收益率；

R_1,R_2,R_{n-1}——n 年内 1 年期债券的预期年收益率。

该公式揭示了在市场有效率的前提下，无论是进行债券的长期投资还是进行短期滚动式投资，在某一时点上，其年收益率应是相同的，不存在套利机会。

预期理论较好地解释了长期利率和短期利率的关系，其利率期限结构的上升趋势与下降趋势的时间跨度从预期理论的逻辑来看，应是基本对称的。但对利率期限结构的实证研究却发现，在大多数时间里，利率呈现出上升趋势。流动性偏好理论对预期理论的不足之处进行了必要的修正和补充。

2. 流动性偏好理论

流动性偏好理论认为，市场投资者都倾向于购买短期债券，即使有长期投资安排的投资者也宁愿通过短期滚动式投资来实现其目标。之所以出现对短期债券的偏好，其原因是债券期限越长，价格变动越大，风险也就越大。如要投资者购买长期债券，发行者所提供的收益率要大于市场平均收益率即原有的平均收益率 R_n，要增加一定的流动性风险的补偿。因此，造成了利率期限结构经常呈上升趋势。如上例中，投资者在进行了一次到期投资时，如 1 年后他需要资金，只能出售 2 年期债券。在投资决定时，他并不知道该 2 年期债券 1 年后的价格是多少；而滚动式操作就不存在这种变现的风险，1 年后变现的金额是确定的。在这种情况下，即使进行长期投资的人也不会进行一次到期投资，因为存在着可能 1 年后变现的潜在风险，只有 2 年期债券的预期收益率高于 1 年期债券时才有可能吸引投资者。因此，预期理论中，$(1+R_n)^2=(1+R_1)(1+R_2)$的等式变成了不等式：$(1+R_n)^2>(1+R_1)(1+R_2)$。也就是说，第二年的即期利率显然要低于 10%。

3. 市场分割理论

市场分割理论解释了利率期限结构的成因，它基于市场存在着分割的假说，即各种投资者和筹资者受到了法律、偏好或某种投资习惯的影响而偏好于某一证券市场，从而形成了长期证券市场、中期证券市场和短期证券市场。如商业银行注重流动性而倾向短期债券，保险公司、养老基金偏好投资长期债券。这一理论认为，各种期限债券的收益率主要受有关市场资金供求状况的影响，而对不同期限债券收益率变动的影响却不明显，各种不同期限的债券之间是不完全的替代品。在严格的限制条件下，即使现行市场利率证明在不同市场间进行投资转移，可以取得比实际收益率更高的预期收益，投资者和筹资者也不会离开原有的市场而进入另一个市场。按照这种理论，当短期资金供需曲线交叉点利率低于长期资金供需曲线交叉点利率时，利率期限结构呈上升趋势；而当短期资金供需曲线交叉点利率高于长期资金供需曲线交叉点利率时，利率期限结构呈下降倾斜趋势。

市场分割理论较好地解释了现实社会中的某些具体情况，但其对各个证券市场中的资金流动性认识不足。据对美国市场的实证研究，在短期和长期资金市场之间资金具有相当的流动性。当长期资金市场利率较高时，短期资金市场的资金会流向长期资金市场；反之，长期资金市场的资金会流向短期资金市场。

考察现行市场的利率期限结构呈何种状态，并精确估算不同期限债券的即期利率是非常重要的，它是决定未来现金流量现值大小和贴现率的基础。

第二节 股票投资价值分析

一、股票投资价值的形成及其影响因素

一般来说，投资者在买卖股票前都要评估股票的价值，也就是要准确掌握自己可能买卖的股票的内在价值，以便得到该股票市场价值是否合理、是否具有投资价值的判断。如果股票价值超过市场价格，就说明该股票价格被低估，具有上涨的潜力；反之，就可能下跌。因此，股票的价格受内在价值的制约，同时也受其他因素的影响。

(一)股票的价值

有关股票的价值有多种提法，它们在不同的场合有不同的含义，需要加以区分。

1. 票面价值

股票的票面价值又称面值，即股票票面上标明的金额。有的股票有票面金额，称为面值股票；有的股票不标明票面金额，称为份额股票。股票的票面价值仅在初次发行时有一定意义，如果股票以面值发行，则股票面值的总和即为公司的资本金总额。随着时间的推移，公司的资产会发生变化，股票的市场价格会逐渐背离面值，股票的票面价值也逐渐失去原来的意义。

2. 账面价值

账面价值又称股票净值或每股净资产，是指每股股票所代表的实际资产的价值。每股账面价值是以公司净资产除以发行在外的普通股股票的股数求得的，它是证券分析师和投资者分析股票投资的重要指标。

3. 清算价值

清算价值是公司清算时每一股份所代表的实际价值。从理论上讲，股票的清算价值应与账面价值一致，实际上并非如此简单。只有当清算时资产实际出售额与财务报表所反映的账面价值一致时，每一股的清算价值才会和账面价值一致。在公司清算时，由于资产的专有性等原因，其资产往往只能压低价格出售，再加上必要的清算成本，大多数公司的实际清算价值总是低于账面价值。

4. 内在价值

股票的内在价值即理论价值，是股票未来收益的现值，它取决于股息收入和市场收益率。股票的内在价值决定股票的市场价格。股票的市场价格总是围绕股票的内在价值波动。

(二)股票具有投资价值的原因

证券价格又称证券行市，是指在证券市场上买卖有价证券的价格。证券价格应由其价值决定，但证券本身并无价值，它既不是劳动的产物，也不是在生产过程中发挥职能作用的实体资本，而只是一种纸制的凭证或是一种电子符号。有价证券之所以有价格，是因为它代表着资产的价值，是资产所有权或债券的证书，同时它又代表着收益的价值，它能给它的持有者带来股息或利息收入，是凭此取得某种收入的证书。证券交易实际上是对一种资产的所有权或债权以及其收益证书的转让买卖，所以证券有价格。股票是有价证券的一种，作为一种所有权凭证，谁持有股票，谁就有权获得收益，也就具有投资价值。

(三)影响股票投资价值的因素

股票投资受许多因素共同影响，它们可分为内部因素和外部因素。其中内部因素包括公司净资产、公司盈利水平、公司的股利政策、股份分割、增资和减资、公司资产重组等；外部则受

宏观因素、行业因素、市场因素的影响。在这些影响因素中，有的是影响股市长期发展的基本因素，有的只是影响股价短期波动的暂时因素。

1. 公司经营状况

股份公司的经营状况是股票投资价值存在与否的基石。从理论上讲，公司经济状况与股票价格成正比。其经营状况可从以下指标进行判断：

(1)公司净资产。它是公司总资产减去总负债的净值。股票作为投资的凭证，每一股代表一定数量的净值。通常来说，净值增加，股价上涨；净值减少，股价下跌。但有时两者可能出现脱节现象。

(2)盈利水平。它是影响股票价格的基本因素之一。一般情况下，公司盈利增加，股息也会相应增加，股票的市场价格上涨，反之则下降。通常股价的变化要先于盈利的变化，股价的变动幅度要大于盈利的变动幅度。

(3)公司的股利政策。它反映了公司的经营作风和发展潜力，对股票价格具有直接的影响。不同的股利政策会对各期的股息收入等产生不同的影响。

(4)股票分割。又称为拆股、拆细，是将 1 股股票均等地拆成若干股。股票分割一般在年度决算月份实施，通常会刺激股价上升。

(5)增资和减资。通常情况下，增发新股，会促使股价下跌。但对于那些业绩优良、财务机构健全、具有发展潜力的公司来说，可能会上涨。当公司宣布减资时，一般股价会大幅下跌。

(6)销售收入。销售收入增加，说明公司销售能力增强，利润增加，股价随之上涨。但需根据成本、费用和负债情况进行综合分析。

(7)原材料供应及价格变化。原材料供应情况及价格变化会影响股价的变化，如石油价格的上涨会引起世界各国股价的下跌。

(8)主要经营者更换。公司主要经营者更换会引起投资者的猜疑，改变对公司的信任程度，从而引起股价的涨跌。

(9)公司改组或合并。这会引起股价剧烈波动。但要分析公司合并或改组对公司发展是否有利，能否改善公司的经营状况，这是股价变动的决定因素。

(10)意外灾害。因发生不可预料和不可抵抗的自然灾害或不幸事件，给公司带来重大的财产损失又得不到相应赔偿，股价会下跌。

2. 宏观经济因素

宏观经济发展水平和状况是股票市场的背景和后盾，也是影响股票投资价值的重要因素，其影响股票价格的特点是波及范围广、干扰程度深、作用机制复杂和股价波动幅度较大。宏观经济因素主要包括：经济增长、经济周期循环、货币政策、财政政策、市场利率、通货膨胀、汇率变化、国际收支状况以及行业发展状况等。

(1)政治因素。政治因素对股价的影响很大，往往难以预测。主要有：①战争；②政权更迭、领袖更替、政治事件等的爆发；③政府重大经济政策的出台、社会经济发展规划的制定、重要法规的颁布等；④国际社会经济政治形势的变化。

(2)心理因素。投资者的心理变化对股价变动影响很大。在大多数投资者对股市抱乐观态度时，会有意或无意地夸大市场利好消息的影响，并忽视一些潜在的不利因素，从而脱离上市公司的实际业绩而纷纷买进股票，促使股价上涨；反之，会加快股价下跌。再加之，中小投资者往往有严重的盲从心理，在股价上涨时盲目追涨或在股价下跌时恐慌抛售，从而加大股价涨跌的程度。

(3)证券主管部门的限制规定。有的证券交易所对每日股价的涨跌幅度有一定的限制，即涨跌停板制度，则股价的涨跌会大大平缓。另外，当股票市场投机过度或出现严重违规行为时，证券主管部门也会采取一定的措施以缓和股价的波动。

(4)人为操纵因素。股市上总有一些人为了使股价向自己有利的方向变化而操纵股市，以获取暴利，这往往会引起股票价格的剧烈波动。

二、股票内在价值的评估方法

(一)贴现现金流模型

1. 基本模型

贴现现金流模型是运用收入资本化定价方法来决定普通股的内在价值的。按照收入的资本化定价方法，任何资产的内在价值是由拥有这种资产的投资者在未来时期内所获得的现金流所决定的。由于现金流是未来时期的预期值，因此必须按照一定的贴现率返还成现值，也就是说，一种资产的内在价值等于预期现金流的贴现值。对于股票来说，这种预期的现金流即是在未来时期预期支付的股利，因此，贴现现金流模型即通过收入资本化方法所建立的模型被称为股利贴现模型(Dividend Discount Model，DDMs)。DDMs最一般的形式是：

$$V=\frac{D_1}{(1+k)^1}+\frac{D_2}{(1+k)^2}+\frac{D_3}{(1+k)^3}+\cdots+\frac{D_t}{(1+k)^t}=\sum_{t=1}^{\infty}\frac{D_t}{(1+k)^t} \quad (6-12)$$

式中：V——股票的内在价值；

k——在一定风险程度下现金流的合适的贴现率；

D_t——在时间 t 内与某一特定普通股相联系的预期的现金流，即在未来时期以现金形式表示的每股股票的权利。

在式(6—12)中，假定在所有时期内，贴现率都是一样的。由该式我们可以引出净现值这个概念。净现值(Net Present Value，NPV)等于内在价值与成本之差，即：

$$NPV=V-P=\sum_{t=1}^{\infty}\frac{D_t}{(1+k)^t}-p \quad (6-13)$$

式中：P——在 t 时购买股票的成本。

如果 $NPV>0$，意味着所有预期的现金流入的净现值之和大于投资成本，即这种股票价格被低估，因此购买这种股票可行；

如果 $NPV<0$，意味着所有预期的现金流入的净现值之和小于投资成本，即这种股票价格被高估，因此不可购买这种股票。

2. 内部收益率

在了解了净现值之后，我们便可引出内部收益率(Internal Rate of Return，IRR)这个概念。内部收益率就是使投资净现值等于零的贴现率。如果用 k^* 代表内部收益率，通过式(6—13)，可得：

$$NPV=V-P=\sum_{t=1}^{\infty}\frac{D_t}{(1+k^*)^t}-P=0 \quad (6-14)$$

所以

$$P=\sum_{t=1}^{\infty}\frac{D_t}{(1+k^*)^t}$$

由式(6—14)可以解出内部收益率 k^*。把 k^* 与具有同等风险水平的股票的必要收益率(用 k 表示)相比较:如果 $k^*>k$,则可以购买这种股票;如果 $k^*<k$,则不要购买这种股票。

从式(6—12)可以看出,运用现金流贴现模型决定普通股内在价值存在两个困难:一是确定所有未来时期支付的股息;二是确定必要收益率。必要收益率可以用后面的资本资产定价模型的方法近似求得,因此,现金流贴现模型应用的关键是确定所有未来时期支付的股息。然而,由于普通股没有一个固定的生命周期,因此,通常要给无穷多个时期的股息流加上一些假定,以便在简化的情况下计算股票的内在价值。

这些假定是关于股息增长率的。其计算公式为:

$$g_t=\frac{D_t-D_{t-1}}{D_{t-1}} \tag{6—15}$$

即有:

$$D_t=(1+g_t)D_{t-1} \tag{6—16}$$

不同股息增长率的假定派生出不同类型的股息贴现模型。

(二)零增长模型

1. 零增长模型

零增长模型是假定股利增长率等于零,即 $g=0$,也就是说未来的股利按一个固定数量支付。

根据这个假定,我们用 D_0 来替换式(6—12)中的 D_t,得:

$$V=\sum_{t=1}^{\infty}\frac{D_0}{(1+k)^t}=D_0\sum_{t=1}^{\infty}\frac{1}{(1+k)^t} \tag{6—17}$$

因为 $k>0$,按照数学中无穷级数的性质,可知:

$$\sum_{t=1}^{\infty}\frac{1}{(1+k)^t}=\frac{1}{k}$$

代入式(6—17)中,得出零增长模型公式:

$$V=\frac{D_0}{k} \tag{6—18}$$

2. 内部收益率

式(6—18)也可用于计算投资于零增长证券的内部收益率。首先,用证券的当今价格 P 代替 V,用 k^*(内部收益率)代表 k,代入式(6—17),其结果是:

$$V=\sum_{t=1}^{\infty}\frac{D_0}{(1+k^*)^t}=\frac{D_0}{k^*}$$

进行转换,可得:

$$k^*=\frac{D_0}{P} \tag{6—19}$$

3. 应用

零增长模型的应用似乎受到相当的限制,毕竟假定某一种股票永远支付固定的股利是不合理的。但在特定的情况下,在决定普通股的价值时,这种模型是相当有用的,尤其是在决定优先股的内在价值时。因为大多数优先股支付的股利不会因每股收益的变化而发生改变,而且由于优先股没有固定的生命期,预期支付显然是能永远进行下去的。

(三)不变增长模型

1. 一般形式

如果假设股利永远按不变的增长率增长,那么就会建立不变增长模型,也就是说:

$$D_t = D_{t-1}(1+g) = D_0(1+g)^t \tag{6-20}$$

用 $D_t = D_0(1+g)^t$ 替换式(6—12)中的分子 D_t,得出:

$$V = \sum_{t=1}^{\infty} \frac{D_0(1+g)^t}{(1+k)^t} = D_0 \sum_{t=1}^{\infty} \frac{(1+g)^t}{(1+k)^t} \tag{6-21}$$

运用数学中无穷级数的性质,如果 $k>g$,可知:

$$\sum_{t=1}^{\infty} \frac{(1+g)^t}{(1+k)^t} = \frac{1+g}{k-g} \tag{6-22}$$

把式(6—22)代入式(6—21)中,得出不变增长模型的价值公式:

$$V = D_0 \times \frac{1+g}{k-g} \tag{6-23}$$

又因为 $D_1 = D_0(1+g)$,有时把式(6—23)写成:

$$V = \frac{D_1}{k-g} \tag{6-24}$$

2. 内部收益率

式(6—23)可用于求解不变增长证券的内部收益率。首先,用股票的当今价格代替 V;其次,用 k^* 代替 k,其结果是:

$$P = D_0 \times \frac{1+g}{k^*-g} \tag{6-25}$$

经过交换,可得:

$$k^* = \frac{D_0(1+g)}{P} + g = \frac{D_1}{P} + g \tag{6-26}$$

3. 与零增长模型的关系

零增长模型实际上是不变增长模型的一个特例。特别地,假定增长率 $g=0$,股利将永远按固定数量支付,这时,不变增长模型就是零增长模型。

从这两种模型来看,虽然不变增长的假设比零增长的假设有较小的应用限制,但在许多情况下仍然被认为是不现实的。但是,不变增长模型却是多元增长模型的基础,因此这种模型极为重要。

(四)多元增长模型

1. 公式

多元增长模型是最普遍被用来确定普通股内在价值的贴现现金流模型。这一模型假设股利的变化在一段时间 T 内并没有特定的模式可以预测,但在此段时间以后,股利按不变增长模型进行变动。因此,股利流可以分为两个部分:

第一部分包括在股利无规则变化时期的所有预期股利的现值。用 T 表示这一部分的现值,它等于:

$$V_{T-} = \sum_{t=1}^{T} \frac{D_t}{(1+k)^t} \tag{6-27}$$

第二部分包括从时点 T 来看的股利不变增长率变动时期的所有预期股利的现值。因此,该种股票在时间 T 的价值(V_T)可通过不变增长模型的式(6—24)求出:

$$V_T = D_{T+1} \times \frac{1}{k-g} \tag{6-28}$$

但目前投资者是在 $t=0$ 时刻而不是 $t=T$ 时刻来决定股票现金流的现值。于是，在 T 时刻以后 $t=0$ 时的所有股利的贴现值为：

$$V_{T+}=V_T\times\frac{1}{(1+k)^T}=\frac{D_{T+1}}{(k-g)(1+k)^T} \qquad (6-29)$$

根据式(6—27)，我们得出直到 T 时刻为止的所有股利的现值。根据式(6—29)，得出 T 时刻以后的所有股利的现值，于是这两部分现值的总和即是这种股票的内在价值，用公式表示如下：

$$V=V_{T-}+V_{T+}=\sum_{t=1}^{T}\frac{D_t}{(1+k)^t}+\frac{D_{T+1}}{(k-g)(1+k)^T} \qquad (6-30)$$

2. 内部收益率

零增长模型和不变增长模型都有一个简单的关于内部收益率的公式，而对于多元增长模型而言，不可能得到如此简洁的表达式。在式(6—30)中，用 P 代表 V，用 k^* 代替 k，可得到：

$$P=\sum_{t=1}^{T}\frac{D_t}{(1+k^*)^t}+\frac{D_{t+1}}{(k^*-g)(1+k^*)^t} \qquad (6-31)$$

虽然无法得到一个简捷的内部收益率的表达式，但可用试错法计算出多元增长模型的内部收益率。即在建立式(6—31)之后，代入一个假定的 k^* 值，式(6—31)右边的值小于 P，说明选定的 k^* 太小。继续试选 k^*，最终能找到式(6—31)成立的 k^*。

3. 与不变增长模型的关系

不变增长模型是多元增长模型的特例。如果假定开始时 $T=0$，那么，式(6—30)中的

$$V_{T-}=\sum_{t=1}^{T}\frac{D_t}{(1+k)^t}=0$$

$$V_{T+}=\frac{D_{T+1}}{(k-g)(1+k)^T}=\frac{D_1}{k-g} \qquad (6-32)$$

多元增长模型表述为 $V=V_{T-}+V_{T+}$，可知当 $T=0$ 时，$V=D_1/(k-g)$ 实际上就是不变增长模型。

4. 二元模型和三元模型

有时投资者会使用二元增长模型和三元模型。二元模型假定在时间 T 以前存在一个 g_1 的不变增长速度，在时间 T 以后，假定有一个不变增长速度 g_2。三元模型假定在 T 时间前，不变增长速度为 g_1；在 T_1 和 T_2 时间之间，不变增长速度为 g_2；在 T_2 时间以后，不变增长速度为 g_3。设 V_{T+} 表示在最后一个增长速度开始后的所有股利的现值，V_{T-} 表示这以前所有股利的现值，可知这些模型实际上是多元增长模型的特例。

(五)有限持有股票条件下股票内在价值的决定

无论是零增长模型、不变增长模型还是多元增长模型，都是对所有未来的股利进行贴现，预期投资者获得未来的所有股利流。如果投资者只计划在一定期限内持有该种股票，该股票的内在价值该如何变化呢？

如果投资者计划在1年后出售这种股票，他所收到的现金流等于从现在起的一年内预期的股利(假定普通股每年支付一次股利)再加上预期的出售股票价格。因此，该股票的内在价值的决定是用必要收益率对这两种现金流进行贴现，其表达式为：

$$V=\frac{D_1+P_1}{1+k}=\frac{D_1}{1+k}+\frac{P_1}{1+k} \qquad (6-33)$$

式中：D_1——$t=1$ 时的预期股利；

P_1——在 $t=1$ 时的股票出售价格。

在 $t=1$ 时，股票出售价格的决定是基于出售以后预期支付的股利，即

$$P_1=\frac{D_2}{(1+k)^1}+\frac{D_3}{(1+k)^2}+\frac{D_4}{(1+k)^4}+\cdots$$

$$=\sum_{t=2}^{\infty}\frac{D_t}{(1+k)^{t-1}} \qquad (6-34)$$

把式(6－34)代入式(6－33)，得到：

$$V=\frac{D_1}{1+k}+\left[\frac{D_2}{(1+k)^1}+\frac{D_3}{(1+k)^2}+\cdots\right]\times\frac{1}{1+k}$$

$$=\frac{D_1}{1+k}+\frac{D_2}{(1+k)^2}+\frac{D_3}{(1+k)^3}+\cdots$$

$$=\sum_{t=1}^{\infty}\frac{D_t}{(1+k)^t} \qquad (6-35)$$

式(6－35)与式(6－12)完全相同，说明对未来某一时刻的股利和这一时刻原股票出售价格进行贴现所得到的普通股的价值等于对所有未来预期股利贴现后所得的股票价值，这是因为股票的预期出售价格本身也是基于出售之后的股利的贴现。因此，在有限持有股票的条件下，股票内在价格的决定等同于无限期持有股票条件下的股票内在价值的决定，或者说，贴现现金流模型可以在不考虑投资者计划持有股票时间长短的条件下决定一普通股股票的内在价值。

三、企业估值方法综述

现代证券分析常用的估价方法有三种：第一种是现金流量折现估价。资产价值通过对资产预期现金流量净现值的计算来估计，其中折现率反映了现金流量的风险度，从某种意义上说是资产内在价值的衡量尺度。第二种方法是相对估价。资产价值根据类似资产在市场上定价来确定，衡量相对价值而非内在价值。第三种方法是期权定价模型，适用于已经陷入困境的公司、自然资源公司以及价值大部分来自产品专利的公司。各种估值方法各有千秋，并不矛盾，在我们的投资实践中，通常同时采用几种方法进行综合评估、相互补充，以做出合适的投资决策。

(一)现金流量折现估价

现金流量折现估价又称内含价值法，它认为股票的价值等于其各期现金流量的净现值。运用这种方法的目的是在现金流量、增长率和风险特点已定的情况下，寻找定价低于应有价格的股票。

1. 股利折现模型

股利折现模型的理论基础在于现值原则：任何资产的价值是资产的预期现金流量和现金流量的风险度相适应的折现率进行折现而得到的现值。股利折现模型包括两个增长阶段：初始阶段是高速增长，接着是永续的稳定增长。

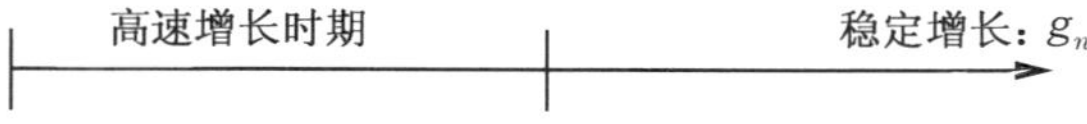

股票的价值＝高速增长阶段的股利现值＋期末价格的现值

$$P_0=\sum DPS_t/(1+r)^t+P_n/(1+r)^n$$

式中：$P_n=DPS_{n+1}/(r_n-g_n)$；

DPS_t——第 t 年预期的每股红利；

r——超常增长阶段公司的要求收益率(股权资本成本)；

p_n——第 n 年年末公司的价格；

g——前 n 年的超常增长率；

g_n——n 年后永续增长率；

r_n——稳定增长阶段公司的要求收益率。

在超常增长率(g)和红利支付率在前 n 年中保持不变的情况下，这一公式可简化为：

$$P_0 = DPS_0(1+g)[1-(1+g)^n/(1+r)^n]/(r-g)+DPS_{n+1}/[(r_n-g_n)(1+r)^n]$$

这个模型有四个基本变量：首先规定高增长时期的长度，高增长时期越长，股票就越有价值；其次规定增长期内每一时期的每股股利，因为股利支付率随增长率变动，所以高增长时期的收益增长率和股利支付率要每年估计一次；再次根据分析人士的风险收益模型估计股东持有股票的要求收益率；最后利用对稳定增长率、股利支付率以及高增长时期后的要求收益率预期来估计高增长期期末的价格。

上述方法是二阶段模型(即包括高速增长阶段和稳定增长阶段)，在二阶段模型的基础上经过修正和改进又发展了“H”模型和三阶段模型。其中“H”模型中初始阶段的增长率不是固定不变的，而是随着时间的延续，增长率呈线形下降趋势，直至达到稳定状态下的固定增长率水平。

三阶段模型中现金流量的变动特征为：(1)第一阶段，盈利按一固定的高增长率逐年增加，股利支付率维持在一个较低的水平上且保持不变；(2)第二阶段，盈利逐期呈线性下降，直至达到第三阶段的固定增长率水平，在此期间股利支付率逐期提高；(3)第三阶段为固定增长阶段，增长率合理且永久保持不变，较高的股利支付率也保持不变。

案例分析 6—1　　陆家嘴(600663)股利贴现模型(三阶段)

由于陆家嘴尚处于高速扩张阶段，因此选择三阶段成长模型来刻画其未来成长和股利支付轨迹。

1. 2002 年(预测基期)发行摊薄后的每股股利

每股收益＝0.23(元)

股利支付率(b)＝(1999～2002 年股利总和)/(1999～2002 年净利润总和)＝18.23%

每股股利＝0.23×18.23%＝0.04(元)

2. 股利支付率在不同增长阶段分布预测

高速增长阶段：2003～2007 年，股利支付率为 20.84%。

过渡阶段：2010～2019 年，股利支付率逐年从 28.44%上升至 39%。

稳定增长阶段：股利支付率为 44%。

3. 股权成本估算

本书采用达摩达兰(Damodaran)的基于国家风险调整的 CAMP 修正模型：

$$R_e = P_{fc} + \beta(E_m - R_f + R_c)$$

式中：R_e——股权成本；

R_{f_c}——长期国债利率，根据我国当前的国债收益率曲线，20 期国债利率为 4.06%；

E_m——市场预期收益率；

$(E_m - R_f)$——股权风险溢酬，用美国 1928～2001 年数据，其算术平均数为 6.84%；

R_c——国家风险溢酬，由穆迪公司的国家信用评级对应的溢价决定，我国为A3级，其对应值为1.35%；

β——0.79(行业平均数)。

股权成本=4.06%+0.79×(6.84%+1.35%)=10.53%

4. 估价结果

(1)高速成长阶段(见表6—1)

表6—1 **高速成长阶段估值**

年　份	2003	2004	2005	2006	2007	2008	2009	2010
成长率(%)	18	18	18	18	18	7.5	9.3	29.78
每股收益(元)	0.27	0.30	0.33	0.35	0.40	0.45	0.47	0.61
股利支付率(%)	17.86	17.42	19.66	20.07	20.06	24.18	23.92	23.51
每股股利(元)	0.05	0.05	0.06	0.07	0.08	0.09	0.10	0.11
股权成本(元)	10.53	10.53	10.53	10.53	10.53	10.53	10.53	10.53
每股现值(元)	0.05	0.05	0.05	0.06	0.07	0.10	0.10	0.10

(2)过渡阶段(见表6—2)

表6—2 **过渡阶段估值**

年　份	2011	2012	2013	2014	2015	2016	2017	2018	2019
成长率(%)	4.92	−14.06	36.36	14.66	0.00	5.00	11.00	8.00	8.00
股利支付率(%)	28.44	30.11	30.02	35.01	35.01	36.00	37.00	38.00	39.00
每股收益(元)	0.64	0.55	0.75	0.86	0.86	0.79	0.93	1.00	0.98
每股股利(元)	0.18	0.17	0.23	0.30	0.30	0.32	0.37	0.41	0.40
股权成本(%)	10.53	10.53	10.53	10.53	10.53	10.53	10.53	10.53	10.53
每股现值(元)	0.16	0.15	0.21	0.27	0.27	0.29	0.33	0.37	0.38

(3)稳定成长阶段(见表6—3)

表6—3(a) **稳定成长阶段(2020—2029年)估值**

年　份	2020	2021	2022	2023	2024	2025	2026	2027	2028	2029
成长率(%)	8	8	8	8	8	8	8	8	8	8
股利支付率(%)	40	41	42	43	44	45	46	47	48	49
每股收益(元)	1.25	1.35	1.45	1.56	1.68	1.81	1.95	2.10	2.20	2.30
每股股利(元)	0.50	0.55	0.61	0.67	0.74	0.81	0.90	0.92	0.94	0.98
股权成本(%)	10.53	10.53	10.53	10.53	10.53	10.53	10.53	10.53	10.53	10.53
每股现值(元)	0.45	0.50	0.55	0.61	0.67	0.73	0.81	0.84	0.91	0.93

表 6—3(b)　　稳定成长阶段(2020—2039 年)估值

成长率(%)	股利支付率(%)	股权成本率(%)	每股现值(元)
8.00	60	10.53	10

(4)各成长阶段每股股利现值总和(见表 6—4)

表 6—4　　各成长阶段每股股利现值总和　　单位:元

高速增长阶段	过渡阶段	稳定增长阶段	总　和
0.58	2.43	17.00	20.01

注:陆家嘴的每股价值为 20.01 元。

资料来源:根据上海交易所网站(http://www.sse.com.cn/)数据,经计算整理而得。

2. 股权自由现金流量估价模型

股权自由现金流量就是扣除还本付息以及用于维持现有资产和建立将来增长所需新资产的资本支出后剩余的现金流量。股权自由现金流量可按下列方式计算(营运资本是指非现金营运资本):

股权自由现金流量＝净收入＋折旧－资本支出－营运资本变动－本金支付＋发行新债

股权自由现金流量折现模型也分为两阶段的增长情况:高速增长和永续增长。

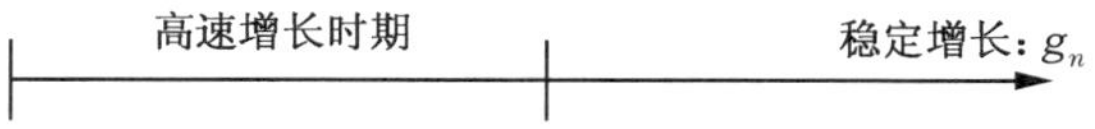

$$股票价值＝高速增长阶段\ FCFE\ 的现值＋期末现值$$
$$=\sum FCFE_t/(1+r)+P_n/(1+r)^n$$

式中:$FCFE_t$——第 t 年的 $FCFE$;

P_n——高速增长阶段期末的股票价格;

r——高速增长阶段内股权投资者的要求收益率。

期末价值 P_n 一般使用永续稳定增长模型来计算:

$$P_n=FCFE_{t+1}/(r_n-g_n)$$

式中:g_n——第二阶段稳定增长阶段的增长率;

r_n——稳定增长阶段内股权投资者的要求收益率。

案例分析 6—2　　上海电力(600021)电力行业部分价值估价

上海电力的主导产品为电力、技术服务、热力、维护与检修、销售电力相关设备、销售燃料以及运输服务等;其中电力行业占主营业务收入的 94.05%(2018 年年报)。伴随近年来能源供给侧、电力体制改革的不断深化,电源结构不断优化,可再生能源增长成亮点,公司产品需求呈稳定增长态势,从较长的时间看,该项业务是稳定增长业务。所以,可以使用简化的模型来分析其价值。

公司电力行业部分业务受上下游产业影响,呈周期性变化,但又跟纯火电发电企业有很大不同,不能用普通火电发电公司的比率来预测其盈利比例,公司电力部分业务的盈利只能根据历史水平来估计(见表 6—5)。

$FCFE$＝净收入＋折旧和摊销－追加维持正常业务性资本

表 6—5 公司电力业务的净利润估计 （单位：百万元，%）

年　份	2019E	2018	2017	2016	2015	2014	2013	2012	2011	2010
所属母公司净利润（百万元）	1 455	2 769	994	1 091	1 332	1 326	1 181	883	463	193
电力业务盈利比例（%）	93.1	94.1	94.7	95	95.3	88.2	90.4	88.6	89.3	90.1
电力业务净利润（百万元）	1 354	2 604	942	1 037	1 269	1 170	1 067	782	413	174
FCFE	1 321	2 403	910	998	1 265	1 102	1 011	746	385	165

注：由于公司没有单独公布电力业务部分的净利润，所以上述数据是估计数。

资料来源：Wind 资讯金融终端，经编者整理计算而得。

由 $R=R_f+\beta(E[R_m]-R_f)$，R_f 为无风险利率，目前为 0.03，考虑目前利率水平较低，取 0.033。$E[R_m]$为市场预期收益率，目前资产委托的要求收益率为 10%。上海电力的 β 由长江证券研究所金融工程部提供，为 1.304 73。

计算得，$R=0.120\ 42$。

FCFE 的增长率比较难预测，历史增长率又没有规律，长期来看与行业增长率相近。估计公司的增长率应该可以维持在 7%～10%左右。

公司电力业务价值＝1 321/(0.120 42—0.07)＝ 26 199.92（百万元）

电力业务每股价值＝26 199.92/2347.25（百万股）＝11.16（元）

不同的增长率下估价也不同，见表 6—6。

表 6—6 不同增长率分摊的每股估价

增长率（%）	7	8	9	10
电力业务每股估价（元）	11.16	13.92	18.50	27.56

资料来源：周妍：《上海电力(600021)：新能源发电规模扩大，盈利显著提升》，并经编者整理计算而得。

3. 公司自由现金流量估价

公司的自由现金流量（*FCFF*）是公司全部所有者所拥有的公司现金流量的总和，包括股东、债券持有人以及优先股股东。衡量公司自由现金流量有两种方法：

一是加总全部所有者的现金流量：

公司自由现金流量＝股权自由现金流量＋利息支出（1－税率）＋本金偿付－净债券发行＋优先股股利

另一种方法是利用息税前收益作为计算的基础：

公司自由现金流量＝息税前收益（1－税率）＋折旧－资本支出－营运资本变动

在 *FCFF* 模型一般形式中，公司的价值可以表示为预期 *FCFF* 的现值：

$$\text{公司的价值}=\sum FCFF_t/(1+WACC)^t$$

式中：$FCFF_t$——第 t 年的 *FCFF*；

t——从 1 至无穷大。

如果公司在 n 年后达到稳定增长状态，稳定增长率为 g_n，则该公司的价值可以表示为：

$$\text{公司的价值}=\sum FCFF_t/(1+WACC)^t+[FCFF_{n+1}/(WACC_n-g_n)]/(1+WACC)^n$$

式中：t——从 1 至无穷大；

$WACC_n$——稳定增长阶段的资本加权平均成本。

公司自由现金流量和股权自由现金流量的区别主要在于和债务相联系的现金流量(利息支出、本金偿付和新债发行)和其他的非股票索取权,例如优先股股利。一般而言,公司自由现金流量大于股权自由现金流量。

案例分析 6—3　　亚马逊公司自由现金流贴现模型

假设亚马逊公司的高速增长期为 10 年,稳定资本收益率是 20%,稳定的增长率是 6%。

公司第 11 年的现金流为 188 100 万美元,稳定的资本成本为 9.61%,则可以计算出期末价值:

公司期末价值(Terminal Value)10=$FCFF_{11}$/(资本成本－稳定的增长率)

=1 881 000 000/(0.0961－0.06)

=＄52 148 000 000

表 6—7　　亚马逊公司自由现金流贴现

年	*FCFF*	期末价值	资本成本	复合资本成本	现值
1	－＄931		12.84%	112.84%	－＄825
2	－＄1 024		12.84%	127.33%	－＄805
3	－＄989		12.84%	143.68%	－＄689
4	－＄758		12.83%	162.11%	－＄468
5	－＄408		12.81%	182.87%	－＄223
6	－＄163		12.13%	205.05%	－＄80
7	＄177		11.62%	228.88%	＄77
8	＄625		11.08%	254.25%	＄246
9	＄1 174		10.49%	280.90%	＄418
10	＄1 788	＄52 148	9.61%	307.89%	＄17 518
公司营运资产价值	＄15 170				
现金和非营运资产价值	＄26				
公司价值	＄15 196				

资料来源:[美]大卫·T. 拉勒比等编,王晋忠等译:《估值技术》,机械工业出版社 2015 年版。

(二)相对估价

相对估价的核心思想是寻找"相似"股票中价格低廉或昂贵的品种。为了比较市场上的"相似"上市公司,我们需要将一些反映个股特征的数值标准化,从而得到某种指标。目前常用的主要是市盈率(*PE*)、市净率(*P*/*BV*)、市销率(市值与营业收入的比率－*P*/*S*)、市现率(市值与现金流的比率－*P*/*CF*)等指标。

相对估价的重要环节是确定参照物。从估价的角度看,参照公司是指具有相似现金流量、增长潜力和风险的公司。理想中的状况是,公司价值可以根据完全相同的公司的定价情况进行分析。在实际工作中,参照公司一般是指与被分析公司处于同一行业的公司。在两种情况下相对估价法难以使用:一是当同行业公司数量相对很少时,二是当行业内公司间风险、增长率和现金流量情况的区别显著时，如美国有几百家的计算机软件公司，但这些公司的差异相当大，使用相对估价法意义不大。

1. 市盈率和市净率比较估值(见表6—8)

表6—8 市盈率和市净率比较估值

	股价	每股收益	市盈率	每股净资产	市净率
A	16.71	0.287	58.22	2.31	7.23
B	13.88	0.325	42.71	1.58	8.78
C	17.76	0.360	49.33	1.42	12.51

2. *EV/EBITDA* 倍数比较估值(见表6—9)

表6—9 *EV/EBITDA* 倍数比较估值

	股价	总市值	净负债	*EBITDA*	*EV/EBITDA*
A	16.71	326 068.8	61 230	39 211	9.88
B	13.88	214 133.7	25 336	13 747	17.42
C	17.76	223 012.3	−27 618	10 488	18.63

其中：*EV*＝总市值＋净负债；

净负债＝银行贷款－现金；

EBITDA＝利润总额＋折旧＋摊销＋财务费用。

3. *EV*/销售额(见表6—10)

表6—10(a) *EV*/销售额横向比较

公司	食品		公司	非食品	
	EV/销售额	*EV/EBITDA*		*EV*/销售额	*EV/EBITDA*
CARREFOE	91%	16.5	P—P—R	129%	23.8

表6—10(b) *EV*/销售额纵向比较

年份	1999	2000	2001	2002
福田汽车	0.63	0.90	1.63	2.82

(三)期权定价模型

尽管现金流量折现估价和相对估价一直是估价的标准方法，但在某些情况下利用期权定价模型可以对价值进行更现实的估计。至少在以下三种情况下一家公司的股权可以视为期权：

1. 陷入困境的公司

第一种情况是公司股权的收益为负，复苏的希望渺茫，并且还有大量的未清偿债务。在这种情况下，公司的股权投资者可视为拥有可以对公司进行清偿的期权。公司的资产构成期权的标的资产，未清偿债务的期限形成期权的期限，而债券的面值则是执行价格。期权的价值可以根据公司价值的方差和债务不会马上到期的事实进行计算。

2. 自然资源公司

自然资源公司的大部分价值来源于公司所稀有的储备。因为公司有权利用这些储备，并在决定什么时候抽取多少储备方面具有灵活性，所以未开发的储备资源就可以认为是一个期权。期权的价值由商品价格的方差决定，方差越大表明储备资源越有价值。

3. 产品专利

拥有产品专利的公司可视为拥有期权，因为它们有在专利期限内生产和销售产品的“排他”权利。当一家公司的全部或大部分价值不是来自现有投资项目的收益和现金流，而是来自公司拥有的专利时(通常未经检验或未开发)，期权定价和传统的现金流量折现估价以及乘数估价相比是一个更有效的估价工具。

(四)运用现金流折现法评估

运用现金流折现法评估，见表6—11、表6—12。

$$WACC=KC(C/(C+D))+KD(D/(C+D))$$

表6—11　　运用现金流折现法评估(1)

股东权益成本	*KC*	8.5%
债务成本	*KD*	2.5%
市场总值	*C*	97 373
净债务	*D*	13 866
总额	*C*+*D*	111 239
财务杠杆	*D*/*C*+*D*	12.5%
	C/*C*+*D*	87.5%
WACC	*K*	7.75%

注：*K* 为折现率。

表6—12　　运用现金流折现法评估(2)

年　份	2014	2015	2016	2017	2018
EDBITDA	6 780	7 830	8 900	10 000	11 200
—税	—1 800	—2 100	—2 300	—2 500	—2 700
+/—*WCR* 的变化	200	200	200	200	200
—投资	—1 900	—2 000	—2 000	—2 000	—2 000
自由现金流	3 280	3 930	4 800	5 700	6 700
折现	3 280	3 647	4 134	4 556	4 971

$$\text{终值}:VR=FDN(1+G)/(K-G)$$

EV =现金流折现总额+终值折现—(净债务+少数股东权益)

=20 588+107 783—16 221

=112 150

Price=*EV*/股本总数=47.76

第三节 其他证券投资价值分析

一、封闭式基金的价值分析

封闭式基金最为显著的特征是发行后基金份额将不再发生变化，投资者如果想增加或减少持有的基金份额只能从其他持有人手中购买或卖给其他投资者。

(一)封闭式基金的价格形成

封闭式基金的价格与股票价格一样，可以分为发行价格和交易价格。

1. 基金的发行价格

每一份基金单位的发行价格是指投资者购买基金单位的认购价格，主要由以下三部分构成：

(1)基金面值

它是指基金单位发行时收益凭证所表明的价格，类似于股票面值。这是基金总额进行等额划分的结果。基金面额仅表明拥有的基金单位份额以及参与分配的比例关系，并不代表基金的实际价值。

(2)基金的发起与招募费用

它是指在成立基金时发生的费用，包括基金的组织与招募等支出的办公、鉴证、登记、印刷及人员方面的开支，一般占基金发起总额的2%～5%，一次分摊在基金单位的销售价格内。

(3)基金销售费

一般按基金发起总额的1%～4%计提，并在招募费用中列支。

以上(2)、(3)项可以并称为基金发行费用，基金单位的初次发行价格实际上为基金面值加上发行费用。如果投资基金规模较大，必须分次销售的，则第2次以后的发行价要按基金的单位资产净值计算。

2. 基金的交易价格

它是指基金在二级市场进行流通的价格。封闭式基金发行期满后即行关闭，投资者不得任意进出基金，基金管理公司不办理基金份额的赎回。因此，它的交易价格和股票价格的表现形式一样，可以分为开盘价、收盘价、最高价、最低价、成交价等。

(二)影响封闭型基金交易价格的因素

影响其交易价格的主要因素包括以下6个方面：

(1)基金单位资产净值(指基金全部资产扣除按照国家有关规定可以在基金资产中扣除的费用后的价值，这些费用包括管理人员的管理费等)；

(2)市场供求关系；

(3)宏观经济状况；

(4)证券市场状况；

(5)基金管理人员的管理水平；

(6)政府有关基金的政策法规。

其中，确定基金价格最根本的依据是每基金单位资产净值(基金资产净值除以基金单位总数后的价值)及其变动情况。

(三)封闭式基金价格的形式

按照封闭式基金买卖标的的具体形式不同,封闭式基金价格有不同的表现形式。一般来说有以下几种:

1. 基金面值

这种价格主要在基金的发行阶段采用。按照基金单位的份额——面值——直接出售,这种形式称为平价发行。平价发行时投资者不需负担有关发行费用,极受投资者欢迎。这个阶段称为基金价格的第一阶段。我国较早的封闭式基金有不少曾采用过平价发行方式。

2. 基金单位资产净值

在基金发行期满至上市日之前,基金的价格以单位资产净值来表示。这是基金价格的第二阶段,这一阶段基金并不能在市场流通,这一价格实际上成为投资者资产的参考价格。但是基金若分成几期销售的话,那么从第2期开始出售基金单位就必须以基金单位资产净值为依据,因为首期募得的基金份额已经投入运行并取得一定的收益,为了不致摊薄原有基金单位的资产净值,新发售的基金单位必须以这一价格发行。

3. 市价

基金上市后进入交易阶段,这是基金价格的第三阶段。基金买卖双方可在证券交易所进行公开交易,形成双方都能接受的价格,即市价。市价反映的是基金的现实价格,在基金封闭后,面值仅有象征意义,投资者关心的是基金单位的资产净值。市价以基金单位的资产净值为基础,并以供求关系来决定。市价可能比较忠实于基金单位的资产净值,也可能出现脱离现象。市价有可能出现折价和溢价的现象。

二、开放式基金的价值分析

开放式基金与封闭式基金的最大区别在于发行在外基金份额的规模是不确定的。基金管理公司与基金投资者之间是基金买卖的双方,投资者增持或减持基金单位必须通过向管理公司买入或由管理公司赎回才能实现。由于不存在供求关系的影响,开放式基金的价格与基金单位的资产净值之间的联系更为密切。

(一)开放式基金价格的形成

开放式基金由于经常不断地按客户要求购回或卖出基金单位,因此,开放式基金的价格分为两种,即申购价格和赎回价格。

1. 申购价格

开放式基金由于负有在中途赎回基金单位的义务,一般不进入证券交易所买卖,而主要在场外交易。投资者在购买开放式基金单位时,除了支付资产净值外,还要支付一定的销售附加费用,也就是说,开放式基金单位的购买价格包括资产净值和一定的附加费用。其计算公式为:

$$\text{申购价格}=\frac{\text{资产净值}}{1-\text{附加值}} \tag{6—36}$$

值得注意的是,对于一般投资者来说,该附加费是一笔不小的成本,增加了投资者的风险。因此,国外出现了一些不收附加费用的开放式基金,其销售价格直接等于资产净值,投资者在购买该种基金时,无须缴纳附加费用。

2. 赎回价格

开放式基金承诺可以在任何时候根据投资者个人的意愿赎回其所持基金单位,对于赎回时不收取任何费用的开放式基金来说，赎回价格就等于基金资产净值。

$$\text{赎回价格}=\text{资产净值} \tag{6-37}$$

有些开放式基金赎回时是收取费用的，并按照基金投资年数不同而设立不同的赎回费率。持有该基金单位的时间越长，费率越低。当然也有一些基金收取的是同一费率。其计算公式为：

$$\text{赎回价格}=\frac{\text{资产净值}}{1+\text{赎回费率}} \tag{6-38}$$

可见，开放式基金的价格是与资产净值密切相关的(在相关费用确定的条件下)。

(二)基金资产净值的构成

基金的净资产额不但决定了基金的交易价格，同时也是投资者衡量基金品质的主要参考指标，是对其进行投资价值分析的核心。因此，基金经理人每天都要在营业日结束后计算并公布基金资产净值。

基金资产净值(NVA)总额是基金的资产总额减去负债总额后的结果。

基金资产总额应该包括以下内容：

(1)基金所拥有的上市股票，以计算日的收盘价格为准。

(2)基金拥有的国债、公司债券及金融债券。已上市流通者，以计算日的收盘价为准；未上市流通者，以面值加上到计算日止的应得利息为准。

(3)基金所拥有的短期票据，以买进日成本加上自买进日起到计算日止的应收利息为准。

(4)基金所拥有的现金以及相当于现金的资产，包括应收款、存放在其他金融机构的存款。

(5)坏账准备金。

(6)已订立契约但尚未履行的资产，应视同已履行资产，计入资产总额。

基金负债总额包括：借入资金；依信托契约规定至计算日止对基金托管人和基金管理公司应付未付的报酬；其他应付款、税金。

(三)基金单位资产净值的计算方法

基金单位资产净值有两种常用的计算方法：历史价计算法和期货价计算法。

1. 历史价计算法

历史价又称已知价，是指上一个交易日的收盘价。历史价计算就是由基金管理公司根据上一个交易日的收盘价来计算基金所拥有的金融资产，包括股票、债券、期货合约、期权证等总值，加上基金拥有的现金资产，然后除以售出的基金单位数，即可得到每个基金单位的资产净值。具体计算公式可表示为：

$$\text{基金单位资产净值}=\frac{\text{根据上一交易日收盘价计算的资产总值}+\text{现金}}{\text{已售出的基金单位总数}} \tag{6-39}$$

或表示为：

$$\overline{NAV}=\frac{P\cdot Q+C}{M} \tag{6-40}$$

式中：$\overline{NAV}$——基金单位资产净值；

P——基金拥有金融资产的上一交易的收盘价；

Q——该资产相应的数量；

C——基金拥有的现金；

M——已售出的基金单位总数。

2. 期货价计算法

期货价又称未知价，是指当日证券市场上各种金融资产的收盘价。由于投资者在收盘前进行基金买卖是无法确切知道当日的收盘价的，故称为期货价或未知价。基金管理公司根据当日收盘价来计算单位基金净值，就称为期货价计算法。

实行期货价计算法，投资者要到第 2 天才能知道基金单位的价格。由于当日收盘后进行计算在时间上相当紧张，不可能将所有资产项目计算清楚，故有的基金管理公司采取投资估值法计算。具体方法为将基金估值分为证券投资估值和其他投资估值两种。证券投资估值是每天计算出证券投资盈亏及库存证券余额，算出每天证券投资已实现的所得收益或亏损以及未实现的投资所得或亏损。其他投资估值是按投资资产市场价或原始成本价计价。

证券投资估值公式为：

已实现的证券投资所得＝[证券卖出数量×卖出价－(手续费＋印花税)－卖出数量×上一日证券加权平均价]　(6－41)

未实现的证券投资所得＝(库存证券数量×当日收盘价)－(库存数量×截至当日的证券加权平均成本)　(6－42)

其他投资估值公式为：

估值日资产净值＝上一估值日资产净值×已实现投资所得＋未实现投资所得　(6－43)

以上计算结果若为亏损，则用负号表示。

三、可转换证券的投资价值分析

可转换证券是可以在一定时期内按一定比例或价格转换成一定数量的另一种证券的特殊公司证券。可转换证券一般是公司发行的一种允许投资者将其转换成公司普通股的信用债券或优先股，前者称为可转换债券，后者称为可转换优先股。可转换证券实际上是一种长期的普通股的看涨期权。公司发行可转换证券的目的是为了增强证券对投资者的吸引力，能以较低的成本筹集到所需要的资金。

(一)可转换证券的特点

(1)可转换证券既具有债券和优先股的特性，又具有普通股的特点。如果公司发行的是可转换债券，则它具有其他债券的基本特点，有规定的票面利率和期限，发行人承诺按时付息和到期偿还本金；如果发行的是可转换优先股，则具备优先领取固定股息、优先清偿和不得参与公司经营决策等特点。投资者具有选择转换与否的权利，若投资者不想转换，则可继续持有，直至期满或在流通市场出售变现。而一旦转换成普通股，该证券就失去了债券和优先股的一切特性，具备了普通股的一切特点。

(2)可转换证券的形式和持有者的身份随着证券的转换而相应转换。可转换证券在发行后至转换前的一段时间内，以债券或优先股的形式存在，证券的持有者或是公司的债权人或是优先股股东。一旦持有者行使转换权后，原来的债券、优先股不复存在，持有者的身份也转换成普通股股东而分享普通股增值带来的潜在收益。

(3)可转换证券实际上是一种普通股的看涨期权，它的价格变动比一般债券优先股频繁，并随普通股价格的升降而增减。当普通股价格下跌时，可转换证券的价格也下跌，但它仍可作为债券或优先股出售，价格不会低于相同类型、相同期限的债券或优先股的价格。由于可转换证券价格多变，因此它也是一种风险较大、投机性较强的投资工具。

(二)可转换证券的转换条件

可转换证券约定在一定条件下可以转换成普通股，它的转换条件通常在证券发行时就做了规定。

1. 转换比例或转换价格

转换比例是指一定面额可转换证券可换成普通股的股数。转换价格是可转换证券转换为每股股份时所支付的价格，它等于可转换证券面值除以转换比例：

$$转换比例=\frac{可转换证券面值}{转换价格} \tag{6—44}$$

$$转换价格=\frac{可转换证券面值}{转换比例} \tag{6—45}$$

可转换证券发行后，若因发行新股、配股、拆股、送股或因其他原因引起公司股份发生变动的，发行人应及时调整转换比例和转换价格，并公之于众。

2. 转换期限

转换期限是指投资者可以将可转换证券转换成普通股的期限。在大多数情况下，发行公司都规定某一具体期限，在这个有效期限之内，允许持有者按规定的价格或比例转换。在很多情况下，公司还规定在有限期限内转换比例逐渐递减条款。

3. 赎回条款

赎回条款是指当公司普通股价格在一段时间内连续高于转换价格达到一定幅度时，公司有权按照事先约定的价格买回尚未转换的可转换证券。这一方面是为了避免市场利率下调时公司承担较高的利率风险；另一方面是为了在股价大幅上扬时迫使投资者行使转换权。

4. 回售条款

它是指当公司股票在一段时期内连续低于转换价格达到一定幅度时，可转换证券持有人有权按事先约定的价格将所持证券卖给发行人。这一条款使投资者有机会在股价低迷时要求发行人以一定的回报率将债券买回，从而为投资者提供了一种额外的保护。

5. 票面利率或股息率

它是指可转换证券作为债券所具有的票面年利率或是作为优先股所具有的票面股息率。

(三)可转换证券的价值

可转换证券赋予投资者将其持有的可转换证券按规定的价格和比例，在规定的时间内转换成普通股或优先股的选择权。可转换证券有两种价值：理论价值和转换价值。

1. 理论价值

可转换证券的理论价值又称内在价值，该价值相当于将未来一系列债息或股息加上转换价值用市场利率折成的现值，是指当它作为不具有转换选择权的一种证券的价值。为了估计可转换债券的理论价值，首先必须估计与它具有同等信用和类似投资特点的不可转换证券的必要收益率，然后利用这个必要收益率算出它未来现金流量的现值。

2. 转换价值

如果一种可转换债券可以立即转让，它可转换的普通股的市场价格和转换比例的乘积便是转换价值，即：

$$转换价值=普通股市场价格\times转换比例 \tag{6—46}$$

(四)可转换证券的市场价格

可转换证券的市场价格一般保持在它的理论价格和转换价值之上。如果可转换证券市场价格在理论价格之下，该证券价格被低估；如果可转换证券市场价格在转换价值之下，购买该证券并立即转化为股票就有利可图，从而使该证券的价格上涨至转换价值之上。为了更好地理解这一点，引入转换平价这一概念。

1. 转换平价、转换升水和转换贴水

转换平价是指可转换证券持有人在转换期限内依据可转换证券的市场价格和转换比例把证券转换成公司普通股而对应的每股价格。转换平价实质上是转换比例的另一种表达方式。

一般来说，投资者在购买可转换证券时都要支付一笔转换升水。每股的转换升水等于转换平价与普通股当期市场价格的差额，或者说是可转换证券持有人在将证券转换成股票时，相对于当初认购转换证券时的股票价格而做出的让步，通常被表示为当期市场价格的百分比。

而如果转换平价小于基准股价，基准股价与转换平价的差额就称为转换贴水。转换贴水的出现与可转换证券的溢价程度有关。

2. 计算方法

$$\text{转换平价}=\frac{\text{可转换证券的市场价格}}{\text{转换比例}} \tag{6-47}$$

转换平价是一个非常有用的指标，因为一旦实际股票上升到转换平价水平，任何进一步的股价上升肯定会使可转换证券的价值增加。因此，转换平价可视为一个平衡点。

$$\begin{aligned}&\text{转换升水}=\text{转换平价}-\text{基准股价}\\&\text{转换升水比例}=\frac{\text{转换升水}}{\text{基准股价}}\times 100\%\\&\text{转换贴水}=\text{基准股价}-\text{转换平价}\\&\text{转换贴水比例}=\frac{\text{转换贴水}}{\text{基准股价}}\times 100\%\end{aligned} \tag{6-48}$$

四、认股权证

认股权证是允许它的持有者在规定的有效期内以特定的价格购买一定数量普通股的看涨期权。它是对债权人和优先股股东的优惠权，而不是普通股股东的优惠权。其规定的购买价格可称为执行价格。执行价格一般高于认股权证发行时公司普通股的市场价格，所以，其在发行时并不具有价值。它的价值取决于普通股市场价格的变化，当公司股票的市场价格高于执行价格时，认股权证才有价值。投资者特别是投机者进行认股权证交易就是为了等待这种机会。它可以是公开的，也可以是不公开的。有效期可以是有限的，也可以是无限的。有效期的长短是决定其价值的因素之一，有效期越长，其价值越大。它可以连在债券、优先股上，称为不可分的认股权证，也可与债券等分开，称为可分开认股权证。认股权证可以单独在市场上交易。

(一)认股权证的理论价值

在认股权证可以公开交易时，它就有自己的市场，有的在交易所上市，有的通过场外交易。股票的市场价格与认股权证的预购股票价格之间的差额就是认股权证的理论价格，用公式表示如下：

$$\text{认股权证的理论价值}=\text{股票市场价格}-\text{预购股票价格} \tag{6-49}$$

在交易时，认股权证的市场价格很少与其理论价值一致。事实上，在很多情况下，认股权证的市场价格要大于其理论价值。即使其理论价值为零，在认股权证到期之前，它的需求量也可能会很大。认股权证的市场价格超过其理论价值的部分被称为认股权证的溢价。其公式为：

$$\begin{aligned}\text{溢价}&=\text{认股权证的市场价格}-\text{理论价值}\\&=\text{认股权证的市场价格}-\text{普通股市场价格}+\text{预购股票价格}\end{aligned} \tag{6-50}$$

认股权证的市场价格会随着股票价格的变化而变化，其溢价有时很高。当然，认股权证的理论价值也同样会急剧上升或急剧下跌。

(二)认股权证的杠杆作用

认股权证的杠杆作用表现为认股权证价格要比其可选购的股票价格的上涨或下跌的速度快得多。

例如，某公司股票报价为15元，未清偿的认股权证允许持有者以20元/股的价格购买股票，则该认股权证没有理论价值。如果公司股票报价为25元，认股权证具有5元的市场价值。如果股票的价格上升到50元/股，即股价上涨100%，则认股权证的理论价值上升到30元(50－20)，上涨600%，或者说其市场价格最低也会上涨600%。

杠杆作用在这里可以用普通股的市场价格与认股权证的市场价格的比率表示。对于某一认股权证来说，其溢价越高，杠杆作用就越低；反之，如果认股权证的市场价格相对于普通股的市场价格降低时，其溢价就会降低，杠杆作用就会升高。

五、优先认股权

优先认股权又称股票先买权，是普通股股东的一种特权。当公司再筹资时，可以向现有股东而不是向公众发行新股。此时，股东可以按原有的持股比例以较低的价格购买一定数量的股票。公司发行优先认股权的目的：一是不改变老股东对公司控制权和享有的各种权利。二是因发行新股导致短期内每股净利润稀释而给股东一定的风险补偿。三是增加新股票对股东的吸引力。

享有优先认股权的股东在有效期内可以有三种选择：一是在到期前按规定的优惠价格购买新股票；二是任它过期作废，放弃这一权利；三是自己不买新股票，将这种权利出售。

这种权证在市场上有交易和行情，其价格随着股票价格的涨跌而波动，因为它有货币价值，所以大多数股东不愿放弃这一权利，不是实际执行就是将其出售。实际上它是一种短期的股票看涨期权。

(一)附权优先认股权的价值

优先认股权通常在某一股权登记日前颁发。在此之前购买的股东享有优先认股权，或者说此时的股票的市场价格含有分享新发行股票的优先权，因此称为附权优先认股权。其价值可用下式表示：

$$M-(RN+S)=R \qquad (6-51)$$

式中：M——附权股票的市价；

R——附权优先认股权的价值；

N——为购买1股股票所需的股权数；

S——新股票的购买价。

该公式可做如下解释：投资者在股权登记日前购买1股股票，应该付出市价M，同时获得1股股权；投资者也可购买申购1股所需的若干股权，价格为RN，并且付出每股认购价S的金额。这两种选择都可获得1股股票，唯一的差别在于，前一种选择多获得1股股权。因此，这两种选择的成本差额即$M-(RN+S)$，必然等于股权价值R。重写方程，可得：

$$R=\frac{M-S}{N+1} \qquad (6-52)$$

(二)除权优先认股权的价值

在股权登记日以后,股票的市场价格中将不再含有新发行股票的认购权,其优先认股权的价值也按比例下降,此时就被称为除权优先认股权。其价值可由式(6－53)得到:

$$M-(RN+S)=0 \tag{6-53}$$

式中:M——除权股票的市价;

R——附权优先认股权的价值;

N——为购买 1 股股票所需的认股权数;

S——新股票的认购价。

式(6－53)的原理与式(6－52)相同。投资者可在公开市场购买 1 股股票,付出成本 M,或者他可购买申购 1 股股票所需的认股权,并付出 1 股的认股金额,其总成本为 $RN+S$。这两种选择完全相同,都是为投资者提供 1 股股票,因此成本应该是相同的,其差额为 0。将式(6－53)进行改写,可得:

$$R=\frac{M-S}{N} \tag{6-54}$$

(三)优先认股权的杠杆作用

优先认股权的主要特点之一就是它能提供较大程度的杠杆作用,也就是说优先认股权的价格要比其可购买的股票的价格的增长和减小的速度要快得多。例如,某公司股票在除权之后价格为 15 元,其优先认股权的认购价格为 5 元,认购比率为 1 ∶ 4,则其优先认股权的价格为:2.5 元[(15－5)/4]。假定公司收益改善的良好前景使股票价格上升到 30 元/股,增长 100%,则优先认股权的价格为 6.25 元[(30－5)/4],增长 150%[(6.25－2.5)/2.5×100%],远远高于股票价格的增长速度。

本章小结

有价证券本身并没有真正的价值,它只是表示因资本的供求关系而产生的一种权利。这种权利可以给投资者带来收益,还可以使它在证券市场上进行买卖并形成一定的价格,从而也使它具有投资价值。有价证券的价格围绕证券投资价值上下波动。本章主要分析证券的投资价值、价格的决定及其影响因素。

练习题

一、名词解释

内部收益率　转换比例　转换价值

二、简答题

1. 影响债券投资价值的因素有哪些?
2. 股票价值的内涵有哪些? 其影响因素有哪些方面?
3. 股票的股息定价模型和市盈率定价模型有何区别?
4. 简述可转换债券的特征和价值分析。
5. 试分析主要几类优先认股权的价值决定。

第七章

证券投资的基本面分析

你的对错并不是由多少人反对你来决定。你之所以对，是因为你的数据和逻辑推理是正确的。

——本杰明·格雷厄姆

证券的交易价格几乎每时每刻都在波动，决定证券价格波动的因素很多，例如政治的、经济的、心理的，还有技术方面的。这些因素主要有两类：一类是基本因素，另一类是技术因素。本章主要考虑基本因素，技术因素将在下一章中介绍。

基本因素是指来自证券市场内外的政治、经济因素以及其他因素，其波动和变化对股票的市场价格趋势产生决定性的影响。这些因素包括政治事件、政府政策、宏观经济运行状况、行业运行情况、公司的经营管理状况、财务结构等。本章主要从宏观经济状况、行业状况、公司状况三个层次对国民经济活动进行详细的分析。

第一节　基本分析概述

基本分析方法的确立以 1934 年本杰明·格雷厄姆（Benjamin Graham）和大卫·多德（David Dodd）的《证券分析》一书出版为标志，此后又演变为以沃伦·巴菲特为代表的价值投资流派和以彼得·林奇为代表的增长投资流派。基本分析法的理论依据是证券价格由证券价值决定，通过分析证券价格的基本条件和决定因素，判断和预测证券价格今后的发展趋势，而忽略了那些引起价格短期波动的因素。

基本分析主要从宏观经济状况、行业状况、公司状况三个层次对国民经济活动进行了从大到小、从整体到一般的分析。宏观经济分析是对宏观经济形势做出总体分析，这是证券投资活动赖以存在的大气候和总的背景条件。社会经济活动会周期性地出现繁荣景象和衰退形势，这主要由社会经济发展内在规律决定，当然也会受到外部以及偶然因素的影响。当社会经济发展处于不同阶段时，会引起货币、信贷、利率、物价等重要经济变量的变动，并改变企业生产经营活动的客观环境，企业必须做出相应的调整和安排，否则将影响其生存和发展。行业分析一方面要研究各行业在社会经济结构中的地位及其作用、行业本身的生命周期和发展前景，另一方面也要注意经济环境变化对不同行业的影响程度。公司分析是对某一具体公司的经营业绩、竞争能力、盈利能力等进行分析，以判断它的发展前景。经济运行态势、行业发展前景对公司运行有制约作用，但影响力度和程度又不相同。通过分析，投资者可对已经选择或要选择的投资对象决定取舍。

投资者为了对社会经济活动、行业发展和公司经营状况进行分析，必须注意收集、整理各类信息。与证券投资活动有关的信息，按其反映的内容不同可分为以下几类：有关宏观经济状况及其前景的信息、有关特定行业的信息、有关具体公司的信息、有关证券市场的一般信息。以上这些信息的主要来源有以下几个渠道：

1. 政府公报

政府和政府机构公布大量有关经济、金融行业的统计资料；政府在每年年初要公布上年国民经济和社会发展状况的统计资料，也会公布当年的国民经济与社会发展计划；每个月、每个季度国家统计局和各地方统计局会公布本月本季的生产、金融、市场、物价等资料；中央银行会定期公布有关货币、外汇、利率的信息。

2. 各类期刊

每日每月出版的报刊有成千上万种，有全国性的，有地方性的；有综合性的，也有专业性的。期刊上登载着有关经济形势和国家宏观经济政策的专论，以及某个行业或某家企业的背景性文章。

3. 专业研究报告

金融服务机构研究和提供专业性很强的金融信息和投资信息。现在各种金融性投资咨询公司如雨后春笋般出现，它们一般拥有具备专业知识和丰富经验的分析人员，向投资者提供上市公司的背景材料、财务状况、市场表现和投资价值研究报告。

证券公司和期货经纪公司也是信息的提供者。许多公司的调研部门进行了深入的研究，它们既对经济、行业、公司进行研究分析，也对某一具体股票的市场表现做出评论，并根据它们的研究向投资者提出推荐意见。

4. 上市公司信息

上市公司有责任和义务向投资者提供有关本公司的信息。上市公司按规定在招股说明书、半年及全年的财务报表上真实全面地向股东报告公司经营及财务状况，并通过股东大会及其他形式报告公司最新发展情况。

面对纷繁的信息来源，投资者要善于收集、占有、整理各类资料，运用自己的知识和经验去伪存真地分析判断这些信息。投资者通常要注意以下几点：

第一，要善于甄别所收集信息的可信程度。在信息社会中各类信息难免鱼龙混杂，有时投资者会发现各类信息相互矛盾、难辨真伪，因此投资者要学会区分信息的真伪。一般来说，政府、中央银行、证券监管机构指定的信息披露媒体登载的消息较为真实可靠。

第二，要注意积累资料，保持信息的连续性。分析经济形势、行业发展、公司业绩不是凭半年、一年的资料就可以找出内在规律和发展趋势的，投资者要依据相同口径的长期历史资料进行排比分析才能从中受益。

第三，要学会将不同方面、不同层次、不同角度、不同时期的信息联系运用、综合分析，才能做出准确、合乎实际的判断。投资者要避免孤立、静止地对待所收集的各类信息，更不可主观武断。

在基本分析、技术分析、现代数学模型分析中，基本分析是最重要的一种分析方法，对选择具体的投资对象特别重要，对预期整个证券市场的中长期前景很有帮助。下面我们就从宏观经济分析、行业分析、公司分析三个方面加以阐述。

第二节 证券投资的宏观经济因素分析

一、宏观经济分析的意义与方法

(一)宏观经济分析的意义

证券市场特别是股票市场素有“宏观经济晴雨表”之称。证券市场的波动与整体经济的变化紧密相关,其长期走势是由宏观经济的发展状况决定的。因此,在进行证券投资时,宏观经济分析非常重要。因为只有把握了宏观经济发展的大方向,才能把握证券市场的总体变动趋势,并做出正确的长期投资决策。

宏观经济分析有利于判断证券市场的投资价值,我们这里的投资价值是指整个市场的平均投资价值。从某种程度来说,整个证券市场的投资价值就是整个国民经济增长质量和速度的反映。因为不同行业、不同企业的相互影响、相互制约共同影响国民经济发展的速度和质量,而个体经济的总和构成了宏观经济,那么对企业的投资价值必然在宏观经济中反映出来。因此,宏观经济分析是判断整个证券市场投资价值的关键。

证券市场受到国家宏观经济政策影响非常之大。在市场经济条件下,政府通过货币政策、财政政策和收入政策等工具调控经济,或挤出泡沫,或刺激经济增长;这些政策会对经济增长速度和企业经济效益产生影响,并进一步在证券市场上得到体现。因此,证券投资分析人员在分析证券市场时必须了解各种宏观经济政策措施对证券市场的影响力度和影响方向,这样才能把握整个证券市场的走势以及不同证券品种的投资价值变动。

(二)宏观经济分析的方法

宏观经济分析的方法有很多,下面介绍几种基本的宏观经济分析方法:

1. 总量分析法

总量分析法是指对影响宏观经济运行总量指标的因素及其变动规律进行分析,例如对国民生产总值、消费额、投资额、银行贷款总额及物价水平的变动规律的分析等,进而说明整个经济的状况和全貌。总量是反映整个社会经济活动状态的经济变量,它包括两个方面:一是个量的总和。例如,国民收入是构成整个经济各单位新创造价值的总和,总投资是指全社会私人投资和政府投资的总和,总消费是指参与经济活动各单位消费的总和。二是平均量或比例量。例如,价格水平是各种商品与劳务相对于基期而言的平均价格水平。

总量分析法主要是一种动态分析,因为它主要研究总量指标的变动规律。同时,也包括静态分析,因为总量分析包括考察同一时间内各总量指标的相互关系,如投资额、消费额和国民生产总值的关系等。

2. 结构分析法

结构分析法是指对经济系统中各组成部分及其对比关系变动规律的分析,例如国民生产总值中三次产业之间的结构分析、投资与消费的比例关系分析。与总量分析不同,结构分析主要是分析经济整体中各个组成部分之间的相互关系,它属于一种静态分析。如果是分析不同时期经济结构变动情况,那么就属于动态分析。

总量分析侧重对总量指标的变动的考察,分析的重点是经济运行的动态过程;结构分析侧重于对一定时期经济整体中各组成部分的分析,重点分析经济现象的相对静止状态。在进行分析时，总量分析更重要，但结构分析作为补充也必不可少，在进行宏观经济分析时要将总量分析法与结构分析法结合起来使用。

3. 指标分析法

经济指标是反映经济活动结果的一系列数据和比例的关系，通过这些指标进行计算、分析和对比就可以了解宏观经济的运行概况，并以此推断未来经济的发展趋势。我们把经济指标分为以下 4 类：先行指标、同步指标、滞后指标和综合经济指标。这些指标已经被广泛运用于宏观经济分析的各个方面，在具体分析时，要根据分析的目的选取那些能从特定方面反映国民经济面貌并与证券投资活动有机结合的指标。

(1)先行指标

这类指标对将来的经济状况提供预示性的信息。可以用来判断经济在未来有限时间里的变动方向。当经济开始复苏的时候，这些领先指标会在经济活动之前呈现上升趋势；而在经济衰退之前显示出下降的趋势。从历史经验和统计结果来看，这类指标大致提前半年的时间，例如用货币供应量来反映物价与经济增长速度之间的变动关系。当经济处于过热或衰退时期，报告货币供应量增加幅度，提醒人们要放松或收紧货币流动。

(2)同步指标

这类指标反映的是宏观经济目前的状况，同步指标的上升说明现阶段经济的走强；反之亦然。这些指标包括失业率、国内生产总值等。

(3)滞后指标

这类指标一般比实际经济活动反应慢，例如当经济已经开始衰退，滞后指标才表现出下降的趋势。主要包括零售存货、银行短期商业贷款利率、工商业未还贷款等。另外，同步指标和滞后指标的比率也可以作为一种领先指标预测未来的经济走向。

(4)综合经济指标

通常情况下我们用国内生产总值、国民生产净值、国民收入、个人收入、个人可支配收入五个有密切联系的主要综合指标来反映和分析国民经济的主要面貌，推断出宏观经济的大体趋势。

4. 数理模型分析法

数理模型分析法主要包括计量经济模型和概率预测法。

计量经济模型是一些反映经济指标、宏观经济主要因素之间数量关系的方程式。通过对不同时期经济指标之间数量关系的分析，我们能够发现经济变量间的平衡关系，分析影响平衡的各种因素。

计量经济模型主要由经济变量、参数和随机误差三大要素组成。经济变量则可分为内生变量和外生变量。内生变量是由模型本身加以说明的，是个未知数，需要我们通过方程才能求解。外生变量是已知变量，它们是方程式中的已知数，由统计机构发布。为了集中分析特定变量之间的关系，我们一般假定某些变量保持不变，这些不变的自变量就是所说的参数。随机误差是指那些无法统计测算随机产生的差错，以及因为统计、收集问题而产生的差错。这些差错可能是正的也可能是负的，但我们假定这些或正或负的误差的总和正好可以抵消而不做考虑。

宏观经济分析主要用到的是宏观经济计量模型。宏观计量经济模型是指在宏观总量水平上把握和反映经济运行的较全面的动态特征，并了解主要经济指标之间的动态关系。这些模型还可以用于宏观经济的结构分析、决策研究和政策模拟。

某随机事件发生的可能性大小称为该事件发生的概率，概率论则是一门研究随机现象数量规律的学科。概率预测是根据过去和现在的数据来预测未来的情况，因此在预测之前，必须广泛收集相关的历史资料。只要掌握了经济现象的过去变动情况，就可以以此为依据，加入可能出现的新因素适当调整，就可以预测事物的将来。因此善于处理和运用资料是概率预测取得效果的必要手段。目前，越来越多的概率论方法被运用于经济、金融和管理科学等领域。

由于预测时间越长，所受的随机因素的影响也就越大，因此概率预测法应用较多的是宏观经济的短期预测，相对也比较成功，如国民生产总值及其增长率、通货膨胀率、失业率等。西方各国实践这一预测的公司机构很多，它们使用自己制定的预测技术或构造的计量经济模型进行预测并定期公布预测数值，预测时限通常为 1 年或 1 年半。

二、宏观经济指标分析

经济指标从不同方面反映了社会经济发展的速度、规模、结构等。例如宏观经济所涉及的经济指标（如国内生产总值变动率、经济周期、通货膨胀、利率、汇率等）都与股票投资有着各种各样的互动联系。

下面我们将介绍一些主要的经济指标，可以通过对这些指标的分析来判断经济形势。

（一）国内生产总值

国内生产总值（GDP）是指经济社会（即一国或一地区）在一定时期内运用生产要素所生产的全部最终产品（物品和劳务）的市场价值。它是对整个国民经济的概括，是反映一国经济实力和经济发展程度的指标体系。

区分国内生产和国外生产一般以“常住居民”为标准，只有常住居民在 1 年内生产的产品和提供劳动所得到的收入才计算在本国的国内生产总值之内。常住居民是指：居住在本国的公民、暂住外国的本国公民和长期居住在本国但未加入本国国籍的居民。

国内生产总值有三种表现形态，即价值形态、收入形态和产品形态。从价值形态看，它是所有常住居民在一定时期内生产的全部货物和服务价值超过同期中间投入的全部非固定资产货物和服务价值的差额；从收入形态看，它是所有常住居民在一定时期内创造并分配给常住居民和非常住居民的初次收入分配之和；从产品形态看，它是所有常住居民在一定时期内最终使用的货物和服务价值与货物和服务净出口价值之和。对应于这三种表现形态，在实际核算中，国内生产总值有三种计算方法，即生产法、收入法和支出法。

国内生产总值在不同的计算方法上有不同的结构，以经常使用的支出法为例，国内生产总值可以表示为：

$$GDP=C+I+G+(X-M)$$

式中：C——消费；

I——投资；

G——政府支出；

$X-M$——净出口。

GDP 的增长速度一般用来衡量经济增长率，这是反映一定时期经济发展水平程度的动态指标，也是反映一个国家经济活动的基本指标。对于像我们这样的发展中国家，由于发展潜力大，经济发展可能始终处于高速发展状态，这个时候也是容易出现问题的时候，如物价指数上升太快，造成宏观经济过热。因此要制定一个相对平稳的发展速度，以促使经济健康发展。

（二）失业率

失业率是指劳动人口中失业人口所占的百分比，这里的失业人口不包括有劳动能力却不愿意寻找工作的自愿失业。当失业率很高的时候，大量的劳动力将失去生活的收入来源，导致对社会产品需求的减少。这样企业必然减少生产，其结果是，一方面企业的利润减少，另一方面进一步减少对劳动力的需求。这种经济上的困难还会影响人们的情绪，从而引发一系列社会问题，因此，充分就业一直是各国各届政府追求的目标之一。

需要说明的是，通常所说的充分就业并不是指失业率为零，这一概念指的是社会就业状况已经达到了与经济正常的潜在能力相适应的水平。这种情况下，也存在"正常"失业，例如结构性失业、更换工作过程中的摩擦性失业。

(三)通货膨胀

通货膨胀是指一个经济中的大多数商品和劳务的价格连续在一段时间内普遍上涨的现象。按照价格上升的速度，存在三种通货膨胀类型：一种是温和的通货膨胀，是指每年物价上升的比例在10%以内；一种是奔腾的通货膨胀，是指通货膨胀率在10%以上和100%以内；还有一种是超级通货膨胀，是指通货膨胀率在100%以上。

按成因分类，可以将通货膨胀分为需求拉动型、成本推动型和结构变动型三种。需求拉动型通货膨胀又称超额需求通货膨胀，是指总需求超过总供给所引起的一般价格水平的持续显著的上涨。成本推动型通货膨胀又称成本通货膨胀或供给通货膨胀，是指在没有超额需求的情况下由于供给方面成本的提高所引起的一般价格水平持续和显著的上涨。结构变动型通货膨胀是指在没有需求拉动和成本推动的情况下，只是由于经济结构因素的变动而出现的一般价格水平的持续上涨。

在分析的时候，不仅要把握通货膨胀的可能变化方向和成因，还要将其与经济增长的动态结合在一起考虑，并考虑各种对通货膨胀产生影响的重要冲击因素，如政治体制改革、战争、国际收支变化等。就计量指标来说，包括消费物价指数、批发物价指数和GDP平减指数。

通货膨胀对经济的影响主要来自两个方面：一方面是财富和收入再分配效应。例如，通货膨胀是不利于靠固定货币收入维持生活的人的，对于固定收入阶层来说，其收入是固定的货币数额，落后于上升的物价水平。实际收入因通货膨胀而减少，购买力下降。而对于那些靠变动收入维持生活的人，则会从通货膨胀中得益。另外，通货膨胀还可以在债务人和债权人之间发生收入再分配的作用，具体来说，通货膨胀靠牺牲债权人的利益而使债务人获利。另一方面，通货膨胀能够扭曲相对价格，从而降低资源的配置效率。正是因为通货膨胀的这些不好影响，各国政府才特别重视，采取措施将通货膨胀控制在一个合理的范围之内。

(四)货币供应量

货币供应量是单位和居民个人在银行的各项存款和手持现金之和。中央银行一般根据宏观监测和宏观调控的需要，根据流动性的大小将货币供应量划分为不同的层次。我国现行货币统计制度将货币供应量划分为三个层次：一为流通中的现金$M0$，指单位库存现金和居民手持现金之和。其中，"单位"指银行体系以外的企业、机关、团体、部队、学校等单位。二为狭义货币供用量$M1$，指$M0$加上单位在银行的可开支票进行支付的活期存款。三为广义货币供应量$M2$，指$M1$加上单位在银行的定期存款和城乡居民个人在银行的各项储蓄存款以及证券公司的客户保证金。$M2$与$M1$的差额通常称为准货币。

中央银行可以通过增加或减少货币供应量调节货币市场，实现对经济的干预。货币供应量的变动会影响利率，中央银行可以通过对货币供应量的管理来调节信贷供给和利率，从而影响货币需求并使其与货币供应相一致，影响宏观经济活动水平。

(五)利率

利率是指在借贷期内所形成的利息额与本金的比率。利率直接反映的是信用关系中债务人使用资金的代价,也是债权人出让资金使用权的报酬。

从宏观经济分析的角度看,利率的波动反映出市场资金供求的变动状况。在经济发展的不同阶段,市场利率有不同的表现。在经济持续繁荣增长时期,资金供不应求,利率上升;当经济萧条、市场疲软时,利率会随着资金需求的减少而下降。随着利率的变动,投资者将随时改变投资策略,主要有:利率变动造成资产组合的替代效应;利率影响上市公司的经营条件,进而影响公司未来的估值水平;利率变动对股票内在价值的影响。

利率有存款利率、贷款利率、国债利率、回购利率、同业拆借利率之分。再贴现率和同业拆借利率是基准利率。随着市场经济的不断发展和政府宏观调控能力的不断加强,利率特别是基准利率已经成为中央银行一项行之有效的货币政策工具。

1. 贴现率与再贴现率

贴现率是指银行应客户的要求,买进其未到付款日期的票据,或者说,购买票据的业务称为贴现。办理贴现业务时,银行向客户收取一定的利息,称为贴现利息或折扣,其对应的比率即贴现率。

再贴现率是商业银行由于资金周转的需要,以未到期的合格票据向中央银行贴现时所适用的利率。对中央银行而言,再贴现是买进票据,让渡资金;对商业银行而言,再贴现是卖出票据,获得资金。

再贴现是中央银行的一项主要的货币政策工具。中央银行根据市场资金供求状况调整再贴现率,能够影响商业银行资金借入的成本,进而影响商业银行对社会的信用量,从而调节货币供给总量。如果中央银行提高再贴现率,就意味着商业银行向中央银行再融资的成本提高了,因此它们必然要提高对客户的贴现率或提高放款利率,从而带动整个市场利率上涨,这样借款人就会减少,起到紧缩信用的作用,市场货币供应量减少;反之,如果中央银行降低再贴现率,就可以起到扩大信用的作用。所以再贴现率的变动直接对货币供应量起作用,进而对国内总需求发生影响。当再贴现率提高时,就会降低总需求;当再贴现率降低时,则会扩大总需求。

2. 同业拆借利率

同业拆借利率是指银行同业之间的短期资金借贷利率。

同业拆借有两个利率:拆进利率和拆出利率。其中,拆进利率表示银行愿意借款的利率;拆出利率表示银行愿意贷款的利率。一家银行的拆进(借款)实际上也是另一家银行的拆出(贷款)。同一家银行的拆进与拆出利率相比较,拆进利率永远小于拆出利率,其差额就是银行的收益。

同业拆借中大量使用的利率是伦敦同业拆借利率(LIBOR)。LIBOR 是指在伦敦的第一流银行借款给伦敦的另一家第一流银行资金的利率。现在 LIBOR 已经作为国际金融市场中大多数浮动利率的基础利率,并作为银行从市场上筹集资金进行转贷的融资成本。贷款协议中议定的 LIBOR 通常是由几家指定的参考银行在规定的时间(一般是伦敦时间上午 11:00)报价的平均利率。最大量使用的是 3 个月和 6 个月的 LIBOR。我国对外筹资成本即是在 LIBOR 利率的基础上加一定百分点。从 LIBOR 变化出来的,还有新加坡同业拆借利率、中国香港同业拆借利率等。

3. 回购利率

回购是交易双方在全国同业拆借中心进行的以债券(包括国债、政策性金融债和中央银行融资券）为质押的一种短期资金融通业务，是指资金融入方在将债券出让给资金融出方融入资金的同时，双方约定在将来某一时期由资金融入方按某一约定利率计算的资金额向资金融出方返还资金，资金融出方向资金融入方返还原出让债券的融资行为。该约定的利率即回购利率。

全国银行间债券市场的回购交易是以国家主权级的债券作为质押品的交易。其回购利率可以说是一种无风险利率，可以准确反映市场资金成本和短期收益水平，比较真实地反映了中国金融市场的资金供求情况，已成为中央银行制定货币政策、财政部和其他债券发行人制定发行策略以及市场参与者进行资产管理的重要参考指标。

4. 各项存贷款利率

各项存贷款利率包括金融机构对客户存贷款利率，即城乡居民和企事业单位存贷款利率、中国人民银行对金融机构存贷款利率以及优惠贷款利率。国务院批准和授权中国人民银行制定的各项利率为法定利率，具有法律效力，其他任何单位和个人无权变动，且法定利率的公布由中国人民银行负责。

银行利率的变动不仅对银行存贷款有直接影响，也对债券利率产生影响，其他货币的市场价格也会随着利率的变动而发生变动。所以利率是对市场反应非常灵敏的一个经济变量。在对利率与总供需关系的研究中，应该对存款利率和贷款利率加以区别。存款利率主要调节存款，贷款利率主要调节贷款。一般情况下，两者之间的变动方向是一致的，但是有时候在变动幅度上可以不同，因而存贷款利率之间的差额也可以成为调节供需关系的一种工具。

（六）汇率

汇率是外汇市场上一国货币与其他国货币相互交换的比率，也可以将其看作以一国货币表示的另一国货币的价格。一般来说，国际金融市场上的外汇汇率是由一国货币所代表的实际社会购买力平价和自由市场对外汇的供求关系决定的。

汇率变动是国际市场商品和货币供求关系的综合反映。当汇率降低时，本币贬值，本国产品的竞争力增强，本国的贸易收入一般会得到改善，提高了出口型企业的利润。随着对产品需求的增加，国内供给减少；同时出口增加，流入本国的货币增加，这些都会引起物价的上升。当汇率提高时，本币升值，减弱了本国商品的竞争力，进口增加，从而减少了对国内的需求。总体来说，降低汇率会扩大国内总需求，提高汇率会缩减国内总需求。

汇率的变动通过两个渠道影响股市：一个是资本流动，另一个是对外贸易活动。在资本市场上，由于汇率波动，比如汇率降低，那么原本投资于本国证券市场的外国投资者，为了避免因为汇率下降而导致的损失，会将资金从本国证券市场抽走，这样本国股市必然会因为资金的抽走而导致下跌的行情；反之亦然。在对外贸易活动中，因为汇率的变动会导致本国货币的贬值或升值，从而影响本国出口产品的竞争力，进而影响国内总需求。

（七）国际收支

国际收支一般是一国居民在一定时期内与他国居民在政治、经济、军事、文化及其他往来中所产生的全部交易的系统记录。这里的“居民”是指在国内居住 1 年以上的自然人和法人。国际收支主要反映：一国与他国之间的商品、劳务和收益等交易行为；该国持有的货币、黄金、特别提款权的变化，以及与他国债权、债务关系的变化；凡不需要偿还的单方转移项目和相应的科目以及会计上必须用来平衡的尚未抵消的交易。

国际收支包括经常项目和资本项目。经常项目主要反映一国的贸易和劳务往来状况，是最具综合性的对外贸易的指标；资本项目则集中反映一国同国外资金往来的情况，反映一国利用外资和偿还本金的执行情况。

进口和出口是国际收支中最主要的部分。进口量是指一个国家所有常住居民向非常驻居民购买或无偿得到的各种货物和服务的价值。反之,出口量则指一个国家所有常住居民向非常住居民出售或无偿转让的各种货物和服务的价值。进出口量及其增长是衡量一国经济开放程度的重要指标,且进口和出口的数量与结构直接对国内总供需产生重大的影响。实现国际收支平衡需要避免国际收支的过渡逆差或顺差,可以维持适当的国际储备水平和相对稳定的汇率水平。

除了以上 7 种经济指标外,还可以利用其他指标对宏观经济进行分析,如工业增加值、社会固定资产投资、社会消费品零售总额、财政收入、财政支出、财政赤字或结余、外汇储备等,它们从不同方面反映了一个国家的经济运行情况。在证券投资前,应结合投资的目标,选取合适的经济指标进行分析,从整体上把握经济动态。

三、宏观经济运行分析

宏观经济运行分析是从影响证券市场价格的因素来揭示宏观经济变动与证券投资间的关系,主要分为宏观经济运行和宏观经济政策。

(一)宏观经济运行对证券市场的影响

由于证券价格是由宏观因素、行业因素、公司因素、心理因素等共同决定的。因此,要想很好地把握市场的走向以及投资价值,就必须认真分析和研究影响证券市场价格的各种因素。就宏观经济因素来说,它是唯一影响证券市场长期走势的因素。宏观经济因素既包括经济周期这样比较有规律性的因素,也包括政府实施的经济政策等政策性因素。宏观经济运行一般通过以下途径对证券市场产生影响:

1. 企业经济效益

无论是从长期看还是从短期看,宏观经济环境是影响公司生存、发展的最基本因素。公司的经济效益会随着宏观经济运行周期、宏观经济政策、利率水平和物价水平等宏观经济因素的变动而变动。如果宏观经济运行好转,企业的盈利水平会提高,证券市场行情上涨;如果政府采取紧缩的宏观调控政策,必然对企业造成负面的影响,使其盈利下降,证券市场行情下降。

2. 居民收入水平

在经济处于繁荣时期时,居民收入一般会得到提高,这将会拉动消费需求,从而增加相关企业的经济效益,进一步影响证券市场。另外,居民收入水平的提高也会直接促进资金流向证券市场。

3. 投资者对股价的预期

当投资者看好整体经济走势时,也就是说,投资者对经济的信心增强,这会影响股票市场。当宏观经济趋好时,投资者预期公司效益和自身的收入水平上升,证券市场自然人气旺盛,从而推动市场整体价格走高;反之,则会令投资者对证券市场信心下降,引起股市价格下跌。

4. 资金成本

当国家经济政策发生变化,如调整利率水平、实施消费信贷政策、征收利息税等,居民、单位的资金持有成本将随之变化。如利率水平的降低和征收利息税的政策,将会促使部分资金由银行储蓄转为投资,从而扩大证券市场的资金供应量,影响股价的上升。

(二)宏观经济变动对证券市场波动的关系

1. 国内生产总值的变动

国内生产总值是一国经济成就的根本反映，从长期看上市公司的行业结构与该国的产业结构基本一致，股票平均价格的变动与GDP的变化趋势是吻合的。但不能简单地认为GDP增长，证券市场就必将伴之以上升的走势，实际的走势有时可能恰恰相反。我们必须将GDP与经济形势结合起来分析。

(1)持续、稳定、高速的GDP增长

在这种情况下，社会总需求与总供给协调增长，经济结构逐步合理，趋于平衡，经济增长来源于需求刺激并使得闲置的或利用率不高的资源得以更充分地利用。伴随总体经济成长，上市公司利润上升，股息不断增长，企业环境不断改善，产销两旺，投资风险越来越小，从而公司的股票和债券全面得到升值。另外，随着国内生产总值的持续增长，国民收入和个人收入也会不断得到提高，收入增加也将增加证券投资的需求，从而导致证券价格上涨。

(2)高通货膨胀下的GDP增长

当经济处于严重失衡下的高速增长时，说明总需求远远超过总供给，这会表现为高的通货膨胀率。这是经济形势恶化的先兆，如不采取调控措施，必将导致未来的"滞胀"(通货膨胀与经济停滞并存)。这时经济中的矛盾会突出地表现出来，企业经营将面临困境，居民实际收入也将降低，因而失衡的经济增长必将导致证券市场行情下降。

(3)宏观调控下的GDP减速增长

当GDP呈失衡的高速增长时，政府可能采取宏观调控措施以维持经济的稳定增长，这样必然减缓GDP的增长速度。如果调控目标得以顺利实现，GDP仍以适当的速度增长而未导致GDP的负增长或低增长，说明宏观调控措施十分有效，经济矛盾逐步得以缓解，为进一步增长创造了有利条件。这时证券市场亦将反映这种好的形势而呈现平稳渐升的态势。

(4)转折性的GDP变动

如果GDP一定时期以来呈负增长，当负增长速度逐渐减缓并呈现向正增长转变的趋势时，表明恶化的经济环境逐步得到改善，证券市场走势也将由下跌转为上升。当GDP由低速增长转向高速增长时，表明低速增长中经济结构得到调整，经济的"瓶颈"制约得以改善，新一轮经济高速增长已经来临，证券市场亦将伴以快速上涨的趋势。

2. 经济周期变动

经济在沿着经济发展的总体趋势的增长过程中，常常伴随着经济活动的上下波动，且呈现出周期变动的特征，即经济周而复始地沿着复苏、繁荣、衰退、萧条、再复苏的轨迹发展。原因在于市场经济的发展始终遵循其内在的价值规律，企业和部门都在市场这只"看不见的手"的引导下，经历萌芽期、成长期、成熟期，然后必然由于该市场趋于饱和而进入衰退期。在它们的共同影响下，股市的每一个变化周期同样是由上升期、高涨期、下降期和停滞期4个阶段构成。周期性变化一般是用一些宏观经济指标来衡量的，例如国内生产总值、消费总量、投资总量、工业生产指数、失业率等。

经济周期的时间有长有短，形态也多种多样，没有完全相同的经济周期。但从证券市场的情况来看，证券价格的变动大体上与经济周期相一致。一般来说，经济繁荣，证券价格上涨；经济衰退，证券价格下跌。

萧条阶段是指经济活动处于最低水平的时期。在这一阶段存在大量的失业，大批生产能力闲置，工厂亏损甚至倒闭。公司经营情况不佳，证券价格在低位徘徊。由于预期未来经济状况不佳，公司业绩得不到改善，大部分投资者离场观望，只有那些富有远见且在不断地收集和分析有关经济形势并合理判断经济形势即将好转的投资者在默默地吸纳。

萧条时期也不可能无限延长，随着时间的推移、现有设备的不断损耗，以及由消费引起的企业存货的减少，致使企业考虑增加投资，使就业开始增加，产量逐渐扩大，使经济进入复苏阶段。公司经济状况开始好转，业绩上升。此时，由于先知先觉的投资者的不断吸纳，证券价格实际上已经回升至一定水平，初步形成底部反转之势。随着各种媒介开始传播萧条已经过去、经济日渐复苏的消息，投资的认同感不断增强，投资者自身的境遇亦在不断改善，从而推动证券价格不断走高，完成对底部反转趋势的确认。

复苏阶段的生产和销售回涨，就业增加，价格也有所提高，整个经济呈上升势头，整个经济走向繁荣阶段。在繁荣阶段，经济活动处于高水平的时期，就业进一步增加，产量扩大，社会总产出逐渐达到了最高水平。由于经济的好转和证券市场上升趋势的形成得到了大多数投资者的认同，投资者的投资回报也在不断增加。因此，投资者的投资热情高涨，推动证券市场价格大幅上扬。此时，有识之士在充分分析宏观经济形势的基础上认为经济高速增长的繁荣阶段即将过去，经济将不会再创新高，因此悄悄地卖出所持的证券。证券仍在不断上扬，但多空双方的力量在逐渐发生变化，价格的上扬开始乏力。

繁荣阶段不可能长期维持下去，当消费增长放缓、引起投资减少时，或投资本身下降时，经济就会开始下滑，使经济处于衰退阶段。在衰退时期，由于需求首先是消费需求与生产能力的偏离，使投资增加的势头受到抑制，随着投资减少，生产下降，失业增加；另一方面，消费减少，产品滞销，价格下降，进而使企业利润减少。在衰退阶段，更多的投资者基于对衰退来临的共识加入抛出证券的行列，从而使整个证券市场完成中长期筑顶，形成向下的趋势。

证券市场价格的变动周期虽然与经济周期大体上一致，但也不是完全相同。证券市场走势要比经济周期提前，证券市场对宏观经济有预警作用。一般我们将证券价格指数作为先行指标。

上面实际上描绘了股价波动与经济周期相互关联的一个总体轮廓，这个轮廓给我们以下几点启示：

(1)经济总是处于周期性运动中。股价伴随经济相应地波动，但股价的波动超前于经济运动，股市的低迷和高涨不是永恒的。

(2)收集有关宏观经济资料和政策信息，随时注意动向。正确把握当前经济发展处于经济周期的何种阶段，对未来做出正确判断，切忌盲目从众，否则极有可能成为别人的“盘中餐”。

(3)把握经济周期，认清经济形势。不要被股价的“小涨”“小跌”驱使而追逐小利或回避小失。或许配合技术分析的趋势线进行研判会大有裨益。

(4)景气来临之前首当其冲上涨的股票往往在衰退之时首当其冲下跌。典型的情况是，能源、设备等股票在上涨初期将有优异表现，但其抗跌能力差；反之，公用事业股、消费弹性较小的日常消费品部门的股票则在下跌末期发挥较强的抗跌能力。

3. 通货膨胀与通货紧缩变动

通货膨胀对股价的影响不是千篇一律的，有可能对不同个股产生完全相反的影响，因此在具体分析时，必须从该时期通货膨胀的原因、通货膨胀的程度，配合当时的经济结构和形势、政府可能采取的干预措施等分析入手。下面就一般性原则加以说明。

(1)温和的、稳定的通货膨胀对股价的影响较小。

(2)如果通货膨胀在一定的可容忍范围内增长，而经济处于景气阶段，产量和就业都持续增长，那么股价也将持续上升。

(3)严重的通货膨胀是很危险的，经济将被严重扭曲，货币会以非常快的速度贬值。为了减少这种贬值,人们就会囤积商品,以起到资金保值的作用。这可能会从两个方面影响股价:第一,资金流出金融市场,引起股价下跌;第二,经济扭曲和失去效率,企业一方面筹集不到所需的生产资金,另一方面原材料、劳务价格等成本飞涨,使企业经济严重受挫,盈利水平下降,甚至破产倒闭。

(4)政府往往不会长期容忍通货膨胀存在,因而必然会动用某些宏观经济工具来抑制通货膨胀,这些政策都会对经济运行造成影响,进而改变资金流向和企业的经营利润。

(5)当流通货币的供给超过实际需求量、货币购买力下降、出现需求拉动型通货膨胀时,由于证券市场资金充裕,买入股票是货币保值、取得高投资回报率的途径之一,所以物价持续上升,通货膨胀与证券市场的变化呈现正相关。

(6)当出现成本推动型通货膨胀时,只要居民货币收入增长率低于通货膨胀率,受需求的制约,企业难以完全向消费者转嫁成本上升的影响,盈利困难,甚至出现亏损,股价必然下降。

(7)通货膨胀时期,并不是所有价格和工资都按同一比率变动,也就是相对价格发生变化。这种相对价格变化导致财富和收入的再分配、产量和就业的扭曲,使一些公司获利、一些公司蒙受损失。

(8)通货膨胀不仅产生经济影响,还可能产生社会影响,并影响公众的心理和预期,从而对股价产生影响。

(9)通货膨胀对企业的微观影响表现为:通货膨胀初期,"税收效应""负债效应""存货效应"有可能刺激股价上涨;但长期严重的通货膨胀,必然恶化经济环境、社会环境,股价将受大环境影响而下跌。比如,当通货膨胀来临时,工业原料、生产资料价格普遍上扬,最初拥有这些原料的厂商会因为库存原料低价买进、高价卖出,意外地提高了利润。待一季盈余增加公布后,自会促使人气增加,股价上扬。待一段行情之后,通货膨胀现象未减轻,反而加重,低价原料库存终究有限,等到事实证明此次通货膨胀并不是景气复苏时,有识之士先行卖出股票,又因为股价本已偏高,人气弱,而卖压逐渐加重。当通货膨胀继续恶化,直接影响产品成本和销量时,股价已下跌一段距离。

除了通货膨胀对证券市场产生负面影响外,通货紧缩也是一种比较普遍的经济现象,它表现在物价水平的普遍持续下降。尽管从表面上看,物价水平的下跌可以提高货币的购买力,但物价的下跌使商品销售减少,企业利润下降,企业只有缩小规模,就业相应减少。所以在通货膨胀的初期,因为货币购买力增强,公众的消费和投资增强,带动证券市场的兴旺。但是随着就业机会的减少,公众对未来的收入预期趋于悲观,相应地会减少支出,企业商品积压增多,就业形势进一步恶化。随着通货膨胀的加剧,需求不足可能遍及所有的生产领域,企业经营状况恶化,证券市场进入长期低迷,大部分投资者损失惨重。造成通货膨胀的原因很多,可能是国外金融危机导致对出口商品需求的减少,也可能是国内居民消费和投资的不振,更可能是两者的共同作用。

从利率角度分析,通货紧缩形成了利率下调的稳定预期,由于真实利率等于名义利率减去通货膨胀率,下调名义利率降低了社会的投资预期收益率,导致有效需求和投资支出的进一步减少,失业增加,企业的效益下滑,居民收入减少,引致物价更大幅度下降。可见,因通货紧缩带来的经济增长,使得股票、债券及房地产等资产价格大幅下降,银行资产状况严重恶化,而经济危机与金融萧条的出现反过来又大大影响了投资者对证券市场走势的信心。

同时,通货紧缩会使证券市场的重心向债券业务倾斜。活跃的债券市场和萎缩的股票市场并存是证券业务在通货紧缩下的典型表现。

四、宏观经济政策分析

(一)财政政策对证券市场的影响

财政政策是政府依据客观经济规律制定的指导财政工作和处理财政关系的一系列方针、准则和措施的总称,也是当代市场经济条件下国家干预经济、与货币政策并重的一项手段。

财政政策分为短期、中期、长期财政政策,并各有目标。其中短期目标是促进经济稳定增长,而中长期目标是实现资源的合理分配,并实现收入的公平分配和社会的和谐发展。财政政策手段主要包括财政预算、税收、国债、财政补贴、财政管理体制、转移支付制度等。其中,财政预算、税收和国债是最主要的。国家预算能够全面反映国家财力规模和平衡状态,并且是各种财政政策手段综合运用结果的反映,因而在宏观调控中具有重要的作用。国家预算收支的规模和收支平衡状态可以对社会供求的总量平衡发生影响,它的支出方向可以调节社会总供求的结构平衡。税收是国家凭借政治权力参与社会产品分配的重要形式。税收具有强制性、无偿性和固定性的特征,它既是筹集财政收入的主要工具,又是调节宏观经济的重要手段。而国债是国家按照有偿信用原则筹集财政资金的一种形式,同时也是实现政府财政政策、进行宏观调控的重要工具。

财政预算政策、税收政策除了通过预算安排的松紧、课税的轻重影响财政收支的多少,进而影响整个经济的景气外,更重要的是对某些行业、某些企业带来不同的影响。如果财政预算对能源、交通等行业在支出安排上有所侧重,那么相关行业的需求就会增加,利润增加,该行业及其企业的股票价格也会随之上扬。

财政政策分为扩张性财政政策、紧缩性财政政策和中性财政政策。实施紧缩性财政政策时,会使过热的经济受到控制,证券市场也将走弱,因为这预示着未来经济将减速增长或走向衰退;而扩张性财政政策刺激经济发展,证券市场则将走强,因为这预示着未来经济将加速增长或进入繁荣阶段。

具体而言,实施积极财政政策对证券市场的影响有以下几个方面:

(1)减少税收,降低税率,扩大减免税范围。其政策的经济效应是:增加微观经济主体的收入,以刺激经济主体的投资需求,从而扩大社会供给,进而增加人们的收入,并同时增加他们的投资需求和消费支出。对证券市场的影响为:增加收入直接引起证券市场价格上涨,增加投资需求和消费支出又会拉动社会总需求;而总需求增加反过来刺激投资需求,从而使企业扩大生产规模,增加企业利润,从而促进股票价格上涨。

(2)扩大财政支出,加大财政赤字。政府通过购买公共产品,增加商品和劳务需求,激励企业增加投入,提高产出水平,于是企业利润增加,经营风险降低,将使得股票价格和债券价格上升。同时居民在复苏的经济中增加了收入,也会使一部分资金投入到股市,促使股票价格上涨。

(3)减少国债发行。国债发行规模的减少,使市场供给量减少,从而有更多的资金投入到股市上,推动证券市场的上扬。

(4)增加财政补贴。财政补贴往往使财政支出扩大。其政策效应是扩大社会总需求和刺激供给增加,从而使整个证券市场的总体水平趋于上涨。

紧缩性财政政策的经济效应及其对证券市场的影响与上述情况正好相反。

(二)货币政策对证券市场的影响

所谓货币政策,是指政府为实现一定的宏观经济目标所制定的关于货币供应和货币流通组织管理的基本方针和基本准则。具体来说，货币政策是通过控制货币的供应量，进而影响利率，最终对宏观经济造成影响。

与财政政策直接刺激总需求、进而影响宏观经济不同，货币政策对经济的影响更广，并且对经济的影响更曲折，并且要经过一定的传导途径和时滞。总体来说，货币政策通过调控货币供应总量保持社会总供给与总需求的平衡；也可以通过调控利率和货币总量控制通货膨胀，保持物价总水平的稳定；还可以调节国民收入中消费与储蓄的比例，以及引导储蓄向投资的转化并实现资源的合理配置。

货币政策是通过操作货币政策工具来实施的。货币政策工具可分为一般性政策工具和选择性政策工具，前者包括法定存款准备金率、再贴现率、公开市场业务，后者包括直接信用控制和间接信用指导等。法定存款准备金率是指中央银行规定的金融机构为保证客户提取存款和资金清算需要而准备的在中央银行的存款占其存款总额的比例。当中央银行提高法定存款准备金率时，商业银行可运用的资金减少，通过货币乘数效应，市场上流通的货币减少，起到了紧缩经济的作用。再贴现率是指中央银行对商业银行用持有的未到期票据向中央银行融资所做的政策规定，再贴现率一般着眼于短期政策效应。中央银行通过调整再贴现率，影响商业银行借入资金成本，进而影响商业银行对社会的信用量，从而调整货币供给总量。公开市场业务是指中央银行在金融市场上公开买卖有价证券（一般是政府债券），以此来调节市场货币供应量的政策行为。随着中央银行宏观调控作用的加强，货币政策工具也趋向多元化，出现了一些选择性的政策工具。上面提到的直接信用控制和间接信用指导就属此列。前者是以行政命令或其他方式直接对金融机构尤其是商业银行的信用活动进行控制，后者是中央银行通过道义劝告、窗口指导等办法来间接影响商业银行等金融行为的做法。

货币政策的最终目标是经济增长、充分就业、物价稳定和国际收支平衡。由于货币政策目标本身不能操作、计量和控制，因而为实现货币政策目标需要选定可操作、可计量、可监控的金融变量，即中间目标。在市场经济比较发达的国家一般选择利率、货币供应量和基础货币等金融变量作为中间指标。我国有关部门提出，我国货币政策的中间指标为：货币供应量、信贷总量、同业拆借利率和银行准备金率。

按照货币政策对总体经济影响的效果，可以将货币政策的运作分为宽松的货币政策和紧缩的货币政策。当市场产品销售不畅时，经济运转困难，资金短缺，设备闲置，这被认为是社会总需求小于总供给，这时候中央银行会采取扩大货币供应、降低利率、放松信贷控制的办法增加总需求。当市场物价上涨时，需求过度，经济过度繁荣，这被认为是社会总需求大于总供给，中央银行会采取减少货币供应量、提高利率、加强信贷控制的办法减少需求。

中央银行宽松的货币政策和紧缩的货币政策都会对证券市场产生影响，这可以从以下四个方面加以分析：

1. 利率

通过调整基准利率会影响证券价格。一般来说，利率上升时，股票价格降低，主要原因是，利率是计算股票内在投资价值的重要依据之一。当利率上升时，股票的内在价值降低，从而导致股票价格的下跌；企业的融资成本上升，支付的利息增加，减少了公司的盈利。另外，由于利率的上升，部分投资者也会将原本用于股市中的投资转投到储蓄中，导致股票价格的下跌。反之，利率下降时，促使股票价格上升。当然利率本身也会受到其他货币政策因素的影响，例如货币供应量的增加、中央银行贴现率降低、中央银行所要求的银行存款准备金比例下降，都会引起利率的下降。

2. 中央银行的公开市场业务

当中央银行大量购进有价证券，主要是政府债券，一方面会因为需求的增加，导致债券价格上升，另一方面会因为减少了债券，而使市场上的货币量增加，从而导致利率的下降。这样企业的借入资金成本下降了，生产扩大，利润增加，进而推动股票价格的上涨。

3. 调节货币供应量

中央银行可以通过存款准备金率和再贴现率政策调节货币供应量，从而影响货币市场和资本市场的资金供求，进而影响证券市场。提高存款准备金率，使商业银行可贷款的资金减少，特别是通过乘数效应，货币供应量会大幅度减少，投入到证券市场的资金减少，造成股票价格的下降。同时，供应量的减少，也会引起市场贴现利率上升，企业借入资金成本上升，利润减少，导致股票价格的下跌。

4. 选择性货币政策工具

国家为了特定的产业政策和区域经济政策，对不同行业和区域采取不同的政策。对于政府扶持的产业，由于受到放款的贷款限额、信贷规模而得到优先发展，从而影响相关的行业和企业，使得它们的利润提高，进而推动了相关股票价格的上涨。

(三)收入政策对证券市场的影响

收入政策是国家为实现宏观调控总目标和总任务，针对居民收入水平高低、收入差距大小在分配方面制定的原则和方针。它具体是指目的在于影响或控制价格、货币工资和其他收入的增长率而采取的财政金融以外的政府行为。收入政策目标包括总量目标和收入结构目标。收入总量目标着眼于近期的宏观经济总量平衡，着重处理积累和消费、人们近期生活水平改善和国家长远经济发展的关系，以及失业和通货膨胀的问题。收入结构目标则着眼于处理各种收入的比例，以解决公共消费和私人消费、收入差距的问题。

收入总量调控政策主要通过财政、货币机制来实施，还可以通过行政干预和法律调整等机制来实施。财政机制通过预算控制、税收控制、补贴调控和国债调控等手段贯彻收入政策。货币机制通过调控货币供应量、调控货币流通量、调控信贷方向和数量调控利息率等贯彻收入政策。因此，收入总量调控通过财政政策和货币政策传导对证券市场产生影响。

当国家实行积极的收入政策时，居民的收入水平提高，一方面会刺激消费和投资，促进经济发展；另一方面将导致储蓄增加，而金融机构会把一部分储蓄投资于金融市场中，间接增加证券市场的资金来源。两者同时增加证券市场的需求，促进证券市场规模的扩大和价格水平的逐步提高；反之亦然。

五、其他宏观因素分析

除了宏观经济运行状况和政府政策外，社会心理、政治、法律等的变化都会对经济产生不容忽视的影响。特别是随着我国金融市场的进一步开放，国际金融市场的环境也将必然对我国证券市场产生重要的影响。因此，投资者在做宏观分析时，必须考虑这些因素，以便提高预测的准确性。

(一)政治因素

所谓政治因素，是指国内外的政治形势、政治活动、政局变化、国家机构和领导人的更迭、执政党的更换、国家政治经济政策与法律的公布或改变、国家或地区的战争和军事行为等。外交关系的改善会使有关跨国公司的股价上升，而两国关系的恶化、破裂会使相关公司股票大跌不止。战争使各国政治形势极不稳定，投资环境严重恶化，人心动荡，生产力直接遭到破坏，使股价大跌。国内重大政治事件也会对股市产生重大影响。

（二）社会心理因素

投资者的心理变化对股市有很大的影响。如果投资者对股票市场行情过分悲观，就会不顾上市公司盈利状况而大量抛售手中的股票，致使股票价格下跌。

在股票交易市场，很多投资者存在一种盲目跟风心理。这种心理我们称之为“羊群效应”。“羊群效应”往往存在小散户身上。他们不能很好地把握市场，而又求利心切，怕吃亏。结果往往被一些机构投资者利用，从而引起股价上涨或下跌的剧烈波动。

对于一个好的投资者，除了要求有足够的实践经验和丰富的股票市场知识外，还必须具有良好的心理素质、稳定的心理机能和抵抗外部干扰的能力。

（三）国际金融市场环境因素

加入 WTO 之后，我国资本市场将逐步开放。目前，人民币还没有实现完全自由兑换，证券市场有限度地开放，因此受到国际金融市场的直接冲击比较小。但由于经济全球化的发展，我国经济与世界经济的联系日趋紧密，因此，国际金融市场的剧烈动荡会通过各种途径影响我国的证券市场。

一方面，国际金融市场动荡通过人民币汇率预期影响证券市场，国际化程度越高，证券市场受汇率的影响越大。一般来说，汇率上升，本币贬值，出口型企业产品的竞争力增强，利润增加，从而带动相关企业股票和债券价格上涨；而对于那些依赖于进口的企业成本增加，利润减少，从而使相关企业股票和债券价格下降。同时，汇率上升，本币贬值，将导致资本流出，这使得对本国证券市场需求减少，从而市场价格下跌。由于本币贬值，使得进口商品价格提高，进而带动国内物价水平上涨，引起通货膨胀。为维持汇率稳定，政府可能动用外汇储备，抛售外汇，从而将减少本币的供应量，使得证券市场价格下跌。如果政府想在维持汇率稳定且保持货币供用量时，会相应通过公开市场业务来回购国债，这会导致国债市场价格上扬。由于我国人民币实行贸易项下的自由兑换和资本项目的严格控制，因此，官方的人民币汇率不容易受到国际金融市场的冲击。但由于贸易项下的自由兑换、心理恐慌形成汇率预期，造成实际汇率的波动，从而影响证券市场。

另一方面，国际金融市场动荡通过宏观面和政策面间接影响我国证券市场。改革开放以来，国民经济对外依存度大大提高，国际金融市场动荡会导致出口受阻，外商直接投资下降，从而影响经济增长，失业率上升，导致上市公司业绩下降和投资者信心下降，最终使证券市场行情下跌，尤其对外向型的上市公司影响更大，股价受到的冲击也更大。就我国目前的市场结构来看，国际金融动荡对 A 股市场的影响较小，而对 B 股市场的影响较大。因此，在对 B 股市场进行分析时，这是一个必须要重视的基本因素。

第三节　证券投资的行业因素分析

宏观经济分析主要分析了社会经济的总体状况，但是要做出正确的投资决策，还远远不够。行业是介于宏观经济和微观经济之间的中观经济，行业的景气状况在相当程度上决定了这个行业企业的当前获利能力和未来的增长潜力。因此，在进行宏观经济分析的基础上，进行行业的分析就显得非常有必要。

一、行业分析综述

(一)行业的定义

所谓行业，是指从事国民经济中同性质的生产或其他经济社会活动的经营单位和个体等构成的组织结构体系。在学习产业经济学时，我们称之为产业。严格来说，两者是有一定区别的。按照产业经济学的定义，产业指的是具有某种同类属性的相互作用的经济活动的集合或系统。产业一般具有下列一些特点:(1)规模化，产业的企业数量、产品或服务的产出量达到一定的规模;(2)职业化，形成了专门从事这一产业活动的职业人员;(3)社会功能性，这一产业在社会经济活动中承担一定的角色，而且是必不可少的。行业虽然也拥有职业人员，也具有特定的社会功能，但一般没有规模上的约定。例如，国家机关和党政部门就不构成一个产业。在这里我们将行业分析和产业分析认为是一个概念，关注的都是具有相当规模的行业。

产业经济学的研究重点主要是产业结构、产业组织理论、产业布局、产业政策等方面，而证券投资分析的行业则主要是在纵向上对行业的发展阶段以及前景尽心预测，并对各行业进行横向大比较，最后给出投资建议。

(二)行业的划分

为便于汇总各国的统计资料并进行互相对比，联合国经济和社会事务统计局制定了《全部经济活动国际标准行业分类》(简称《国际标准行业分类》)，建议各国采用。它把国民经济划分为 10 个门类:农业、畜牧狩猎业、林业和渔业;采矿业及土、石采掘业;制造业;电、煤气和水;建筑业;批发和零售业、饮食和旅馆业;运输、仓储和邮电通信业;金融、保险、房地产和工商服务业;政府、社会和个人服务业;其他。对每个门类再划分大类、中类、小类。

为适应市场经济的发展，正确反映国民经济的内部结构和发展状况，1984 年国家统计局明确划分三大产业，1994 年第一次对我国国民经济行业分类进行了详细的划分。2011 年在 2002 年分类的基础上推出新的《国民经济行业分类》(GB/T4754-2011)，新标准借鉴了联合国的《国际标准产业分类》(修订第四版)的分类原则和结构框架。新标准共有行业门类 20 个，行业大类 96 个，行业中类 396 个，行业小类 1 094 个，基本反映了我国目前行业结构状况。其中，大的门类从 A 到 T 分别为:农、林、牧、渔业;采掘业;制造业;电力、煤气及水的生产和供应业;建筑业;交通运输、仓储和邮政业;信息传输、计算机服务和软件业;批发和零售业;住宿和餐饮业;金融业;房地产业;租赁和商务服务业;科学研究、技术服务和地质勘查业;水利、环境和公共设施管理业;居民服务和其他服务业;教育;卫生、社会保障和社会福利业;文化、体育和娱乐业;公共管理和社会组织;国际组织。

在证券市场，各类金融服务机构或证券交易所为了方便、完整地发布信息，常将上市的股票或其样本进行简要的行业分类。道·琼斯指数将纽约证券交易所上市的股票分成三类:工业、运输业和公用事业，然后从中选取具有代表性的股票。上海证券交易所将其上市的股票分成工业、商业、地产业、公用事业、运输业和综合业，深圳证券交易所则在以上五类的基础上增加了金融类。

中国证券监督管理委员会于 2012 年 10 月正式发布的《上市公司行业分类指引》是以上市公司营业收入为分类标准进行行业划分。如果公司某项主营业务的收入占公司总收入的 50%以上，则该公司归属该项业务对应行业;如果公司没有一项主营业务收入占到总收入的 50%以上，但某项业务的收入和利润均在所有业务中最高，而且均占到公司总收入和总利润的 30%以上，则该公司归属该业务对应的行业;不能按照上述分类方法确定行业归属的，由上市公司行业分类专家委员会根据公司实际经营状况判断公司行业归属，归属不明确的，划为综合类。

(三)行业分析的意义

首先，行业经济是宏观经济的组成部分，宏观经济是行业经济活动的综合，所以社会经济的发展水平和增长速度反映了各组成部分的平均水平和速度，但各部门的发展都与经济总体发展水平保持一致。在客观经济运行良好的情况下，有的部门的经济增长与总体经济增长同步，有的部门的经济增长高于或低于总体经济的增长。因此，只是知道宏观经济的发展状况还不够，并不能为投资者提供具体的投资决策，这需要进行行业分析，发掘具有投资潜力的行业，进而选出最具投资价值的上市公司。

其次，行业分析是对上市公司进行分析的前提，也是连接宏观经济分析和上市公司分析的桥梁，是基本分析的重要环节。行业有自己特定的生命周期，处在生命周期不同发展阶段的行业，其收益率也是不同的，公司的投资价值可能会由于所处行业不同而有明显差异。因此，行业是决定公司投资价值的重要因素之一。

行业分析和公司分析是相辅相成的。一方面，上市公司的投资价值可能会因为所处行业的不同而产生差异；另一方面，同一行业内的上市公司也会千差万别。

行业分析的意义在于揭示企业发展所处的成长阶段及其市场空间。进行周密细致的行业分析，是内部管理规范的证券公司和基金公司的长期工作，根据不同行业建立全面的、可操作性强的企业选择标准和评估体系具有重要意义。

二、行业分析的主要内容

(一)行业的市场结构分析

这里所指的行业市场结构与产业经济学中所说的产业结构是不同的。产业结构是指国民经济体系中各产业之间形成的相互联系的关系，例如，三次产业之间的关系、传统产业与新兴产业之间的关系等。而行业的市场结构，指的是市场竞争或垄断的程度。根据该行业中企业数量的多少、进入限制程度和产品差别，行业基本上可分为以下几种：完全竞争、垄断竞争、寡头垄断、完全垄断。

1. 完全竞争

完全竞争的特点是市场上有大量的买者和卖者，相对于整个市场的总需求量和总供给量而言，每个消费者或每个厂商对市场的价格没有任何的控制力量。市场上每一个厂商提供的商品都是同质的，相互之间没有本质的差别。所有的资源具有完全的流动性，资源可以在各厂商之间和各行业之间完全自由地流动，不存在任何障碍，这样使得这个行业不会存在超额利润。另外，市场上的每一个卖者和买者都掌握与自己的经济决策有关的一切信息。这类行业的利润主要取决于市场供需关系。由于受市场条件和其他客观环境的影响较大，这类行业的企业经营业绩波动较大，利润往往很不稳定，证券价格容易受到影响，投资风险比较大。

2. 垄断竞争

在垄断竞争市场，有许多厂商生产和销售有差别的同种产品。在这里，产品差别不仅指同一种产品在质量、构造、外观、销售服务条件等方面的差别，还包括商标、广告方面的差别和以消费者的想象为基础的虚构的差别。由于行业中企业数量非常多，产品替代性较强，单个企业无法控制产品的价格。由于产品的差异，会对产品的价格产生一定的影响，但非常有限，产品的价格和利润主要还是由市场供求关系决定。

3. 寡头垄断

在这样的行业中，少数几家厂商控制整个市场的产品的生产和销售。它们的产品可以是完全相同的，也可以是有差别的。由于在寡头市场上，每个厂商的产量都会在全行业的总产量中占一个较大的份额，从而每个厂商的产量和价格的变动都会对其他竞争对手以至整个行业的产量和价格产生举足轻重的影响。这类行业基本上是资本密集型或技术密集型的。所以进入壁垒也比较高，从而使他们也可以获得超额利润。

4. 完全垄断

整个行业中只有唯一的一个厂商，该厂商生产和销售的商品没有任何相近的替代品，其他任何厂商进入该行业都极为困难或不可能。这类行业主要是一些公用事业，例如自来水公司、煤气公司等。由于没有任何其他竞争因素，垄断厂商可以控制和操纵市场价格。对于这样的行业，政府一般对其价格的决定和提高有所控制。

完全竞争行业和垄断行业是两种极端的情况，在现实经济生活中，通常存在的是垄断竞争行业和寡头行业。很多行业的产品都有替代品，当一种商品的价格过高时，消费者会转向价格较低的商品。一般来说，竞争程度较高的行业，商品价格和企业利润受供求关系影响较大，投资风险也较大；垄断程度较高的行业，商品价格和企业利润受到的影响较小，投资风险也较小。

(二)行业的竞争结构分析

行业竞争分析比较注重行业内公司的获利能力，因为盈利的增长比销售增长更能刺激投资收益率的提高。美国哈佛商学院教授迈克尔·波特认为，一个行业内激烈竞争的局面源于其内在的竞争结构，而行业盈利的增长潜力取决于行业的竞争激烈程度。一个行业内存在着五种基本竞争力量，即行业内现有竞争者、潜在进入者、替代产品、需求方和供应商。

现有厂商的竞争主要分析行业内竞争激烈程度是趋于缓和还是激烈。当各个厂商的实力相当时，为了维持各自市场份额或者争夺更多的市场，必然会采取相应的措施。在产品没有差异的情况下，可能出现价格战，这会导致行业利润下降。潜在进入者一般出现在垄断行业中，由于行业被较少的厂商垄断，进入壁垒比较高，使得该行业的利润比较高，正因为如此，才会吸引更多的潜在进入者，导致竞争的加剧，最终行业利润率和投资回报率必然降低。替代品的存在对厂商向消费者索要高价做了无形的限制，因为过高的价格必然导致部分消费者选择替代品。根据替代程度不司，替代品的范围也有差别，替代程度越大的产品对行业的威胁越大。如果需求方垄断了购买市场，那么需求方将掌握谈判的主动权，进而会压低购买价格，从而降低企业的盈利能力。如果供应商垄断了供给市场，那么供给方将会有更强的谈判力，进而从需求方行业中赚取更高的利润。

从静态角度看，这五种基本竞争力量的状况及其综合强度，决定着行业内竞争的激烈程度，决定着行业内的企业可能获得利润的最终潜力。从动态角度看，这五种竞争力量抗衡的结果，共同决定着行业的发展方向，决定着行业竞争的强度和获利能力。

行业市场结构的基本特征可以总结为集中度、规模经济(以及和行业规模相比显著的规模)以及产品差异。产品差异和行业集中度影响行业内现存企业之间的价格和利润率的竞争；规模经济、产品差异决定了进入壁垒的高低，并因此决定维持较高的价格和利润率而不引入新的外部竞争的范围(见图 7—1)。

1. 集中度比率

行业中最大的 n 家厂商的产出占行业总支出的比例，即集中度比率 CR_n。有关行业集中度与盈利能力之间关系的实证研究最早是由贝恩做出的，贝恩选择了 42 个美国的四位数行业

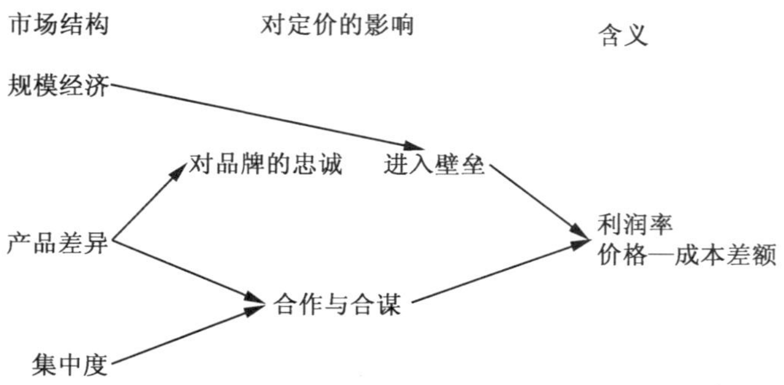

图 7—1　市场结构和行业盈利能力之间的基本关系

(四级科目的细分行业),计算了每个行业中的八厂商集中度比率(CR_8),他发现,CR_8 大于70%的部门,其税后利润占股东权益的比例平均为 11.8%,高于集中度较低的行业的平均水平 7.5%。行业集中度是盈利能力的重要决定因素。

2. 产品差异和规模经济

产品差异与进入壁垒有关,显著的规模经济既与较高的行业集中度相联系,又与表现为沉没成本的较大的进入壁垒相联系。

3. 进入壁垒

尽管行业集中是获得较高的盈利能力的必要条件,但并不是充分条件。如果进入壁垒较少甚至没有的话,新进入者的竞争将使超额利润消失。因此,盈利能力将依赖于那些影响行业进入的市场结构因素。进入壁垒主要有三类:

(1)现有销售者由于专利技术或对资源的优先权而获得的绝对成本优势;

(2)现有的产品差异,包括专利以及引导顾客建立对现有产品的偏好;

(3)现有的规模经济,包括绝对规模和与行业规模相比的相对规模。

进入壁垒是收益的主要决定因素,进入壁垒越高,利润率越高,尽管高的进入壁垒大体与高的集中度相关,有些集中度高而进入壁垒适度或较低的行业,其利润率明显偏低。

(三)经济周期与行业分析

行业发展一般受经济周期的影响比较大,但对不同行业影响的程度不同,根据经济周期与行业发展的相互关系,可以将行业划分为增长型行业、周期型行业和防守型行业。

1. 增长型行业

增长型行业的发展状态与整个国民经济活动总体水平的周期及其振幅无关。这些行业的收入增长率并不会随着经济周期波动而呈现出同步的变化;在经济高涨时,它的发展速度通常高于平均速度,在经济衰退时所受影响较小。因为它们主要依靠自身的技术进步、新产品推出、高质量的服务和改善经营。例如,近几十年来,计算机的发展就表现出这种形态。然而,由于增长型行业与经济周期无关,它们的股票价格不会随经济周期的变化而变化,使得投资者很难把握投资时机。

2. 周期型行业

周期型行业的运动状态与经济周期紧密相关。当经济繁荣时,这些行业就会紧随其扩张;当经济衰退时,这些行业也随之收缩,如钢铁、能源、耐用消费品、旅游等。

3. 防守型行业

防守型行业的经营状况受经济周期的影响小，因为该行业的产品需求相对稳定，需求弹性小。不管经济周期处于什么阶段，它们一般都能保持一定的发展态势，甚至在衰退时期也能取得稳定发展。该类型行业的产品往往是生活必需品或是必要的公共服务，公众对其产品有相对稳定的需求，因而行业中有代表性的公司盈利水平相对稳定，例如食品行业、公用事业、药品业等。

(四)行业生命周期分析

1. 每个行业都要经历从产生到衰退这一过程。这一过程又可以分为几个发展阶段，每个阶段表现出不同的特点，这就是行业的生命周期。一般将行业的生命周期划分为幼稚期、成长期、成熟期、衰退期四个阶段。

(1)幼稚期

这个时期是一个行业的起步阶段，只有为数不多的投资公司投资于这个新兴的行业。由于技术不成熟，行业的产品品种单一，质量较低且不稳定，行业因为刚创立，需要投入较高的研发费用，使得成本居高不下。另一方面，作为新行业，产品被大众了解还需要一个过程，致使产品市场需求狭小，销售收入较低，所以行业的利润微薄，甚至亏损。较高的产品成本和价格与较小的市场需求之间的矛盾使得创业公司面临很大的市场风险，创业公司还可能因财务困难而引发破产风险。

由于投资者对处于创业阶段的行业缺乏信心，对行业前景还无法形成良好的预期，股票价格不会上升，基本处于风险高、收益低的状态。在幼稚期的后期，随着行业生产技术的成熟、生产成本的降低以及市场需求的扩大，新行业便逐渐由高风险、低收益的幼稚期进入高风险、高收益的成长期。

(2)成长期

这个阶段表现出竞争加强、价格下降、利润上升的特点。由于企业的生产技术逐渐成形，产品得到了市场的认可。在需求的推动下，产品的销售数量迅速增加。企业开始盈利，利润水平逐渐提高。随着市场需求的进一步膨胀，将有更多的厂商进入这个行业。产品也逐步从单一、低质、高价向多样、优质和低价方向发展，出现了生产厂商之间和产品之间相互竞争的局面。随着竞争的加剧，产品价格急速下降。进入成长期后期，生产厂商不仅依靠扩大产量和提高市场份额来获得竞争优势，同时还需不断提高生产技术水平，降低成本，研制和开发新产品，从而战胜或紧跟竞争对手，维持企业的生存。在这个过程中，一些基础不稳、经营无方和效益低下的企业逐渐被大企业兼并，最后，只剩下少数几个实力雄厚的大企业主导着这个市场。由于市场需求基本饱和，产品的销售增长率减缓，迅速赚取利润的机会减少，整个行业进入稳定期。

(3)成熟期

进入成熟期的行业市场已经被少数资本雄厚、技术先进的大厂商控制，各厂商分别占有自己的市场份额，整个市场的生产布局和份额在相当长的时间内处于稳定状态，这一阶段对产品的需求仍在扩大，销售数量继续增加，但增长率开始下降，生产和价格都比较稳定，竞争很激烈，但程度有所缓和。厂商之间的竞争逐渐从价格手段转向各种非价格手段，如提高质量、改善性能和加强售后服务等。行业的利润由于一定程度的垄断达到了较高的水平，而风险却因市场结构比较稳定、新企业难以进入而较低。

在成熟阶段，行业的发展一般低于国民经济的发展速度。而在宏观经济衰退时，成熟型行业还可能遭受较大损失。但是，由于技术创新的原因，某些行业或许实际上会有所增长。因此，这一阶段的证券市场价格表现为：价格处于较高的位置，市场的整体内在价值小于市场价格，投资者对市场的预期明显不如成长期的良好预期。当大部分行业的利润处于稳定或下降阶段时，其股票的价格由原来的高点逐渐走低，直至行业进入衰退期。

(4)衰退期

在经过一个较长的成熟期后，行业进入了衰退期。在这个时期，由于新产品和替代品的出现，原有行业的竞争力下降。市场需求开始逐渐减少，产品的销售量也开始下降。再加上新的有利可图的行业的出现，使得某些厂商开始转移资金，而原行业出现了厂商数目减少、利润水平停滞不前或不断下降的萧条景象。至此，整个行业进入了衰退期。从历史上看，大量的行业都是衰而不亡，甚至会与人类社会长期共存，例如纺织业、烟草业等。

2. 一般可以从以下几个方面来判断某个行业所处的实际生命周期阶段：

(1)行业规模。随着行业的兴衰起伏，行业的市场容量有个“小—大—小”的过程。行业的资产总规模也经历“小—大—萎缩”的过程。

(2)产出增长率。产出增长率在成长期较高，在成熟期以后降低，经验数据一般以15%为界。到了衰退期，行业处于低速运行状态，有时候甚至处于负增长状态。

(3)利润率水平。利润率水平是行业兴衰程度的一个综合反映，一般都有“低—高—稳定—低—严重亏损”的过程。

(4)技术进步和技术成熟度。随着行业的兴衰起伏，行业的创新能力有一个强增长到逐步衰减的过程。技术成熟度有个“低—高—老化”的过程。

(5)开工率。长时期的开工充足反映了行业处在成长或成熟期间的景气状态。衰退期一般伴随着开工不足。

(6)资本进退。行业生命周期中的每个阶段都会有企业的进退发生。在成熟期以前，进入的企业数量及资本量大于相应的退出量；而进入成熟期，进入的企业数量及资本量与相应的退出量有一个均衡的过程；在衰退期，则退出超过进入，行业规模逐渐萎缩，转产、倒闭时有发生。

3. 一个行业的兴衰会受到诸多因素的影响，主要有技术进步、产业政策、社会习惯的改变以及经济全球化。

(1)技术进步

技术进步在行业的发展过程中起着非常重要的作用，一项新技术的应用就有可能诞生一个新兴的行业，同时也会使一个行业进入衰退期，甚至消亡。例如，电灯的发明大大削弱了对煤油灯的需求。激光排版技术的诞生，使传统的铅字排版技术消亡了。

世界经济的发展表明，在农业经济时代科技贡献率只占10%，在工业经济后期占40%，到了当今信息经济时代要占80%以上。科学技术的发展推动了经济发展和社会进步，带来生产方式、营销方式和管理方式的深刻变化，也必然导致新兴行业的兴起和落后行业的消亡。

(2)产业政策

从经济发展的历史来看，无论是奉行经济自由主义还是强调政府干预的国家，都对经济有着不同程度的干预。日本就是通过强有力的产业政策才使其经济在第二次世界大战后飞速发展，美国在发生经济大危机以后加强了政府干预才使经济走出衰退。

政府影响和干预经济的目的在于维护经济的公平和自由竞争，保证经济的健康运行和发展。干预的行业主要有：自然垄断型行业，主要包括电力、供水、排污、邮电等；关系到经济发展全局和国家安全的行业，主要包括金融业、高科技、传媒、教育事业、国防事业等；一般竞争性行业，政府的作用主要是反垄断、维护自由和公平竞争。

政府对行业的干预主要是通过补贴、税收、关税、信贷、价格等经济手段来实现的，除此之外，还包括规划指导、额度限制、市场准入、企业规模限制、环保标准限制、直接行政干预。

政府对于行业的管理和调控主要是通过产业政策来实现的。产业政策是国家干预或参与经济的一种形式，是有关产业发展的政策目标、政策措施的总和。一般认为，产业政策可以包括产业结构政策、产业组织政策、产业技术政策和产业布局政策等。

(3)社会习惯的改变

随着人们生活水平和受教育程度的提高，消费心理、消费习惯、文明程度、社会责任感会逐渐改变，从而引起对某些商品的需求变化并进一步影响行业的兴衰。例如，大众环保意识的提高推动了环保产业的迅速发展，也令造纸业、化工业这些污染大户面临严峻的考验。在温饱问题解决后，人们更注重生活质量的提高。例如，绿色食品备受青睐，对健康投资从注重保健品转向健身器材，在物质生活丰富后注重智力投资和丰富的精神生活。

在社会习惯的变迁过程中，国际文化交流起着重要的作用。例如，我国传统上以勤俭为持家原则，但在国际交往过程中逐渐接受了超前消费的观念，相信这一转变将会对许多行业的发展产生深远的影响。除此之外，人类对经济利益的追求以及由此展开的激烈竞争也是一个重要的影响因素。从某种意义上讲，它是经济发展和行业不断升级的内在动因。

(4)经济全球化

随着高新技术行业逐渐成为发达国家的主导产业，传统的密集型行业甚至是低端技术的资本密集型行业将加快向发展中国家转移。这使原本在发达国家进入衰退期的行业得以存活下来，甚至还能得到进一步发展。选择性发展将是未来各国形成优势产业的重要途径。因为一个国家受到技术水平、资源潜力的限制，不可能在所有领域都取得领先优势。产业全球化导致的国际竞争和国际投资因素，将会影响行业结构发生很大变化。比如近年来美国汽车工业受到日本、西欧甚至韩国汽车的挑战，这将会影响美国汽车行业生命周期的发展。

三、行业分析的具体应用

(一)国内外主要行业分类分析

1. 主要行业分类标准

(1)投资型：北美行业分类系统(GICS)，由摩根士丹利资本国际公司(MSCI)和标准普尔(S&P)公司联合发布；富时全球分类系统(FTSE)，由金融时报和伦敦证券交易所共同开发拥有。

(2)管理型：联合国国际标准产业分类(ISIC)，北美行业分类系统(NAICS)，国家统计局行业分类标准，中国证监会《指引》。

2. 两种分类标准的目的不同

(1)投资型：为投资者的投资分析、业绩评价、资产配置或指数跟踪基金服务。

(2)管理型：反映国民经济内部的结构和发展状况。

3. 两种分类标准的原则、结构与层次不同

(1)投资型：以产品导向为基础，结合消费者的市场需求，考虑行业的投资价值同一性，从生产者立场向消费者立场转移，将消费特征作为分类的主要依据，淡化了商品和服务的区别，也淡化了三类产业的概念。

(2)管理型：以产品导向为主，站在生产者的立场，以三类产业的划分为依据。

4. 两种分类标准的数量不同

(1)投资型：GICS 最细一级子行业仅有 123 个，仅对上市公司进行分类，是以盈利为目的的经营活动单位。

(2)管理型:NAICS 体系中行业一共有 1 170 个,国家统计局标准中行业小类有 913 个,对所有以营利或不以营利为目的的产业活动单位分类。

(二)GICS 和 FTSE 分类标准的区别

1. 具体分类方法不同

GICS 首先考虑收入,其次考虑利润(原因一是收入比利润波动小,更能准确地反映公司的活动;二是大部分公司都提供收入的行业和地区分解数据;然而,由于公司的价值与利润的联系更紧密,所以利润仍然是要考虑的一个重要因素)。

FTSE 主要考虑公司各项业务的税前利润在总利润中所占的比例,并不考虑公司的收入。

2. 分类原则有差异

GICS 更注重产品的市场需求与消费特征;FTSE 尽管已经与管理型分类有了质的变化,但与 GICS 相比,更注重产品的经济性质或生产过程。

3. 行业投资机会的判断不同

GICS 以发展的角度看待行业,认为行业的投资价值在于其未来的发展前景;FTSE 以静态的角度看待行业,因而非常注重行业的经济周期敏感性,这是因为如果行业非常稳定,那么其投资机会就仅在于随经济波动而发生的周期性行业增长与衰退。

4. 分类标准的层次不同

GICS 为四级分类,而 FTSE 为三级分类。

(三)GICS 作为中国投资型行业分类标准的基本依据

1. 公司进行行业归类时,在收入和利润两种因素中,以收入为主更适合中国国情。

2. 采用 GICS 是中国投资行业与国际接轨、吸引国外投资的需要。

3. GICS 更适合现代投资分析的需要,能反映经济发展的最新特征。例如,重视行业的消费特征和市场需求,对于商品和服务不加区分等。

4. GICS 一定程度上反映了中国产业结构未来发展的趋势,例如服务业和信息产业的迅速扩张等。

(四)全球行业分类标准(GICS)证券分类示例

MSCI 和标准普尔公司联合制定了全球行业分类标准(GICS),根据该标准,我们可将股权集合中的所有证券归类到最能描述其商业活动的行业中去。

1. GICS 的架构

全球行业分类标准由 10 个部门、23 个行业组、59 个行业和 123 个子行业构成。其层次等级如图 7—2 所示。

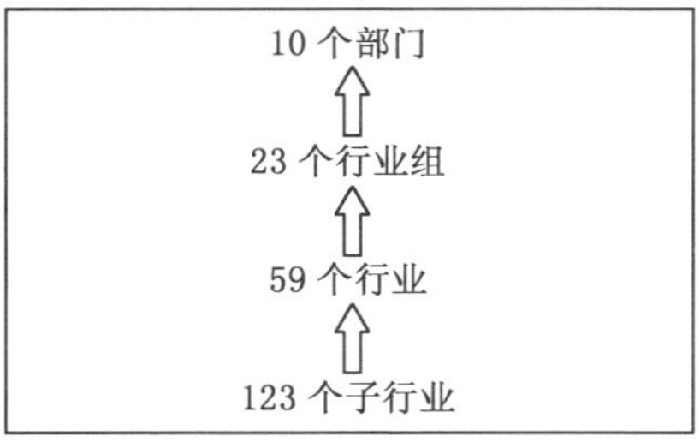

图 7—2 全球行业分类标准

GICS 的 10 个部门分类如下：

(1)能源；

(2)材料；

(3)工业；

(4)可选消费品(即按照消费者意志量身定做的个性化产品，与大宗消费品相对)；

(5)大宗消费品；

(6)健康护理；

(7)金融；

(8)信息技术；

(9)电信服务；

(10)公用事业。

GICS 在公司归类上以市场需求为导向。例如，由于产品和服务的日益一体化，将两者截然分开是武断的。因此，采取更为市场化的分类方法，将其归类为“可选消费品”或“大宗消费品”。

2. 全球行业分类标准下公司的行业分类

在全球行业分类标准下，按照公司的主要业务活动，我们将每家公司归类到唯一的一个子行业中。因此，一家公司在 GICS 的四个不同层次中的归类也是唯一的。

将公司归入到其各自所属的子行业中是一件复杂的事情，当公司环境不断变化时尤其如此。在对公司归类时，我们应遵循以下原则：

(1)如果公司某项主营业务的收入占公司总收入的 50%以上，则该公司归属该项业务对应的行业；

(2)如果公司没有一项主营收入占到总收入的 50%以上，但某项业务的收入和利润均在所有业务中最高，而且均占到公司总收入和总利润的 30%以上，则该公司归属该业务对应的行业；

(3)如果公司没有一项业务的收入和利润占到 30%以上，则由中心策略小组确定其行业归属。

IT 部门的 GICS 分类可参见图 7—3。

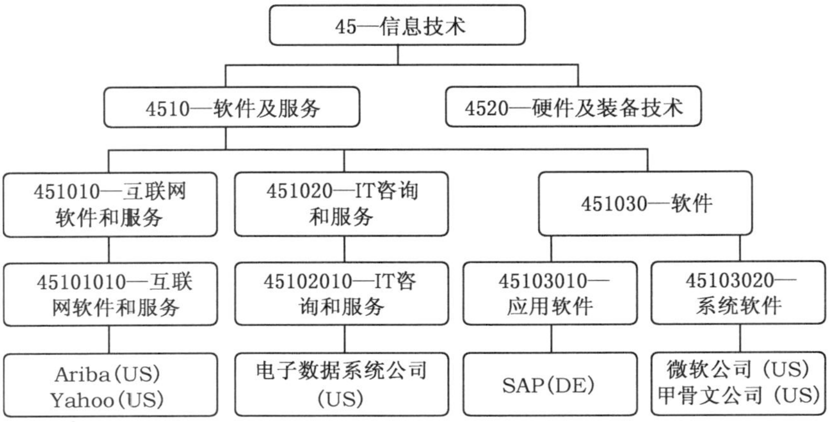

图 7—3 GICS 分类举例：IT 部门

当实质性的公司重组出现或新的年报出现时，我们需要对公司的子行业归类进行重新审视。为了保持行业分类的稳定性，我们希望将行业分类的变动降到最低水平。也就是说，如果公司商业活动的变动只是暂时性的，我们倾向于不调整其行业分类。

(五)行业与公司研究中心行业组的划分

(1)能源、材料(Energy、Materials)组：能源设备与服务；原油与天然气；化学；建筑；容器与包装；金属与采矿。

(2)工业、可选消费(Industry、Consumer Discretionary)组：货物；商业服务与供应；运输；汽车及配件；耐用消费品与服装；旅馆、饭店与休闲；传媒；零售。

(3)主要消费、健康护理(Consumer Staples、Health Care)组：药品零售；食品、饮料与烟草；家居与个人用品；健康护理设备；制药与生物技术。

(4)金融、公用(Financials、Utilities)组：银行；保险；不动产；其他金融；电力；煤气；水。

(5)信息技术、通信服务(IT、Telecommunication Services)组：软件及服务；硬件与设备；综合通信服务；无线通信。

(六)把握行业特点

怎样算是把握住行业特点了？以水泥行业为例。水泥行业所遇到的限制分成三类：首先，水泥行业的发展取决于建筑业的发展。水泥产品基本上用于建筑业，所以对建筑业发展周期的敏感度非常大。水泥主要是用于建筑业，在法国63%的水泥用于建造房屋，另外37%用于修建一些公路或者桥梁，还有别的一些公共设施。在经济发展比较成熟的国家，建筑业对水泥生产的影响更大一些。如果一个国家经济发展所处的状况是处于国内生产总值高度增长的时期，那么建筑发展速度远远比国内生产总值速度要快。如果这个国家处于国内生产总值是一个负增长的状态，那么建筑业萎缩的速度比国内生产总值速度要高。其次是区域性。水泥的厂家销路是逐个国家进行分析，同时要求对于在同一个国家内不同的市场上水泥产品也要根据市场的需求进行不同的调整。所以，对水泥生产厂家进行分析，首先要知道这个工厂在哪里，然后在哪一个国家，一般把这些厂家安置在离消费中心不是太远的地方。水泥运输的一个限度是200公里，超过200公里一般来说运输成本要翻番。再次是水泥生产成本中，固定成本比重很高。新建、重建一个水泥生产厂，设备、厂房的成本非常高。比如建造一个产量大概100万吨的水泥厂，在法国所需要的花费大概是10亿法郎，每吨合计1 000法郎，而一般水泥的价格仅200法郎左右。建设完以后，每年还有维修、技术更新的费用，相当于建造一个新水泥厂的3/4。一般来说，水泥厂的寿命在30～50年。对于一个新的水泥厂来说，折旧费用自然是相当高的。根据不同的国家、不同的厂家，一般估计整个折旧费用占整个建设成本的35%左右。

(七)行业评价体系设计

1. 定性指标

(1)行业类型：

①垄断性行业？寡头垄断或者完全竞争？行业集中度如何？

②行业所处生命周期的阶段？

③周期性行业？

(2)行业内公司业绩是否差异性较大？

2. 定量指标

需要考虑的指标包括总资产、工业总产值、收入指标、利润指标、增长指标、景气指标等。

(1)占比指标

占比指标比较能够反映行业代表性。我们可以考察行业上市公司销售收入/行业销售收入、行业上市公司总资产/行业总资产、行业上市公司个数/行业公司个数、行业上市公司利润/行业利润等占比指标,占比越高,说明上市公司的行业代表性越强。

(2)增长指标

增长指标比较能够反映行业相关性。我们可以考察行业上市公司销售收入增长率/行业销售收入增长率、行业上市公司利润增长率/行业利润增长率等增长指标;指标越接近1,说明相关性比较好。

3. 各个行业的特殊指标

比如旅游行业的客房出租率等。

4. 确定评级

在与行业分析师探讨的基础上,确定行业各个指标的权重,然后进行评分,根据评分的结果,确定行业相关性的评级。有的行业如果数据不全的话,是否考虑就某一方面做出评价,比如收入的相关性、利润的相关性等?考虑先选一个行业作为模板,做出评价之后再推广到所有行业。

以中国证监会行业评级为例,共分五个评级:

(1)看好:未来6个月相关行业指数领先A股指数15%以上;

(2)向好:未来6个月相关行业指数领先A股指数5%~15%;

(3)中性:未来6个月相关行业指数与A股指数的变动幅度相差-5%~5%;

(4)向淡:未来6个月相关行业指数落后A股指数5%~15%;

(5)看淡:未来6个月相关行业指数落后A股指数15%以上。

第四节 证券投资的公司因素分析

前面我们分析了宏观经济因素和行业因素对证券价格的影响,但对投资者来说,进行投资决策还必须进行公司分析。只有通过分析潜在投资对象的资本结构、财务状况、经营管理水平、盈利能力、竞争实力等,才能适当地确定公司股票的合理定价,进而通过比较市场价位与合理定价的差异而进行投资决策。

一、公司分析概述

(一)定义

从经济学角度来看,所谓公司,是指依法设立的从事经济活动并以营利为目的的企业法人。当然,由于社会习惯、经济、文化及法律的差异,各国对公司的定义也各不相同。我国现行法律没有对公司做直接的定义。但根据我国《公司法》有关条款所揭示的公司本质特征,公司应该是指依照法定条件和程序设立的,从事商品生产经营或者提供服务的,以营利为目的的商业组织。具体是指其全部资本由股东出资构成,股东以其出资额或所持股份为限对公司承担责任,公司以其全部资产对公司债务承担责任。

公司股票按其是否上市流通为标准,可分为上市公司和非上市公司。根据我国《公司法》的规定,我国上市公司是指其所发行的股票经国务院或者国务院授权证券管理部门批准在证券交易所上市交易的股份有限公司。

(二)公司分析的意义

在实际投资活动中,投资者对于上市公司的了解是必要的,否则其收益将面临很大的风险。因此,无论是进行判断投资环境的宏观经济分析,还是进行选择投资领域的中观行业分析,对于具体投资对象的选择最终都将落实在微观层面的上市公司分析上。

公司分析中最重要的是公司财务状况分析。财务报表通常被认为是最能够获取有关公司信息的工具。在信息披露规范的前提下,已公布的财务报表是上市公司投资价值预测与证券定价的重要信息来源。证券分析师对真实、完整、详细的财务报表的分析,是其预测公司股东收益和现金流的各项因素的基础,也是做出具体投资建议的直接依据之一。另外,就投资者个人而言,宏观面分析与中观面分析难度较大,不具备分析基础,而相对简单、直接且行之有效的就是公司分析。

二、公司分析的主要内容

(一)公司行业地位分析

公司在行业中的竞争地位分析是进行公司分析的首要任务。在大多数行业中,无论其行业平均盈利能力如何,总有一些企业比其他企业具有更强的获利能力,它们在这个行业中处于优势地位。对于公司之间的比较,只有放在行业背景下才能得出比较客观的结果。公司在所处行业中的地位如何将影响其在行业中的竞争优势,进而影响其成长性、营利性、经营的风险性等各个方面。具体可从以下几个方面来分析:

1. 技术水平

技术水平是决定公司竞争地位的首要因素。在其他条件相同的情况下,拥有高技术水平的公司能够生产出质量好、价格低的产品,从而在竞争中处于优势地位。

2. 市场占有率

市场占有率是指一个公司的产品销售量占该类产品整个市场销售总量的比例。可以从两个方面来分析:第一,公司产品销售市场的地域分布情况。从这一角度可将公司的销售市场划分为区域型、全国型和世界型。第二,公司产品在同类产品市场的占有率。市场占有率越高,表示公司的竞争力越强,公司的销售和利润水平越好、越稳定。例如,美国的可口可乐公司在其发展历史中无时无刻不显示出其强大的市场开拓能力,这使得它的产品遍及全球,并且在各个销售区域都拥有较高的市场占有率。

3. 新产品研发程度

一个公司的竞争地位能否长久维持,关键是新产品的研发能力。在科技迅速发展的今天,只有不断进行产品创新、技术改造,企业才能得到不断发展,才不至于被其他企业打败。研发投入是决定公司研发能力最重要的指标。按照国际上比较一致的看法,研发资金占销售额2%的企业仅能维持,占5%的才有较强的竞争能力。

4. 经营管理能力

公司经营能力的强弱也会影响公司的竞争地位,这将在下文介绍。

(二)公司产品分析

前面的行业地位分析主要关注公司的整体竞争力,这里我们主要对具体产品进行分析,特别是公司的主营业务产品。产品的质量、性能、样式、包装给消费者带来的满足程度如何,产品成本与同行业其他公司的成本相比是高是低,这些都会影响公司的盈利能力和竞争地位,因此这里的产品分析实际上是行业分析的一个延伸。下面我们从成本优势、技术优势、质量优势和品牌优势四个方面进行分析。

1. 成本优势

成本优势是指公司的产品依靠低成本获得高于同行业其他企业的盈利能力。在很多行业中,成本优势是决定竞争优势的关键因素。如果公司能够创造和维持成本领先地位,并创造出与竞争对手相似的产品,那么它只要将产品的价格控制在行业的平均价格水平,就能获得优于平均水平的经营业绩,甚至可以通过降价策略,挤占竞争者,夺得更大的市场份额。一般来说,产品的成本优势可以通过规模经济、专有技术、科学的管理以及强大的营销网络来实现。

2. 技术优势

技术优势是指公司拥有的比同行业其他竞争对手更强的技术实力及其研究与开发新产品的能力。在信息时代,技术优势越发显得重要,决定了公司竞争的成败。因此,大公司都会投入一个相当比例的研发费用。产品的创新包括:通过新核心技术的研制,开发出一种新产品或提高产品的质量;通过新工艺的研究,降低现有的生产成本,开发出一种新的生产方式;根据细分市场进行产品细分,实行产品差异化生产;通过对产品组成要素的重新组合,对现有产品进行改进。

3. 质量优势

质量优势是指公司的产品以高于其他公司同类产品的质量赢得市场,从而取得竞争优势。在产品功能同样的情况下,消费者更喜欢质量好的产品。如果公司能够在成本相当的条件下生产出这样的产品,必然赢得市场。也就是说,在与竞争对手成本相等或成本接近时,具有质量优势的公司就会在该行业中占据领先地位。

4. 品牌战略

品牌是一个商品名称和商标的总称,它是整体产品的一部分,是制造商为其产品规划的商业名称,基本功能是将制造商的产品与竞争公司的同类产品区别开来。美国营销学权威菲利普·科特勒认为:品牌就是一个名字、名词、符号或设计,或是上述的总和,其目的是要使自己的产品或服务有别于其他竞争者。一个品牌不仅是一种产品的标识,而且是产品质量、性能、满足消费者效用可靠程度的体现。当产业发展到成熟阶段时,品牌就成为产品及企业竞争力的一个更加重要的因素。品牌具有创造市场、联合市场、巩固市场的功能。

(三)公司经济区位分析

经济区位是指地理范畴上的经济增长点及其辐射范围。不同的上市公司处于不同的地理位置和行政区域,而不同区位的自然条件、资源状况、产业政策等方面都不相同,因此,必须将上市公司的价值分析与区位经济的发展联系起来,以便分析上市公司未来发展的前景,确定上市公司的投资价值。我们从以下三个方面进行分析。

1. 自然条件与基础设施

自然条件和基础设施包括矿产资源、水资源、能源、交通、通信设施等。它们在区位经济发展中起到重要作用,也对区位的上市公司的发展起着重要的限制或促进作用。分析区位内的自然条件和基础条件,有利于分析该区位内上市公司的发展前景。如果上市公司所从事的行业与当地的自然和基础设施不符,公司的发展可能会受到很大的制约,如在风力贫乏的地方进行风力发电。

2. 产业政策

为了进一步促进区位经济的发展,当地政府一般会相应制定经济发展的战略规划,提出相应的产业政策,确定区位优先发展和扶植的产业,并给予相应的财政、信贷及税收等诸多方面的优惠措施。这些措施有利于引导和推动相应产业的发展，相关产业内的公司将因此受益。如果区位内上市公司的主营业务符合当地政府的产业政策，一般会获得诸多政策支持，对上市公司的进一步发展有利。

3. 区位内的比较优势和特色

区位内的比较优势，是指区位内经济与区位外经济的联系和互补性、龙头作用及其发展活力与潜力的比较优势。特色在某种意义上意味着优势，利用自身的优势来发展本地经济，无疑是一个好的选择。比如某区位在玩具加工方面形成了优势和特色，并形成了集聚效应。那么该区位内相关的上市公司，在同等条件下，比竞争者具有更多的优势和发展空间。

(四)公司经营管理能力分析

公司的经营效率和管理能力直接影响公司的盈利和长期发展，是投资者在选择投资对象时必须要考虑的因素之一。规范的公司法人治理结构以及经理层、从业人员的素质和创新能力是公司保持较高经营管理能力的保证。

1. 公司法人治理结构

公司的法人治理结构有狭义和广义之分。狭义的法人治理结构是指有关公司董事会和股东权利等方面的制度安排；广义的法人治理结构是指有关企业控制权和剩余索取权分配机制的一整套法律、文化和制度安排，包括人力资源管理、收益分配和激励机制、财务制度、内部制度和管理等。健全的公司法人治理机制至少包括以下几个方面：

(1)股权结构。股权结构是公司法人治理结构的基础，许多上市公司的治理结构出现问题都与不规范的股权结构有关。规范的股权结构包括三层含义：一是降低股权集中度，改变“一股独大”的局面；二是流通股股权适度集中，发展机构投资者、战略投资者，发挥它们在公司治理中的积极作用；三是股权的普遍流通性。

(2)董事会决策机制。董事会作为公司的决策机构，对于公司法人治理机制的完善具有重要作用。既要赋予董事会合理充分的权力，也要建立对董事会的约束机制，好的董事会能够代表全体股东的利益，并且引导公司走向良性发展之路。

(3)独立董事制度。在董事会中引入独立董事制度，可以加强公司董事会的独立性，这有利于董事会对公司的经营决策做出独立判断。2001 年 8 月，中国证监会发布了《关于在上市公司建立独立董事制度的指导意见》，要求上市公司在 2002 年 6 月 30 之前建立独立董事制度。这对于我国上市公司独立董事制度的建立无疑具有重大的指导意义。

(4)监事会的独立性和监督责任。一方面，应该加强监事会的地位和作用，增强监督制度的独立性和加强监督的力度，限制大股东提名监事候选人和作为监事会召集人；另一方面，应该加大监事会的监督责任。

(5)利益者的共同治理。相关利益者包括员工、债权人、供应商和客户等主要利益相关者。相关利益者共同参与的共同治理机制可以有效地建立公司外部治理机制，以弥补公司内部治理机制的不足。

2. 公司经理层的素质

所谓素质，是指一个人的品质、性格、学识、能力、体质等方面特性的总和。经理层人员应当通晓现代化管理的理论知识，具有实际的管理经验，有开拓进取精神，工作态度严谨，具备较强的组织指挥能力，熟悉企业的生产工艺流程和经营的状况，能够合理地安排生产计划，灵活处理各种意外情况。因此，经理人员的素质是决定企业能否取得成功的一个重要因素。在一定意义上，是否有卓越的企业经理人员和经理层，直接决定着企业的经营成果。

3. 人员素质和创新能力

公司的经营任务要通过业务人员加以完成。因此，公司业务人员的素质对公司的发展起到很重要的作用。员工的素质主要体现在专业技术能力、对企业的忠诚度、责任感、团队合作精神和创新能力等。

4. 公司治理结构和管理体系分析

公司治理结构主要包括公司的股权结构、董事会构成、董事会的权力、其他股东维护其权益的渠道、激励与约束机制等。管理体系则包括企业家能力、发展战略、组织与激励等要素。目前衡量治理结构和管理体系一般多采用定性描述，这种方法难免失于主观。境外研究机构在比较不同企业的管理水平时采用了“人均主营收入”和“人均净利润”两项指标，并用图 7－4 具体标出各企业的位置，结论是：位于第四象限的 D 公司，其管理水平最高。采用这种方法既直观又客观，但应用范围主要在于同行业内部企业的对比分析。

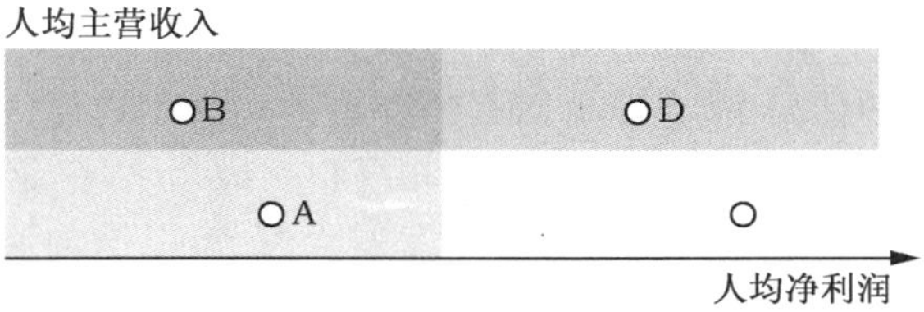

图 7—4　不同企业管理水平指标模型

5. 公司价值链分析

企业活动可以依据价值链分解为价值运动的许多环节，从而形成三条价值链：纵向价值链、横向价值链、内部价值链。纵向价值链主要反映从资源到产品的价值运动，即包括企业与上游供应商、下游销售商的往来关系；横向价值链主要反映同类产品在不同生产者之间的价值运动状况，其意义在于找出与竞争对手在作业活动上的差异；内部价值链包括企业基本职能活动、人力资源管理、技术开发、采购、后勤、生产经营、营销、服务等。通过对企业价值链各环节进行分析，可以得出企业的竞争优势与不足。

(五)公司成长性分析

公司的价值在于长久维持好的盈利能力，这取决于公司的成长性。公司的成长性分析包括公司经营战略分析、公司竞争战略分析、公司规模变动特征以及扩张潜力分析。

1. 公司经营战略分析

战略是企业面对激烈的竞争与严峻挑战的环境，为求得长期生存和不断发展而进行的总体性谋划。经营战略是在服从和保证实现企业使命的前提下，在充分利用环境中存在的各种机会和创造新机会的基础上，确定企业同环境的关系，规定企业从事的经营范围、成长方向和竞争对策，合理调整企业结构和分配企业的资源。经营战略具有全局性、长远性和纲领性，它从宏观上规定了企业的成长方向、成长速度及其实现方式。由于经营战略直接牵涉到企业未来的发展方向，其决策对象是复杂的，所以常常面对突发性和难以预料的问题。因此，对公司经营战略的评价比较困难，难以标准化。一般来说，公司的总体战略可以分为稳定型战略、增长型战略和紧缩型战略。稳定型战略是指在内外环境的约束下，公司在战略上所期望达到的经营状况基本保持在战略起点的范围和水平上。按照稳定型战略，公司所遵循的经营方向是使其在目前经营领域内所达到的产销规模和市场地位大致不变或以较小的幅度增长或减小。

增长型战略也称为发展战略，是指企业在现有的战略基础上向更高一级的方向发展。紧缩型战略是指公司偏离起点，而从目前的战略经营领域和基础水平收缩和撤退的一种经营战略。

2. 公司竞争战略分析——SWOT 模型

竞争战略，又称经营战略或商业战略，其中心内容是寻求在某一特定产业或市场中建立竞争优势，基本的竞争战略包括成本主导型(Low-cost)和差异营销型(Differentiation)。安德鲁斯在《企业战略概念》一书中所提出的战略理论及其分析构架(也称为“道斯矩阵”)，一直被人们视为企业竞争战略的理论基础。在安德鲁斯的 SWOT 分析构架中，S 是指企业的强项(Strength)，W 是指企业的弱项(Weakness)，O 是指环境对企业提供的机遇(Opportunity)，T 是指环境对企业造成的威胁(Threats)。该分析方法的基本思路是，通过揭示企业面临的机会与威胁、优势与弱点，将外部的机会、威胁与企业内部的优势、弱点匹配起来，形成不同的竞争战略。

3. 公司规模变动特征以及扩张潜力分析

新古典经济学认为，企业可以通过调整规模而达到利润最大化，这就是企业对规模经济追求的动力。在技术一定的情况下，企业可以调整产量达到最优规模的水平。但也不是规模越大越好，它会受到技术条件的制约。因此，为了实现利润最大化，企业必须有一个适度的规模。公司规模变动及扩张潜力一般与其所处的行业发展阶段、市场结构、经营战略密切相关，它是从微观方面具体考察公司的成长性的。可从以下几方面进行分析：

(1)规模扩张是由供给推动还是由市场需求拉动所致，是通过公司的产品创造市场需求还是生产产品去满足市场需求，是依靠技术进步还是依靠其他生产要素等，以此找出企业发展的内在规律。

(2)分析公司历年的销售、利润、资产规模等数据，把握公司的发展趋势，是加速发展、稳步扩张，还是停滞不前。

(3)将收入、利润、资产规模等数据及其增长率与行业平均水平及主要竞争对手的数据进行比较，了解其行业地位的变化。

(4)预测公司主要产品的市场前景及公司未来的市场份额。对公司的投资项目进行分析，并预计其销售和利润水平。

(5)分析公司的财务状况以及公司的投资和筹资潜力。

三、公司财务分析

公司财务分析是证券投资分析的主要内容。公司财务分析的对象是上市公司定期公布的财务报表。财务报表能综合反映企业在一定会计期间内资金流转、财务状况和盈利水平的全貌，是企业向有关方面传递经济信息的主要手段。通过分析财务报表，能够发现账面会计数据间的相互关系、在一定时期内的变动趋势和量值，并以此判断公司的财务状况和经营状况是否良好，预测公司未来发展，做出投资决策。

不同的经济主体进行财务分析的目的不同，分析的侧重点也有所不同。公司的经理人员通过分析财务报表判断公司的现状、可能存在的问题，以便进一步改善经营管理。公司的现有投资者及潜在投资者主要关心公司的财务状况、盈利能力。公司的债权人主要关心自己的债权能否收回。通过密切观察公司有关财务情况，分析财务报表，得出公司短期偿债能力和长期偿债能力的判断，以决定是否需要追加抵押和担保、是否提前收回债权等。此外，公司财务报表的使用主体还包括供应商、政府、雇员和工会、中介机构等。

(一)公司主要财务报表概述

对公司财务分析主要是通过一些财务报表来进行的，在这些财务报表中，最为重要的有资产负债表、利润表、现金流量表。

1. 资产负债表

资产负债表是反映企业在某一特定日期财务状况的会计报表，它表明在某一特定日期所拥有或控制的经济资源、所承担的现有义务和所有者对净资产的要求权。根据“资产＝负债＋所有者权益”的会计基本平衡原则以及一定的分类标准和排列顺序，资产负债表分为资产和负债及所有者权益两方，如表7—1所示。

表7—1　资产负债表

编制单位：上海汽车集团股份有限公司 2018年12月31日　　单位：百万元　币种：人民币

项　目	本年累计数	上年累计数
流动资产：		
货币资金	123 771	121 611
以公允价值计量且其变动计入当期损益的金融资产	26 562	4 795
应收票据	20 960	29 642
应收账款	40 130	34 668
预付款项	18 694	29 835
应收利息	846	436
应收股利	1 684	1761
其他应收款	16 099	11 411
买入返售金融资产	664	631
存货	58 943	50 042
持有待售资产	81	—
一年内到期的非流动资产	68 483	55 300
其他流动资产	78 990	52 013
流动资产合计	453 376	389 949
非流动资产：		
发放贷款和垫款	83 623	78 577
可供出售金融资产	23 930	64 368
长期应收款	6 837	3 976
长期股权投资	70 930	67 500
投资性房地产	3 190	2 909
固定资产	69 187	58 227
在建工程	20 849	16 477
无形资产	14 008	11 745

续表

项　目	本年累计数	上年累计数
开发支出	539	2
商誉	1481	724
长期待摊费用	2 047	1 835
递延所得税资产	27 930	24 935
其他非流动资产	4 842	2 309
非流动资产合计	329 394	333 585
资产总计	782 770	723 533
流动负债：		
短期借款	16 726	15 717
吸收存款及同业存放	71 889	70 486
拆入资金	51 770	34 931
以公允价值计量且其变动计入当期损益的金融负债	977	204
应付票据及应付账款	154 827	137 661
预收款项	15 355	27 177
应付职工薪酬	9 421	9 940
应交税费	10 575	17129
应付利息	962	611
应付股利	648	679
其他应付款	67 550	60 332
一年内到期的非流动负债	14 614	16 937
其他流动负债	148	141
流动负债合计	414 323	390 973
非流动负债：		
长期借款	19 158	6 894
应付债券	13 375	7 072
长期应付款	1 198	1 024
长期应付职工薪酬	5 853	5 673
预计负债	15 266	13 461
递延收益	26 611	23 246
递延所得税负债	2 267	3 085
其他非流动负债	—	—
非流动负债合计	83 726	60 455

续表

项 目	本年累计数	上年累计数
负债合计	498 050	451 427
股东权益：		
股本	11 683	11 683
资本公积	55 323	54 868
其他综合收益	8 014	13 853
专项储备	509	409
盈余公积	40 843	37 746
一般风险准备	2 899	2 080
未分配利润	115 097	104 695
归属于母公司所有者权益合计	234 369	225 335
少数股东权益	50 352	46 771
股东权益合计	284 720	272 106
负债和股东权益总计	782 770	723 533

资料来源:公司年报。

资产方反映了该公司总资产和各类资产的构成,主要有流动资产、长期投资、固定资产、无形资产和其他资产,一般按其变现能力顺序排列。流动资产是现金和其他变现能力很强的资产,主要有现金和银行存款、期限很短的有价证券、应收账款以及原材料、在产品、库存品的存货。长期投资包括公司拥有的其他公司的股票、债券等有价证券以及其他长期投资。固定资产是指单位价值高、使用期限长、可供企业在生产经营中反复使用、具有物质实体的资产,如土地、厂房、机器设备、交通运输工具等。无形资产是公司拥有的专利权、版权、商标权和其他类似资产。

负债及所有者权益反映公司的借贷资本和自有资本,主要有流动负债、长期负债和股东权益。流动负债指短期内应清偿的债务,包括应收账款、应付票据、短期借款和未交税金等。长期负债包括长期借款、应付长期票据和公司发行的长期债务等。股东权益又称净值,是股东应享有的权益,包括普通股股东和优先股股东投资的股本、资本公积金、利润公积金。根据会计平衡公式可知,股东权益就是公司的资产总额减去负债总额,代表了属于全体股东的资产价值。

2. 利润表

利润表是反映企业一定期间生产经营成本的会计报表,表明企业运用所拥有的资产进行获利的能力。利润表把一定期间的营业收入与其同一会计期间相关的营业费用进行配比,以计算企业一定时期的净利润(或净亏损)。如表 7—2 所示。

我国一般采用多步式利润表格式。利润表主要反映以下几个方面的内容:主营业务利润＝主营业务收入－主营业务成本－主营业务税金和附加;营业利润＝主营业务利润＋其他业务利润－营业费用－管理费用－财务费用;利润总额＝营业利润＋投资收益＋补贴收入＋营业外收入－营业外支出;净利润＝利润总额－所得税－少数股东损益。

表 7—2　　　　　　　　　　　　　　利润表

编制单位:上海汽车集团股份有限公司　　　2018 年 12 月 31 日　　　　单位:百万元　币种:人民币

项　目	本年累计数	上年累计数
一、营业总收入	902 194	870 639
其中:营业收入	887 626	857 978
利息收入	12 587	11 160
手续费及佣金收入	1 981	1 502
减:营业总成本	885 172	849 399
其中:营业成本	769 986	742 382
利息支出	3 563	2 669
手续费及佣金支出	330	161
税金及附加	7 463	7 882
销售费用	63 423	61 122
管理费用	21 336	18 286
财务费用	195	143
资产减值损失	3 491	3 740
其中:利息费用	1 863	1 394
利息收入	1 619	1 380
加:公允价值变动收益(损失以"—"号填列)	—113	—4
投资收益	33 126	30 812
其中:对联营企业和合营企业的投资收益	25 921	28 304
汇兑收益	29	16
二、营业利润	53 674	54 110
加:营业外收入	1 125	869
减:营业外支出	455	718
三、利润总额	54 344	54 261
减:所得税费用	5 939	7 145
四、净利润	48 405	47 116
1. 归属于母公司股东的净利润	36 009	34 410
2. 少数股东损益	12 395	12 706
五、其他综合收益的税后净额	—6 106	3 753
归属母公司所有者的其他综合收益的税后净额	—5 839	3 887
(一)不能重分类进损益的其他综合收益	—256	635
1. 重新计量设定受益计划变动额	—256	635

续表

项　目	本年累计数	上年累计数
2. 权益法下不能转损益的其他综合收益	1	0
(二)将重分类进损益的其他综合收益	−5 583	3 251
1. 权益法下可转损益的其他综合收益	4	−8
2. 可供出售金融资产公允价值变动损益	−6 122	4 145
3. 外币财务报表折算差额	534	−885
归属于少数股东的其他综合收益的税后净额	−267	−133
六、综合收益总额	42 298	50 869
归属于母公司所有者的综合收益总额	30 170	38 297
归属于少数股东的综合收益总额	12 128	12 572
七、每股收益		
(一)基本每股收益(元/股)	3.082	2.959
(二)稀释每股收益(元/股)	不适用	不适用

资料来源:公司年报。

3. 现金流量表

现金流量表反映企业一定期间现金的流入和流出,表明企业获得现金和现金等价物的能力。现金流量表主要分为经营活动、投资活动和筹资活动产生的现金流量三个部分。如表7—3所示。

经营活动的现金流揭示了公司正常运营中的资金来源和使用,它可以通过直接计算现金流入和支出获得(直接法),也可以通过对利润表中的净利润进行应计项目的调整来获得(间接法)。投资活动的现金流是指公司对长期资产的构建和不包括在现金等价物范围内的投资及其处置活动所产生的现金流,是由厂房、设备等非流动资产的价值变动和投资账户的变动所产生的。筹资活动的现金流是指导致企业股本及债务规模和构成发生变化的活动。另外一些非现金性的投资和筹资活动,虽然不影响现金流,但为了全面反映这些事项,需要在附注中单独列示。

表7—3　　现金流量表

编制单位:上海汽车集团股份有限公司　　2018年12月31日　　单位:百万元　币种:人民币

项　目	本年累计数	上年累计数
一、经营活动产生的现金流量:		
销售商品、提供劳务收到的现金	989 718	960 053
吸收存款及同业存放款项净增加额	1 632	27 444
收取利息、手续费及佣金的现金	15 646	16 391
收到的税费返还	1 098	407
存放中央银行款项净减少额	1 378	—
收到其他与经营活动有关的现金	12 080	6 753

续表

项　目	本年累计数	上年累计数
经营活动现金流入小计	1 038 509	1 019 194
购买商品、接受劳务支付的现金	857 881	830 903
发放贷款及垫款净增加额	39 873	46 493
存放中央银行和同业款项净增加额	—	2 985
回购业务资金净增加额	118	616
支付利息、手续费及佣金的现金	3 541	2 664
支付给职工以及为职工支付的现金	37 241	33 460
支付的各项税费	39 249	35 372
拆入资金净增加额	16 840	7 531
支付其他与经营活动有关的现金	51 748	43 016
经营活动现金流出小计	1 029 533	994 893
经营活动产生的现金流量净额	8 976	24 301
二、投资活动产生的现金流量：		
收回投资收到的现金	261 189	207 868
取得投资收益收到的现金	33 301	29 528
处置固定资产、无形资产和其他长期资产收回的现金净额	1 656	753
收到其他与投资活动有关的现金	—	1 188
投资活动现金流入小计	296 145	239 338
购建固定资产、无形资产和其他长期资产支付的现金	31 975	25 412
投资支付的现金	252 687	224 325
取得子公司及其他营业单位支付的现金净额	1 633	411
处置子公司支付的现金净额	6	101
投资活动现金流出小计	286 301	250 250
投资活动产生的现金流量净额	9 845	—10 912
三、筹资活动产生的现金流量：		
吸收投资收到的现金	1 169	15 425
其中：子公司吸收少数股东投资收到的现金	1 169	565
取得借款收到的现金	47 639	18 462
发行债券收到的现金	10 374	13 768
筹资活动现金流入小计	59 182	47 828
偿还债务支付的现金	41 234	19 086
分配股利、利润或偿付利息支付的现金	32 796	29 228

续表

项　目	本年累计数	上年累计数
其中：子公司支付给少数股东的股利、利润	9 697	8 513
支付其他与筹资活动有关的现金	4 265	5
筹资活动现金流出小计	78 295	48 320
筹资活动产生的现金流量净额	－19 114	－491
四、汇率变动对现金及现金等价物的影响	－434	－56
五、现金及现金等价物净增加额	－727	12 842
加：期初现金及现金等价物余额	106 944	94 102
六、期末现金及现金等价物余额	106 217	106 944

资料来源：公司年报。

（二）财务报表分析的方法

投资者通过阅读财务报表，可以取得大量的第一手数据资料，但仅仅简单地浏览这些数据还不够，还需要用一定的方法分析各种会计数据之间存在的相互关系，才能全面反映企业经营业绩和财务状况。财务报表的分析方法主要有比较分析法和因素分析法两种。

最常用的比较分析法有单个年度的财务比率分析、对公司同时期的财务报表比较分析、与同行业其他公司之间的财务指标比较分析三种。

单个年度的财务比率分析是指对本公司一个财务年度内的财务报表各项目之间进行比较，计算比率，判断年度内偿还能力、资产管理效率、经营效率、盈利能力等情况。我们还可以分析同一年度财务报表中某一小项目及其结构情况，如流动资产项目下货币资金、应收账款、应收票据、短期有价证券、存货等项目各占多少比率。

对公司不同时期的财务报表比较分析，既可以分析报表的绝对数额，也可以分析报表的财务比率。通过对公司持续经营能力、财务状况变动趋势、盈利能力做出分析，从而从一个较长时期来动态地分析公司状况。比如，我们可以将同一公司连续多年会计报表中的重要项目，如销售收入、销售成本、费用、税前净利、税后净利等集中在一起与某一基年的相应数据作百分率比较。

与同行业其他公司之间的财务指标比较分析，可以了解公司各种指标的优劣，在群体中判断个体。本方法一般以行业平均水平或行业标准水平作为参考对象。通过比较，得出公司在行业中的地位。

因素分析法，是依据分析指标和影响因素的关系，从数量上确定各因素对指标的影响程度。

差额分析法，例如固定资产净值增加的原因分析，分解为原值增加和折旧增加两部分。

指标分解法，例如资产利润率，可分解为资产周转率和销售利润率的乘积。

连环替代法，依次用分析值替代标准值，测定各因素对财务指标的影响，例如影响成本降低的因素分析。

定基替代法，分别用分析值替代标准值，测定各因素对财务指标的影响，例如标准成本的差异分析。利用该方法，一方面可以全面分析各个因素对某一财务指标的影响，另一方面也可以单独寻求某一因素对该经济指标的影响。例如资产利润率可分解为资产周转率和销售利润率的乘积等。

(三)财务比率分析

比率分析是财务报表分析的基本方法,它是将同一报表的不同项目或不同报表的相关项目进行比较,并用比率来反映它们的相互关系。比率分析涉及公司管理的各个方面,比率指标也特别多,大致可归为以下几大类:短期偿债能力分析、营运能力分析、长期偿债能力分析、盈利能力分析、投资收益分析、现金流量分析等。下面将分别叙述。

1. 短期偿债能力分析

短期偿债能力比率衡量企业承担经常性财务负担(即偿还流动负债)的能力。企业若有足够的现金流量,就不会造成债务违约,可避免陷入财务困境。会计流动性反映了企业的短期偿债能力,它通常与净营运资本(流动资产－流动负债＝营运资金)相联系。我们知道,流动负债是指将于自资产负债表编制之日起一年内偿还的债务,而用于偿还这些债务的基本来源就是流动资产。衡量会计流动性时最常用的指标是流动比率、速动比率和现金比率。

(1)流动比率

流动比率是流动资产除以流动负债的比值。其计算公式为:

$$\text{流动比率}=\frac{\text{流动资产}}{\text{流动负债}} \tag{7—1}$$

企业的流动资产主要包括库存现金、银行存款以及能在一年内变现的短期资产,如应收账款、应收票据、预付款、短期有价证券、其他有价证券等。流动负债则是指预期在一年之内到期并必须偿付的各种短期债务,如应付账款、应付税金、一年内到期的长期负债、应付工资等。流动资产越多,短期债务越少,则短期偿债能力越强。流动比率如果过低,说明公司的短期偿债能力较差,营运资金不足,短期财务状况不佳,而过高的流动比率则表明公司的管理可能过于保守,放弃了某些获利机会。

以上海汽车集团股份有限公司(以下简称为上汽)为例,从表 7—1 中得知,上汽 2018 年年末的流动资产为 453 376 百万元,流动负债为 414 323 百万元,依上式计算上汽的流动比率为:

$$\text{流动比率}=\frac{453\ 376}{414\ 323}\approx 1.09$$

一般认为,生产型企业合理的最低流动比率是 2,这是因为处在流动资产中变现能力较差的存货金额约占流动资产总额的一半,剩下的流动大的流动资产至少要等于流动负债,从上面计算来看,上汽的流动比率相对来说偏低。

当然,计算出来的流动比率只有和同行业平均流动比率、本公司历史的流动比率进行比较,才能知道这个比率是高是低。比较并不能说明流动比率为什么高与低,要找出过高或过低的原因还必须分析流动资产与流动负债所包括的内容以及经营上的因素。

(2)速动比率

速动比率是从流动资产中扣除存货部分,再除以流动负债的比值。速动比率的计算公式为:

$$\text{速动比率}=\frac{\text{流动资产}-\text{存货}}{\text{流动负债}} \tag{7—2}$$

以上汽为例,从表 7—1 得知,上汽 2018 年末的存货为 58 943 百万元,则其速动比率为:

$$\text{速动比率}=\frac{453\ 376-58\ 943}{414\ 323}\approx 0.95$$

使用这一比率的原因在于,存货转化为现金所需要的时间和所能变现的金额都具有很大的不确定性，例如部分存货可能已损失报废，还没做处理；部分存货已抵押给某债权人等。在不希望公司用变卖存货的办法还债以及排除使人产生种种误解因素的情况下，速动比率反映的短期偿债能力更加令人信服。

通常认为正常的速动比率为1，这表明公司不需要动用存货就可以偿付流动负债，表明公司有较强的偿债能力。速动比率过低，说明公司在资金使用和安排上不够合理，随时会面临无力清偿短期债务的风险，应立即采取措施调整资产结构，并想方设法筹措到足够资金以备不测。速动比率过高，则表明低收益资产为数过多，或是应收账款中坏账较多，将影响公司的盈利能力。

由于行业之间的差别，在计算速动比率时，除扣除存货外，还可以在流动资产中去掉其他一些可能与当期现金流量无关的项目（如待摊费用等），以计算更进一步的变现能力，如采用保守速动比率。计算公式如下：

$$\text{保守速动比率}=\frac{\text{现金}+\text{短期证券}+\text{应收账款净额}}{\text{流动负债}} \tag{7—3}$$

（3）影响短期偿债能力的其他因素

还有一些不能从财务报表中反映出来的因素也会影响企业的短期偿债能力。可以增强企业变现能力的因素有：可动用的银行贷款指标，准备很快变现的长期资产，偿债能力的声誉等。会减弱企业变现能力的因素有：未做记录的或有负债，担保责任引起的负债等。

2. 营运能力分析

营运能力比率用来衡量企业对资产的管理是否有效。主要包括：存货周转率、存货周转天数、应收账款周转率、应收账款周转天数、流动资产周转率和总资产周转率等。

（1）存货周转率和存货周转天数

在流动资产中，存货所占的比重较大。存货的流动性将直接影响公司的流动比率，因此，必须特别重视对存货的分析。存货的流动性一般用存货的周转速度指标来反映，即存货周转率或存货周转天数。

存货周转率是主营业务成本被平均存货所除得到的比率，也叫存货的周转天数。它是衡量和评价公司购入存货、投入生产、销售收回等各环节管理状况的综合性指标。用时间表示的存货周转率就是存货周转天数。其计算公式为：

$$\text{存货周转率}=\frac{\text{主营业务成本}}{\text{平均存货}} \tag{7—4}$$

$$\text{存货周转天数}=\frac{360\text{天}}{\text{存货周转率}}=\text{平均存货}\times\frac{360}{\text{主营业务成本}}$$

公式中的“主营业务成本”数据来自利润表，“平均存货”数据来自资产负债表中的“存货”期初数与期末数的平均数。

以上汽公司为例，从表7—1、表7—2得知，上汽2018年末的主营业务成本为769 986百万元，2018年初的存货为50 042百万元，2018年末的存货为58 943百万元，则上汽存货周转率为：

存货周转率＝769 986/(50 042＋58 943)/2≈14.13（次）

存货周转天数＝360/14.13＝25(天)

一般来说，存货周转速度越快，存货的占用水平越低，流动性越强，存货转换为现金或应收账款的速度越快。提高存货周转率可以提高公司的变现能力，存货周转速度越慢则变现能力越差。存货周转率指标的好坏反映存货管理水平，它不仅影响公司的短期偿债能力，也是整个公司管理的重要内容。公司管理者和有条件的外部报表使用者除了分析批量因素、季节性生产的变化等情况外，还应对存货的结构以及影响存货周转速度的重要项目进行分析，如分别计算原材料周转率、在产品周转率或某种存货的周转率。

存货周转分析的目的是从不同的角度和环节上找出存货管理中的问题，使存货管理在保证生产经营连续性的同时，尽可能少占用经营资金，提高资金的使用效率，增强公司短期偿债能力，促进公司管理水平的提高。

(2)应收账款周转率和应收账款周转天数

应收账款周转率是主营业务收入与平均应收账款的比值。它反映年度内应收账款转为现金的平均次数，说明应收账款流动的速度。应收账款周转天数是应收账款周转率的倒数乘以360天，也称应收账款回收期或平均收现期。它表示公司从取得应收账款的权利到收回款项转换为现金所需要的时间，是用时间表示的应收账款周转速度。

应收账款和存货一样，在流动资产中有着举足轻重的地位。及时收回应收账款，不仅增强了公司的短期偿债能力，也反映出公司管理应收账款方面的效率。

应收账款周转率和应收账款周转天数的计算公式分别为：

$$\text{应收账款周转率}=\frac{\text{主营业务收入}}{\text{平均应收账款}} \tag{7-5}$$

$$\begin{aligned}\text{应收账款周转天数}&=\frac{360}{\text{应收账款周转率}}\\&=360\times\frac{\text{平均应收账款}}{\text{主营业务收入}}\end{aligned}$$

公式中的“主营业务收入”数据来自利润表，是指扣除折扣和折让后的主营业务收入净额。“平均应收账款”是指未扣除坏账准备的应收账款金额，它是资产负债表中“应收账款余额”期初数与期末数的平均数。

以上汽为例，从表7—1、表7—2得知，上汽2018年末的主营业务收入为887 626百万元，年初应收账款为34 668百万元，年末应收账款余额为40 130百万元，依上式计算，其应收账款周转率为：

应收账款周转率＝887 626/(34 668＋40 130)/2≈23.73(次)

应收账款周转天数＝360/23.73≈15(天)

一般来说，应收账款周转率越高，平均收账期越短，说明应收账款的收回越快；否则，公司的营运资金会过多地滞留在应收账款上，影响正常的资金周转。影响该指标正确计算的因素有：季节性经营，大量使用分期付款结算方式，大量使用现金结算的销售，年末销售的大幅度增加或下降。

(3)流动资产周转率

流动资产周转率是主营业务收入与全部流动资产的平均余额的比值。其计算公式为：

$$\text{流动资产周转率}=\frac{\text{主营业务收入}}{\text{平均流动资产}} \tag{7-6}$$

公式中的“平均流动资产”是资产负债表中“流动资产”期初数与期末数的平均数。

以上汽为例，从表7—1得知，上汽2018年初流动资产为389 949百万元，年末流动资产为453 376百万元，依上式计算，其流动资产周转率为：

流动资产周转率＝887 626/(389 949＋453 376)/2≈≈2.11(次)

流动资产周转率反映流动资产的周转速度。周转速度快，会相对节约流动资产，等于相对扩大资产投入，增强公司盈利能力；而延缓周转速度，需要补充流动资产参加周转，形成资金浪费，降低公司盈利能力。

（4）总资产周转率

总资产周转率是主营业务收入与平均资产总额的比值。其计算公式为：

$$总资产周转率=\frac{主营业务收入}{平均资产总额} \tag{7—7}$$

公式中的“平均资产总额”是资产负债表中“资产总计”的期初数与期末数的平均数。

以上汽为例，从表7—1得知，上汽2018年初资产总额为723 533百万元，年末资产总额为782 770百万元，则其总资产周转率为：

总资产周转率＝887 626/(723 533＋782 770)/2≈1.18(次)

该项指标反映资产总额的周转速度。周转越快，反映销售能力越强。公司可以通过薄利多销的方法，加速资产的周转，带来利润绝对额的增加。

总之，各项资产的周转指标用于衡量公司运用资产赚取收入的能力，经常和反映盈利能力的指标结合在一起使用，可全面评价公司的盈利能力。

3. 长期偿债能力分析

长期偿债能力是指公司偿付到期长期债务的能力，通常以反映债务与资产、净资产的关系的负债比例来衡量。负债比率主要包括：资产负债率、债务权益比率、已获利息倍数等。

（1）资产负债率

资产负债率是全部负债与企业全部资产之比，它表明企业资产总额中，由债权人提供的资金所占比重以及企业的资产对债权人权益的保障程度。其计算公式如下：

$$资产负债率=\frac{负债总额}{资产总额} \tag{7—8}$$

以上汽为例，上汽2018年度负债总额为498 050百万元，资产总额为782 770百万元，依上式计算，其资产负债率为：

资产负债率＝498 050/782 770≈0.64

从债权人的角度看，负债比率高，说明总资产中大部分是债权人的资金，仅小部分是股东的资金，所以债权人承担的风险就很大。因此，负债比率越低，债权人的保障度就越高。从股东的角度来看，企业资产由债权人投入和股东投入起同样的作用，所以只要总资产收益率高于借款利率，负债比率越高，股东的投资收益就越大。

负债比率指标对于不同的行业、不同类型的企业差异较大。一般而言，处于成长期的企业负债比率可能高些，股东的收益相对也高些。但负债经营应该控制在一个合理的水平，一般为50%左右，如果负债比率过高，经营风险就大，对债权人和股东都会产生不利的影响。

（2）债务权益比率

债务权益比率是负债总额与股东权益总额之间的比率。其计算公式如下：

$$债务权益比率=\frac{负债总额}{股东权益} \tag{7—9}$$

以上汽为例，从表7—1得知，上汽2018年末股东权益合计为284 720百万元，依上式计算，其债务权益比例为：

债务权益比率＝498 050/284 720≈1.75

该比率可以反映由债权人提供和由投资者提供的资金来源的相对关系以及企业财务结构的强弱，也可衡量债权人资本受到投资者资本保障的程度以及企业清算时对债权人利益的保护程度。上汽债权人提供的资本大于股东提供的资本，则其举债经营的程度较高。一般来说，股东资本大于借入资本较好，但也不能一概而论。

(3)已获利息倍数

已获利息倍数是指公司经营业务收益与利息费用的比率，用以衡量偿付借款利息的能力。其计算公式如下：

$$已获利息倍数=\frac{税息前利润}{利息费用} \tag{7-10}$$

公式中的“税息前利润”是指利润表中未扣除利息费用和所得税之前的利润。它可以用税后利润加所得税再加上利息费用计算得出。

以上汽为例，从表 7－2 得知，上汽 2018 年度利润总额为 54 344 百万元，利息费用为 1 863 百万元，则该公司已获利息倍数为：

已获利息倍数＝(54 344＋1 863)/ 1 863≈30.17(倍)

已获利息倍数指标反映企业税息前利润为所需支付的债务利息的多少倍。只要已获利息倍数足够大，企业就有充足的能力偿付利息，否则相反。从稳健性的角度出发，最好比较本企业连续几年的该项指标，并选择最低指标年度的数据作为标准。

(4)影响长期偿债能力的其他因素。

除了上述指标用以评价和分析企业的长期偿债能力外，还有一些因素可能影响到企业的长期偿债能力，如：长期租赁，包括融资租赁和经营租赁；担保责任；或有项目。

4. 营利能力分析

企业的营利能力很难加以定义和衡量，没有一种方法能明确地告诉我们企业是否具有较好的营利性。一般来说，会计利润反映了收入与成本之差。财务分析人员至多能衡量当前或既往的会计利润，然而，许多商业机会都是以牺牲当前利润为代价来换取未来利润的。例如，所有的新产品都有很高的初始费用，因此有较低的初始利润，在这种情况下，当前利润就不足以反映未来的营利能力。以会计为基础来衡量企业盈利能力还存在一个问题，即忽视了风险。当两家企业的风险显著不同时，仅依据两者的当期利润相同而得出两者的营利性也相同的结论是错误的。

用会计方法衡量企业营利能力存在的一个最大的概念性问题是没能给出一个用于比较的尺度。从经济意义上来看，只有当企业的盈利率大于投资者自己能够从资本市场上赚取的盈利率时，才能说企业具有较强的营利能力，而会计衡量方法无法做出这种比较。

反映公司营利能力的指标很多，通常使用的主要有主营业务净利率、主营业务毛利率、资产净利率、净资产收益率等。

(1)主营业务净利率

主营业务净利率是指净利与主营业务收入的百分比。其计算公式为：

$$主营业务净利率=\frac{净利润}{主营业务收入}\times 100\% \tag{7-11}$$

净利润在我国会计制度中是指税后利润。

以上汽为例，从表 7－2 得知，上汽 2018 年度净利润为 48 405 百万元，主营业务收入为 887 626 百万元，则该公司主营业务净利率为：

主营业务净利率＝48 405/887 626×100％≈5.45％

该指标反映每 1 元销售收入带来的净利润是多少，表示销售收入的收益水平。从销售净利率的指标关系来看，净利润额与主营业务净利率成正比关系，而主营业务收入额与主营业务净利率成反比关系。企业在增加销售收入的同时，必须相应获得更多的利润，才能使销售净利率保持不变或得到提高。通过对该指标进行分析，可以促使企业在扩大销售的同时，注意改进经营管理，提高盈利水平。

(2)主营业务毛利率

主营业务毛利率是毛利占主营业务收入的百分比，其中毛利是主营业务收入与主营业务成本的差。其计算公式为：

$$\text{主营业务毛利率}=\frac{\text{主营业务收入}-\text{主营业务成本}}{\text{主营业务收入}}\times 100\% \tag{7—12}$$

以上汽为例，依上式计算上汽2018年度主营业务毛利率为：

主营业务毛利率=(887 626－769 986)/ 887 626×100%≈13.25%

主营业务毛利率表示每1元主营业务收入扣除主营业务成本后，有多少钱可以用于各项期间费用和形成盈利。主营业务毛利率是公司主营业务净利率的基础，没有足够大的毛利率便不能盈利。

(3)资产净利率

衡量企业管理绩效的一个常见指标是利润与平均总资产的比率，其计算公式如下：

$$\text{资产净利率}=\frac{\text{净利润}}{\text{平均资产总额}}\times 100\% \tag{7—13}$$

以上汽为例，将表7—1、表7—2中的上汽有关数据代如上式，得出上汽2018年度资产净利润率为：

资产净利率=48 405/(723 533+782 770)/2×100%≈6.43%

非常有意思的是，资产净利润率可以通过几个财务比率联系在一起来计算。“杜邦财务控制系统”就应用了这种方法，将净资产净利润分解成主营业务净利率和资产周转率这两个指标。其基本内容如下：

$$\text{资产净利率}=\text{主营业务净利率}\times\text{资产周转率} \tag{7—14}$$

$$\text{资产净利率}=\text{净利润}/\text{主营业务收入}\times\text{主营业务收入}/\text{平均总资产} \tag{7—15}$$

企业可以通过提高主营业务净利率或资产周转率来增大资产净利率。然而，由于竞争的存在，企业很难同时做到这两点，只能在两者中择一。以零售企业为例，例如，邮购商店A的销售利润率低而资产周转率高，而高级珠宝商店B则销售利润率高而资产周转率低。

将资产收益率分解成销售利润率和资产周转率有助于分析企业的财务策略。假定一个销售气体力学设备的企业打算向客户提供更加宽松的信用条件，其资产周转率可能要降低(因为应收账款比销售收入增长快)，在这种情况下，为了使资产净利率不至于降下来，企业就得提高销售利润率。

(4)净资产收益率

净资产收益率是净利润与年末净资产的百分比。其计算公式为：

$$\text{净资产收益率}=\frac{\text{净利润}}{\text{年末净资产}} \tag{7—16}$$

年末净资产是指资产负债表中“股东权益合计”的期末数。

以上汽为例，从表7—1得知，上汽年末净资产=年末股东权益=284 720 (百万元)，依上式计算出上汽2018年度净资产收益率为：

净资产收益率=48 405/284 720×100%≈17.00%

净资产收益率反映公司所有者权益的投资报酬率，具有很强的综合性。

5. 投资收益分析

投资收益分析是将公司财务报表中公告的数据与有关公司发行在外的股票数、股票市场价格等资料结合起来进行，计算出每股净收益、市盈率等与股票利益紧密相关的财务指标，以便帮助投资者对不同上市公司股票的优劣做出判断。

(1)每股净收益

每股净收益是指本年净利润与发行在外的年末普通股总数的比值。其计算公式一般为：

$$每股净收益=\frac{净利润}{发行在外的年末普通股总数} \tag{7—17}$$

以上公式主要适用于本年度普通股未发生变化的简单股权结构的上市公司。

当普通股发生增减变化时，该公式的分母应使用按月计算的“加权平均发行在外的年末普通股总数”：

$$加权平均发行在外的年末普通股总数=\frac{\sum(发行在外的普通股股数\times 发行在外月份数)}{12} \tag{7—18}$$

其中，“发行在外月份数”指发行已满 1 个月的月份数，即发行当月不计入“发行在外月份数”。

当公司发行了不可转换优先股时，计算时要扣除优先股股数及其分享的股利，即：

$$每股收益=\frac{净利润-优先股股利}{年末股份总数-年末优先股股数} \tag{7—19}$$

其中，已作部分扣除的净利润通常被称为“盈余”，所以扣除优先股股利后计算出的每股收益又成为“每股盈余”。

(2)市盈率

市盈率是每股市价与每股收益的比率。其计算公式为：

$$市盈率=\frac{每股市价}{每股收益} \tag{7—20}$$

续前例，已知上汽的普通股每股市价为按 2019 年 10 月 8 日市价为 23.70 元，依上式计算：

市盈率＝23.70/3.082≈7.69(倍)

该指标是衡量上市公司盈利能力的重要指标，反映投资者对每 1 元净利润所愿意支付的价格，可以用来估计公司股票的投资报酬和风险，是市场对公司的共同期望指标。一般来说，市盈率越高，表明市场对公司的未来越看好。在市场确定的情况下，每股收益越高，市盈率越低，风险越小；反之亦然。

(3)每股净资产

每股净资产是年末与发行在外的年末普通股总数的比值，也称为每股账面价值或每股权益。用公式表示为：

$$每股净资产=\frac{年末净资产}{发行在外的年末普通股股数} \tag{7—21}$$

仍以上汽为例，已知上汽 2018 年年末净资产＝年末股东权益＝234 369 (百万元)，依上式计算：

每股净资产＝234 369/11 683＝20.06(元/股)

这里的“年末净资产”指扣除优先股权益后的余额。

该指标反映发行在外的每股普通股所代表的净资产成本即账面权益。在投资分析时，只能有限地使用这个指标，因其是用历史成本计量的，既不反映净资产的变现能力，也不反映净资产的产出能力。每股净资产在理论上提供了股票的最低价值。

(4)市净率

市净率是每股市价与每股净资产的比值。其计算公式为：

$$市净率=\frac{每股市价}{每股净资产} \tag{7-22}$$

仍以上汽为例,已知上汽每股净资产为20.06元,每股市价为23.70元,代入上式得到:

市净率=23.70/20.06≈1.18

市净率是将每股股价与每股净资产相比,表明股价以每股净资产的若干倍在流通转让,评价股价相对于每股净资产而言是否被高估。市净率越小,说明股票的投资价值越高,股价的支撑越有保证;反之则投资价值越低。这一指标同样是证券分析师判断某股票投资价值的重要指标。

6. 现金流量分析

(1)流动性分析

所谓流动性,是指将资产迅速转变为现金的能力。一般来说,真正能用于偿还债务的是现金流量,所以现金流量和债务的比较可以更好地反映公司偿还债务的能力。例如,现金流动负债比,就是经营现金净流量与流动负债的比值。其他还有现金到期债务比,是经营现金净流量与本期到期债务的比值。现金债务总额比,是经营现金净流量与债务总额的比值;比值越大越好,说明偿还债务的能力越强。

(2)获取现金能力分析

获取现金能力是指经营现金净流入和投入资源的比值,投入资源可以是主营业务收入、总资产、营运资金、净资产或普通股股数等。例如,主营业务现金比率,就是经营现金净流量与主营业务收入的比值,该比率反映每1元主营业务收入得到的净现金,其数值越大越好。而每股营业现金净流量,是经营现金净流量与普通股股数的比值,该指标反映公司最大的分派股利能力,超过此限度,就要借款分红。全部资产现金回收率,是经营现金净流量与资产总额的比值。该指标说明公司资产产生现金的能力。

(3)财务弹性分析

财务弹性是指公司适应经济环境变化和利用投资机会的能力。这种能力来源于现金流量和支付现金需要的比较。例如,现金股利保障倍数,就是每股营业现金净流量与每股现金股利的比值;该比率越大,说明支付现金股利的能力越强。现金满足投资比率,是近5年经营活动现金净流量与近5年资本支出、存货增加、现金股利之和的比值。该比例越大,说明资金自给率越高;达到1时,说明公司可以用经营活动获取的现金满足扩充所需资金;若小于1,则说明公司是靠外部融资来补充。

(4)收益质量分析

收益质量是指报告收益与公司业绩之间的关系。如果收益能如实反映公司业绩,则认为收益的质量好;如果收益不能很好地反映公司业绩,则认为收益的质量不好。从现金流量表的角度来看,收益质量分析主要是分析会计收益与现金净流量的比率关系,其主要的财务比率是营运指数,它是经营现金净流量与经营所得现金之比。其计算公式为:

$$\begin{aligned}经营所得现金&=经营净收益+非付现费用\\&=净利润-非经营收益+非付现费用\end{aligned}$$

(四)财务分析的综合应用

财务状况综合分析方法主要有杜邦财务分析体系、雷达图分析法、沃尔比重评分法。

1. 杜邦财务分析体系

杜邦分析方法是一种分解财务比率的方法，可以用于各种财务比率的分解，其作用是解释指标变动的原因和变动趋势。例如，决定权益净利率(即净资产收益率)高低的因素有三方面：销售净利率、资产周转率和权益乘数。其中权益乘数表示企业的负债程度，权益乘数越大，企业负债程度越高，这样分解可以将权益净利率这一综合性指标发生升降变化的原因具体化。除了通过资产净利率的分解来说明问题，也可以通过分解利润总额和全部资产的比率来说明问题；为了显示正常的盈利能力，还可以使用非经常项目前的净利和总资产的比率来解释问题，或者使用营业利润和营业资产的比率的分解来说明问题。总之，杜邦分析方法和其他财务分析方法一样，关键不在于指标的计算而在于对指标的理解和运用(见图 7—5)。

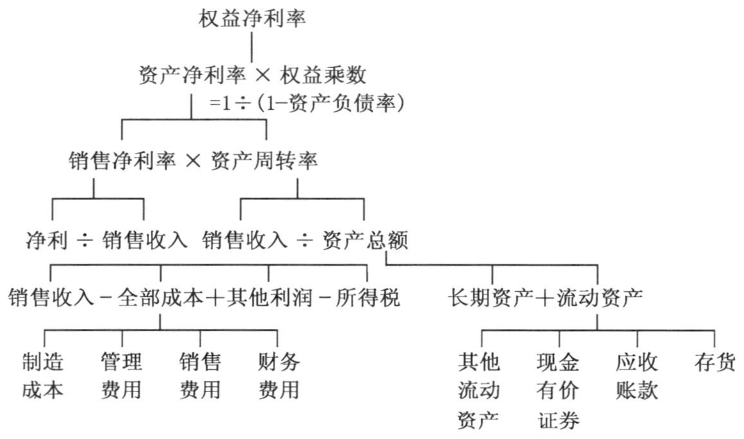

图 7—5　杜邦分析法

2. 雷达图分析

(1)雷达图简介

雷达图分析是将主要财务分析比率进行汇总，绘制成一张直观的财务分析雷达图，从而达到综合分析企业总体财务状况目的的一种方法。为了充分发挥雷达图的分析功能和作用，通常将被分析各项财务比率与行业平均水平或与企业自身希望达到的目标指标比较。雷达图由三个同心圆组成，最小圆代表最低水平(可取同行业水平的 50%)，中间圆代表同行业的平均水平，称作标准线，最大圆代表最高水平(可取同行业水平的 150%)。从圆心开始，以放射线的形状将各种财务比率数值标在各直线上，并画出一多边形，看此多边形位于标准圆的内外即可以综合判断(见图 7—6)。

(2)雷达图法经营分析

在对企业经营成果的五性分析中，当掌握了各种数据以后，可以用经营分析雷达图的形式进行分析。这种形式把企业经营成果和财政状态集中在一起，一目了然，容易进行比较。雷达图的编制方法是：先画三个同心圆，把图的 360°分为 5 个区域，分别代表企业的收益性、生产性、流动性、安全性和成长性。同心圆中最小的环代表同行业平均水平的 1/2 值或最差情况；中间的环代表同行业平均水平或特定比较对象的水平，称为标准区(线)；最外边的环表示同行业平均水平的 1.5 倍或最佳状态。5 个区域内，以圆心为起点，以放射线形式画出相应的经营比率线，然后在相应的比率线刻度上标出本企业一个决算期的经营水平。如果把本企业的各

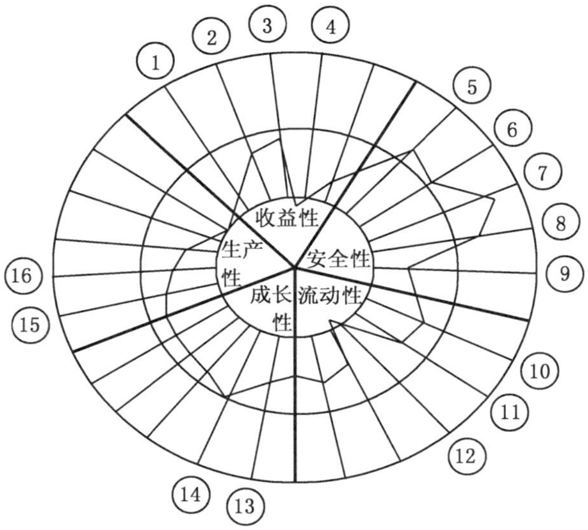

注：收益性：(1)资产报酬率；(2)所有者权益报酬率；(3)销售利税率；(4)成本费用率。

安全性：(5)流动比率；(6)速动比率；(7)资产负债率；(8)所有者权益比率；(9)利息保障倍数。

流动性：(10)总资产周转率；(11)应收账款周转率；(12)存货周转率。

成长性：(13)销售收入增长率；(14)产值增长率。

生产性：(15)人均工资；(16)人均销售收入。

图 7—6 雷达图分析法

种比率值用线联结起来，就形成一个形状不规则的闭环。它能够清楚地反映出本企业的“经济姿态”，并便于与标准线(区)进行对照比较。

雷达图告诉我们，如果本企业的比率值位于标准线(区)以内，就表明这是本企业的弱点所在，应该认真分析产生弱点的原因，提出改进的方向；如果接近或低于最小的环，那就处于十分危险的境地，亟须扭转局面；假如本企业的比率值超越了中间环即标准线(区)，甚至接近最大的环，大多说明这是本企业的优势所在。雷达图能够直观地显示企业经营的特长和薄弱环节，为改善企业经营指出方向。因此，如果说一个企业是一艘大轮船，那么，雷达图就像装在船上的雷达，为轮船导航，故称雷达图。在企业经营分析中，雷达图显示出来的企业一定时期的经营姿态固然有参考作用，但更重要的是考察经营姿态的推移情况，为此，要把企业过去几期(至少三期)的经营比率全部用雷达图表示出来，分析其发展趋势。

企业的经营姿态，可以分为以下八种：

①稳定理想型

对一个企业来说，经营姿态处于稳定理想型，当然是很完美的。如果企业处于这个状态，可以根据社会需要，进行设备投资，扩大企业规模，并采取多种经营积极发展企业的政策，而且还可以积极进行研究开发、广告宣传等先行投资。当然，处于这种状态的企业是少数，而且在发展过程中，经营姿态还会发生变化。

②保守型

这种经营姿态的特征是流动性、收益性、安全性都比较好，但生产性、成长性较差。这种类型的企业一般是经营多年的老企业。这类企业应当注意市场调查研究，开拓新的生产门路，进行设备投资，探讨销售战略等。保守型企业如果能够发挥优势，可以争取向稳定型发展。如果有向消极安全性发展的趋势，那就要注意了。

③成长型

某些新企业或处于恢复期的企业，成长性、收益性和流动性都处于良好状态，但是企业财政尚未能适应企业急速发展的需要，这就是成长型的经营姿态。这类企业应该注意资金调度，争取筹措更多的资金。

④特殊型

某些具有特种技术的企业（特别是专业化企业）常常呈现这种特殊的经营姿态，企业有着较强的收益性和流动性，但是成长性、安全性很差。这时，企业应该着重致力增加销售额，积累资金，争取向成长型发展。

⑤积极扩大型

当企业开始扩大经营范围或开发新产品时，常出现积极扩大型经营姿态。这种类型的特点是，企业的成长性迅速增长，但收益性并不理想。这时，企业经营的关键是制定精确的利润计划，努力生产经济效益较高的产品，降低费用，尽量使企业增加盈利，不能使之走向活动型。

⑥消极安全型

一个企业如果财力雄厚但经营消极，就容易陷入这种经营姿态。遇到这种情况，就应该充分利用财政方面的富余力量，努力开发新产品，扩大经营范围和内容，提高企业的成长性。

⑦活动型

当企业处于恢复期、销售额急剧增长时，往往呈现活动型经营姿态。这时，企业必须设法充实资金，制定长期的利润计划，从根本上提高企业的素质，提高流动性和收益性。

⑧均衡缩小型

这类企业的所有经营比率都低于标准，企业处于危险的境地。这时，企业面临全面整顿和改善的任务。对于这一类型的企业，要从经营环境、产品前途、经营方针及技术设备等方面进行全面的评价，探讨改善的途径。

3. 沃尔比重评分法

亚历山大·沃尔在其编写的《财务报表比率分析》中提出了信用能力指数概念，即将选定的把流动比率、产权比率、销售利润率、总资产报酬率、资本收益率、资产负债率、应收账款周转率、存货周转率等财务比率用线形关系结合起来，设置比重，继而与标准比率进行比较，确定各项指标的得分及总体指标的累计数，从而对企业财务状况、信用水平做出评价。

（五）财务分析中应注意的问题

在对公司进行财务分析时，由于受到财务信息不完备性、财务报表中非货币信息的匮乏、历史数据的局限性和会计方法局限性等原因的影响，财务分析的结论不一定能正确反映企业财务状况的全貌及真实情况。因此，为了保证财务分析结果的可靠性和准确性，还必须注意以下几个问题：

1. 财务报表数据的准确性、真实性与可靠性

财务报表是按会计准则编制的，它们合乎规范，但不一定反映公司的客观实际。比如，通货膨胀会影响折旧费用和销售中的存货成本，因而净利润也将受到影响，但报表数据未按通货膨胀或物价水平调整；有许多项目，如科研开发支出和广告支出，从理论上讲是资本支出，但发生时已经列入了当期费用；非流动性资产的余额是按历史成本减折旧或摊销计算的，并不代表现行成本或变现价值。

2. 会计处理方法

会计处理方法的不同会使不同企业同类报表数据缺乏可比性，从而使财务分析结果有差异。根据现行制度的规定，企业的存货发出计价方法、固定资产折旧方法、坏账的处理方法、对外投资的核算方法、外币报表折算汇率、所得税会计中的核算方法等，都可以有不同的选择。存货发出计价方法有先进先出法、后进先出法、加权平均法等多种方法。即使是单个企业实际经营情况完全相同，不同的方法对期末存货及其销售成本水平有不同的影响，因此，财务报表中的有关数据会有所不同，使得两个企业的财务分析指标的数据不具有可比性。

3. 财务分析方法

在对公司进行分析时，我们不能仅仅依赖某一个或某一方面的比率，而是需要系统、综合地考虑各方面的比率，从而得出一个完整一致的结果。不管用什么方法进行财务分析，均是根据企业过去的经济活动对其未来加以预测，这在一定程度上有相当重要的参考价值，但有时也不免有时过境迁之感。由于财务报表的制作与现实业务的发生存在时间差，所以历史分析有时也会不切实际，这一点必须引起高度重视。

4. 会计报表附注

会计报表中所规定的内容具有一定的固定性和规定性，只能提供定量的会计信息。会计报表附注是会计报表的补充，主要对会计报表不能包括的内容或者披露不详尽的内容做进一步的解释说明。会计报表附注主要包括基本会计假设、会计政策和会计估计的说明、重要会计政策和会计估计变更的说明、或有事项的说明、资产负债表日后事项的说明、会计报表重要项目的说明等。其中，存货流转假设、损失准备计提方法和比例、长期投资核算方法、固定资产折旧方法、收入确定方法、或有事项的存在、关联方交易因素等，会在一定程度上影响公司变现能力比率、资产管理比率、负债比率、盈利能力比率等对公司实际变现能力、实际营运能力、实际偿债能力及实际盈利能力的客观反映。因此，在进行财务分析时，一般要注意重要会计政策变动、关联方交易的性质与金额等。

本章小结

基本分析是证券投资分析的重要方法。基本分析通过分析影响证券价格的基础条件和决定因素，评价证券的内在价值，预测证券市场的发展趋势并从中寻找证券价格变动的内在依据和规律。

基本分析主要从宏观经济状况、行业状况、公司状况三个层次对国民经济活动进行了从大到小、从整体到一般的分析。宏观经济状况分析包括对宏观经济指标、宏观经济运行、宏观经济政策等加以分析，这是上市公司和证券市场生存和运行的总体经济条件。行业分析主要研究行业的竞争结构、行业的市场结构、行业的生命周期以及经济周期与行业的关系。公司分析主要对公司行业地位、公司产品、公司经济区位、公司经营管理能力、公司成长性以及公司的财务状况进行分析。通过财务分析，将公司的偿债能力、资本结构、经营状况、盈利水平和投资价值以较直观的数据指标加以表现，帮助投资者比较、选择具体的投资对象。

练习题

一、名词解释

财政政策　货币政策的操作工具　通货膨胀率　行业生命周期　资产负债表　固定资产周转率

资产负债率　市盈率　市净率　杜邦分析法　雷达图分析法

二、简答题

1. 通货膨胀的变动对证券价格有何影响?
2. 汇率的变动对证券价格有何影响?
3. 宏观经济政策变动对证券市场的影响体现在哪几个方面?
4. 货币政策对证券市场价格有何影响?
5. 财政政策对证券市场价格有何影响?
6. 行业分析包括哪些内容?进行行业分析的目的是什么?
7. 行业生命周期不同阶段有什么基本特征?
8. 行业的不同阶段对证券市场价格的影响如何?
9. 公司经营管理能力分析应包括哪几个方面?
10. 通过哪几个方面分析公司的财务状况?什么指标反映这些能力?如何计算?

第八章

证券投资的技术面分析

顺应趋势，花全部的时间研究市场的正确趋势，如果保持一致，利润就会滚滚而来！

——江恩

技术分析与我们前面介绍的基本面分析截然不同。基本面分析主要是对影响证券内在价值的宏观经济、行业运行和公司业绩等因素进行分析。而技术分析的重点是市场本身，主要分析市场行为的内在规律。技术分析关注的是证券的“心理价值”，这可以建立在基础分析对于内在价值的关注之上，也可以丝毫不考虑内在价值的影响。技术分析的主要目的在于通过收集大量的市场数据来构建市场行为的模式，掌握市场行为变化的内在规律。因此，正确应用技术分析，在某种程度上能够增加证券投资者预见未来和对当前形势正确判断的能力，从而使投资者在进行证券买卖时能够做出正确的决策。

第一节　技术分析概述

一、技术分析的含义

技术分析是以证券市场过去和现在的市场行为为分析对象，借助图表和各类指标，探索出一些典型的变化规律，并据此预测证券市场未来变化趋势的技术方法。证券的市场行为就是证券在市场中的表现，是对某个证券在市场中具体表现的说明和描述。简单地说，就是价、量、时、空四要素，它们从不同侧面反映了证券在市场中的表现。

技术分析的雏形诞生于 1730 年日本稻米市场的期货合约交易。19 世纪 80 年代，股票市场中的交易者使用“账面法”跟踪股票价格，使得第一项技术分析得以出现。经过众多技术分析专家的努力，技术分析方法得到了迅速发展。技术分析最初主要运用于股票市场，后来逐渐扩展到商品市场、债券市场、外汇市场和其他国际市场。在实际应用中，有所谓的长线投资者、中线投资者和短线投资者之分。但对大多数投资者来说，技术分析更多地被应用于预测证券价格的短期波动和帮助投资者获得短期收益。

二、技术分析的基本假设

技术分析作为一种投资分析工具，是以一定的假设条件为前提的，主要有：市场行为涵盖一切信息；价格按趋势变动；历史会重演。

(一)市场行为涵盖一切信息

这条假设是进行技术分析的基础。不管是外在的、内在的、基础的、政策的、心理的，还是其他影响股票价格的所有因素，最终必然体现在股票价格的变动上。技术分析家们通常认为，投资者在决定交易行为之前已经仔细地考虑了影响市场价格的各种因素，全部投资者在此基础上所进行的交易将导致市场行为的变化。因此，不必对影响证券价格的因素做过多的研究，而只关注市场行为会给价格带来怎样的影响。如果不承认这一前提，技术分析所做的任何结论都是无效的。

这一假设是进行技术分析的基础，它具有一定的合理性。因为任何一种因素对于市场的影响最终都必然体现在价格以及相应的成交量的变动上。如果某一消息公布，股票价格同以前一样没有大的变动或根本就不变动，说明这个消息不是影响股票市场的因素。如果某一天市场价格突然上扬，同时交易量急剧增加，这或许是利好消息的功劳；而价格一旦一泻千里，那么很可能是由坏消息所导致的后果。

(二)价格按趋势变动

这一假设认为证券价格的变动是有规律的，即有保持原来运动方向的惯性，而证券价格的运动方向是由供求关系决定的。技术分析法认为证券价格的运动反映了一定时期内供求关系的变化。供求关系一旦确定，证券价格的变动趋势就会一直持续下去。只要供求关系不发生根本性改变，证券价格的走势就不会发生反转。

这种确定的供求关系受多方面因素的影响，并不断得到加强。例如，对于一个上升趋势的行情来说，在初期，大量投资者抓住这次“意外”的上涨机会，匆忙兑现他们的投资收益。随后新的多方进入，市场在短暂的调整之后重新进入上升通道。此时，那些刚刚卖出的投资者开始后悔，他们相信，他们实际上早就知道价格会上涨。这种事后偏见使得他们产生了强烈的后悔感，于是价格稍有下跌，他们就迫不及待地冲进市场试图买进。这种心理将使得价格上涨得以延续。随着股价的进一步上涨，代表性效应开始占据投资者的头脑。他们总是将当前的价格作为参照点，而价格的每一次变动都会使得新的价格高于当前的参考点，从而使得投资者们自然而然地认为，现在的股价上涨趋势具有典型意义，势必会延续下去。在这种信念的支撑下，投资者将愿意买入更多的股票。此外，舆论的引导也会对投资者的心理产生重大的影响。大量来自市场分析师和金融分析家的决策意见也让投资者不知所措。越来越多的买入建议将使得投资者更加倾向于加大买入力度，从而使得价格的进一步上涨成为可能。

因此，这一假设也有一定的合理性，因为供求关系决定价格在市场经济中是普遍存在的。如果否认了这一假设，即认为即使没有外部因素的影响，股票价格也会改变原来的运动方向，技术分析也就失去了立根之本。只有承认证券价格遵循一定的规律变动，运用各种方法发现、揭示这些规律并对证券投资活动进行指导的技术分析法才有存在的价值。

(三)历史会重演

技术分析认为，价格变动趋势能够通过市场行为本身分析出来。这是因为，市场行为是投资者行为的综合反映，既然是人的行为，必然反映人性，而人性基本上不会随着时间的变动而有所差异。一个人在某一场合得到某种结论，那么，下一次碰到相同或相似的情况，就会按同一方法进行操作；如果前一次失败了，后面就不会按前一次的方法操作。证券市场的某个市场行为给投资者留下的阴影和快乐是会长期存在的。在进行技术分析时，一旦遇到与过去某一时期相同或相似的情形，就应该与过去的结果进行比较。过去的结果是已知的，这个已知的结果应该是现在对未来进行预测的参考。

技术分析的三大假设有合理的一面，也有不合理的一面。例如，第一个假设说市场行为包括了一切信息，但市场行为反映的信息同原始的信息毕竟有一些差异，信息损失是必然的。正因为如此，在进行技术分析的同时，还应该适当进行一些基本分析和其他分析，以弥补不足。又如，一切基本因素的确通过供求关系影响证券价格和成交量。但证券价格最终要受到内在价值的影响。再如，第三个假设为历史会重演，但证券市场的市场行为是千变万化的，不可能有完全相同的情况重复出现，差异总是或多或少地存在。因此，技术分析法由于说服力不够强、逻辑关系不够充分引起不同的看法和争论。

三、技术分析的要素

证券市场中，价、量、时和空是进行分析的要素。这几个因素的具体情况和相互关系是进行正确分析的基础。

“价”是指股票价格或指数，可细分为开盘价、收盘价、最高价和最低价，分析长期走势常以收盘价为主。价格变化是投资者最关注的因素，是市场变化的方向。

“量”是指成交量，是在反映价格的单位时间中计量的成交总量，如日成交量、周成交量等。若价格反映市场变化的方向，成交量则反映投资者对这一方向的认同程度，也反映人们在这一状况下愿意和实际的参与程度。量的概念十分重要，因为价格往往是主力或庄家做出来的，而量是较难做假的。

“时”是指某一段行情所需要的时间以及一种走势持续的时间等。某种趋势不可能无限发展，总会有调整和转势的时间，对其研究可帮助投资者把握时机。

“空”即空间，是指一趋势可能达到的高点或低点。过高或过低的股价会引起市场变盘，综合时间分析，投资者通过预测趋势的空间，可把握变盘时间和空间，从而找到买卖时机。

市场行为最基本的表现就是成交价和成交量。过去和现在的成交价、成交量涵盖了过去和现在的市场行为。在某一时点上的价和量反映的是买卖双方在这一时点上共同的市场行为，是双方的暂时均衡点。随着时间的变化，均衡点会不断发生变化，这就是价量关系的变化。一般来说，买卖双方对价格的认同程度通过成交量的大小得到确认。认同程度小，分歧大，成交量小；认同程度大，分歧小，成交量大。双方的这种市场行为反映在价、量上往往就呈现出这样一种趋势规律：价升量增，价跌量减。根据这一趋势规律，当价格上升时，成交量不再增加，意味着价格得不到卖方确认，价格的上升趋势就将会改变；反之，当价格下跌时，成交量萎缩到一定程度就不再萎缩，意味着卖方不再认同价格继续往下降了，价格下跌趋势就将会改变。

时间更多地与循环周期理论相联系，反映市场起伏的内在规律和事物发展的周而复始的特征。一个已经形成的趋势在短时间内不会发生根本性改变，中途出现的反方向波动，对原来趋势不会产生大的影响。一个形成了的趋势不可能永远不变，经过了一定时间又会有新的趋势出现。空间反映的是每次市场发生变动程度的大小，也体现了市场潜在的上升或下降的能量的大小。上升或下降的幅度越大，潜在能量就越大；相反，上升或下降的幅度越小，潜在能量就越小。

四、技术分析方法分类

在价量历史资料基础上进行的统计、数学计算、绘制图表方法是技术分析方法的主要手段。一般来说，可以将技术分析方法分为如下常用的五类：K 线分析、切线分析、形态分析、波浪分析、指标分析。

(一)K 线分析

K 线分析主要是通过 K 线及 K 线的组合，推测股票市场多空双方力量的对比，进而判断股票市场多空双方谁占优势。单独一天的 K 线形态有十几种，若干天的 K 线组合就不计其数了。人们经过不断的经验总结，发现了很多对股票买卖有指导意义的组合，而且新的组合正不断地被发现、被运用。K 线作为一种专业化的证券分析手段日益成熟，目前在全世界证券及期货市场中被广泛应用。

(二)切线分析

切线分析是指按一定方法和原则，在由证券价格的数据所绘制的图表中画出一些直线，然后根据这些直线的情况推测证券价格的未来趋势。这些直线就称为切线。切线主要起支撑和压力作用，支撑线和压力线向后的延伸位置对价格的波动起到一定的制约作用。在切线分析中，切线的画法是最为重要的，画得“好与坏”直接影响预测的结构。目前，画切线的方法有很多种，著名的有趋势线、通道线、黄金分割线、甘氏线、速度线等。

(三)形态分析

形态分析是根据价格图表中过去一段时间走过的轨迹形态来预测股票价格未来趋势的方法。在技术分析假设中，市场行为涵盖一切信息。价格走过的形态是市场行为的重要部分，是证券市场对各种信息感受之后的具体表现，因此，用价格轨迹或者说是形态来推测证券价格的将来是站得住脚的。从价格轨迹的形态，我们可以推测出市场处于一个什么样的大的环境中，由此对我们今后的行为给予一定的指导。典型的形态有 M 头、W 底、头肩顶、头肩底等。

(四)波浪分析

波浪理论是美国技术分析大师艾略特(R. N. Elliott)于 1939 年所发明的价格趋势分析工具。艾略特波浪理论的基础在于，规律性是自然界与生俱来的法则。自然界所有的周期，无论是潮汐的起伏、天体的运行、行星的升陨、日与夜，甚至生与死都会永无止境地不断重复出现。这一规律完全可以应用到股票市场中，因为市场行为也正是以可识别的模式进行趋势运动和反转的。波浪的起伏遵循自然界的规律，价格的波动过程遵循波浪起伏所体现出的周期规律，这个过程就是 8 浪结构。其中，上升是 5 浪，下降是 3 浪。数清楚了各个浪就能准确地预见到跌势已经接近尾声，牛市即将来临，或者牛市已经到了强弩之末，熊市即将来临。波浪理论最大的优点就是能提前很长时间预测到底和顶。同时，波浪理论又是公认的最难掌握的技术分析方法。

(五)指标分析

指标分析是从市场行为的各个方面出发，通过建立一个数学模型，给出数学上的计算公式，得到一个体现股票市场某个方面内在实质的数字，这个数字称为技术指标值。指标值的具体数值和相互作用关系直接反映证券市场所处的状态，为我们的操作行为提供指导方向。常见的指标有相对强弱指标(RSI)、随机指标(KD)、趋向指标(DMI)、平滑异同移动平均线(MACD)、能量潮(OBV)等。

五、技术分析与基本分析的区别

两种分析方法的目的是相同的，都是为投资提供决策依据。但两种分析方法所采用的方法、研究的方向是大不相同的。

基础分析一般会从政治、经济、金融、公司经营状况和企业管理等各个方面去收集资料，再加以综合研究判断，不但分析整个经济形势、景气变动、产业结构变化，更进一步研究个别企业的业绩、获利能力、管理能力、工作效率、财务结构变化、股息红利分配政策等，以此来研究证券的内在价值，发现市场价格是否高估或低估。而技术分析则是通过技术图形或指标的记录，研究市场过去及现在的行为，以推测未来价格的变动趋势。

技术分析和基础分析都认为股价由供求关系所决定，但基础分析主要是根据对影响供求关系种种因素的分析来预测股价走势，而技术分析则主要是根据证券价格本身的变化来预测股价走势。也可以说，基本分析研究市场价格移动的动因，而技术分析研究市场价格移动的影响。

六、应用技术分析时应注意的问题

每一种技术分析工具都不是万能的，它们一般只注重证券市场的某个方面，从特殊的角度进行分析研究，而证券市场的运行方式是不断发生变化的，不可能每次都能全面周到地应付。因此，我们在应用时，应该注意以下几个问题：

1. 技术分析必须与基本分析结合起来使用

技术分析是建立在三大假设基础上的，并且是针对完全市场的。而在现实市场中，由于信息不对称、人为操纵等原因，使得技术分析的结果与实际有出入。因此，仅靠过去和现在的数据、图表去预测未来是不可靠的。一方面在实践中要不断修正技术分析方法；另一方面，还必须与基本分析相结合，才能取得比较好的效果。

2. 多种技术分析方法综合研判

技术分析方法多种多样，但每一种方法都有其独特的优势和功能，也有不足和缺陷。没有任何一种方法能概括股价走势的全貌。实践证明，单独使用一种技术分析方法有相当大的局限性和盲目性，甚至会给出错误的买入信号。为了减少失误，只有将多种技术分析方法结合运用，相互补充，相互印证，才能减少出错的机会，提高决策的准确性。

3. 理论与实践相结合

正确分析的方法各异，已有的结论是在过去一定的特殊条件下和特殊环境中得到的。随着环境的变化，这些曾经成功的结论用到自己身上就可能失败，所以必须验证后才能使用。此外，由于人性的差异，同一方法在不同人手里使用，结果是不尽相同的。因此，从别人那里获得经验的同时，要通过实践对这些经验仔细推敲，总结出适合自己的、能够使用的部分。

第二节　技术分析理论

一、道氏理论

道氏理论是技术分析的鼻祖，道氏理论的创始人是美国的查尔斯·道（Charles H. Dow）。

它是识别和研究证券市场主要趋势的最古老和最广泛的方法。查尔斯·道于1900～1902年在《华尔街日报》上发表许多关于市场行为的评论，这是道氏理论的前身，但道氏生前并未形成系统的理论。后经威廉·汉密尔顿（William. P. Hamilton）等人对道氏写作生涯中的股评加以组织和整理，形成了系统的理论。道氏理论主要是用来预测股价变动的长期趋势，而不是用来预测近期或短期的股价走势。道氏理论预测股价长期走势的基本原理主要有以下几个方面：

1. 价格指数包含一切行为

市场的价格指数预先反映了市场参与者整体的市场行为，无论是来自投资者、中介者还是监管者。即使是"上帝的行为"，也就是那些无法预测的自然灾害或其他不可抗力因素所导致的事件一旦发生，也将很快被予以评估并反映在市场指数中。在证券市场，经济、政治、社会、心理等各种因素最终是通过影响投资者的心态进而引起证券价格的变化。投资者乐观，就会推动股价上升；投资者悲观，就会导致股价下挫。也就是说，股价的任何变动都反映了投资者心态发生的变化。

道氏理论认为收盘价是最重要的价格，并利用收盘价计算平均价格指数。目前，世界上所有的证券交易所计算价格指数的方法大同小异，都源于道氏理论。此外，该理论还提出平均价格涵盖一切信息的假设。目前，这仍是技术分析的一个基本假设。

2. 市场具有三种变动趋势

道氏理论认为，虽然价格的波动表现形式不同，但是，最终可以将它们分为三种趋势：主要趋势、次要趋势和短暂趋势。

（1）主要趋势

主要趋势是市场价格波动的最基本方向，一般是指持续一年或一年以上的股价变动趋势。主要趋势又可以分为上升趋势和下降趋势两种。

上升趋势可以分为三个阶段：第一阶段，股价开始从底部回升，虽然上市公司财务状况一般，但投资者开始看好股市，交易量增加，股价逐渐上升，但交易量一般。第二阶段，随着公司盈余增加，投资者信心大增，交易活跃，股价持续上升。第三阶段，资金大量涌入，成交量剧增，股价快速上升，股价已严重背离其内在价值。多头市场即将转为空头市场。

下降阶段也可以分为三个阶段：第一阶段，股价还有所上升，但成交量开始减少，部分投资者开始抛售股票。第二阶段，市场大部分投资者认识到熊市已来临，竞相抛售股票离场，股价急剧下跌。第三阶段，市场上到处弥漫着各种坏消息，投资者由于丧失信心或迫于清仓压力，不再考虑股票的内在价值而抛售股票时，空头行情将发展到顶点。

（2）次要趋势

次要趋势发生在主要趋势的过程中，一般是指连续三周以上、一年以下的股价变动趋势。在上涨的主要趋势中会出现次级回档下跌，在下跌的主要趋势中会出现次级反弹上升。次要趋势一般并不改变长期趋势的发展方向，当次要趋势下跌时，其谷底一波比一波高，表示长期趋势仍将上升；当次要趋势上升时，其波峰一波比一波低，表示长期趋势仍为下跌。在一般情况下，价格回撤到沿基本趋势方向推进幅度的1/3～2/3。

（3）短暂趋势

短暂趋势是价格的日常波动，时间一般不超过三周。道氏理论认为短暂趋势容易受到人为的操纵，因此分析的意义不大。但我们也要看到，对于短期投资者来说，主要就是关注短期的价格变动，并从中获得收益。另外，短暂趋势是主要趋势和次要趋势的组成部分，短期波动是形成中长期趋势的基础。

3. 收盘价是最重要的价格

道氏理论并不注意一个交易日当中的最高价、最低价，而只注意收盘价。因为收盘价包含了一个交易日内市场的所有信息，反映了市场的最终评价。因此，相比开盘价、最高价和最低价而言，收盘价显得更为重要。

4. 趋势必须得到交易量的确认

市场价格的变动必须结合成交量的变化来加以解释和判断，这是因为成交量跟随趋势而动。通常，在多头市场，当价格上涨时，成交量也相应增加，而当价格下跌时，成交量会萎缩。在空头市场，当价格下跌时，成交量会增加，而在价格回升时，成交量会萎缩。这一规律不仅在主要趋势中成立，在次要趋势以及短暂趋势中也普遍成立。在道氏理论中，价格仍然是判断趋势的核心指标，而成交量只能作为一个辅助性的参考指标，并且成交量只有在一个相对比较长的时间内才能得出相对较为有效的结论。

5. 两种指数必须相互确认

指数确认是道氏理论中最重要的原则之一。在美国是以 30 种道・琼斯工业股票指数和道・琼斯运输指数互相印证。只有两种指数的变动相互确认，也就是呈现出相同或相近的波动时，趋势才能够被确认，而单一指数的行为并不能成为趋势反转的有效信号。

道氏理论开创了技术分析的先河，为后来的技术分析的发展奠定了基础。但理论再完善也毕竟是理论，是建立在一系列假设基础上的，当运用于检验现实中错综复杂的市场行为时，必然会存在许多不足。主要有以下几个方面：

(1)道氏理论只侧重于长期分析而不能做出中、短期分析，更不能指明最佳的买卖时机。即使是长期趋势，实际变动也未必如道氏理论所表述得那样，使得人们很难将它们加以区分。

(2)道氏理论发出的信号具有滞后性，即使是对长期趋势的预测，道氏理论也无法预先精确地指明股市变动的高峰和低谷，而要等股价变动数周甚至数月以后，在两个股价平均数明显突破上一次的高峰或低谷后才能发出趋势转变的信号。

(3)道氏理论过于强调股价平均数，但并非所有股票都与股票平均数同涨同跌，总有一些股票上涨或下跌的幅度要高于股票平均数，而另外一些低于股票平均数。因此，这一理论无法给投资者指出应该具体投资哪些股票。

(4)两种指数的波动不可能完全同步，在大多数情况下，即使它们能够相互确认从而对趋势加以肯定，在它们之间也会存在一定的时间间隔。另外，道氏理论不能确定两种指数相互确认的间隔时间多长为有效，这使得投资者在使用这两种指数进行分析时变得不知所措。

二、波浪理论

波浪理论被认为是技术分析方法中最为神奇的一种。波浪理论最初由艾略特于 1939 年提出，并应用到证券市场。到 20 世纪 70 年代，柯林斯的专著《波浪理论》出版，波浪理论才得到广泛关注。

(一)波浪理论的主要思想

波浪理论认为，规律性是自然界与生俱来的法则，证券市场走势也不例外，同样受制于大自然的规律，依据一定的波浪形态周而复始、有规律地循环。波浪理论以周期为基础，他把大的运动周期分成时期长短不同的各种周期，并指出，在一个大周期之中可能存在一些小周期，而小的周期又可以再细分成更小的周期。每个周期无论时间长与短，都是以一种相同的 8 浪结构模式进行。这 8 个过程完成以后，这个周期就算结束了，将进入下一个周期。新的周期仍然遵循上述模式，这是波浪理论的核心内容。

(二)价格走势的形态结构

1. 波浪的基本形态

波浪理论认为，一个完整的价格循环周期由 5 个上升波浪和 3 个下降波浪共 8 浪组成。上升波浪称为推动浪，下降波浪是前一个上升波浪的调整浪。

如图 8—1 所示，前面是上升 5 浪，分别为：0～1 是第一浪，1～2 是第二浪，2～3 是第三浪，3～4 是第四浪，4～5 是第五浪；后面是下降 3 浪，即 5～a 是 a 浪，a～b 是 b 浪，b～c 是 c 浪。

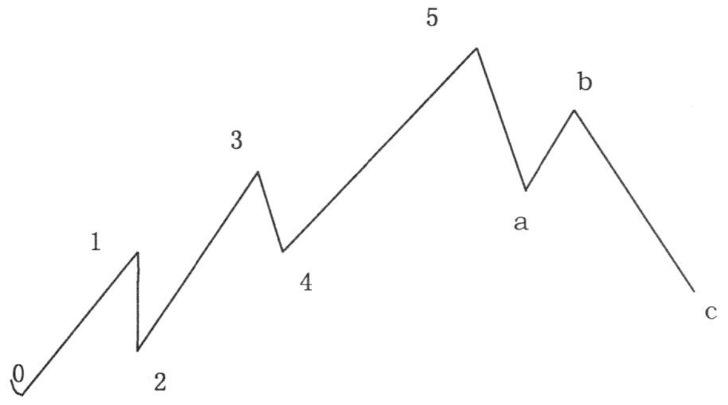

图 8—1　一个完整波浪的基本形态示意图

如果某个浪的趋势方向与它高一层次的浪的趋势方向相同，那么这一浪就称为推动浪，如图中的 1、3、5 浪。而调整浪的运动方向同它的上一层次的波浪方向不同，是对推动浪的调整和补充。如 8 浪结构中的 2、4 浪是调整浪。由 a、b、c 三浪组成的大浪是对由 1～5 浪组成的大浪的调整浪。

2. 波浪的复杂形态

一个基本的周期结束之后，另一个相似的周期会接着发生，带来新的 8 浪。这种循环运动将遵循相同的模式不断扩展，形成一个更大规模的周期。这更高一级的周期由 5 个基本周期构成其驱动浪，而由另外 3 个基本周期形态构成其调整浪。同样地，这一级别的周期又通过重复运动构造出更高层次的周期。

如图 8—2 所示，最高层次的有 2 浪：从起点到顶点是第一大浪，即浪[1]；从顶点到末点是第二大浪[2]，它是第一大浪[1]的调整浪。第一大浪[1]和第二大浪[2]又可以分成(1)(2)(3)(4)(5)五浪和(a)(b)(c)三浪，共 8 浪，这是处于第二层次的浪。

第二层次的大浪又可以细分成第三层次的小浪，就是图 8—2 中的各个 1、2、3、4、5 以及 a、b、c。

需要注意的是，我们一直用上升 8 浪结构的例子进行分析。其实，在下降的趋势中，周期的基本形态仍然是“5＋3”的 8 浪结构，只是这时各分浪的方向与上升趋势中的波浪方向正好相反。这说明了驱动浪并不总是指向上方，而调整浪也未必总是指向下方。波浪的发展方式应当取决于其相对方向，而不是绝对方向。

3. 辨别波浪原则与菲波纳奇数列

在我们辨别波浪的过程中，会带来这样一个问题：当我们遇到一个浪级较高的波浪时，是

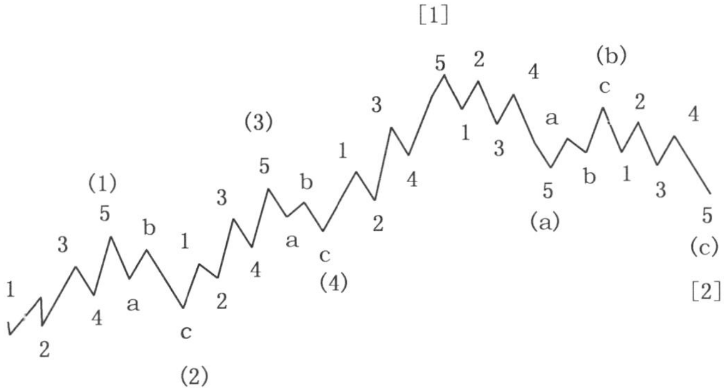

图 8—2 波浪的复合结构

应当把它视为 5 阶段的驱动浪，还是 3 阶段的调整浪呢？这个问题需要将该高级别的浪所处趋势一并考虑在内，同时也需要考虑更高级别的趋势，然后才能确定这个高级别浪是细分成 3 浪还是 5 浪。根据波浪理论，当波浪与它的上一级波浪同向运动时，我们应当以驱动方式将其划分为 5 个浪；而当该浪与其上一级波浪反向运动时，则应当以调整方式将其划分为 3 个浪。这是波浪理论中的基本内在趋势。

波浪理论包含了大自然的奥妙，很难精通。但在数浪过程中，有些原则还是可以参考的：

(1)第三浪永远不可以是第一浪至第五浪中最短的一浪，通常第三浪是最具有爆发力、涨幅最大、时间最长的一浪。

(2)在波浪运动中各种形态往往交替出现。例如，如果第二浪以单式的快速方式调整，则第四浪就可能以复式的横向盘整方式调整。

(3)第二浪的结束点不会超过第一浪的起始点，而第五浪较有弹性，有时不会超过第三浪的结束位置。

(4)第四浪以复杂形态出现的概率非常高，它通常会在次一级的 4 浪范围内完成。

在波浪理论中，所有的数字与菲波纳奇数列有着紧密的联系。它们的出现不是偶然出现的，这是波浪理论的数学基础。例如，在图 8—3 中，第一大浪和第二大浪为 2 浪，同时它们由 8 个较大的浪组成。第一大浪 5 浪组成，同时又由更小的 21 浪组成，而第二大浪由 3 浪组成，同时又由更小的 13 浪组成。这样整个 2 浪是由 34 个小浪组成的。这里的数字 1,2,3,5,8,13,21,34…都是菲波纳奇中的数字。它们都遵循以下的公式：

$$F_n = F_{n-1} + F_{n-2}$$

这里 $F_1=1$，$F_2=2$。在此基础上，波浪理论得到了长足的发展。

(三)8 浪的基本特征

在波浪理论中，各种类型的波浪所处位置不同，特征也有差异，认识波浪的特征有助于确认目前市场处于哪一阶段，以便正确预测以后各波浪的形态。

1. 第一浪

通常第一浪出现在长期下跌盘整的末期，且伴随着成交量的轻微上升。但大多数投资者仍然认为价格的趋势是向下的，而第一浪只不过是再一次做空的反弹。当第一浪开始运行的时候，常常难以辨认它是上升浪的开始还是下降趋势的一个小的反弹浪。识别第一浪时，可以尝试着将它细分为低一级的 5 个浪。如果低一级的 5 个浪构成一个上升趋势，则可以是上升

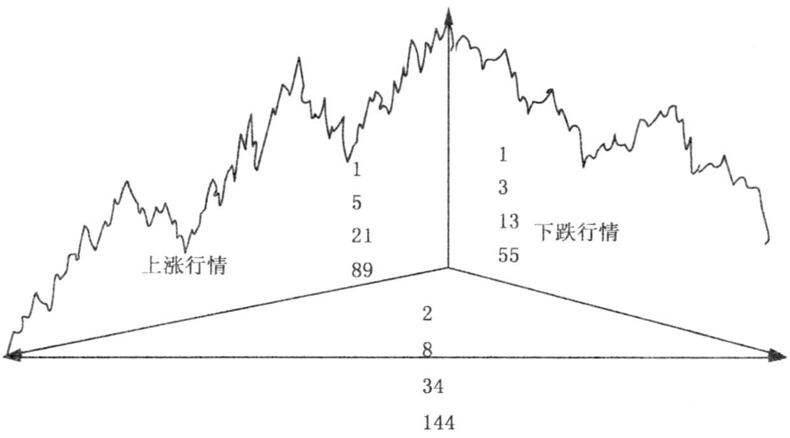

图 8—3 完整的波浪及次级波数图

行情的开始。

2. 第二浪

第二浪调整幅度一般比较大，长期下跌中的解套盘和第一浪中的获利盘大量涌出，回调掉了第一浪的大部分。这一浪给市场带来了一种恐慌的气氛，使得投资者们坚定地认为，熊市又回来了，第二浪通常会以非常低的交易量结束，表明做空交易正在逐渐消失。第二浪一般为 3 浪结构的调整浪，调整幅度一般为第一浪的 0.618。超过 0.618 比例时，一般会在图表中构成如双重底、三重底或头肩底的形态。

3. 第三浪

第三浪通常是涨势最足、涨幅最大、持续时间最长、最具有爆发力的一浪。价格的大幅度攀升使得投资者的信心得以恢复，几乎所有的股票都会参与到第三浪中，使得它通常会以最高的成交量结束，并且经常出现分量浪和延长浪。一般会在图表中出现突破、持续跳空、成交量放大等特征。主要的道氏理论趋势都将会得到验证。第三浪可以再次细分为 5 个小浪。这 5 个小浪往往构成了一次颇具冲击力的上升推动浪。由于第三浪的重要地位，构成第三浪的 5 个小浪甚至还可以细分为若干个子浪。第三浪是 8 浪结构中最长最有力的一浪。

4. 第四浪

第四浪的形态一般较为复杂，在第三浪强劲上升形成重要顶部的基础上，这一浪初步显露市场后继乏力的征兆。但不意味着牛市的结束，因为价格的回调并没有跌入第一浪的范围。第四浪是最为神秘莫测的一浪，它一般会调整到低一级四浪底；它与第二浪因交替原则而出现不同形态；三角形在第四浪中很常见；第四浪调整幅度过大往往会回到第三浪长度的 0.382 也未知。

5. 第五浪

第五浪的力度应当小于第三浪，因为它的出现意味着市场的上升态势即将走到尽头，可以说是市场的"回光返照"。在第五浪中，虽然涨幅已趋缓，投资者往往还会盲目乐观，追捧高价，但是，此时市场上二、三线股票的涨幅往往大于绩优股和成长股。第五浪通常可以再细分为 5 个小浪，由于上升力度逐渐减弱，中间会形成上升楔形的消耗性走势。

6. 第 a 浪

由于第五浪的上升所导致的投资者信心高涨依然在继续，使得大多数投资者认为 a 浪仅仅是上升行情的暂时回档，而没有认识到行情已经开始逆转。由于在第五浪运行时已经出现了各种摆动指标与走势背离的警告，在 a 浪中可能会出现成交量在下跌时扩张的情形，这进一步验证了市场会向下走出较远的距离。

7. 第 b 浪

由于 b 浪呈现上升趋势，使得投资者误认为是一个繁荣的牛市正在持续。而事实上，b 浪通常只是集中少数股票，一般不会被市场指数所印证，并且它很少呈现强劲的态势，注定要被 c 浪完全消灭。b 浪永远只能以 3 浪结构出现，不可能再划分为低一级的 5 个浪，b 浪通常是 a 浪的 0.382、0.5、0.618 倍，它是持仓者平仓出逃的最后机会。

8. 第 c 浪

这是毁灭性的一浪。跌势凶猛，跌幅深。常常伴有向下的跳空缺口和巨幅阴线出现。它使得投资者在 a 浪和 b 浪中所抱有的所有幻想都灰飞烟灭了。巨大的下跌幅度使得市场中充满了恐惧的气息，严重打击了投资者的信心。因而，c 浪往往会持续较长的时间，并且呈现出较大的市场广度。

(四)应用与不足

我们知道了一个大的周期的运行全过程，就可以很方便地对大势进行预测。我们只要知道了目前所处的位置，按照波浪理论就可以知道下一步怎么做了。要弄清楚目前的位置，最重要的是认真、准确地识别 3 浪结构和 5 浪结构。这两种结构具有不同的预测作用。一旦趋势向上(或向下)的 5 浪结构，通常是更高层次波浪的 1 浪，中途若遇到调整，我们就知道这一调整肯定不会以 5 浪的结构而只会以 3 浪的结构进行。

波浪理论也有不足之处，最大的不足是应用和掌握上的困难。实际中可能并不是完整的 8 浪结构，一般会由于主浪的变形和调整浪的变形使得波浪的结构非常复杂，波浪所处的层次又会产生大浪套小浪、浪中有浪的多层次形态。浪的层次的确定和浪的起点、终点的确认是应用波浪理论的最大难点。

波浪理论的第二个不足是，面对同样的市场价格形态，不同的投资者会选择不同的数浪方法，而且都有道理。不同的数浪法产生的结果肯定相差很大。例如一个下跌的浪可以被当成第二浪，也可能被当成 a 浪。如果是第二浪，那么紧接而来的第三浪将是非常好的投资时机；如果是 a 浪，那么这之后的下跌可能是很深的。

第三节 技术图形分析

一、K 线分析

K 线图又称蜡烛线或阴阳线，是目前普遍使用的图形，K 线图记录了证券在一个交易时间段内的价格变动情况，表现了交易过程中买卖双方的实力对比，可用于判断买卖双方的强弱程度，并作为进场交易的参考。它在实际中得到了广泛应用，受到了证券市场、外汇市场以及期货市场等各类市场投资者的青睐。

(一)K 线的画法

K 线是一条柱状的线条，由影线和实体组成。影线在实体上方的部分称为上影线，下方的部分称为下影线。实体表示一日的开盘价和收盘价，上影线的上端顶点表示一日的最高价，下影线的下端顶点表示一日的最低价。根据开盘价和收盘价的关系，K 线又分为阳线和阴线，也可以称它们为红线和黑线。收盘价高于开盘价时为阳线，收盘价低于开盘价时为阴线（见图 8—4）。

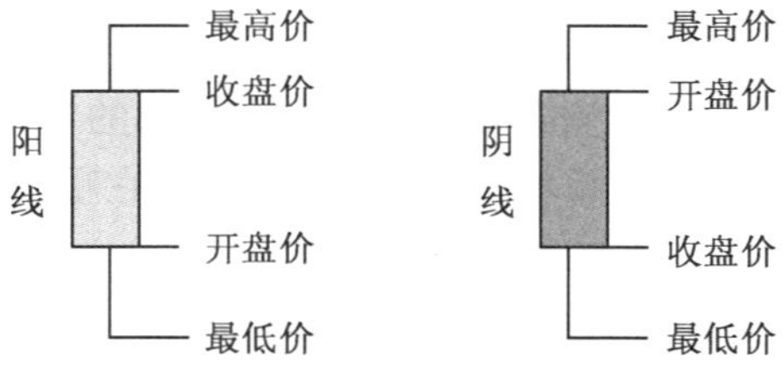

图 8—4　K 线图

日开盘价是指每个交易日的第一笔成交价格，日收盘价是指每个交易日的最后一笔成交价格，日最高价和日最低价是每个交易日成交股票的最高成交价格和最低成交价格。在四个价格中，收盘价是最重要的。

一条 K 线记录的是某一天股票的价格变动情况。将每天的 K 线按照时间顺序排列在一起就是日 K 线图。当然，我们还可以画周 K 线和月 K 线。其画法与日 K 线几乎完全一样，区别只在四个价格时间参数的选择上。例如，周 K 线是一周之内的最高价、最低价、开盘价和收盘价。

（二）K 线的种类

根据最高价、最低价、开盘价和收盘价相对位置的不同，形成了不同形状的 K 线。主要有以下一些：

1. 光头阳线和光头阴线

这是没有上影线的 K 线。当收盘价或开盘价正好与最高价相等时，就会出现这种 K 线。

2. 光脚阳线和光脚阴线

这是没有下影线的 K 线。当开盘价或收盘价正好与最低价相等时，就会出现这种 K 线。

3. 光头光脚阳线和光头光脚阴线

这种 K 线既没有上影线也没有下影线。当收盘价和开盘价分别与最高价和最低价中的一个相等时，就会出现这种 K 线。

4. 十字形

当收盘价与开盘价相同时，就会出现这种 K 线，它的特点是没有实体。

5. T 字形和倒 T 字形

当收盘价、开盘价和最高价三价相等时，就会出现 T 字形 K 线图；当收盘价、开盘价和最低价三价相等时，就会出现倒 T 字形 K 线图。它们没有实体，也没有上影线或者下影线。

6. 一字形

当收盘价、开盘价、最高价、最低价四价相等时，就会出现这种 K 线图。同十字形和 T 字形 K 线一样，一字形 K 线同样没有实体（见图 8—5）。

（三）K 线的应用

1. 单根 K 线的研判

（1）光头光脚阳线和光头光脚阴线

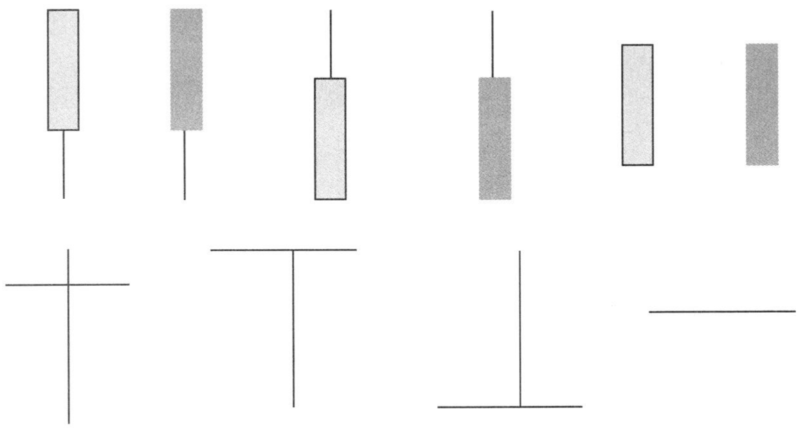

图 8—5　K 线的基本形状

光头光脚阳线说明买方气势强盛。实体越长，表明买方力量越强。如果出现在高价位区，而实体又比较短，说明买方力量已开始削弱。如果实体比较长，则要看这个股市的走势。既可能表示人气更旺，股价还得上扬，也可能表明股价已近天价。如果在盘整中出现比较长的阳线，说明股价将向上突破盘整。光头光脚阴线说明卖方气势强盛。如果出现在高价位区，而实体又比较短，说明买气消退，卖方开始积聚力量。如果实体比较长，而次日为低开盘，大势极有可能反转下跌，为卖出信号。如果较长实体出现在盘整局面中，一般来说表示股价将向下突破盘整局面。

(2)光头阳线和光头阴线

光头阳线是先跌后涨型，表示开盘后股价曾一度遭到卖方打压，下跌至最低价后受到有力支撑，股价逐渐转强回升，最终以当天最高价收盘，买方获得决定性胜利。可依实体和下影线的长短判断买卖双方的力量对比，实体越长，买方越强；下影线越强，显得卖方有潜在的实力。光头阴线是下跌抵抗型，表明卖方力量强大，开高走低，但在低价位遇到买方抵抗，股价在收盘价前回升。买卖双方力量对比要看实体与影子的长短，实体越长，表示卖方力量强大；下影线越长，则表明买方抵抗力量越强。如果在下跌趋势中出现下影线越长、实体较短的光头阴线，再加上有成交量配合，很可能是股价反转的信号。

(3)光脚阳线和光脚阴线

光脚阳线是上升抵抗型，带有上影线表明买方曾将股价推至较高价位，但高档遭卖方打压，使股价上升势头受到抑制，买方不得不退至次高价位收盘。买卖双方力量强弱对比要看实体与上影线的长短。实体部分是买方坚守的阵地，实体越长，说明买方势力越强大；影子部分是双方争夺的地盘，上影线越长，说明卖方的打压力量越大。如果在股价上升趋势中出现上影线很长的阳线，很可能是股价反转下跌的信号。光脚阴线是先涨后跌型的，表示开盘后买方曾将股价推至最高价，但卖方力量非常强大，将股价压到最低价收盘，卖方已获决定性胜利。同样要按实体和上影线的长短分析买卖双方的力量对比，实体越长，卖方力量越强，上影线越强，越能显示买方的潜在实力。

(4)上下影线的阳线和阴线

对于上下影线的阳线来说，是买方在此轮争斗中获得小胜。实体越长或长于上下影线，表明买方力量仍较强，影线长于实体，特别是上影线长于实体，表明卖方潜力较大，买方已受挫折。而对于上下影线的阴线来说，是卖方在此轮争夺中获得小胜。实体长于上下影线，表明卖方力量强，影线长于实体，特别是下影线长于实体，表明买方潜力较大，卖方已受挫折。

(5)十字形

十字形的出现表明买卖双方几乎势均力敌，不分上下。如果十字形的上下影线相等，则阳十字形代表多方力量稍强，而阴十字形代表空方气势略胜。如果十字形上下影线不等，则上影线长于下影线，表示空方力量较强；下影线长于上影线，则表示多方力量较强。十字形常常隐含着大势变盘的意义，在行情底部出现下影线很长的十字形，说明多方已取得转折性的胜利，只要次日开盘后股价能站稳在十字形之上，一般说会有一段较大的涨幅，在行情顶部出现上影线很长的十字形，说明空方已取得转折性胜利，只要次日开盘后股价低于十字形，大多会有一段不小的跌幅。“⊥”“┬”“—”是十字形的变形线。

2. 多根K线的研判

在图8—6中，将K线的区域划分为5个部分，从区域5到区域1反映出多空双方力量的对比和转化过程，即空方优势减弱、多方优势加强。多空争夺的区域越是抬高，表明盘势越是倾向于多方，就越有利于股价上涨。

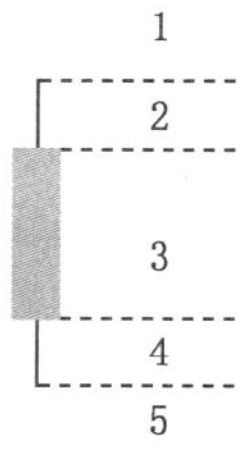

图8—6　K线的“五区”

K线组合有很多种，这里只选择其中几种特定组合形态来研判其市场意义。

反追线表明，在昨日收出一根大阴线后，今日开盘一开始空头优势就一度尽显而使得股价低开低走，但不久就受到多头的强力反攻，并最终使全天收盘在昨日阴线最低价附近，形成一条光头小阳线。如果该小阳线的收盘价在昨天收盘价之上，则又称该反追线为追入线；如果该小阳线的收盘价等于昨日最低价，则又称该反追线为追切线。这种双K线组合表明在低档处多头承接积极，乃行情反弹的前兆，尤其是出现在持续下跌多日之时，但若下一个交易日行情继续看跌，则会使行情继续看空(见图8—7)。

图8—7　反追线

包容线表明，今日 K 线最低价比昨日 K 线最低价更低，而最高价较昨日 K 线最高价更高，这样今日 K 线就将昨日 K 线完全包容起来，是市场发出股价涨跌的趋势将会完全改变的信号(见图 8—8)。

图 8—8　包容线

停迷线表明，昨日股价大涨而收出大阳线，今日却在高档出现小阳线或小阴线，从而使股价走势暂时处于停迷状态，因而这种双 K 线组合也称星线。停迷线反映多方做多意愿减弱，行情因拉高不足而渐趋衰竭。尤其是在相对高档出现时，这种组合更是暗示主力出货的迹象，如果下一个交易日股价没有出现大幅跳空高开情形，则可确认空头行情已经开始(见图 8—9)。

图 8—9　停迷线

上面介绍了两根 K 线组合的研判，下面介绍几种三根 K 线的研判。显然，三根 K 线的组合方式比起两根 K 线而言更为复杂、更加多样。对于三根 K 线组合的研判，仍然是根据最后一条 K 线相对于前面两根 K 线的位置来判断和比较多空双方的大小。

上升三阳线表明股价连续三天上涨，反映出多方力量逐渐增强，尤其是在低档区时具有强烈的多头市场特征。如果三根 K 线都是中阴线或大阳线，则表明多方优势明显，多头士气"如日中天"，但由于涨幅大，第四天多考虑离场或不介入，暂持短线观望态度，当然中线应该看涨(见图 8—10)。

图 8—10　上升三连阳

反攻失败式的典型形态是，连续两根阳线（或阴线）之后出现一根小阴线（或小阳线）被第二根 K 线怀抱（见图 8－11）。其中，左图表明多方力量占优势仍然控制局面，空方反击“火力”较弱而告败，多头行情大多继续；右图则表明多头反攻力量比较有限，在空头猛烈抛压下宣告失败，下跌趋势仍将继续。

图 8－11　反攻失败式

所谓夹击式，是指两条阳线（或阴线）中间夹着一条阴线（或阳线）的三条 K 线组合方式，也就是两阳夹一阴式和两阴夹一阳式（见图 8－12）。

图 8－12　夹击式

在两阳夹一阴的夹击式中，若阴线实体较长而两条阳线实体较短并呈现出走低之势，则表明多方力量遭遇重大损伤，行情将以空头市场为主；若三根 K 线呈现逐渐走高之势，则表明多头依然控制局面，空头反击乏力，后市将继续看涨。

3. 应用 K 线时应注意的问题

（1）组合形态只是总结经验的产物。在实际市场中，完全满足我们所介绍的 K 线组合形态的情况是不多见的。因此不能一成不变地照搬组合形态。

（2）当 K 线组合图形与基本分析完全对立，国际、国内政治经济形势发生根本性变化时，放弃 K 线分析结果，服从基本分析结论。

（3）无论是一根 K 线还是两根、三根以至更多根 K 线，都是对多空双方争斗做出的一个描述，由它们的组合得到的结论都是相对的，不是绝对的。对股票投资者而言，结论只是起一种建议作用。

二、切线分析

“顺势而为”是证券市场中的一条投资准则。如何在变幻莫测的市场中识别大势，是每一个投资者遇到的重大课题。这一节从切线法的角度，给出一些判断趋势的方法。

(一)支撑线与压力线

1. 支撑线与压力线的内涵

支撑线又称为抵抗线，是指当股价下跌到某个价位附近时，会出现买方增加、卖方减少的情况，从而使股价停止下跌，甚至有可能回升。支撑线起阻止股价继续下跌的作用。这个起着阻止股价继续下跌的价格就是支撑线所在的位置。压力线又称为阻力线，是指当股价上涨到某价位附近时，会出现卖方增加、买方减少的情况，股价会停止上涨，甚至回落。压力线起阻止股价继续上升的作用。这个起着阻止股价继续上升的价位就是压力线所在的位置(见图 8—13)。

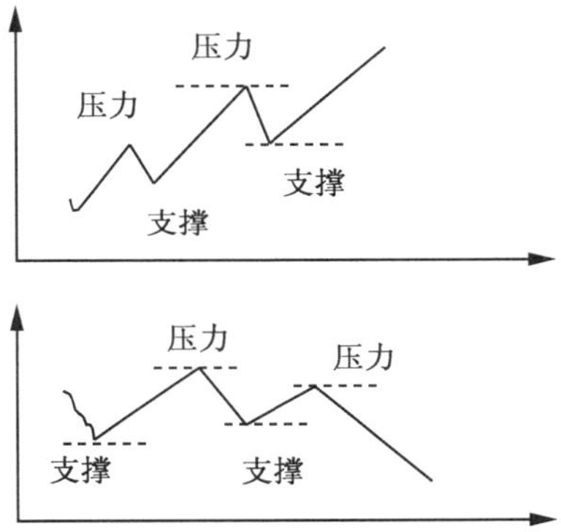

图 8—13　支撑线和压力线

价格趋势由多空双方力量的对比所决定。从定义我们知道，支撑线和压力线在本质上也都反映了多空双方的相对力量变化。支撑线和压力线的突破对于趋势的变化能够起到信号作用。由于在实践中判定突破时，通常会设定一个有效的突破价格范围，而不仅仅是参考单独的一个突破价位。

2. 支撑线与压力线的作用

支撑线和压力线会阻止或暂时阻止股价向一个方向继续运动。而我们知道股价的变动是有趋势的，要维持这种趋势，保持原来的变动方向，就必须冲破阻止其继续向前的障碍。比如说，要维持下跌行情，就必须突破支撑线的阻力和干扰，创造出新的低点；要维持上升行情，就必须突破上升的压力线的阻力和干扰，创造出新的高点。由此可见，支撑线和压力线迟早会有被突破的可能，它们不足以长久地阻止股价保持原来的波动方向，只不过是使之暂时停顿而已。

同时，支撑线和压力线又有彻底阻止股价按原方向变动的可能。当一个趋势终结时，它就不可能创出新的高价，这样支撑线和压力线就显得异常重要。

在上升趋势中，如果下一次未创新高，即未突破压力线，这个上升趋势就已经处在很关键的位置了，如果再往后的股价又向下突破了这个上升趋势的支撑线，这就产生了一个趋势有变得很强烈的警示。通常这意味着这一轮上升趋势已经结束，下一步的走向是向下跌的过程。

同样，在下降趋势中，如果下一次未创新低，即未突破支撑线，这个下降趋势就已经处于很关键的位置，如果下一步股价向上突破了这个下降趋势的压力线，这就发出了这个下降趋势将要结束的强烈的信号，股价的下一步将是上升的趋势，如图 8－14 所示。

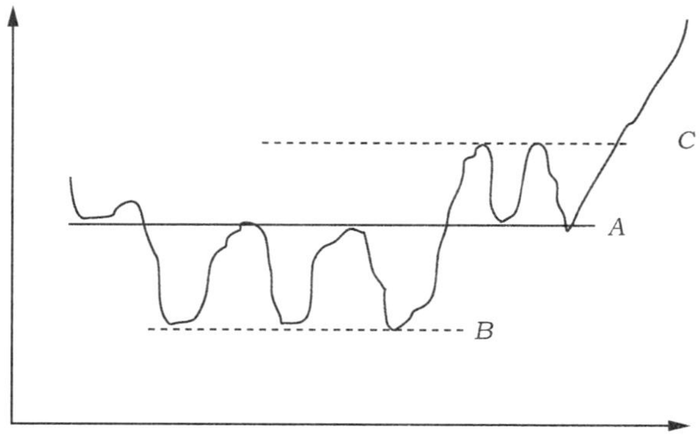

图 8－14　支撑线和压力线的相互转化

由于支撑线和压力线在价格上升和下降趋势中的作用是不同的，因此同一条线在不同时期和不同市场行情中可能会充当不同的角色。通常的情况是，它们一旦被突破，则立即转换角色。如图 8－14 中的 A 线首先作为一条支撑线出现在下跌趋势中，然而一旦它被突破，则立即转变为压力线，阻碍着价格的回调，同时新的支撑线形成于 B。在价格稍稍进行了调整之后，多方积蓄能量使得价格反弹，并一鼓作气地突破压力线 A。一旦突破完成，则 A 立即又转变为支撑线，而在 A 的上方则形成新的压力线 C。

3. 支撑线与压力线的确认和修正

一般来说，对支撑线或压力线的确认有三个方面：一是股价在这个区域停留时间长短；二是股价在这个区域伴随成交量的大小；三是这个支撑区域或压力区域发生的时间距离当前这个时期的远近。显然，股价停留的时间越长，伴随的成交量越大，离现在越近，则这个支撑或压力区域就越可以确认，且对当前的影响就越大。

但有时由于形势变化和股价的变动，原来的支撑线或压力线已不具有支撑或压力作用，已不完全符合上面所述的三个条件。这时就要对支撑线和压力线进行调整、修正。

对支撑线和压力线的修正其实是对新的支撑线和压力线的确认。股价到了这个区域，投资者应清楚，它有可能被突破，而到了另一个区域，它就不容易被突破，但原来的支撑线可能会变成下一次反向运动时的压力线。

（二）趋势线与轨道线

1. 趋势线的内涵

趋势线就是反映价格趋势方向的技术线，由它可以明确看出股价的趋势。在上升趋势中，将价格走势的底部连接成一条直线，就可以得到上升趋势线。而在下降趋势中，将价格走势的顶部连接成一条直线，则可以得到下降趋势线。根据趋势线走过时间的长短，可以将趋势线分为长期趋势线、中期趋势线和短期趋势线三种。

上升趋势线起支撑作用，是支撑线的一种；下降趋势线起压力作用，是压力线的一种。

2. 趋势线的确认

正如上面定义所描述的，我们要想画出一条趋势线很容易，但是这并不能说明这条趋势线就是有效的。而趋势线是否有效，关系到我们能否对股市今后的走势有个准确的预测，进而影响我们的投资决策。因此，保证所画趋势线有效变得非常重要。

要得到一条真正起作用的趋势线，需要经过多方面的验证才能最后确认，不符合条件的要坚决删除。首先确实有趋势存在。也就是说，在上升趋势中，必须确认出两个依次上升的低点；而且这两个低点必须有决定意义，一般来说，应是两个反转低点，即下跌至某一低点开始回升，再下跌没有跌破前一低点又开始上升。在下降趋势中，必须确认两个依次下降的高点，而且这两个高点也必须有决定意义，一般来说，应是两个反转高点，即上升至某一高点后开始下跌，回升未达前一高点又开始回跌。其次，画出直线后，还应得到第三个点的验证才能确认这条趋势线是有效的。一般来说，所画出的直线被触及的次数越多，其作为趋势线的有效性越能得到确认，用它进行预测越准确有效。此外，这条直线延续的时间越长，就越具有有效性(见图 8—15)。

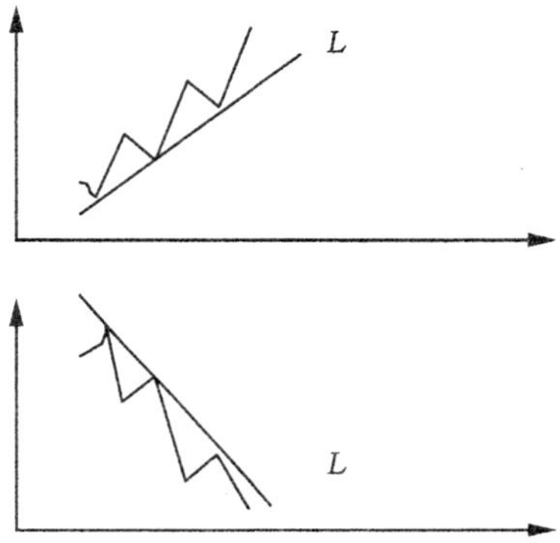

图 8—15　趋势线

3. 趋势线的作用

一般来说，趋势线有两种作用。

第一，对价格今后的变动具有约束作用，使价格总保持在这条趋势线的上方或下方。实际上，就是起支撑和压力的作用。

第二，趋势线被突破后，就说明股价下一步的走势将要反转。越重要、越有效的趋势线被突破，其转势的信号越强烈。被突破的趋势线原来所起的支撑和压力作用，现在将相互交换角色。

4. 轨道线

轨道线又称通道线或管道线，是基于趋势线的一种方法。在已经得到了趋势线后，通过第一个峰和谷可以做出这条趋势线的平行线，这条平行线就是轨道线，如图 8—16 所示。

两条平行线组成的一个轨道，就是常说的上升轨道和下降轨道。轨道的作用是限制股价的变动范围，让它不能变得太离谱。一个轨道一旦得到确认，那么价格将在这个通道里变动。对上面或下面的直线的突破将意味着行情有一个大的变化。

轨道线也有一个被确认的问题。一般而言，轨道线被触及的次数越多，延续的时间越长，其被认可的程度和重要性越高。

轨道线的另一个作用是提出轨道转向的警报。如果在一次波动中未触及轨道线，离得很远就开始掉头，这往往是趋势将要改变的信号。这说明，市场已经没有力量继续维持原有的上升或下降的趋势了。

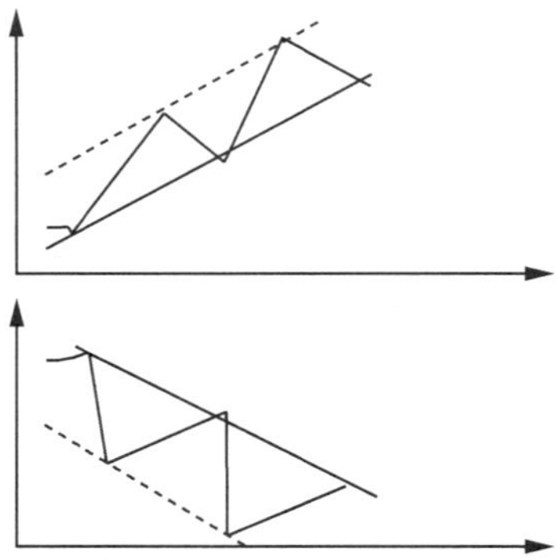

图 8—16　轨道线

(三)黄金分割线

黄金分割法是依据 0.618 黄金分割率原理计算得出的点位,这些点位在证券价格上升和下跌过程中表现出较强的支撑和压力效能。其计算方法是依据上升或下跌幅度的 0.618 及其黄金比率的倍率来确定支撑和压力点位。

(1)下面是一些特殊的数字,它们是有名的“黄金分割数”:

0.191　0.382　0.618　0.809　1.919　1.382

1.618　1.809　2.000　2.382　2.618　4.236

(2)找到一个点,以便画出黄金分割线。这个点是上升行情的结束点,或者是下降行情的结束点。这个点一经确定,就可画出黄金分割线了。

(四)百分比线

百分比线考虑问题的出发点是人们的心理因素和一些整数位的分界点。

当股价持续上涨到一定程度,肯定会遇到压力;遇到压力后,就要向下回撤。回撤的位置很重要。黄金分割提供了几个价位,百分比也提供了几个价位。

以这次上涨开始的最低点和开始向下回撤的最高点两者之间的差,分别乘以几个特殊的百分比数,就可以得到未来支撑位可能出现的位置。

这些百分数一共有 10 个,它们是:

1/8　1/4　3/8　1/2　5/8　3/4　7/8　1　1/3　2/3

这里的百分比线中,以 1/2、1/3、2/3 三条线最为重要。在很大程度上,回撤到 1/2、1/3、2/3 是人们的一种心理倾向。如果没有回撤到 1/3 以下,就好像没有回撤够似的;如果已经回撤了 2/3,人们自然会认为已经回撤够了;1/2 是常说的二分法。

三、价格形态分析

价格形态分析是通过研究股价所走过的轨迹,分析和挖掘出曲线告诉我们的一些多空双方力量的对比结果,进而知道我们的行为。我们可以把股价曲线的形态分成两大类型:反转突破形态和持续整理形态。

(一)反转突破形态

反转突破形态描述了趋势方向的反转,是投资分析中应该重点关注的变化形态。反转突破形态主要有头肩顶(底)、双重顶(底)、三重顶(底)、圆弧顶(底)以及扩展形态等多种形态。

1. 头肩顶和头肩底

头肩形态是实际股价形态中出现最多的一种形态，也是最著名和最可靠的反转突破形态。如图 8—17 所示，在上升的过程中，形成了三个局部高点，这三个高点就是头肩顶中的“一头”和“两肩”。其中中间比较高的 C 点是“一头”，两边比较低的 A、E 是“两肩”。在实际运用中，“两肩”不一定要完全一样高，但肯定都低于“一头”。

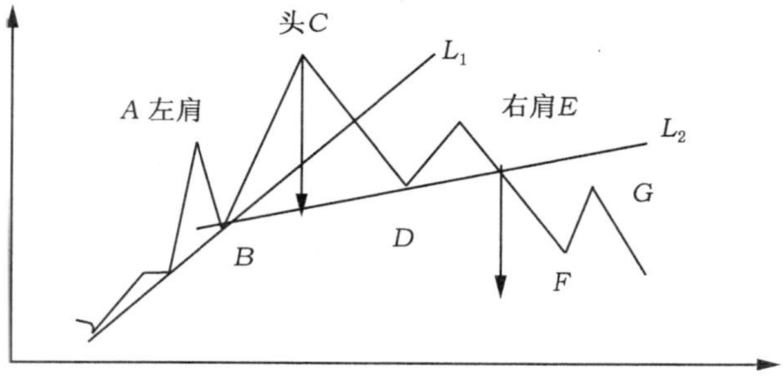

图 8—17 头肩顶

在股价的上升过程中，伴随着成交量的大增，由于部分投资者获利回吐，导致股价下跌，形成了左肩。这次回档在 B 点得到了支撑。然后股价继续上升，并且突破了左肩的位置，创出了新高。由于过高的段价使得投资者产生了恐慌心理，竞相抛售，股价回跌到前一低点附近，且伴随比较大的成交量，这时头部完成。在 D 点获得支撑的股价继续上升，由于相对比较低的成交量，涨势不再凶猛，价位到达头部顶点之前即告回落，形成右肩。至此，头肩顶的形态形成了。连接图 8—17 中的 B、D 两点，这条直线就是极为重要的颈线。在头肩顶形态中，它是支撑线，起支撑作用。

如果股价最后在颈线水平回升，而且回升的幅度高于头部，或者股价跌破颈线后又回升到颈线上方，那么这个头肩顶就是虚假的。至此，与大部分突破一样，这里颈线被突破也有一个被认可的问题。头肩顶形态中的目标跌幅为头部峰位到颈线的垂直距离。当颈线被突破之后，由颈线上被突破点向下延伸一个目标跌幅所产生的价位为目标价位，即新的支撑点。只有价格继续向下，突破了目标价位，才能够确认头肩顶形态的有效突破。

头肩底是头肩顶的相反形态，是一个可靠的买进时机。这一形态的构成和分析方法，除了在成交量方面与头肩顶有所区别外，其余与头肩顶类似，只是方向相反而已，如图 8—18 所示。上升改成下降，高点改成低点，支撑改为压力。

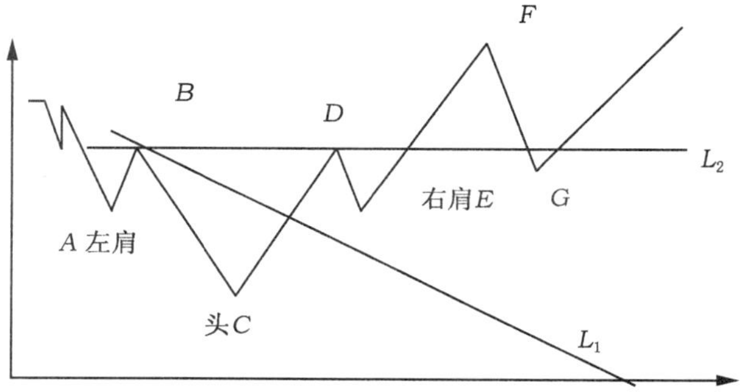

图 8—18 头肩底

值得注意的是，头肩顶形态与头肩底形态在成交量配合方面的最大区别是：头肩顶形态完成后，向下突破颈线时，成交量不一定放大；而头肩底形态向上突破颈线，若没有较大的成交量出现，可靠性将大为降低，甚至可能出现假的头肩底形态。

头肩形态可以延续不同的时间跨度，从几分钟到几年，甚至更长。同道氏理论和波浪理论所揭示的原理相同，不同周期的头肩形态之间可能存在嵌套关系，从而使得头肩形态呈现更为复杂的结构。与一般的价格形态相同，头肩形态形成的时间跨度越长，市场所积蓄的力量也越大，从而随后酝酿出的新一轮趋势延续的时间也越长。

2. 双重顶和双重底

双重顶和双重底就是市场上众所周知的 M 头和 W 底，也是一种较为重要的反转突破形态，它在实际中出现的频率非常高。如图 8—19 所示，双重顶是由两个高度相同的局部高点组成。理论上两个顶部的高度相等，但在现实中并不是这么严格要求。不论两个顶部的相对高度如何，双重顶一旦被突破，其技术含义是相同的。

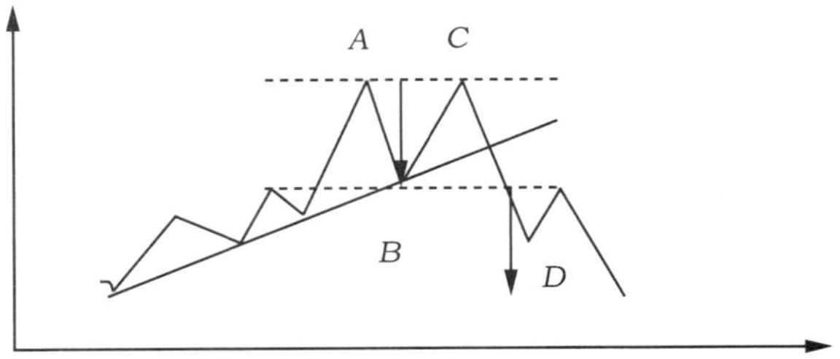

图 8—19　双重顶

以双重顶为例，当股价上升到第一个峰顶 A 时，遇到大量的获利回吐，使得股价在此遇到压力，受阻回档。在 B 点处获得了支撑，成交量随着股价的下跌而萎缩。股价再度上升到第一峰附近 C 点，成交量再度增加，但已不及第一峰。上升遇到阻力，接着股价掉头向下，这就形成了 A 和 C 两个顶的形状。

连接两峰 A 和 C 画一条水平线，通过两峰之间的低点 B 画一条与 AC 平行的线，这就是颈线，M 头形成以后，如果股价没有突破颈线，而是在两条平均线之间运动，那么将是我们下面介绍的持续整理形态。如果突破了，才是双重顶反转突破形态的真正出现。

突破颈线就是突破轨道线、突破支撑线，所以也有被认可的问题，前面介绍的有关支撑线、压力线被突破的确认原则在这里都适用。一般来说，从突破算起，股价将至少要跌到与形态高度相等的距离，即两条平行线之间的垂直距离。

对于双重底，有完全相似或者说完全相同的结果。只要将对双重顶的介绍反过来叙述就可以了。比如，向上说成向下，高点说成低点，支撑说成压力。但双重底的颈线突破时，必须有大成交量的配合，否则它的有效性降低（见图 8—20）。

3. 三重顶和三重底

三重顶（底）形态是双重顶（底）的扩展形势，也是头肩顶（底）的变形，由三个一样高或一样低的顶和底组成（见图 8—21）。完成形态所需时间较长，常出现在长期或中期的反转过程中。

三重顶的三个顶峰之间时间跨度不一定要相等，三个顶点的股价水平也不一定要完全相同，但三个顶峰成交量有逐渐减少的趋势，当第三个顶峰成交量非常小时就出现了下跌的征兆。重要的是，当股价跌破颈线，即跌破两个谷底的支撑价位时，三重顶形态才算完成。预计

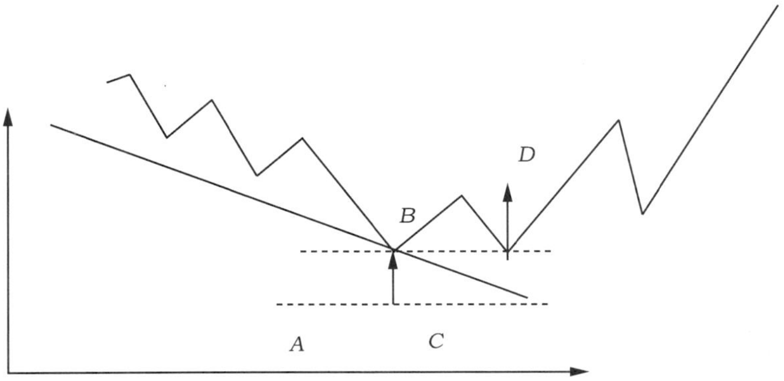

图 8—20　双重底

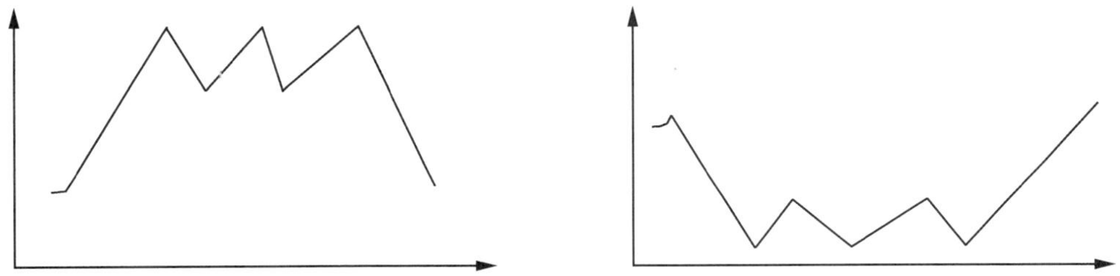

图 8—21　三重顶和三重底

股价跌破后的最小跌幅为从顶部最高价至颈线的距离。

三重底是三重顶的相反形态，当它的第三个底部完成，股价向上突破颈线，并有成交量增加相配合时，突破的有效性才能被确认。

4. 圆弧顶和圆弧底

将股价在一段时间的高点用曲线连起来，每一个局部的高点都被考虑到，我们有可能得到一条类似于圆弧的弧线，盖在股价之上。将每个局部的低点连在一起也能得到一条弧线，托在股价之下。圆弧形在实际中出现的机会较少，但是一旦出现则是绝好的机会，它的反转深度和高度是不可测的。

圆弧底的形态是股价缓慢地下跌，成交量也逐渐萎缩。由于价格调整得过于平缓，投资者对价格的走势逐渐失去了兴趣，使得价格的动能也逐渐减弱。当价格到达碟形底的底部时，成交量也达到了最低点。然后随着价格的温和上涨，吸引了投资者再度进入市场进行交易，使得成交量逐渐放大。圆弧顶则是在股价走势的顶部走出一个圆弧形态，股价随之下跌反转（见图 8—22）。

在圆弧形中成交量显得非常重要。无论是圆弧顶还是圆弧底，在它们的形成过程中，成交量都是两头多、中间少。越靠近顶或底成交量越少，在顶或底时成交量达到最少。形成圆弧形花的时间越长，今后反转的力度就越强，就越值得我们去相信这个圆弧形。

5. 扩展形态

扩展形态通常由三个或三个以上波动幅度越来越大的价格趋势所构成，如果我们连接各个峰位构成一条压力线，而连接各个谷底构造一条支撑线，那么这两条趋势线之间的距离将逐

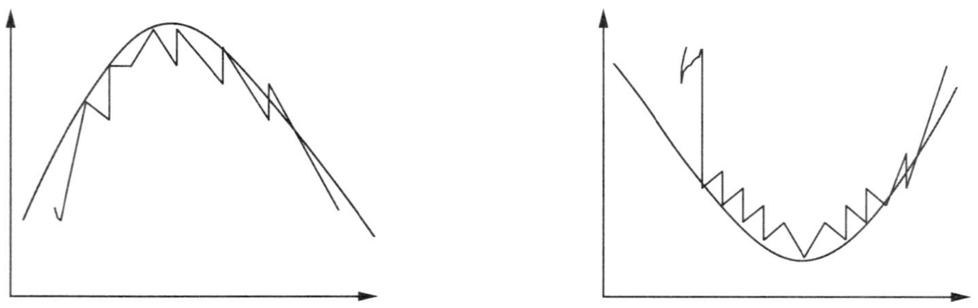

图 8－22　圆弧顶和圆弧底

渐扩大，从而呈现出一个喇叭形的逐渐扩散的形态。因此，扩展形也被形象地称为喇叭形（见图 8－23）。

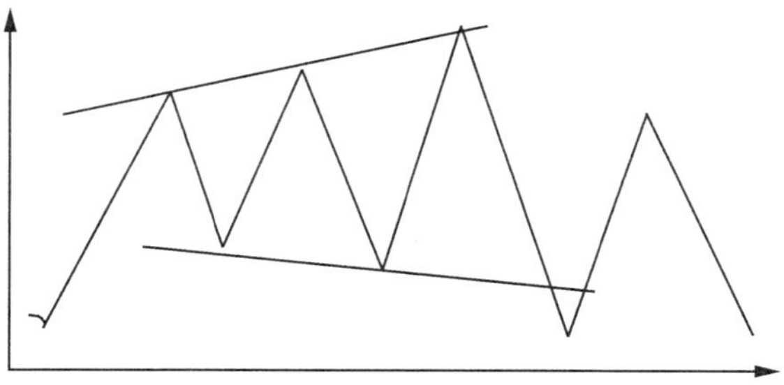

图 8－23　扩展形态

一个标准的扩展形应该有三个高点、两个低点，如图 8－23 所示。扩展形大多出现在顶部，是一种较可靠的看跌形态。扩展形态的形成往往是由于投资者的冲动情绪造成的。这是一个缺乏理性的市场，投资者受到市场过热的投机气氛或市场传闻的感染，很容易追涨杀跌。这种冲动而杂乱无章的行市，使得股价不正常地大起大落，形成巨幅振荡的行情，继而在振荡中完成形态的反转。

股价在扩展形之后的下调过程中，肯定会遇到反扑，而且反扑的力度会相当大，这是扩展形的特殊性。但是，只要反扑高度不超过下跌高度的一半，股价下跌的势头还是应该继续的。扩展形源于投资者的非理性，因而在投资意愿不强、气氛低沉的市道中，不可能形成该形态。

（二）持续整理形态

与反转突破形态不同，持续整理形态描述的是，在股价向一个方向经过一段时间的快速运行后，不再继续原趋势，而在一定区域内上下窄幅波动，等待时机成熟后再继续前进。这种运行所留下的轨迹称为整理形态。三角形、矩形、旗形、楔形是著名的整理形态。其中三角形又可以分为对称三角形、上升三角形和下降三角形，后两种合称为直角三角形。

1. 对称三角形

对称三角形情况大多发生在一个大趋势进行的途中，它表示原有的趋势暂时处于修整阶段，之后还要随着原趋势的方向继续行动。由此可见，见到对称三角形，股价今后最有可能的走向是沿原有的趋势方向运动（见图 8－24）。

在整理形态内，股价变动幅度逐渐减小，最高价逐渐降低，最低价渐次提高。在图 8－24

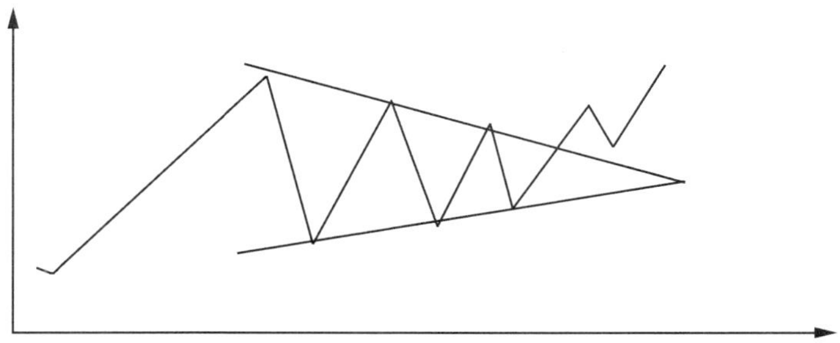

图 8—24 对称三角形

中就表现为上面的直线向下倾斜，下面的直线向上倾斜。在这里，上面的直线起到压力作用，下面的直线起到支撑作用。同时成交量也相应萎缩，形成对称三角形形态。

股价形态并不改变原来的股价变动方向。如果原来是上升趋势，股价于三角形底部 1/2～3/4 处以长阳线与大成交量配合突破是有效突破。如果原来是下降趋势，股价于三角形 1/2～3/4 处以长阴线向下突破，突破后不久成交量放大为有效突破，表明股价还将继续下跌。如果股价盘整至超过三角形 3/4 处尚未突破，三角形盘整形态基本失效，表示股价还将继续盘整。

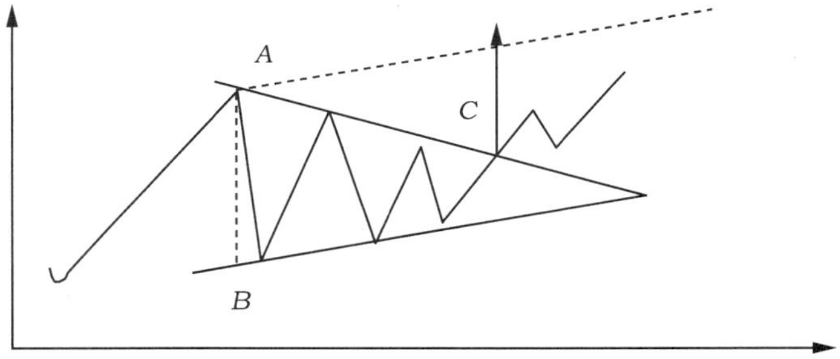

图 8—25 三角形的测算功能

对称三角形被突破后，也有测算功能。如图 8—25 所示，从 C 点向上带箭头直线的高度，是未来股价至少要达到的高度。箭头直线长度与 AB 连线长度相等。AB 连线的长度称为对称三角形的高度。从突破点算起，股价至少要运动到与形态高度相等的距离。

2. 直角三角形

在前面我们已经叙述，直角三角形可分为上升三角形和下降三角形，它们都是对称三角形的变形。只不过上升三角形的上方阻力线并非向下倾斜，而是一条水平线，而下降三角形的下方支撑线并非向上倾斜，也是一条水平线（见图 8—26）。

上面的直线起压力作用，下面的直线起支撑作用。在对称三角形中，压力和支撑都是逐渐加强的。一方是越压越低，另一方是越撑越高，看不出谁强谁弱。在上升三角形中就不同了，压力是水平的，始终都是一样，没有变化，而支撑都是越撑越高。由此可见，上升三角形比对称三角形有更强烈的上升意识，多方比空方更为积极。通常以三角形的向上突破作为这个持续过程终止的标志。

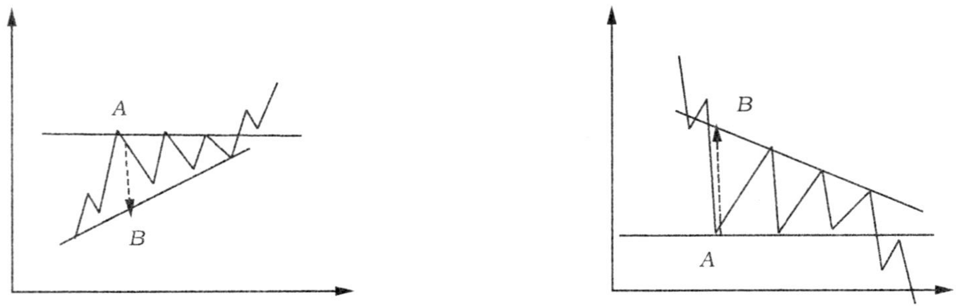

图 8—26 上升和下降三角形

同样，上升三角形的突破顶部的阻力线时，必须有大成交量的配合，否则为假突破。突破后的升幅量度方法与对称三角形相同。

下降三角形与上升三角形正好相反，是看跌的形态。基本内容与上升三角形一样，只是方向相反。另外，下降三角形突破时不需要大的成交量的配合。

3. 矩形

矩形也是一种整理形态，它是一个过渡阶段，价格经过一段矩形调整后，会继续原来的趋势。在矩形形态的初期，多空双方全力投入，互相支撑着己方的心理价位。空方在股价上涨到某个价位就抛出，多方在股价下跌到某个价位就买入。而随着阻力线和支撑线的逐渐形成，价格趋于横向运动，双方的热情逐渐减退，成交量减少，市场趋于平淡（见图 8—27）。

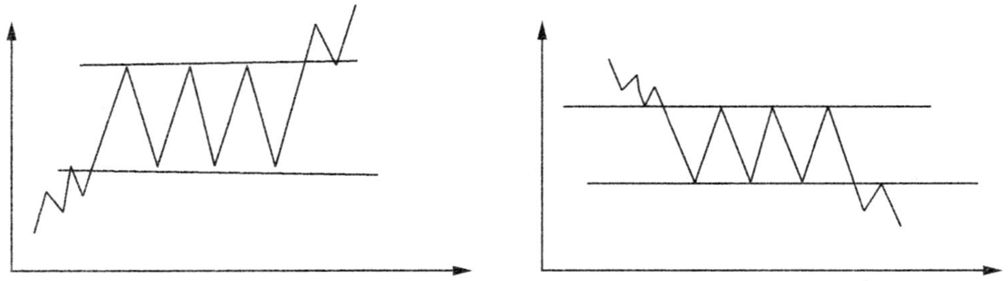

图 8—27 矩形

矩形的突破也有一个确认的问题。当股价向上突破时，必须有大成交量的配合方可确认，而向下突破则不必有成交量增加；当矩形突破后，其涨跌幅度通常等于矩形本身高度，这是矩形形态的测算功能。

4. 旗形

旗形是一个趋势的中途修正过程，修整之后，还要保持原来的趋势方向，并且旗形的方向与原来的趋势方向相反。例如，如果原来的趋势方向是上升，则这两种形态的方向就是下降（见图 8—28）。

旗形大多发生在市场极度活跃、股价运动几乎直线上升或下降的情况下。在市场急速而又大幅的波动中，股价经过一连串紧密的短期波动后，形成一个稍微与原来趋势呈相反方向倾斜的长方形，这就是旗形走势。

旗形的上下两条平行线起着压力和支撑作用，这一点有些像轨道线。这两条平行线的某

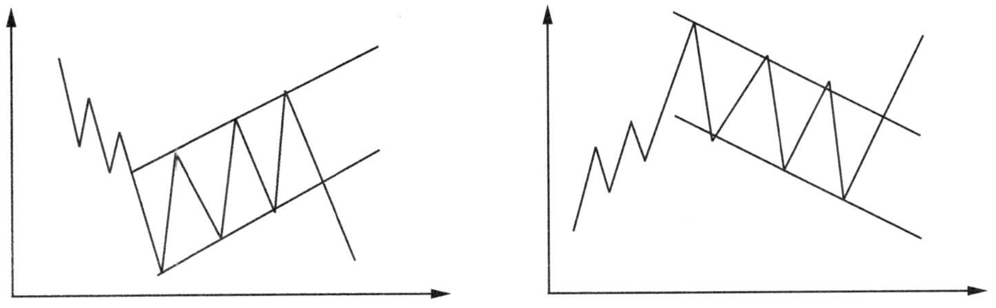

图 8—28　旗形

一条被突破是旗形完成的标志。旗形被突破后，股价将至少要走到形态高度的距离。

5. 楔形

楔形也是上升或下降趋势中的一次调整，调整结束后，楔形会继续按照原来的趋势方向运动，楔形形态的方向同当前趋势的方向是相反的。出现在上升趋势中的楔形略微向下倾斜，反映了上升趋势的短暂调整；而出现在下降趋势中的楔形则略微向上倾斜，代表着下降趋势的短暂调整。楔形是股价经过以此上涨或下跌后产生的技术性反弹（见图 8—29）。

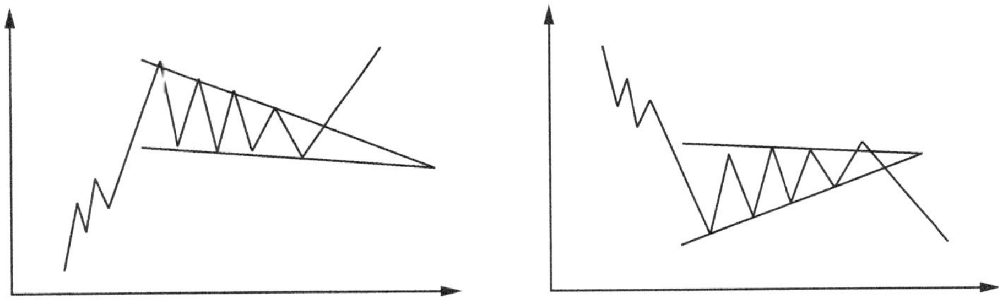

图 8—29　楔形

三角形形态的两条趋势线一上一下，方向相反，而楔形形态的两条趋势线则具有相同的方向。在楔形的形成过程中，成交量逐渐萎缩，而在楔形形成之前和突破之后，成交量一般都比较大。

第四节　技术指标分析

技术图形分析能够以最直观和生动的形式向投资者提供趋势反转或整理的信号，是技术分析中不可或缺的一种分析工具。但是仅仅凭借直观的观察是不能够准确地判断和预测价格变动趋势的。技术分析者还需要更为精确和量化的工具来辅助技术图形，这一工具就是技术指标。技术指标是运用事先确定的方法对价格和成交量等股票市场的原始数据进行处理，并结合技术图形对市场行为进行分析，进而预测市场变动趋势的一种重要的技术分析方法。

一、市场趋势指标

(一)MA(移动平均线)

MA 是指用统计分析的方法,将一定时期内的证券价格(指数)加以平均,并把不同时间的平均值连接起来,形成一根 *MA*,用以观察证券价格变动趋势的一种技术指标。

1. *MA* 的计算

根据计算方法的不同,常用的移动平均线可以分为三种:简单算术移动平均线、加权移动平均线和指数移动平均线。下面进行简单介绍。

简单算术移动平均线是将一定时期内的股票收盘价或收盘指数加总后除以该期天数,以后随着时间的推移,每天加上当日股价,减去最早一天的股价,除以天数即可得到一系列简单算术移动平均线。这一方法的优点是计算方便,缺点是没有考虑各交易日价格对今后股价的影响。

加权移动平均线是考虑到在移动平均数的周期内最近一日收盘价对未来价格波动影响最大,因而赋予其较大的权数加以计算的方法。

平滑移动指数计算方法是先计算第 1 日的简单算术移动平均数,再以平滑公式计算以后的移动平均数。

平滑移动平均数可减少计算工作量,方法比较简便,其计算结果开始时与简单算术移动平均数略有差异,但时间稍长,差异会逐渐缩小。

根据计算期的长短,*MA* 又可分为短期、中期和长期移动平均线。通常以 5 日、10 日线观察证券市场的短期走势,称为短期移动平均线;以 30 日、60 日线观察中期走势,称为中期移动平均线;以 13 周、26 周研判长期趋势,称为长期移动平均线。

2. *MA* 的特征

虽然各种移动平均线的绘制方法有所不同,但是它们的计算方法是存在本质上的共同点的,这也使得它们具有相同的特征。移动平均线的主要特征如下:

首先,移动平均线比原始价格具有更强的稳定性。因为 *MA* 是股价几天变动的平均值,要想较大地改变移动平均的数值,当天的股价必须有很大的变化。这个特点也决定了移动平均线对股价反映的滞后性。解决这一问题的一种方法是绘制延后移动平均线,即将按照正常方法计算出的移动平均线延后几个时期进行绘制,这样可以尽可能过滤掉偶尔产生的虚假信号。

其次,移动平均线有助涨助跌的性质。当移动平均线被有效突破时,意味着原来的移动平均线趋势已经失效,这会使投资者的信心发生变化,从而涨或跌的势头要延续更长一点时间才会止住,即产生了助涨助跌的效果。

最后,移动平均线起到支撑和压力的作用。当股价从平均线下方向上突破,平均线也开始向上方移动时,可以看作多头支撑线。卖方力量若稍强于买方,股价回跌至平均线附近,便是买进时机,这是平均线的支撑功效。而当股价从平均线上方向下突破,平均线开始向右下方移动时,为了避免套牢,投资者就会在反弹到移动平均线附近出货,使得移动平均线成为压力线。

3. *MA* 的应用法则

在移动平均线的应用上,最常见的是葛兰威尔的“移动平均线八大买卖法则”。这八大法则主要用于 200 日线的实际分析中(见图 8—30)。

(1)当移动平均线从下降转为盘局或上升,股价从移动平均线的下方向上移动并突破平均

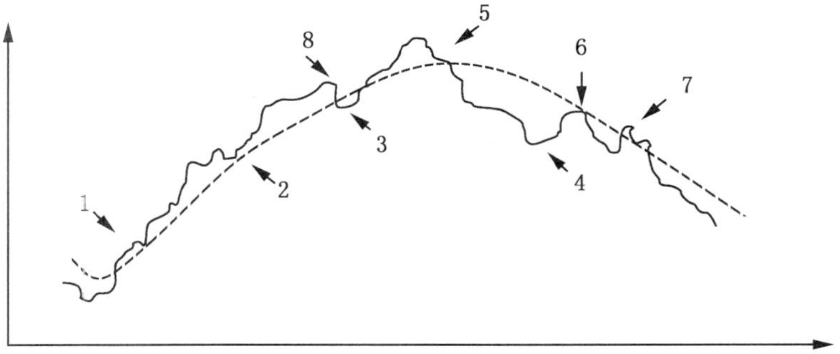

图 8—30 葛兰威尔移动平均线八大买卖法则

线时，是买入信号。

(2)股价连续上升走在平均线之上或是远离平均线又突然下跌，但未跌破平均线又再度上升，是买入信号。

(3)股价一时跌破平均线，但又立刻回升到平均线以上，此时平均线仍然持续上升，是买入信号。

(4)股价突然暴跌，跌破并远离平均线，如果这时股价开始回升，再趋向平均线，是买入信号。

(5)当平均线由上升开始转向走平或逐渐下跌，股价从平均线上方向下跌破平均线时，是重要的卖出信号。

(6)股价在平均线以下移动，然后向平均线回升，未突破平均线又立即反转下跌，是卖出信号。

(7)股价向上突破平均线后又立即跌回平均线以下，此时平均线仍然继续下跌，是卖出信号。

(8)股价急速上升突破平均线并远离平均线，上涨幅度相当客观，随时可能反转回跌，是卖出信号。

4. *MA* 的组合应用

一般情况下，投资者可将短期、中期和长期移动平均线结合起来决定买进和卖出的时机。例如，在空头市场上，经过长时间的下跌，股价与短期平均线、中期平均线和长期平均线从下到上依次排列。若股价出现转机，股价开始回升，反应最灵敏的是短期移动平均线，最先跟着股价从下跌转为上升，并且移到了长期移动平均线的上方，是买入信号。随着股价的继续上升，中期移动平均线也穿越长期移动平均线，穿破的这一点称为黄金交叉点，是买入信号。此时从下到上依次排列的是长期移动平均线、中期移动平均线和短期移动平均线，并且每条线都呈上升状态，是典型的上涨行情。

经过长时间的上涨，这个时候各条线涨势趋缓，股市开始进入从多头市场转为空头市场。首先是短期移动平均线从最高点开始下降，并开始跌破中期移动平均线，接着又跌破长期移动平均线，是卖出信号。紧接着中期移动平均线也跌破长期移动平均线，这一跌破的点称为死亡交叉点，意味着上涨行情的结束，是卖出信号(见图 8—31)。

移动平均线也有一些不足的地方，特别是在盘整阶段或趋势形成后中途修正阶段，以及局部反弹或回落阶段，移动平均线极易发出错误的信号。另外，移动平均线只是作为支撑线和压力线，站在某线之上，当然有利于上涨，但并不是说一定会涨，支撑线有被击穿的时候。

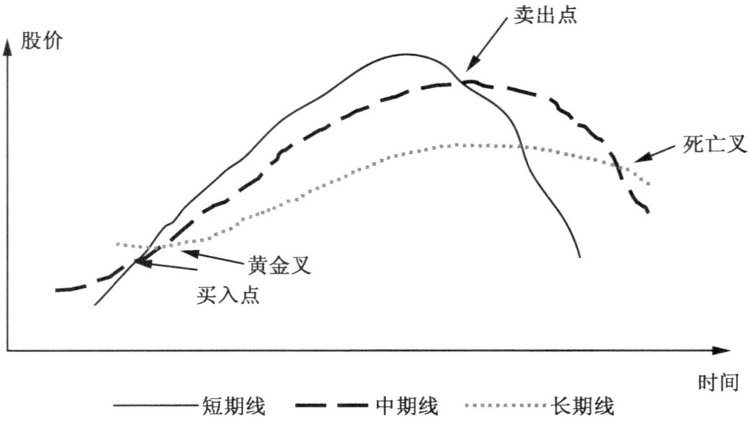

图 8－31　不同期限移动平均线的相交情况

(二)*MACD*(平滑异同移动平均线)

平滑异同移动平均线是利用快速移动平均线和慢速移动平均线，在一段上涨或下跌行情中两线之间的差距拉大，而在涨势或跌势趋缓时两线又相互接近或交叉的特征，通过双重平滑运算后研判买卖时机的方法。

1. *MACD* 的计算

MACD 是由正负差(*DIF*)和异同平均数(*DEA*)两部分组成。*DIF* 是核心，*DEA* 是辅助。*DIF* 是快速平滑移动平均线与慢速平滑移动平均线的差。常以 12 日 *EMA* 为快速移动平均线，26 日 *EMA* 为慢速移动平均线，在计算时一般加重最近一日的权重，然后再求 *DIF* 的 9 日平滑移动平均线，即 *MACD*。

$$EMA12=\text{前一日 } EMA12\times 11/13+\text{今日收盘指数}\times 2/13 \quad (8-1)$$

$$EMA26=\text{前一日 } EMA26\times 25/27+\text{当日收盘指数}\times 2/27 \quad (8-2)$$

$$DIF=EMA12-EMA26 \quad (8-3)$$

$$DEA=2\times DIF/10+8\times DEA/10 \quad (8-4)$$

上涨行情中，12 日 *EMA* 在 26 日 *EMA* 线之上，这个时候的正离差值会越来越大；反之，离差值可能变负，其绝对值也越来越大。而当行情开始回转时，正或负离差值将会缩小。*MACD* 正是利用正负离差值与离差值的 9 日平均线的交叉信号作为买卖行为的依据。

2. *MACD* 的应用

MACD 的运用主要体现在以下几个方面：

(1)如果 *DIF* 和 *DEA* 都为正值或在 0 轴线之上，则行情为多头市场。其中，当 *DIF* 向上突破 *DEA* 时，是买进信号；当 *DIF* 向下跌破 *DEA* 时，仅能视为回档，可以暂时卖出获利。

(2)如果 *DIF* 和 *DEA* 都是负值或在 0 轴线之下，则行情为空头市场。其中，当 *DIF* 向上突破 *DEA* 时，仅能视为反弹，可以暂时补仓；当 *DIF* 向下突破 *DEA* 时，是卖出信号。

(3)*DEA* 与价格曲线的背离是重要的价格趋势信号。当 *DEA* 显示市场处于超买状态时，*DEA* 开始逐渐转弱，而此时价格仍然在创新高，这被称为顶背离时卖出信号；当 *DEA* 显示市场处于超卖状态时，*DEA* 开始走强，而此时价格的下降趋势还没有结束，这被称为底背离，是买入信号。

DEA 的优点是除掉了移动平均线产生的频繁买入与卖出信号，避免一部分假信号的出

现。*DEA* 的缺点是，在股市没有明显趋势而进入盘整时，失误的时候较多(见图 8—32)。

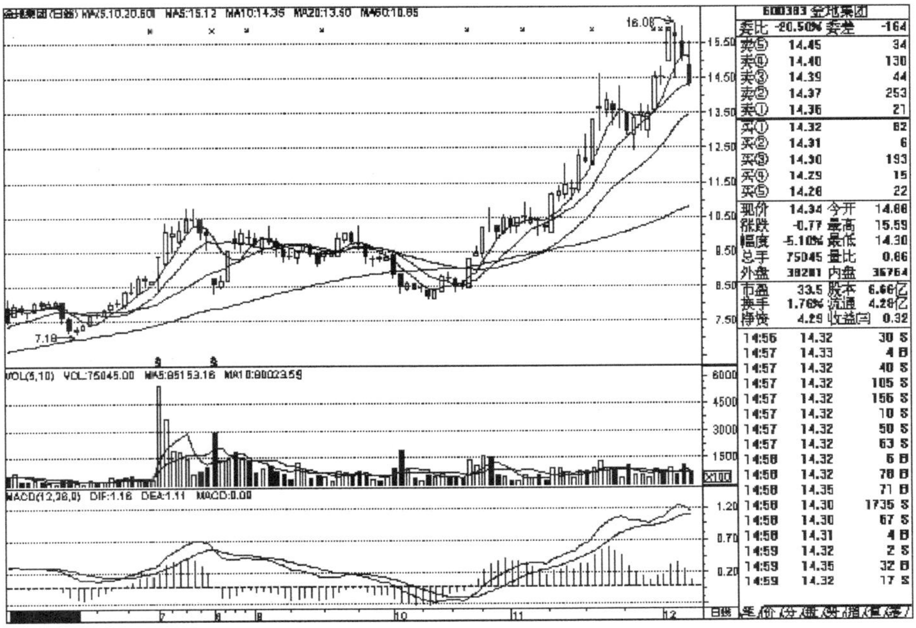

图 8—32　*MACD* 的应用

(三)*BOLL*

BOLL(布林线)由约翰—布林发明，是金融市场常用的技术指标之一，属于价格路径指标。它利用统计原理，求出股价的标准差及其信赖区间，从而确定股价的波动范围及未来走势，利用波带显示股价的风险、安全的高低价位，因此也称为布林带。

1. *BOLL* 的计算

BOLL 带绘制支撑线(*LOWER*)、阻力线(*UPER*)、中线(*MID*)。

MID＝收盘价的 *N* 日移动平均 *UPER*＝中线加偏移值 *LOWER*＝中线减偏移值参数

N 设定统计天数，一般为 26；*P* 设定 *BOLL* 带宽度，一般为 2。

布林线由三条轨道线组成，其中上下两条线分别可以看成是股价的压力线(*UPER*，即上轨)和支撑线(*LOWER*，即下轨)，在两条线之间是一条股价平均线(*MID*，即中轨)。一般情况下，价格线在由上下轨道组成的带状区间游走，而且随价格的变化而自动调整轨道的位置。当波带变窄时，激烈的价格波动有可能随即产生，表示变盘在即；若高低点穿越压力线或支撑线时，很快又回到波带内，则会有回档或反弹产生。

2. *BOLL* 的四个主要功能

(1)指示支撑和压力位置；

(2)显示超买、超卖；

(3)指示趋势；

(4)具备通道功能。

BOLL 的理论使用原则是：当股价穿越最外面的压力线(支撑线)时，表示卖点(买点)出现。当股价沿着压力线(支撑线)上升(下降)运行时，虽然股价并未穿越，但若回头突破第二条线即是卖点或买点。

3. *BOLL* 的主要买卖规则(见图 8－33)

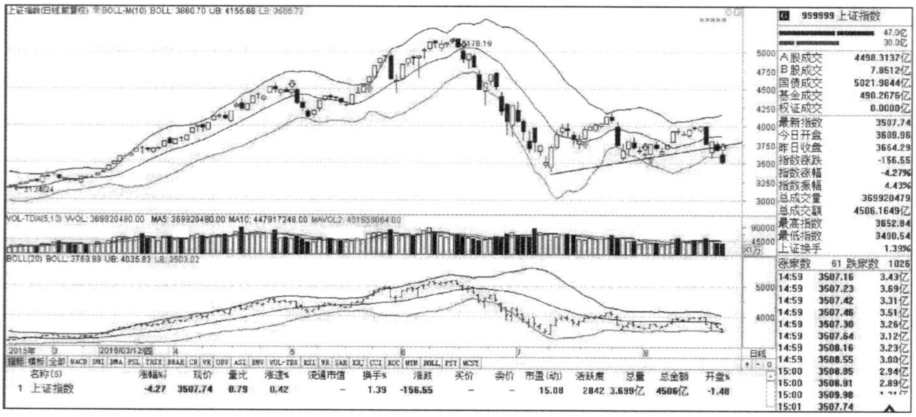

图 8－33　*BOLL* 的应用

(1)股价由下向上穿越下轨线(*LOWER*)时,可视为买进信号。

(2)股价由下向上穿越中轨时,股价将加速上扬,是加仓买进的信号。

(3)股价在中轨与上轨(*UPER*)之间波动运行时为多头市场,可持股观望。

(4)股价长时间在中轨与上轨(*UPER*)间运行后,由上向下跌破中轨为卖出信号。

(5)股价在中轨与下轨(*LOWER*)之间向下波动运行时为空头市场,此时投资者应持币观望。

(6)布林中轨经长期大幅下跌后转平,出现向上的拐点,且股价在 2～3 日内均在中轨之上。此时,若股价回调,其回档低点往往是适量低吸的中短线切入点。

(7)对于在布林中轨与上轨之间运作的强势股,不妨以回抽中轨作为低吸买点,并以中轨作为其重要的止盈、止损线。

(8)飙升股往往股价会短期冲出布林线上轨运行,一旦冲出上轨过多,而成交量又无法持续放出,注意短线高抛了结,如果由上轨外回落跌破上轨,此时也是一个卖点。

(四)*EXPMA*

EXPMA 指标也称为平均数指标,是一种趋向类指标,其原理是对股价进行算术平均,并根据计算结果进行分析从而判断价格趋势的未来走向。该指标的主要优势是:对移动平均线进行了取长补短,同时又具备了 *KDJ* 指标和 *MACD* 指标的“金叉”和“死叉”等功能。因此该指标具有较高的成功率和准确性,为个股的抄底和逃顶提供了较好的点位,是投资者采用中短线决策的好帮手。

1. *EXPMA* 的计算

$$\text{EXPMA}=[\text{当日或当期收盘价}\times 2+\text{上一日(期)EXPMA}\times(N-1)]/(N+1) \qquad (8-5)$$

或:

$$\text{EXPMA}=[\text{当日或当期收盘价}-\text{上一日(期)EXPMA}]/N+\text{上一日(期)EXPMA} \qquad (8-6)$$

其中,第一个上一日(期)*EXPMA* 值为上一日(期)收盘价,*N* 为天数。

2. *EXPMA* 的应用法则

(1)在上涨趋势中,短期线、长期线按由短到长的顺序从高到低排列,是为多头市场特征;在下跌趋势中,长期线、短期线按由长到短的顺序从高到低排列,是为空头市场特征。

(2)当短期线自下而上穿越长期线时是一个值得注意的买入信号,此时短期线对价格走势将起到助涨的作用；当短期线自上而下穿越长期线时是一个值得注意的卖出信号，此时短期线对价格走势将起到助跌的作用。

(3)一般来说，价格在多头市场中将在短期线和长期线上方运行，此时这两条线将对价格走势形成支撑。在一个明显的多头趋势中，价格将沿短期线移动，价格回调的最低点将位于长期线附近。相反，在空头市场中价格将在短期线和长期线的下方运行，此时这两条线将对价格走势形成压力。在一个明显的空头趋势中，价格也将沿短期线移动，价格反弹的最高点将位于长期线附近。

(4)当价格在一个多头趋势中跌破短期线，继而跌破长期线，并使短期线开始转头向下运行甚至跌破长期线时，则意味着上升趋势开始减弱，应做停损处理；相反，当价格在一个空头趋势中突破短期线并继而突破长期线，而且使短期线开始转头向上运行甚至突破长期线(形成金叉)时，则意味着空头市场已经转变为多头市场，应做补仓处理。当后期两线同时向上且之间距离均衡时，则表明上涨趋势稳定，投资者可以安心持股(见图8－34)。

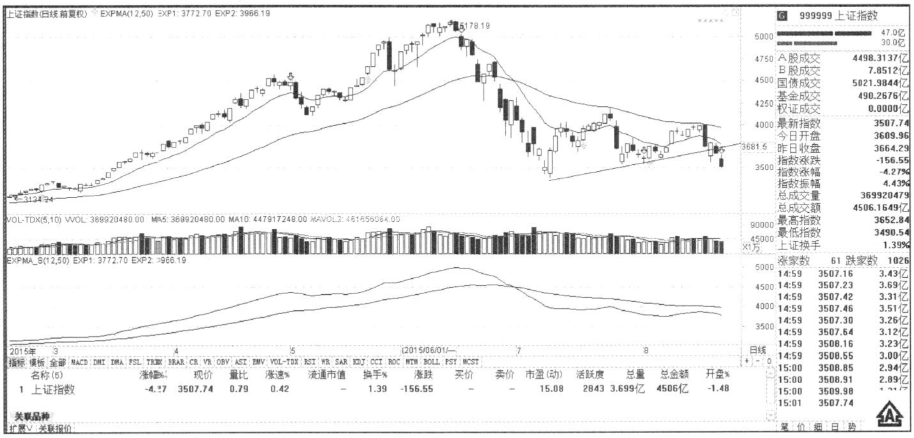

图8－34　*EXPMA* 的应用

二、市场动量指标

(一)*RSI*

相对强弱指标(*RSI*)由美国人威尔德于1978年首先提出，最初是在期货市场使用。*RSI* 以一特定时期内股价的变动情况推测价格未来的变动方向，并根据股价涨跌幅度显示市场的强弱。

1. *RSI* 的计算

RSI 通常采用某一时期(n 天)内收盘价或收盘指数的结果作为计算对象，得到包括当天在内的连续 $n+1$ 天的收盘价，每一天的收盘价减去前一天的收盘价，可得到 n 个数字。这 n 个数字中有正有负。假设 $a=n$ 个数字中正数之和，则 $b=n$ 个数字中负数之和$\times(-1)$。

$$RSI(n)=a/(a+b)\times 100 \tag{8-7}$$

式中：a——n 日中股价向上波动的大小；

b——n 日中股价向下波动的大小；

$a+b$——股价总的波动大小。

RSI 实际上是表示股价向上波动的幅度占总波动的百分比。如果比例大就是强市，否则就是弱市。*RSI* 中的天数一般取 10、14 日为单位，5、12、24 日等也比较普遍。

2.*RSI* 的应用

(1)*RSI* 的取值为 0～100，并且从 0 到 100 市场逐渐走强。以 50 为分界线，此时买卖双方势均力敌，供求平衡。当 *RSI* 在 50 以上时，涨势强于跌势，若指标上升到 80 以上表示已出现超买现象，暗示股价可能会反转下跌，是卖出信号。当 *RSI* 在 50 以下时，说明已经进入了弱势市场。如果下跌到 20 以下，则表明出现了超卖现象，暗示股价可能会在近期触底反弹，是买入信号。当然这里的 80 和 20 也是一个相对的数字，也可能为 85、70 和 30、15，这个具体的选取跟 *RSI* 的参数和选择的股票有关。

(2)可以运用多条 *RSI* 曲线进行分析。根据参数大小的不同，将参数小的 *RSI* 称为短期的，参数大的 *RSI* 称为长期的。当短期 *RSI* 大于长期 *RSI* 时，应属于多头市场；短期 *RSI* 小于长期 *RSI* 时，则属于空头市场。

(3)当 *RSI* 在较高的位置形成头肩顶、M 头等形状时，是强烈的卖出信号；当 *RSI* 在较低的位置形成头肩底、W 底等形状时，是强烈的买入信号。还可以切线画出支撑线和阻力线以判断股价未来走向。

(4)可以将 *RSI* 与股价或股价指数结合起来判断行情。当日 K 线图的走势不断创新高，而 *RSI* 未能同时创新高甚至出现走低的情形时，表明出现了背离信号，我们称之为顶背离，是比较强烈的卖出信号。而当日 K 线图的走势不断创新低，*RSI* 未能出现同时创新低甚至出现走高的情形时，表明出现了背离信号，我们称为底背离，是比较强烈的买入信号(见图 8—35)。

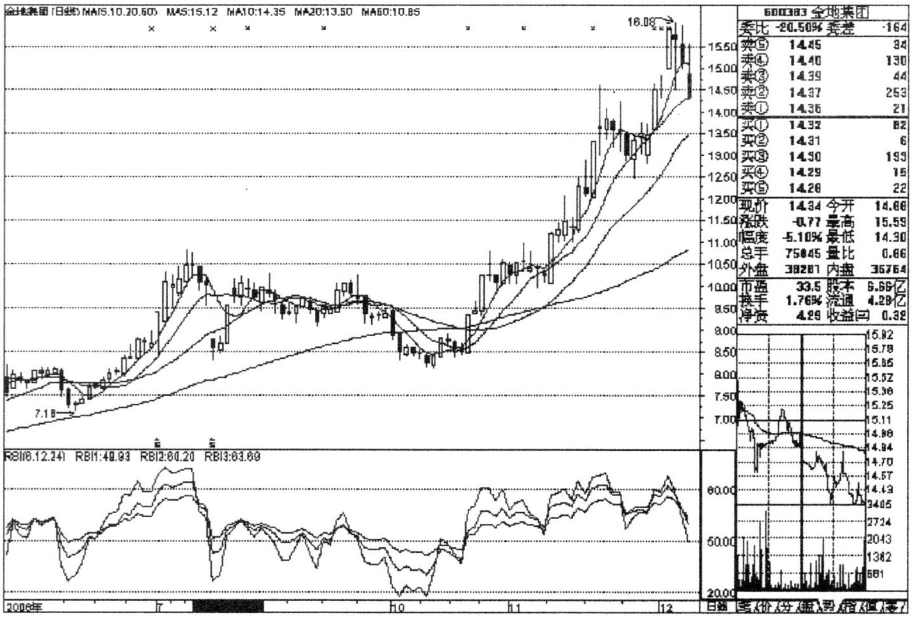

图 8—35 *RSI* 的应用

(二)*WMS*

该指标通过分析一段时间内股价高低价位和收盘价之间的关系，来度量股市的超买超卖状态，以此作为短期投资信号的一种技术指标。

1. *WMS* 的计算

$$WMS(n)=(H_n-C_t)/(H_n-L_n)\times 100 \quad (8-8)$$

式中：C_t——当天的收盘价；

H_n、L_n——最近 n 日内（包括当天）出现的最高价和最低价；

n——选定的时间参数，一般为 14、28、56 日。

WMS 指标的含义是当天的收盘价在过去一段时间里全部价格范围内所处的相对位置。如果 *WMS* 的值较小，则当天的价格处在相对较高的位置，要防止回落；如果 *WMS* 的值较大，则说明当天的价格处在相对较低的位置，要注意反弹。

2. *WMS* 的应用

WMS 的应用可从以下几个方面考虑：

（1）当 *WMS* 高于 80 时，处于超卖状态，是买进信号；当 *WMS* 低于 20 时，处于超买信号，是卖出信号。这里的 80 和 20 只是一个经验数字。

（2）当 *WMS* 由超卖区向上爬升时，表示行情趋势可能转向，一般情况下，当 *WMS* 突破 50 的轴线时，市场由弱市转为强市，是买进的信号；当 *WMS* 从超买区向下跌落，跌破 50 轴线后，可确认强市转弱，是卖出的信号。

（3）*WMS* 连续几次撞顶（底），局部形成双重或多重顶（底），则是卖出（买进）的信号。

（三）*OBV*

OBV 也称平衡交易量，该指标的理论基础是市场价格的有效变动必须有成交量配合，量是价的先行指标。利用 *OBV* 可以验证当前股价走势的可靠性，并可以得到趋势可能反转的信号。

1. *OBV* 的计算

今日 *OBV*＝昨日 *OBV*±今日的成交量　（8—9）

这里的成交量指的是成交股票的手数，不是成交金额。当今日收盘价大于等于昨日收盘价，那么今日 *OBV* 就是昨日 *OBV* 加上今日成交量，否则，就是减去今日成交量。这里 *OBV* 的初始值可自行确定，一般用第一日的成交量代替。

2. *OBV* 的应用

（1）*OBV* 不能单独使用，必须与股价曲线结合使用才能有效。

（2）当股价上升，而 *OBV* 也相应地上升，则可确认当前的上升趋势。当股价上升，但 *OBV* 并未相应地上升，出现背离现象，则对目前上升趋势的认定程度要大打折扣。*OBV* 可以提前告诉我们趋势的后劲不足，有反转的可能。对于下降的情况，可以用同样的方法分析。

（3）形态理论和切线理论的内容也同样适用于 *OBV* 曲线。

（4）在股价进入盘整区后，*OBV* 曲线会率先显露出脱离盘整的信号，向上或向下突破，且成功率较大（见图 8—36）。

（四）*KDJ*

KDJ 指标又称随机指标，是由乔治·蓝恩博士（George Lane）最早提出的，是一种相当新颖、实用的技术分析指标，它起先用于期货市场的分析，后被广泛用于股市的中短期趋势分析，是期货和股票市场上最常用的技术分析工具之一。

1. *KDJ* 指标的原理和计算方法

（1）*KDJ* 指标的原理

图 8—36 *OBV* 的应用

KDJ 指标是根据统计学的原理，通过一个特定的周期(常为 9 日、9 周等)内出现过的最高价、最低价及最后一个计算周期的收盘价及这三者之间的比例关系，来计算最后一个计算周期的未成熟随机值 *RSV*，然后根据平滑移动平均线的方法来计算 *K* 值、*D* 值与 *J* 值，并绘成曲线图来研判股票走势。

KDJ 指标是以最高价、最低价及收盘价为基本数据进行计算，得出的 *K* 值、*D* 值和 *J* 值分别在指标的坐标上形成一个点，连接无数个这样的点位，就形成一个完整的、能反映价格波动趋势的 *KDJ* 指标。它是利用价格波动的真实波幅来反映价格走势的强弱和超买、超卖现象，在价格尚未上升或下降之前发出买卖信号的一种技术工具。它在设计过程中主要是研究最高价、最低价和收盘价之间的关系，同时也融合了动量观念、强弱指标和移动平均线的一些优点，因此能够比较迅速、快捷、直观地研判行情。

KDJ 指标最早是以 *KD* 指标的形式出现，而 *KD* 指标是在威廉指标的基础上发展起来的。不过威廉指标只判断股票的超买、超卖现象，而 *KDJ* 指标则融合了移动平均线速度上的观念，形成比较准确的买卖信号依据。在实践中，*K* 线与 *D* 线配合 *J* 线组成 *KDJ* 指标来使用。由于 *KDJ* 线本质上是一个随机波动的观念，故其对于掌握中短期行情走势比较准确。

(2)*KDJ* 指标的计算方法

KDJ 指标的计算比较复杂，首先要计算周期(n 日、n 周等)的 *RSV* 值，即未成熟随机指标值，然后再计算 *K* 值、*D* 值、*J* 值等。以日 *KDJ* 数值的计算为例，其计算公式为：

$$n\text{ 日 } RSV=(C_n-L_n)\div(H_n-L_n)\times 100 \qquad (8-10)$$

式中：C_n——第 n 日的收盘价；

L_n——n 日内的最低价；

H_n——n 日内的最高价。

RSV 值始终在 1～100 间波动。

其次，计算 K 值与 D 值。

当日 K 值=2/3×前一日 K 值+1/3×当日 RSV (8—11)

当日 D 值=2/3×**前一日 D 值**+1/3×**当日 K 值** (8—12)

若无前一日 K 值与 D 值，则分别用 50 来代替。

以 9 日为周期的 KD 线为例。首先须计算出最近 9 日的 RSV 值，即未成熟随机值，计算公式为：

$$9\text{日}RSV=(C-L_9)\div(H_9-L_9)\times 100$$

式中：C——第 9 日的收盘价；

L_9——9 日内的最低价；

H_9——9 日内的最高价。

K 值=2/3×前一日 K 值+1/3×当日 RSV

D 值=2/3×前一日 K 值+1/3×当日 K 值

若无前一日 K 值与 D 值，则分别用 50 代替。

J 值=3×当日 K 值−2×当日 D 值

(3)应用要则

KDJ 指标反应比较敏感，是一种进行短、中、长期趋势波段分析研判的较佳技术指标。对做大资金大波段的人来说，当月 KDJ 值在低位时可逐步进场吸纳。主力平时运作时偏重周 KDJ 所处的位置，对中线波段的循环高低点做出研判，往往出现单边式日 KDJ 的钝化现象。日 KDJ 对股价变化方向反应极为敏感，是日常买卖进出的重要方法。对于做小波段的短线客来说，30 分钟和 60 分钟 KDJ 是重要的参考指标。对于即刻下单的投资者，5 分钟和 15 分钟 KDJ 可以提供最佳的进出时间。

KDJ 常用的默认参数是 9，一般常用的 KDJ 参数有 5、9、19、36、45、73 等。就笔者的经验而言，短线可以将参数改为 5，不但反应更加敏捷、准确，而且可以降低钝化现象。实战中还应将不同的周期综合分析，短、中、长期趋势便会一目了然。如出现不同周期共振现象，说明趋势的可靠度加大。KDJ 指标实战研判的要则主要有以下四点：

①K 线是快速确认线——数值在 90 以上为超买，数值在 10 以下为超卖。

D 线是慢速主干线——数值在 80 以上为超买，数值在 20 以下为超卖。

J 线为方向敏感线，当 J 值大于 100 时，特别是连续 5 天以上，股价至少会形成短期头部；反之，当 J 值小于 0 时，特别是连续数天以上，股价至少会形成短期底部。

②当 K 值由较小逐渐大于 D 值时，在图形上显示 K 线从下方上穿 D 线，显示目前趋势是向上的，所以在图形上 K 线向上突破 D 线时，即为买进的信号。

实战时当 K、D 线在 20 以下交叉向上，此时短期买入的信号较为准确；如果 K 值在 50 以下，由下往上接连两次上穿 D 值，形成右底比左底高的“W 底”形态时，后市股价可能会有相当的涨幅。

③当 K 值由较大逐渐小于 D 值，在图形上显示 K 线从上方下穿 D 线，显示目前趋势是向下的，所以在图形上 K 线向下突破 D 线时，即为卖出的信号。

实战时当 K、D 线在 80 以上交叉向下，此时短期卖出的信号较为准确；如果 K 值在 50 以上，由上往下接连两次下穿 D 值，形成右头比左头低的“M 头”形态时，后市股价可能会有相当的跌幅。

④通过 KDJ 与股价背离的走势，判断股价顶底也是颇为实用的方法：

(A)股价创新高,而 KD 值没有创新高,为顶背离,应卖出;

(B)股价创新低,而 KD 值没有创新低,为底背离,应买入;

(C)股价没有创新高,而 KD 值创新高,为顶背离,应卖出;

(D)股价没有创新低,而 KD 值创新低,为底背离,应买入。

需要注意的是,KDJ 顶底背离判定的方法,只能与前一波高低点时的 KD 值相比,不能跳过去比较。

(4)应用经验

①在实际操作中,一些做短平快的短线客常用分钟指标来决定买卖时机,在 $T+0$ 时常用 15 分钟和 30 分钟 KDJ 指标,在 $T+1$ 时多用 30 分钟和 60 分钟 KDJ 来指导进出。几条经验规律总结如下:

(A)如果 30 分钟 KDJ 在 20 以下盘整较长时间,60 分钟 KDJ 也是如此,一旦 30 分钟 K 值上穿 D 值并越过 20,可能引发一轮持续 2 天以上的反弹行情;若日线 KDJ 指标也在低位发生金叉,则可能是一轮中级行情。但需注意:K 值与 D 值金叉后只有 K 值大于 D 值 20% 以上时,这种交叉才有效。

(B)如果 30 分钟 KDJ 在 80 以上向下掉头,K 值下穿 D 值并跌破 80,而 60 分钟 KDJ 才刚刚越过 20 不到 50,则说明行情会出现回档,30 分钟 KDJ 探底后可能继续向上。

(C)如果 30 分钟和 60 分钟 KDJ 在 80 以上,盘整较长时间后 K 值同时向下死叉 D 值,则表明要开始至少 2 天的下跌调整行情。

(D)如果 30 分钟 KDJ 跌至 20 以下掉头向上,而 60 分钟 KDJ 还在 50 以上,则要观察 60 分钟 K 值是否会有效穿过 D 值(K 值大于 D 值 20%)。若有效,表明将开始一轮新的上攻;若无效,则表明仅是下跌过程中的反弹,反弹过后仍要继续下跌。

(E)如果 30 分钟 KDJ 在 50 之前止跌,而 60 分钟 KDJ 刚刚向上交叉,说明行情可能会持续向上,目前仅属于回档。

(F)30 分钟或 60 分钟 KDJ 出现背离现象,也可作为研判大市顶底的依据,详见前面日线背离的论述。

(G)在超强市场中,30 分钟 KDJ 可以达到 90 以上,而且在高位屡次发生无效交叉,此时重点看 60 分钟 KDJ。当 60 分钟 KDJ 出现向下交叉时,可能引发短线较深的回档。

(H)在暴跌过程中 30 分钟 KDJ 可以接近 0 值,而大势依然跌势不止,此时也应看 60 分钟 KDJ。当 60 分钟 KDJ 向上发生有效交叉时,会引发极强的反弹。

②当行情处在极强极弱单边市场中,日 KDJ 屡屡出现钝化,应改用 $MACD$ 等中长指标;当股价短期波动剧烈,日 KDJ 反应滞后,应改用 CCI、ROC 等指标,或是使用 $SLOWKD$ 慢速指标。

③KDJ 在周线中参数一般用 5,周 KDJ 指标对见底和见顶有明显的提示作用,据此波段操作可以免去许多辛劳,争取利润最大化。需提示的是,一般周 J 值在超卖区 V 型单底上升,说明只是反弹行情,形成双底才为可靠的中级行情。但 J 值在超买区单顶也会有大幅下跌的可能性,所以应该提高警惕,此时应结合其他指标综合研判。当股市处在牛市时,J 值在超买区盘整一段时间后,股价仍会大幅上升。

2. KDJ 指标选股方法

在股票市场中要赚钱,首先要做好选股工作。怎样才能选好股?归纳起来有六个方面,即形态、均线、技术指标、成交量、热点及主力成本。可用周线 KDJ 与日线 KDJ 共同金叉选股法。

日线 *KDJ* 是一个敏感指标，变化快，随机性强，经常发生虚假的买、卖信号，使投资者根据其发出的买卖信号进行买卖时无所适从。运用周线 *KDJ* 与日线 *KDJ* 共同金叉选股法，就可以过滤掉虚假的买入信号，找到高质量的成功买入信号。

周线 *KDJ* 与日线 *KDJ* 共同金叉选股法的买点选择有如下几种：

第一种买入法：打提前量买入法。

在实际操作时往往会碰到这样的问题：由于日线 *KDJ* 的变化速度比周线 *KDJ* 快，当周线 *KDJ* 金叉时，日线 *KDJ* 已提前金叉几天，股价也上升了一段，买入成本已抬高。激进型的投资者可打提前量买入，以降低成本。

打提前量买入法要满足的条件是：①收周阳线，周线 *K*、*J* 两线勾头上行将要金叉（未金叉）。②日线 *KDJ* 在这一周内发生金叉，金叉日收放量阳线（若日线 *KDJ* 金叉，当天成交量大于 5 日均量更好。）

第二种买入法：周线 *KDJ* 刚金叉，日线 *KDJ* 已金叉，买入。

第三种买入法：周线 *K*、*D* 两线"将死不死"，买入。

此方法要满足的条件是：①周 *KDJ* 金叉后，股价回档收周阴线，然后重新放量上行。②周线 *K*、*D* 两线将要死叉，但没有真正发生死叉，*K* 线重新张口上行。③日线 *KDJ* 金叉。用此方法买入股票，可捕捉到快速强劲上升的行情。

KDJ 指标在各类软件中的颜色是：*K* 线为白色，*D* 线为黄色，*J* 线为紫色（见图 8－37）。

图 8－37　*KDJ* 的应用

（五）*ASI*

ASI（Accumulation Swing Index）即振动升降指标，由韦尔达（Welles Wilder）所创。*ASI* 企图以开盘、最高、最低、收盘价构筑成一条幻想线，以便取代目前的走势，形成最能表现当前市况的真实市场线（Real Market）。韦尔达认为当天的交易价格并不能代表当时真实的市况，真实的市况取决于当天的价格和前一天及次一天价格间的关系。他经过无数次的测试之后，决定了 *ASI* 计算公式中的因子，能代表市场的方向性。由于 *ASI* 比当时的市场价格更具真实性，因此，对于股价是否真正创新高或新低点提供了相当精确的验证。又因 *ASI* 精密的运

算数值，更为股民提供了判断股价是否真实突破压力或支撑的依据。

ASI 和 *OBV* 同样维持 N 字形的波动，并且也以突破或跌破 N 型高、低点为观察 *ASI* 的主要方法。*ASI* 不仅提供辨认股价真实与否的功能，另外也具备了“停损”的作用，及时给投资者多一层的保护。

1. *ASI* 指标的计算方法

(1) A=当天最高价－前一天收盘价，B=当天最低价－前一天收盘价，C=当天最高价－前一天最低价，D=前一天收盘价－前一天开盘价，A、B、C、D 皆采用绝对值。

(2) E=当天收盘价－前一天收盘价，F=当天收盘价－当天开盘价，G=前一天收盘价－前一天开盘价，E、F、G 采用其±差值。

(3) $X=E+1/2F+G$。

(4) 比较 A、B 两数值，选出其中最大值。

(5) 比较 A、B、C 三数值：若 A 最大，则 $R=A+1/2B+1/4D$；若 B 最大，则 $R=B+1/2A+1/4D$；若 C 最大，则 $R=C+1/4D$。

(6) $L=3$。

(7) $SI=50\times X/R\times K/L$。

(8) ASI=累计每日的 SI 值。

2. 运用法则

(1) *ASI* 走势和股价几乎是同步发展，当股价由下往上，欲穿过前一波的高点套牢区时，于接近高点处，尚未确定能否顺利穿越之际，如果 *ASI* 领先股价，提早一步，通过相对股价的前一波 *ASI* 高点，则次一日可以确定股价必能顺利突破高点套牢区。股民可以把握 *ASI* 的领先作用，提前买入股票，轻松地坐上上涨的“轿子”。

(2) 股价由上往下，欲穿越前一波低点的密集支撑区时，于接近低点处，尚未确定是否将因失去信心而跌破支撑之际，如果 *ASI* 领先股价，提早一步，跌破相对股价的前一波 *ASI* 低点，则次一日可以确定股价将随后跌破低点支撑区。投资者可以早一步卖出股票，减少不必要的损失。

(3) 向上爬升的 *ASI* 一旦向下跌破其前一次显著的 N 型转折点，可视为停损卖出的信号。

(4) 股价走势一波比一波高，而 *ASI* 却未相对创新高点形成“牛背离”时，应卖出。

(5) 股价走势一波比一波低，而 *ASI* 却未相对创新低点形成“熊背离”时，应买进。

图 8－38 中的股票在经历连续缓慢的涨势以后，*ASI* 曲线在 *B* 点向上突破前期显著的高点 *A*，先于股价向上突破前期较高压力区，发出买进信号，随后该股票进入了快速的上涨阶段。

三、市场大盘指标

市场大盘指标主要对整个证券市场的多空状况进行描述，它只能用于研判证券市场整体形势，而不能应用于个股。一般来说，描述股市整体状况的指标是综合指数，如道·琼斯指数、上证指数、深证指数等。

(一) *ADL*

ADL 又称腾落指标，即上升下降曲线的意思。*ADL* 是以股票每天上涨或下跌的家数作为观察的对象，通过简单算术加减来比较每日上涨股票和下跌股票家数的累积情况，形成升跌曲线，并与综合指数相互对比，对大势的未来进行预测。

图 8－38　*ASI* 的应用

1. *ADL* 的计算

假设已经知道了上一个交易日的 *ADL* 的取值，则今天的 *ADL* 值为：

$$\text{今日}\ ADL = \text{昨日}\ ADL + N_A - N_D \tag{8－13}$$

式中：N_A——当天所有股票中上涨的家数；

N_D——当天下跌的股票家数。

涨跌的判断标准是以今日收盘价与上一日收盘价相比较。*ADL* 的初始值可取为 0。

2. *ADL* 的应用

(1)当腾落指标与股价指数走势一致时，可进一步确认大势的趋势。*ADL* 与股价同步上升，创新高，则可以验证大势的上升。*ADL* 与股价同步下降，创新低，则可以验证大势的下降。短期内反转的可能性不大。

(2)当腾落指标与股价指数走势背离时，预示股市可能向相反方向变化。当股价指数持续数日上涨而腾落指数却连续数日下跌时，表示股票涨少跌多，向上攻击动量不足，这种不正常现象难以持久，通常是大势下跌的前兆。当股价指数持续数日下跌而腾落指数却连续数日上升，表示多数股票已止跌回稳，大势底部已近，通常是大势上升的前兆。

(3)形态理论和切线理论在这里也一样使用(见图 8－39)。

(二)*ADR*

ADR 被称为涨跌比指标，是根据股票的上涨家数和下跌家数的比值，推断证券市场多空双方力量的对比。

1. *ADR* 的计算

$$ADR(n) = p_1/p_2 \tag{8－14}$$

式中：p_1——n 日内股票上涨家数之和；

p_2——n 日内股票下跌家数之和；

n——选择的天数。

采样天数可用 10 日、14 日、24 日、26 周等。*ADR* 的图形以 1 为中心上下波动，波动幅度

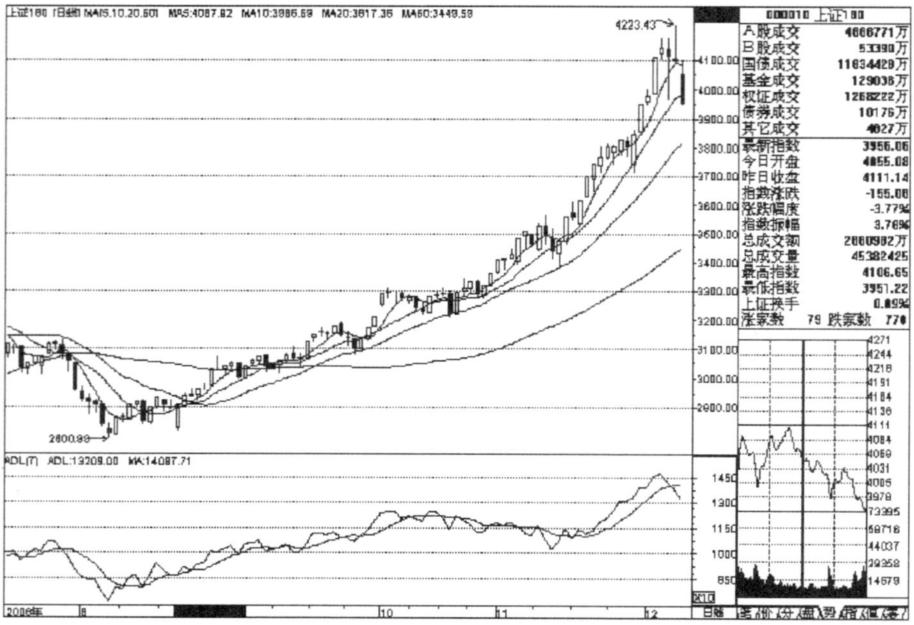

图 8—39 形态理论和切线理论的应用

取决于参数的选择。参数选择的越小，*ADR* 波动的空间就越大，曲线的起伏就越剧烈；参数选择的越大，*ADR* 波动的幅度就越小，曲线上下起伏就越平稳。

2. *ADR* 的应用

(1)10 日涨跌比率的常态分布为 0.5～1.5 之间，当涨跌比率值大于 1.5 时，表示股价上涨已超出常态，产生了超买现象，股价容易下跌，是卖出信号。

(2)当涨跌比率小于 0.5 时，表示股价下跌已超出常态，产生了超卖现象，股价可能会出现反弹或回升，是买进信号。

(3)若股票加权指数与涨跌比率呈背离现象，大势可能即将反转(见图 8—40)。

(三)*OBOS*

OBOS 被称为超买超卖指标，是通过计算一定时期内股票涨跌家数来测量市场买卖气势的强弱及趋势，以此作为投资决策的参考依据。

1. *OBOS* 的计算

$$OBOS = N\text{ 日内股票上涨家数总和} - N\text{ 日内股票下跌家数总和} \quad (8-15)$$

N 为 *OBOS* 的参数，一般选为 10。*OBOS* 的多空平衡位置是 0，当 *OBOS* 大于 0 时，多方占优势；当 *OBOS* 小于 0 时，空方占优势。

2. *OBOS* 的应用

(1)一般来说，当 *OBOS* 大于 0 时，表明大盘处于多头市场，而且其值越大，大盘越是强势；当 *OBOS* 在 0 上下徘徊时，表明大盘处于盘整阶段；当 *OBOS* 小于 0 时，表明大盘处于空头市场；其值越小，大盘越是弱势。

(2)如果 *OBOS* 与股价同步上升，且 *OBOS* 大于 0 的话，则预示大盘将继续看涨，应采取买进策略。如果 *OBOS* 与股价同步下降，且 *OBOS* 小于 0 的话，则预示大盘将继续看跌，应该采取卖出策略。

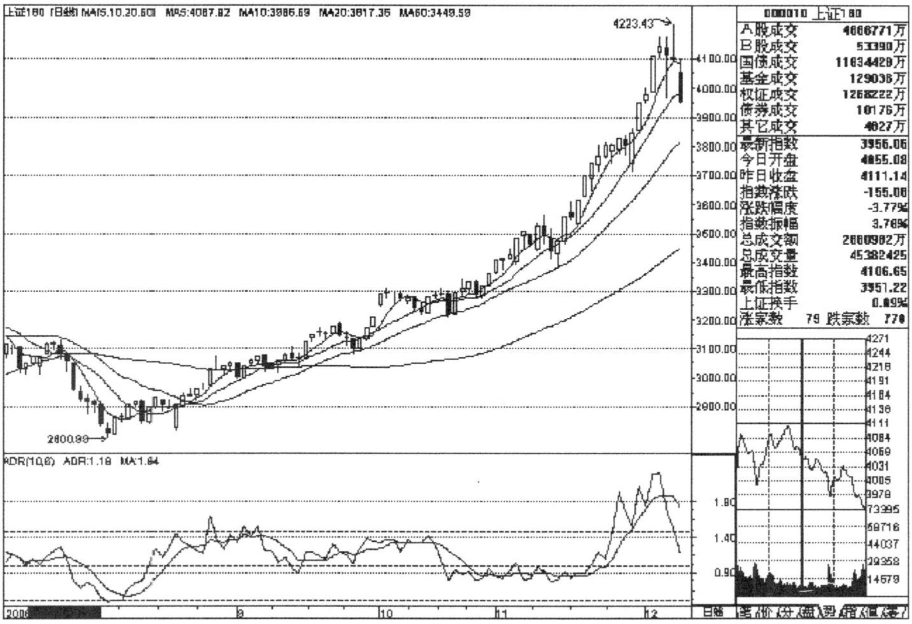

图 8—40　*ADR* 的应用

(3)如果 *OBOS* 在高档形成 *M* 头的话,为卖出信号;如果 *OBOS* 在低档形成 W 底的话,为买进信号。

(4)如果股价指数连续上涨,而 *OBOS* 却呈现下降趋势,出现背离现象,则表明小盘股票下降居多,大盘可能将会转弱,应当考虑卖出股票。如果股价指数连续下跌,而 *OBOS* 却呈上升趋势,出现背离现象,则表明小盘股大多上涨,大盘可能将会转强,应当考虑买入股票(见图 8—41)。

四、市场人气指标

人气是投资者对证券市场的信心,它是维持市场上升的重要因素,从某种意义上讲,证券市场每次大的波动都直接建立在人气的旺盛和低迷的变换上。

(一)*BIAS*

BIAS 被称为乖离率,是测算股价与移动平均线偏离程度的指标。其基本原理是,如果股价偏离移动平均线太远,不管是在移动平均线上方还是下方,都有向平均线回归的要求。

1. *BIAS* 的计算

$$BIAS=(C_t-MA)/MA\times 100\% \qquad (8-16)$$

式中:C_t——n 日中第 t 日的收盘价;

MA——n 日的移动平均数;

n——*BIAS* 的参数。

乖离率描述的是股价与移动平均线之间的距离,差距越大,回到移动平均线的可能性越大,通过观察乖离率大小可以发现买入、卖出时机。

2. *BIAS* 的应用

图 8—41　*OBOS* 的应用

(1)当日股价指数在平均线以上,乖离率为正;股价指数在平均线以下,乖离率为负;股价指数与平均线相交,乖离率为零。正乖离率增大到一定程度,会向零回跌;负乖离率增大到一定程度,也会向零回升。乖离率到多大是买进、卖出时机并没有统一法则,一般根据经验预设一个正数或负数,当超过这个正数时,就是卖出信号;当低于这个负数时,就是买入信号。

(2)在 *BIAS* 的曲线形状方面,形态理论和切线理论在 *BIAS* 上也可以适用,主要是顶背离和底背离的原理。

(3)可以将多条 *BIAS* 线结合起来考虑。当短期 *BIAS* 在高位下穿长期 *BIAS* 时,是卖出信号;在低位,短期 *BIAS* 上穿长期 *BIAS* 时是买入信号(见图 8—42)。

(二)*PSY*

PSY 被称为心理线,是从投资者的买卖趋向心理方面,将一定时期内投资者看多或看空的心理预期转化为数值,来研判股价未来走势的技术指标。

1. *PSY* 的计算

$$PSY = A/N \times 100 \tag{8—17}$$

式中:*N*——天数,是 *PSY* 的参数;

A——*N* 天之中股价上涨的天数。

一般以 12 日或 24 日作为计算的参数。*PSY* 取值范围为 0～100,以 50 为中心,50 以上为多方市场,50 以下为空方市场。

2. *PSY* 的应用

(1)*PSY* 值在 25～75 之间属于正常变动范围,超过 75 即为超买,低于 25 即为超卖。当 *PSY* 值高于 90%时是真正的超买,低于 10%时是真正的超卖,是卖出和买入的时机。

(2)一段上升行情展开前通常超卖的低点会出现两次,因此低点密集出现两次是买入信号;一段下跌行情展开前,超买的高点也会出现两次,因此,高点密集出现两次为卖出时机。

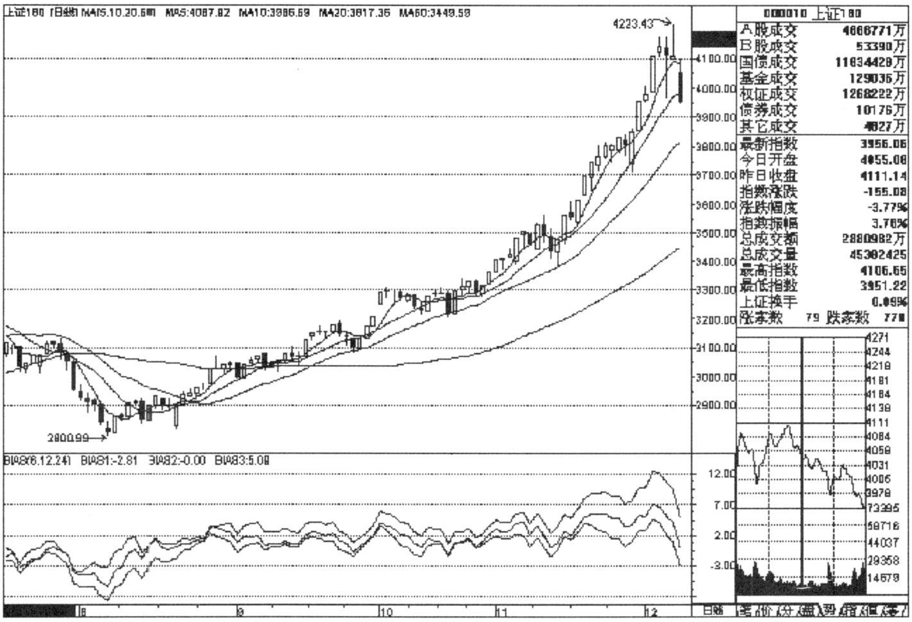

图 8—42　*BIAS* 的应用

(3)*PSY* 的曲线如果在低位或高位出现大的 *W* 底或 *M* 头，也是买入或卖出的行动信号。

(4)*PSY* 一般可同股价曲线配合使用，这时，前面讲到的顶背离、底背离在 *PSY* 中也同样适用。

心理线有其局限性，因为其是事后现象。而投资者的心理偏好是受诸多随机因素影响的，随时调整，不可捉摸，因此在使用时要特别小心(见图 8—43)。

(三)*AR*

AR 被称为人气指标，每个交易日的开盘价作为 *AR* 的均衡价格。价格在这个均衡价格的上方，说明多方处于优势，属于多方的力量；反之，价格处于均衡价格的下方，则说明空方处于优势，属于空方的力量。以最高价到开盘价的距离描述多方的力量，以开盘价到最低价的距离描述空方的力量，这样，多空双方在当日的强弱程度就简单地被描述出来了。

1. *AR* 的计算

$$AR=\frac{\sum(H-O)}{\sum(O-L)}\times 100\% \qquad (8-18)$$

式中：*H*——交易当天的最高价；

O——当天的开盘价；

L——当天的最低价。

2. *AR* 的应用

(1)*AR* 的取值是以 100 为分界线区分多空双方强度的。当 *AR* 在 100 附近时，双方处于基本均衡状态，例如 80～120。当 *AR* 值大于 120 时，说明市场多头力量占优势，可以考虑买进；当 *AR* 低于 80 时，说明市场空头力量占优势，是卖出信号。当 *AR* 过大，如大于 150，可能是处于超买的状态，要考虑卖出；当 *AR* 过低时，如小于 60，可能是处于超买的状态，此时要考虑买入。上面提到的临界数值都是一个经验数字，在应用 *AR* 指标时，应该根据不同的情况对

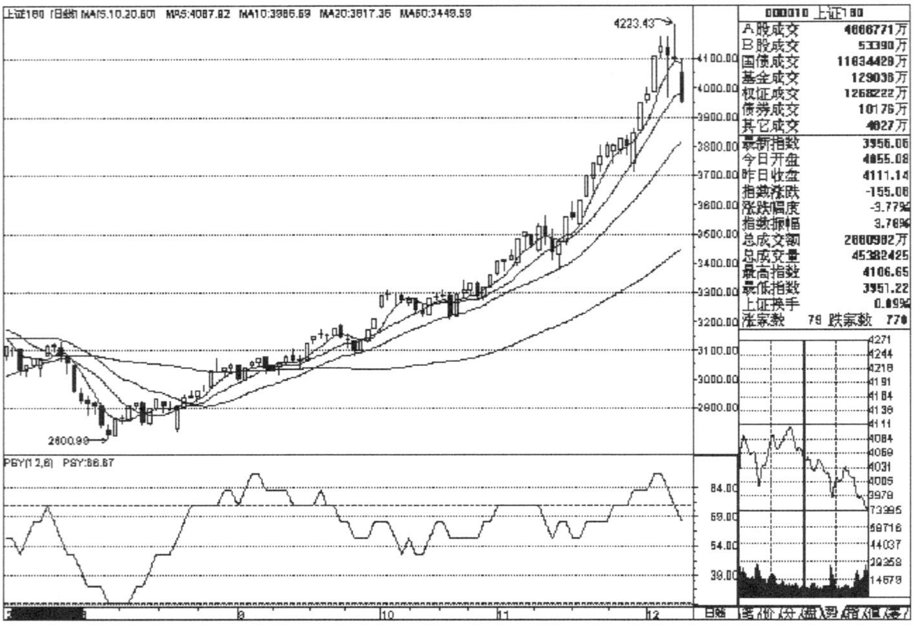

图 8—43　*PSY* 的应用

这个数字进行适当修正。

(2)可以将 *AR* 和股价曲线配合使用。当 *AR* 到达峰顶并回头，而股价还在上涨，就出现了顶背离的现象，是卖出信号；当 *AR* 到达谷底并开始回头，而股价仍然在下跌，这就是底背离的现象，是买入信号。

本章小结

技术分析是证券投资者普遍使用的分析方法。技术分析法不研究引起股票价格变动的原因，而是假设市场行为已反映了引起股价变动的一切信息，以证券的市场价格、成交量和股价走势的时间和空间跨度为要素，借助图表和市场指标来分析股价变动及其变动规律，以期预测证券市场的未来变动趋势。

本章首先介绍了一些理论和方法，包括道氏理论、波浪理论、K 线理论、切线理论以及价格形态理论，然后介绍了技术指标。

道氏理论主要是用来预测股价变动的长期趋势，而不是用来预测近期或短期的股价走势。道氏理论预测股价长期的走势的基本原理主要有五个方面。

波浪理论认为，世间万物，包括证券市场走势在内，基本上受制于大自然的规律，依据一定的波浪形态周而复始地、有规律地循环。

K 线是根据 K 线形态判断证券价格趋势的一种技术分析方法。K 线理论的精髓就在于 K 线的形态可以反映多空力量的消长变化状况。

切线理论是从价格轨迹形态判断趋势的，价格趋势的形态可分为两个大的类型，即持续整理形态和反转突破形态。

技术指标主要有四类指标体系，即市场趋势指标、市场动量指标、市场大盘指标和市场人气指标。

练习题

一、名词解释

价格形态　趋势线　趋势通道　K 线图　扩散形态　移动平均线　乖离率　*MACD*　*KDJ*　*EXPMA*　相对强弱指标　人气指标

二、简答题

1. 怎样看待基本分析和技术分析？
2. 如何理解技术分析的三大假设？
3. 道氏理论的重要内容有哪些？
4. 什么是波浪理论？它的基本原则是什么？
5. 什么是 K 线？如何通过 K 线进行市场行情的研判？
6. 什么是支撑线和压力线？如何判断和分析支撑线和压力线？
7. 简述趋势线、轨道线的画法。它们如何预测行情？
8. 反转突破形态有哪些？如何确认突破的有效性？
9. 什么是股价移动平均线？什么是葛兰威尔投资法则？
10. 常用的市场分析指标有哪些？它们各有什么意义？

第九章

投资组合理论

不要把所有的鸡蛋放在同一个篮子里。

——詹姆斯·托宾

本章学习的是投资组合理论。投资过程主要由两部分组成：首先是证券与市场的分析，我们对可能选择的所有投资工具的风险及期望收益的特性进行评估，对证券投资收益与风险的衡量进行详细的讨论；其次是对资产进行最优的资产组合的构建，它涉及在可行的资产组合中选择最佳风险—收益机会。在介绍了衡量金融资产的收益与风险的度量方法的基础上，我们将主要讨论马柯维茨—均值方差理论及其模型的具体运作过程，从中可以了解马柯维茨模型的各个步骤。按照马柯维茨的观点，投资者需要找到一个最佳的证券组合，且这个组合能满足投资者对风险和收益的权衡关系。

第一节　证券投资的收益与风险

证券投资的核心问题是收益和风险的权衡问题。从事证券投资的目的是为了获得投资收益，但获得收益的过程同时伴随着风险。投资收益是未来的，而且一般情况下事先难以确定，那么这种不确定性就是证券投资的风险。收益和风险好比是硬币的两面：收益越高，风险越大；收益越低，风险越小。投资者遵循的一般原则是：在两种风险相同的证券中选择其中收益较高的，或者说是在两种收益相同的证券中选择其中风险较小的证券。本节主要讨论单一证券投资的收益、风险及两者的关系。

一、证券投资的收益

证券投资收益是指证券投资者在某一段时间内投资某项证券带来的收入，它由持有期内的证券红利和资本利得构成。收益率的计算公式为：

$$r=\frac{I_t+P_t-P_0}{P_0}\times 100\% \tag{9—1}$$

式中：I_t——在投资期间内的红利收入；

P_0——某证券的初始价格；

P_t——证券在 t 时刻的价格。

根据时间长短不司，收益率可以分为日收益率、月收益率、年收益率等。如果持有时间较短，没有红利发放，则收益率就表现为价格变化率：

$$r=\frac{P_t-P_0}{P_0}\times 100\% \tag{9-2}$$

接下来本书将通过证券投资收益的来源、影响因素以及收益率的计算问题来详细讨论债券和股票投资的收益。

(一)债券投资的收益

1. 债券投资收益的来源及影响因素

投资债券的目的是在到期收回本金的同时得到固定的利息。购买债券的投资者获得收益可以来自以下两方面：一是发行者支付的定期利息，这是债券发行时决定的，一般情况下，债券利息收入不会改变，在购买债券前就可知；二是在债券期满或出售时获得的任何资本利得，当然也可以是资本损失(这将减少投资债券的收益)，这部分指的是债券买入价与卖出价或偿还额之间的差额。当差额为正时，为资本获利；当差额为负时，为资本损失。债券的任何收益率都应该是基于这两点来测度。

(1)债券的利息收益

债券持有者获得利息收益一般分成一次性获得利息和分期获得利息收益两大类。这两类又包括若干具体支付形式。一次性付息有以下三种形式：

一是以单利计息，到期还本时一次支付所有应付利息。这种方式被称为利随本清。单利计息债券计算方便，支付手续简便，受益水平明确，但收益水平相对于同等利率的复利债券较低。

二是以复利计算，将票面折算成现值发行，到期时票面额等于本息之和，故按票面额还本付息。用这种方式付息的债券通常称为无息债券。运用这种复利计算的债券，投资者的实际收益要高于持有票面利率同水平的单利债券收益。

三是以贴现方式计息，投资者按票面额和应收利息之差购买债券，到期按票面额收回本息。这种方式从形式上看与无息债券相似，都是投资者以低于债券票面额的价格买入债券，到期按票面额还本付息，但在计息上是有差别的。贴现债券的贴息是按票面额和贴现率计算的，而无息票债券的利率却是按投资额计算的。以贴现方式计付利息通常是为了解决期限为一年以内的债券无法计算复利而采取的方式。它和复利一样，能使投资者得到高于同水平单利利率所表示的实际收益率，因此对投资者具有较大的吸引力。

分期付息债券又称为附息债券或息票债券，是在债券到期以内按约定的日期分次按票面利率支付利息，到期再偿还债券本金。分次付息一般分为按年付息、半年付息和按季付息三种方式。对于投资者来说，分次付息可获得利息再投资受益，或享有每年获得现金利息便于支配的流行性好处。

(2)债券的资本损益

债券的资本损益是指债券买入价与卖出价的差额，当卖出价或偿还额大于卖入价时，是资本收益；当卖出价或偿还额小于买入价时，为资本损失。投资者可以在债券到期时将持有的债券兑换或利用债券市场价格的变动低买高卖，从中取得资本利得，当然也可能遭受损失。

2. 影响债券收益率的因素

影响债券收益率药因素主要有债券的息票率、买卖价格和债券的还本期限三个因素，这三个因素中只要有一个因素发生了变化，债券的收益率也将发生变化。这一点在后面的有关债券收益率的计算上可以看到。

（1）债券的息票率

息票率在债券发行时已经确定，在到期日前一般不会改变。息票率一般来说是被定在市场现行利率的水平。显然，在其他条件相同下，债券息票率越高，收益率也越高。一旦债券的票面利率被确定，在债券的有效期限内，无论市场发生什么变化，发行人都必须按确定的票面利率向债券持有者支付利息。

（2）债券的价格

债券价格可以分为发行价格与交易价格。发行价格是发行商发行债券的初始价格，而交易价格是随着市场情况不断波动的价格。两者主要是受以下三个因素影响：一是因发行者信用品质的变化而引起的收益率的变化；二是在收益率未发生变化的情况下，随着债券逐渐接近到期日而发生的期限的变化；三是因类似债券收益率的变化而引起的市场所要求的收益率的变化。

（3）债券的还本期限

一般来说，债券的期限越长，其市场变动的可能性就越大，其价格的易变性也就越大。债券的期限不但影响息票率，还影响收益率：①如果债券价格与票面金额不一致时，期限越长，债券价格与面额差额对收益率的影响越小；②如果债券是以复利方式计算，期限越长，其收益率越高，因为复利计息实质上是考虑了债券利息收入再投资所得的收益。

3. 债券收益率及其计算

为了精确衡量债券收益，一般使用债券收益率这个指标。债券收益率是债券收益与其投入本金的比率，通常用年率表示。债券收益不同于债券利息。债券利息仅指债券票面利率与债券面值的乘积。但由于人们在债券持有期内，还可以在债券市场进行买卖，赚取价差，因此，债券收益除利息收入外，还包括买卖盈亏差价。计算收益率的最合适方法就是使用内生到期收益率。内生到期收益率在投资学中被定义为把未来的投资收益折算成现值使之成为初始投资额的贴现收益率。其基本原理是根据债券的未来收益和当前的市场价格来推算到期收益率。假设每期的利息收益都可以按照内在收益率进行再投资，即假设市场利率不变，对于一年付息一次的债券来说，其计算公式为：

$$P_0=\frac{C}{(1+r)}+\frac{C}{(1+r)^2}+\cdots+\frac{C}{(1+r)^n}+\frac{V}{(1+r)^n} \tag{9-3}$$

式中：P_0——债券的市场现价；

C——债券的每年利息收入；

r——到期收益率；

n——到期年限；

V——票面价值。

由于这种计算方法非常烦琐，实际很少使用，在实际操作中多采用近似法计算。近似法计算的结果虽然是近似值，但与内生到期收益率计算的结果相差不大，实际中有广泛的应用。其计算公式为：

$$Y=\frac{C+(V-P_0)/n}{(V+P_0)/2}\times 100\% \tag{9-4}$$

式中：Y——债券收益率；

C——债券年利息收入；

V——债券面值；

P_0——债券的市场现价；

n——到期年限。

进一步地，若将 V 改成卖出债券的价格 P_{t+1}；P_t 为购买债券的实际价格；C 为 P_t 到 P_{t+1} 之间债券的年利息收入；n 为 P_t 到 P_{t+1} 之间的时期数（以年计算），将式（9－4）做简单的变换，可得到债券持有期收益率计算的实用公式：

$$Y=\frac{C+(P_{t+1}-P_t)/n}{P_t}\times 100\% \tag{9-5}$$

债券的收益率有票面收益率、直接收益率、持有期收益率、到期收益率和贴现债券收益率等，这些收益率分别反映了投资者在不同买卖价格和持有年限下的不同收益水平。

（1）票面收益率

票面收益率又称名义收益率或票息率，是债券票面上的固定利率，即年利息收入与债券面额的比率。投资者如果将按面额发行的债券持至期满，则所获得的投资收益率与票面收益率是一致的。其计算公式为：

$$Y_n=\frac{C}{V}\times 100\% \tag{9-6}$$

式中：Y_n——名义收益率或票面收益率；

C——债券年利息收入；

V——债券面值。

票面收益率只适合于投资者按票面金额买入债券直至期满并按票面金额偿还本金这种情况，它没有反映债券发行价格与票面金额不一致的可能，也没有考虑投资者有中途卖出债券的可能。

（2）直接收益率

直接收益率又称本期收益率、当前收益率，是指债券的年利息收入与买入债券的实际价格的比率。债券的买入价格可以是发行价格，也可以是流通市场的交易价格，它可能等于债券面额，也可能高于或低于债券面额。其计算公式为：

$$Y_d=\frac{C}{P_0}\times 100\% \tag{9-7}$$

式中：Y_d——直接收益率；

C——债券年利息收入；

P_0——债券的市场现价。

直接收益率反映了投资者的投资成本带来的收益。直接收益率也有不足之处，它和票面收益率一样，不能全面反映投资者的实际收益，因为它忽略了资本损益，既没有计算投资者买入价格与持有债券期满按面额偿还本金之间的差额，也没有反映买入价格与到期前出售或赎回价格之间的差额。

（3）持有期收益率

它指的是买入债券后持有一段时间，又在债券到期前将其出售而得到的收益率。它包括持有债券期间的利息收入和资本损益。计算方法有以下两种。

息票债券持有期收益率的常用公式为：

$$Y_h=\frac{C+(P_1-P_0)/n}{P_0}\times 100\% \tag{9-8}$$

式中：Y_h——持有期收益率；

C——债券年利息收入；

P_1——债券卖出价；

P_0——债券的市场现价；

n——到期年限。

我国发行的债券多为到期一次还本付息债券，在中途出售的卖价中包含了持有期的利息收入，所以实际使用的计算公式为：

$$Y_h=\frac{(P_1-P_0)/n}{P_0}\times 100\% \tag{9-9}$$

式中：Y_h——持有期收益率；

C——债券年利息收入；

P_1——债券卖出价；

P_0——债券买入价；

n——到期年限。

(4)到期收益率

到期收益率又称最终收益率，一般的债券到期都按面值偿还本金，所以随着到期日的临近，债券的市场价格会越来越接近面值。到期收益率同样包括了利息收入和资本损益。计算方法有以下几种。

息票债券的计算公式为：

$$Y_m=\frac{C+(V-P_0)/n}{P_0}\times 100\% \tag{9-10}$$

式中：Y_m——到期收益率；

C——债券年利息收入；

V——票面价值；

P_0——债券的买入价；

n——到期年限。

一次还本付息债券到期收益率的计算公式为：

$$Y_m=\frac{[V\times(1+i\times n_1)-P_0]/n_2}{P_0}\times 100\% \tag{9-11}$$

式中：Y_m——到期收益率；

V——票面价值；

P_0——债券的买入价；

n_1——有效年限(自发行至期满的年限)；

n_2——到期年限；

i——债券票面利率。

(5)贴现债券收益率

贴现债券又称贴水债券，是指以低于面值发行，发行价与票面金额之差相当于预先支付的利息，债券期满时按面值偿付的债券。贴现债券一般用于短期债券的发行，如美国政府国库券。由于它的这种优点，现在也开始用于中期债券，但很少用于长期债券。

①到期收益率

贴现债券的收益是贴现额，即债券面额与发行价格之间的差额。贴现债券发行时只公布面额和贴息率，并不公布发行价格，所以要计算贴现债券到期收益率必须先计算其发行价格。由于贴现率通常以年率表示，为计算方便起见，习惯上贴现年率以 360 天计，在计算发行价格时还要将年贴现率换算成债券实际期限的贴现率。贴现债券发行价格的计算公式为：

$$P_0=V\times(1-d_n)$$

式中：V——票面价值；

P_0——债券的发行价；

d——年贴现率；

n——债券有效期限。

计算出发行价格后，方可计算其到期收益率。贴现债券的期限一般不足 1 年，而债券收益率又都以年率表示，所以需要将按不足 1 年的收益计算出的收益率换算成年收益率。为了便于与其他债券比较，年收益率以 365 天计算，而分母一般不再计算平均投入资本。贴现债券到期收益率的计算公式为：

$$Y_m=\frac{(V-P_0)}{P_0}\times\frac{365}{n}\times 100\% \tag{9—12}$$

式中：Y_m——到期收益率；

V——票面价值；

P_0——发行价格；

n——到期年限。

②持有期收益率

贴现债券也可以不等到期满而中途出售，证券行情每天公布各种未到期贴现债券二级市场的折扣率。投资者必须先计算债券卖出价，再计算持有期收益率。计算公式同上，d 为二级市场折扣率，n 为债券剩余天数。持有期收益率的计算公式为：

$$Y_h=\frac{(P_1-P_0)}{P_0}\times\frac{365}{n}\times 100\% \tag{9—13}$$

式中：Y_h——到期收益率；

P_1——证券卖出价；

P_0——发行价格；

n——到期年限。

(二)股票投资的收益

1. 股票投资收益的来源及影响因素

股票的收益是指投资者从购入股票开始到出售股票为止这个持有期间的收入，这种收益由股息、资本损益以及资本增值收益组成。

(1)股息

股息指的是股票持有者依据股票从公司分取的盈利。通常，股份有限公司在会计年度结算后，将一部分净利润作为股息分配给股东。其中，优先股股东按照规定的股息率优先取得固定股息，普通股股东则根据余下的利润分取股息。股东在取得固定的股息以后又从股份有限公司领取的收益，称为红利。由此可见，红利是股东在公司按规定股息率分派后所取得的剩余利润。但在概念的使用上，人们对股息和红利并未予以严格的区分。

股息的来源是公司的税后利润。公司从营业收入中扣减各项成本和费用支出、应偿还债务、应缴纳税金，余下的即为税后净利润，再按以下程序分配：从税后净利润中提取法定公积金后，剩余的部分先按固定股息率分配给优先股股东，再提取任意盈余公积金，然后再按普通股股数分配给普通股股东。可见，税后净利是公司分配股息的基础和最高限额，但因要做必要的公积金的扣除，公司实际分配的股息总是少于税后净利润的。

股息作为股东的投资收益，以股份为单位的货币金额表示，但股息的具体形式可以有多种。主要包括：现金股息，是指以货币形式支付的股息和红利，是最普通、最基本的股息形式。分派现金股息，既可以满足股东预期的现金收益目的，又有助于提高股票的市场价格，吸引更多的投资者；股票股息，是指以股票的方式派发的股息，通常是由公司用新增发的股票或一部分库存的股票作为股息，代替现金分配给股东；财产股息，公司用现金以外的其他财产向股东分派股息，最常见的是公司持有的其他公司或有关公司的股票、债券，也可以是实物；负债股息，是指公司通过建立一种负债，用债券或应付票据作为股息分派给股东，这些债券或应付票据既是公司支付的股息，也可满足股东的获益需要；建业股息又称建设股息，是指经营铁路、港口、水电、机场等业务的股份公司其建设周期长，不可能在短时期内开展业务并获得盈利，为了筹集资金，在公司章程中明确规定并获得批准后，公司可以将一部分股本还给股东作为股息。

(2)资本损益

上市股票具有流动性，投资者可以在股票交易市场上出售持有的股票收回投资，赚取盈利，也可以利用股票价格的波动赚取差价收入。股票卖出价与买入价之间的差额就是资本损益，或称资本利得。当股票卖出价大于买入价时为资本收益，当卖出价小于买入价时为资本损失。由于上市公司的经营业绩是决定股票价格的重要因素，因此资本损益主要取决于股份公司的经营业绩和股票市场的价格变化，同时与投资者的投资心态、投资经验及投资技巧有很大的关系。

(3)资本增值收益

股票投资资本增值收益的形式是送股，但送股的资金不是来自当年可分配盈利而是公司提取的公积金，因此可称为公积金转增股本。公司提取的公积金有法定公积金和任意盈余公积金。法定公积金的来源有以下几项：一是股票溢价，即股票发行时，超过股票面值的溢价部分要转入公司的法定公积金；二是依据公司法规定每年从税收净利润中按比例提存部分法定公积金；三是公司经过若干年经营以后资产重估增值部分；四是公司从外部取得的赠予资产，如从政府部门、国外部门、其他公司等得到的赠予资产。很多国家的公司法都规定法定公积金可以转化为资本，也可以用来弥补亏损，但不能作为红利分派。公司除依法提存法定公积金外，还可以从盈利中提取任意公积金，以备今后不时之需。公司以法定公积金或任意公积金转入资本时，相应地发行新股并按老股东的持股数平等地摊配，这种做法与股票派息的做法相似。资本增值收益是选择优质公司股票后长期持有的长期投资者的主要投资目的。

2. 股票投资的收益率及其计算

股票和债券的主要不同之一是股票没有期限，而债券有偿还期限。因此，衡量股票投资收益水平的指标主要有股利收益率、持有期收益率和拆股后持有期收益率等。

(1)股利收益率

股利收益率又称获利率，是指股份公司以现金形式派发股息与股票市场价格的比率。该收益率可用于计算已得的股利收益率，也可用于预测未来可能的股利收益率。如果投资者以某一市场价格买入股票，在持有股票期间得到公司派发的现金股息，可用本期每股股息与股票买入价计算,这种已得的股利收益率对长期持有股票的股东特别有意义。如果投资者打算投资某种股票,可用该股票上期实际派发的现金股息或基本期的现金股息与当前股票市场价格计算,可得出预计的股利收益率,该指标对做出投资决策有一定的帮助。其计算公式为:

$$\text{股利收益率}=D/P_0\times100\% \tag{9-14}$$

式中:D——现金股息;

P_0——股票买入价。

(2)持有期收益率

持有期收益率指的是投资者持有股票期间的股息收入与买卖价格差占股票买入价格的比率。股票没有到期日,投资者持有股票的时间短则几天,长则数年,持有期收益率就是反映投资者在一定的持有期内的全部股息收入和资本利得占投资本金的比率。持有期收益率是投资者最关心的指标,但如果要将它与债券收益率、银行利率等其他金融资产的收益率进行比较,需注意时间的可比性,可将持有期收益率化为年率。其计算公式为:

$$\text{持有期收益率}=\frac{D+(P_1-P_0)}{P_0}\times100\% \tag{9-15}$$

式中:D——现金股息;

P_0——股票买入价;

P_1——股票卖出价。

(3)拆股后持有期收益率

投资者在买入股票后,有时会发生该股份公司进行股票分割(即拆股)的情况,拆股会影响股票的市场价格和投资者持股数量,因此有必要在拆股后做相应调整,以计算拆股后的持有期收益率。其计算公式为:

$$\text{拆股后持有期收益率}=\frac{\text{调整后资本利得或损失}+\text{调整后的现金股息}}{\text{调整后的购买价格}}\times100\%$$

二、证券投资的风险

证券投资是一种风险性投资。一般而言,风险是指对投资者预期收益的背离,或者说是证券收益的不确定性。证券投资的风险是指证券的预期收益变动的可能性及变动幅度。在证券投资活动中,投资者投入一定数量的本金,目的是希望能得到预期的若干收益。从时间上看,投入本金是当前行为,其数额是确定的,而取得收益是在未来的,在持有证券这段时间内,有很多因素可能使预期收益减少甚至使本金遭受损失。因此,证券投资的风险是普遍存在的。与证券投资相关的所有风险称为总风险。总风险可分为系统风险和非系统风险两大类。

(一)系统风险

系统风险是指由于某种全局性的共同因素引起的投资收益的可能变动,这种因素以同样的方式对所有证券的收益产生影响。系统风险包括政策风险、周期性波动风险、利率风险和购买力风险。

1. 政策风险

政策风险是指政府有关证券市场的政策发生重大变化或是有重要的举措、法规出台,引起证券市场的波动,从而给投资者带来的风险。

政府对本国证券市场的发展通常有一定的规划政策,指导市场的发展并加强对市场的管理。政府应当是在尊重证券市场发展规律的基础上,充分考虑证券市场在本国经济中的地位、与社会其他部门的联系、整体经济发展水平及政治形势等多方面因素而制定的。特别是我国的证券市场，还肩负着企业转制的改革重任，并要与经济改革的总体规划步调一致。政府关于证券市场的规划和政策应该是长期稳定的，政府运用法律手段、经济手段和必要的行政管理手段引导证券市场健康、有序地发展。但是，在某些特殊的情况下，政府也可能会改变发展证券市场的战略部署，出台一些扶持或抑制市场发展的政策，制定出新的法规或交易规则，从而改变市场原先的运行轨迹。特别是在证券市场发展的初期，对证券市场发展规律认识不足，法规体系不健全，管理手段不充分，更容易较多地使用政策手段来干预市场。由于证券市场政策是政府指导、管理证券市场的手段，一旦出现政策风险，几乎所有的证券都会受到影响，因此属于系统风险。

2. 周期性波动风险

周期性波动风险是指证券市场行情周期性变动而引起的风险。这种行情变动不是指证券价格的日常波动和中级波动，而是指证券行情长期趋势的改变。

证券行情的变动受到多种因素影响，但决定性的因素是经济周期的变动。经济周期的变化决定了企业的景气和效益，根本上决定证券行情，特别是股票行情的变动趋势。在看涨市场，随着经济回升，股票价格从低谷逐渐回升，交易量扩大，交易日渐活跃，股票价格持续上升并可维持一段较长的时间，待股票价格升至很高水平，资金大量涌入并进一步推动股价上升，当成交量不能进一步放大时，股票价格开始盘旋并下降，标志着看涨市场的结束。看跌市场是从经济繁荣的后期开始，伴随着经济衰退，股票价格也从高点开始一直呈下跌趋势并在达到某个低点时结束。实际上，在看涨市场，股价并非直线上升，而是大涨而小跌，不断出现盘整和回档行情；在看跌市场，股价也并非直线下降，而是小涨而大跌，不断出现反弹行情。但在这两个变动趋势中，一个重要的特征是，整个看涨行市中，几乎所有的股票都会上涨；在整个大跌行市中，几乎所有的股票价格都不可避免地有所下跌，只是涨跌程度不同而已。

3. 利率风险

利率风险是指市场利率变动引起证券投资收益变动的可能性。市场利率的变化会引起证券价格变动，并进一步影响证券收益的确定性。利率与证券价格呈反方向变化，即利率提高，证券价格下降；利率下降，证券价格上升。利率主要从两方面影响证券价格：一是改变资金流向。当市场利率提高时会吸引一部分资金流向银行储蓄、商业票据等其他金融资产，减少对证券的需求，使证券价格下降；当市场利率下降时，一部分资金流回证券市场，增加对证券的需求，刺激证券价格上涨。二是影响公司的盈利。利率提高，公司融资成本上升，其他条件不变的情况下，派发股息减少，引起股票价格下降；利率下降，融资成本下降，股息相应增加，股票价格上涨。

利率政策是中央银行的货币政策工具。当央行调整利率时，各种金融资产的利率和价格都会灵敏地做出反应。利率风险对不同证券的影响是不相同的。

首先，利率风险是固定收益证券的主要风险，特别是债券的主要风险。债券面临的利率风险由价格变动风险和息票利率风险两方面组成。当市场利率提高时，已往发行又尚未到期的债券利率相对偏低，此时投资者若继续持有债券，在利息上要受损失；若将债券出售，又必须在价格上做出让步，在价格上要受损失。

其次，利率风险是政府债券的主要风险。对公司债券和企业债券来说，除了利率风险以外，重要的还有信用风险和财务风险。政府债券没有信用问题和偿债的财务困难，它面临的主要风险是利率风险和购买力风险。

再次，利率风险对长期债券的影响大于短期债券。债券的价格是将未来的利息收益和本金按市场利率折现，债券期限越长，未来收入的折扣率就越大，所以债券的价格变动风险随着期限的增加而增大。

普通股股票和优先股股票也会受到利率风险的影响。股票价格对利率变动是极其敏感的，其中优先股因其股息率固定受到利率风险影响较大。具体地讲，对普通股来说，其股息和价格主要由公司经营状况和财务状况决定，而利率变动仅是影响公司经营和财务状况的部分因素，所以利率风险对普通股的影响不像债券和优先股那样没有回旋的余地。

4. 购买力风险

购买力风险又称通货膨胀风险，是由于通货膨胀、货币贬值给投资者带来实际收益水平下降的风险。在通货膨胀情况下，物价普遍上涨，社会经济运行秩序混乱，企业生产的外部条件恶化，购买力风险是难以回避的。但在有些通货膨胀条件下，随着商品价格的上涨，证券价格也会上涨，投资者的货币收入有所增加，会使他们忽视通货膨胀风险的存在，并产生货币幻觉。其实，由于货币贬值，货币购买力水平下降，投资者实际收益不但没有增加，反而可能是减少了。一般来说，可通过计算实际收益率来分析购买力风险：

实际收益率＝名义收益率－通货膨胀率

这里的名义收益率是指债券的票面利息率或股票的股息率。可见，只有当名义收益率大于通货膨胀率时，投资者才有实际收益。

购买力风险对不同证券的影响是不同的。最容易受其损害的是固定收益证券，如优先股、债券。因为它们的名义收益率是固定的，当通货膨胀率升高时，其实际收益率明显下降，所以固定利息率和股息率的证券购买力风险较大。同样是债券，长期债券的购买力风险要比短期债券大。相比之下，浮动利率债券或保值贴补债券遇到通货膨胀时风险较小。

对普通股股票来说，购买力风险相对较小。当发生通货膨胀时，由于公司产品价格上涨，股份公司的名义收益会增加，特别是当公司产品价格上涨幅度大于生产费用的涨幅时，公司净盈利增加，此时股息会增加，股票价格也随之上涨，普通股股东可得到较高的收益，可部分减轻通货膨胀带来的损失。

此外，购买力风险在通货膨胀不同阶段对股票的影响也是不同的。由于不同公司产品价格上涨幅度不同，上涨时间先后不同，对生产成本上升的消化能力不同，受国家有关政策控制不同等，会出现不同股票的购买力风险不尽相同的情况。一般来说，率先涨价的商品、上游商品、热销货、供不应求商品的股票购买力风险较小，国家进行价格控制的公用事业、基础产业和下游商品的股票购买力风险较大。在通货膨胀之初，企业消化生产费用上涨的能力较强，又能利用人们的货币幻觉提高产品价格，股票的购买力风险相对小些。当出现严重的通货膨胀时，各种商品价格轮番上涨，企业承受能力下降，盈利和股息难以增加，股票即使上涨也很难赶上物价上涨。此时普通股也很难抵偿购买力下降的风险。

(二)非系统风险

非系统风险是指只对某个行业或个别公司的证券产生影响的风险，它通常是由某一特殊的因素引起，与整个证券市场的价格不存在系统、全面的联系，而只对个别或少数证券的收益产生影响。非系统风险可以抵消或回避，因此又称为可分散风险或可回避风险。非系统风险包括信用风险、经营风险和财务风险等。

1. 信用风险

信用风险又称违约风险，是指证券发行人在证券到期时无法还本付息而使投资者遭受损失的风险。证券发行人如果不能支付债券利息、优先股股息或偿还本金，哪怕仅仅是延期支付，都会影响投资者的利益，使投资者失去再投资和获利的机会。信用风险实际上揭示了发行人在财务状况不佳时出现违约和破产的可能，它主要受证券发行人的经营能力、盈利水平、事业稳定程度及规模大小等因素的影响。

债券、优先股、普通股都可能有信用风险，但程度有所不同。信用风险是债券的主要风险，因为债券是需要按时还本付息的要约证券。政府债券的信用风险最小，一般认为中央政府债券几乎没有信用风险，其他债券的信用风险依次从低到高为地方政府债券、金融债券、公司债券等，但大金融机构或跨国公司债券的信用风险有时会低于某些政局不稳定国家的政府债券。投资于公司债券首先要考虑的就是信用风险，这其中包括产品市场需求的改变、成本变动、融资条件变化等可能引起公司偿债能力削弱，特别是公司资不抵债、面临破产时，债券的利息连同本金可能被勾销。在债券和优先股发行时，要进行信用评级，投资者回避信用风险的最好方法是参考证券信用评级的结果。信用级别越高的证券，信用风险小；信用级别越低，违约的可能性越大。

2. 经营风险

经营风险是指公司的决策人员和管理人员在经营管理过程中出现失误而导致公司盈利水平变化，从而使投资者预期收益下降的可能。

经营风险来自内部因素和外部因素两个方面。企业内部的因素主要有：一是项目投资决策失误，没有对项目做准确的可行性分析，草率上马；二是不注意技术更新，使自己在行业中的竞争力下降；三是不注意市场调查，不注意开发新产品，仅仅满足于目前的利润水平和经济效益；四是销售决策失误，过分依赖老客户，没有花大力气开拓新的市场，寻找新的销售渠道；五是公司的主要管理人员因循守旧、不思进取，对可能出现的重大事件没有采取必要的防范措施等。外部因素是公司以外的客观因素，如政府产业政策的调整、竞争对手的实力变化使公司处于劣势地位等，但经营风险主要还是来自公司内部的决策失误或管理不善。

公司的经营状况最终表现在盈利水平的变化和资产价值的变化上，经营风险主要通过盈利变化产生影响，对不同证券的影响程度也有所不同。经营风险是普通股的主要风险，当公司盈利增加时，股息增加，股票价格上涨；当公司盈利减少时，股息减少，股价下降。经营风险对优先股的影响要小些，因为优先股的股息率是固定的，盈利水平的变化对价格的影响有限。公司债券的还本付息受法律保障，除非公司破产清理，一般情况下不受企业经营状况的影响，但公司盈利的变化同样可能使公司债券的价格呈同方向变动，因为盈利增加使公司的债务偿还更有保障，信用提高，债券价格也会相应上升。

3. 财务风险

财务风险是指公司财务结构不合理、融资不当导致投资者预期收益下降的风险。

负债经营是现代企业应有的经营策略，通过负债经营可以弥补自有资本的不足，还可以用借贷资金来实现盈利。股份公司在营运中所需要的资金一般都来自发行股票和债务两个方面，其中债务(包括银行贷款、发行企业债券、商业信用)的利息负担是一定的，如果公司资金总量中债务比重过大，或是公司的资金利润率低于利息率，就会使股东的可分配盈利减少，股息下降，使股票投资的财务风险增加。实际上，公司融资产生的财务杠杆作用犹如一把双刃剑，当融资产生的利润大于债息率时给股东带来的是收益的增长；反之给股东带来的则是收益的减少。

三、收益和风险的关系

收益和风险是证券投资的核心问题。投资者投资的目的是为了得到收益，与此同时又不可避免地面临着风险，证券投资的理论和实践都围绕着如何处理这两者的关系而展开。一般来说，风险较大的证券收益率也相对较高；反之，收益率较低的投资对象风险相对较小。但是对于每一个投资者而言并不一定是风险越大，收益就一定越高。因为以上分析的风险是客观存在的风险，尚未包括投资者的主观行为。如果投资者对证券投资没有正确的认识，盲目入市，操作不当，只能是高风险、低收益的结果。

证券投资的收益和风险同在，收益是风险的补偿，风险是收益的代价。大多数投资者要求较高的收益以对任何不确定性做出补偿。这种无风险收益率之上的收益率的增加就是风险溢价，它们之间的关系可以表示为：

预期收益率＝无风险利率＋风险补偿

这里，预期收益率是投资者承受各种风险应得的补偿，无风险收益率是指把资金投向于某一没有任何风险的投资对象而能得到的利息率，这是投资的时间补偿。我们把这种收益率作为一种基本收益率，再考虑各种可能出现的风险，使投资者得到应有的补偿。现实生活中不可能存在没有任何风险的理想证券，但可以找到某种收益变动较小的证券来代替。在美国，一般将联邦政府发行的短期国库券当作无风险证券，把该利率当作无风险利率。这是因为美国短期国库券由政府发行，债券的还本付息有可靠的保障，因此没有信用风险。政府债券没有财务风险和经营风险，同时，短期国库券以 91 天期为代表，只要在这期间没有严重的通货膨胀，联邦储备银行没有调整利率，也几乎没有购买力风险和利率风险。短期国库券的利率很低，其利息可以视为投资者牺牲目前消费、让渡货币使用权的补偿。在无风险利率的基础上，我们可以发现：

首先，同一种类型的债券，长期债券利率比短期债券高，这是对利率风险的补偿。比如同是政府债券，它们都没有信用风险和财务风险，但长期债券的利率要高于短期债券，这是因为短期债券没有利率风险，而长期债券却可能受到利率变动的影响，两者之间利率的差额就是对利率风险的补偿。

其次，不同债券的利率水平不同，这是对信用风险的补偿。通常，在期限相同的情况下，政府债券的利率最低，地方政府的稍高，其他依次是金融债券和企业债券。在企业债券中，信用级别高的债券的利率较低，信用级别低的债券的利率较高，这是因为它们的信用风险不同。

再次，在通货膨胀严重的情况下，会发行浮动利率债券。我国政府曾对 3 年以上国债进行保值贴补，就是对购买力风险的补偿。

最后，股票的收益率一般高于债券。这是因为股票面临的经营风险、财务风险和信用风险比债券大得多，必须给投资者相应的补偿。在同一市场上许多面值相近的股票也有迥然不同的价格，这是因为不同股票的经营风险、财务风险各不相同，信用风险也有差别，投资者以出价和要价来评价不同股票的风险，调节不同股票的实际收益，使风险大的股票市场价格相对较低，风险小的股票市场价格相对较高。

当然，风险与收益的关系并非如此简单。证券投资除以上几种主要风险外，还有其他次要风险，引起风险的因素以及风险的大小程度也在不断变化中，影响证券投资收益的因素很多，所以这种收益率对风险的替代只能粗略地、近似地反映两者之间的关系，更进一步说，只有加上证券价格的变化才能更好地反映两者的动态替代关系。

第二节 证券投资收益与风险的衡量

金融资产的收益是在未来支付的，这就产生了不确定性——风险。投资者不仅希望能够取得尽可能高的收益率，而且希望收益能尽可能地确定。由于各种金融资产有不同的风险和收益特征，高收益的资产往往有高风险，这就使投资者在选择资产时必须在风险与收益之间权衡。上一节我们讨论的证券投资收益的计算是在期末价格确定的情况下得出的。下面将通过概率分布引入预期收益的概念从单一证券投资与组合证券投资两方面进一步分析证券投资收益与风险的衡量。

在不确定情况下，问题要复杂得多，证券的价格时刻在波动，未来的价格不可能准确地知道，人们要想对未来一定期限内的收益率做出准确的判断是绝不可能的。

一、单一证券投资收益与风险的衡量

数学上将类似于收益率以不同可能性取得各种可能值的变量称为随机变量，将随机变量取各种可能值及其对应的概率列出则称为一个随机变量的分布。如表 9—1 给出收益率的一个随机分布。

表 9—1 用随机变量表示收益率的随机分布

收益率(r_i)	r_1	r_2	…	r_n
概率(p_i)	p_1	p_2	…	p_n

上面已经讨论了某一证券未来收益的概率分布，但是要评估证券的未来收益还需要找到能代表各种不同收益水平的平均指标，这一点从加权平均意义上得以实现，在数学上就是所谓的期望收益率：

$$E(r)=\sum_{i=1}^{n} r_i \times p_i \qquad (9-16)$$

式中：$E(r)$——预期收益率；

p_i——预期收益率发生的概率；

r_i——各种可能的收益率；

i——各种可能收益水平的序列号；

n——观察数，也就是可能的收益水平的个数，并且满足 $\sum_{i=1}^{n} p_i=1$。

式(9—16)反映了人们对未来收益水平的总体预期。可以肯定，未来的实际收益率与期望收益率会有偏差，很可能是大于或小于预期收益率，因为预期收益率是一系列收益组成数列的平均数，可能的收益率水平与平均数都可能有个离差。可能的收益率越分散，他们与预期收益率的偏差就越大，因而风险的大小由未来可能收益率与预期收益率的偏差程度来反映。在数学上，这种偏差程度由收益率的方差或标准差来度量。

$$\sigma^2(r)=\sum_{i=1}^{n} p_i[r_i-E(r)]^2 \qquad (9-17)$$

$$\sigma(r)=\sqrt{\sum_{i=1}^{n}P_i[r_i-E(r)]^2} \tag{9-18}$$

但对于实际问题，一个证券投资的收益率的概率分布很难准确得知，因此你无法对影响收益率的各种复杂因素以及影响程度做出合理的定量化判断。一般认为，收益率的分布并不随时间推移而发生变化，也即分布函数的形状不随时间而变化，因而反映收益率变化的统计规律的两个重要的数字特征——期望收益率和方差——也不随时间而变化。在实际应用中，人们都是从收益率的历史数据中得到估计值，即用样本均值和方差来代替期望收益率和风险的度量。假设时间区间从时刻 $t=1$ 到 $t=n$ 的实际收益率 $r_t(t=1,2,\cdots,n)$ 是由收益率的时间序列所构成的一段样本，则样本均值和样本方差分别为：

$$\bar{r}=\frac{1}{n}\sum_{t=1}^{n}r_t \tag{9-19}$$

$$\sigma^2=\frac{1}{n-1}\sum_{t=1}^{n}(r_t-\bar{r})^2 \tag{9-20}$$ [①]

二、组合证券投资收益与风险的衡量

投资组合(Portfolio)的收益和风险都来自组合中所包含的资产，同样可以用预期收益率与方差来衡量。证券组合的预期收益率取决于组合中每一种证券的预期收益率和投资比例。也就是说，证券组合的预期收益率是构成该组合的各种证券预期收益率的加权平均，以组合中各资产 i 占组合资产总额的比例 w_i 为权数的话，证券投资组合的收益率和预期收益率的计算公式为：

$$r_{p,t}=\sum_{i=1}^{n}r_{i,t}w_{i,t} \tag{9-21}$$

$$E(r_p)=\sum_{i=1}^{n}E(r_i)w_i \tag{9-22}$$

式中：$r_{p,t}$——组合在第 t 期的收益率；

$E(r_p)$——组合的预期收益率；

n——组合中包括资产的个数。

$$\sum_{i=1}^{n}w_i=1$$

这里我们以两种证券组合为例——证券 A 和 B，某个投资者将一笔资金以 w_a 的比例投资于证券 A，以 w_b 的比例投资于证券 B，且 $w_a+w_b=1$，如果到期时，证券 A 的收益率为 r_a，证券 B 的收益率为 r_b，那么该证券组合的收益率为：

$$r_p=w_a\times r_a+w_b\times r_b \tag{9-23}$$

注意到证券组合中的权数可以为负，比如 $w_a<0$，由 $w_a+w_b=1$ 可知 $w_b>0$，表示该组合投资者卖空了证券 A，并将所得的资金连同自有资金买入证券 B。

在前面的讨论中，我们知道度量某一资产的风险是以该项资产的预期收益率的方差和标准差作为衡量的标准。由统计学的基本知识可知，当用方差和标准差衡量投资组合的风险时，风险的大小不仅与组合中资产的风险有关，还受到这些资产收益率之间相关性的影响。这里，

① 如果样本容量很大，式(9—20)中的分母可以是 n，而不是 $n-1$；其中用除数 $n-1$ 的原因是，式中给出了真实 σ^2 的一个无偏估计量。也就是说，如果重复使用式(9—20)，平均而言计算的样本方差将等于真实的总体方差。

我们先介绍两个重要概念：协方差(Covariance)和相关系数(Correlation Coefficient)。

协方差是两个随机变量相互关系，相对它们各自平均值同时变动程度的一种统计指标，即它测度两个随机变量。在实际应用中，要精确地知道两种资产的真实的联合分布是相当困难的，甚至是不可能的，我们只需要对协方差直接做出估计即可。如果假设两种资产的关联性保持一定，那么通过对历史数据的观察可以对协方差做出估计，则资产 i 和资产 j 在 n 期内收益率变动的样本协方差为：

$$\mathbf{Cov}_{i,j} = \frac{1}{n-1}\sum_{i=1}^{n}(r_{i,t}-\bar{r}_i)(r_{j,t}-\bar{r}_j) \tag{9—24}$$

类似地，预期收益率的协方差计算公式为：

$$\mathbf{Cov}_{i,j} = \sum_{i=1}^{n}[r_{i,t}-E(r_i)][r_{j,t}-E(r_j)]p_i \tag{9—25}$$

协方差为正值，表明证券的回报率倾向于向同一方向变动——例如，一种证券高于预期收益率的情形很可能伴随着另一种证券的高于预期收益率的情形。一个负的协方差表明证券与另一种证券相背变动的倾向——例如，一种证券的高于预期收益率的情形很可能伴随着另一种证券的低于预期收益率的情形。协方差反映的是两个资产的收益率变动是否同向，一个相对小的或者零值的协方差则表明两种证券之间只有很小的互动关系或没有任何互动关系。

因为协方差大小要受到两个序列即证券组合中相异证券的方差影响，可以考虑通过将两个序列的变动性都考虑进出，使得协方差这种衡量方法“标准化”。这种标准化了的协方差称为相关系数，用来测量两种资产收益率的变化趋势。其计算公式为：

$$\rho_{i,j} = \frac{\mathbf{Cov}_{i,j}}{\sigma_i\sigma_j} \tag{9—26}$$

式中：σ_i 和 σ_j——资产 i 和 j 的标准差。

由统计学可知，$\rho_{i,j}$ 总是介于-1 和$+1$ 之间，即有$-1\leqslant\rho_{i,j}\leqslant+1$。当 $\rho_{i,j}$ 为正时，表示两者正相关，加剧了投资组合收益率的波动性，反之表示负相关，降低了投资组合收益率的波动性；$\rho_{i,j}$ 越接近 1，表示两者的相关程度越强；当 $\rho_{i,j}=1$ 时，资产 i 和资产 j 的收益率变动完全一致，我们称为完全正相关；当 $\rho_{i,j}=-1$ 时，资产 i 和 j 收益率变动完全相反，我们称为完全负相关；当 $\rho_{i,j}=0$ 时，资产 i 和 j 收益率变动完全不相关。

根据前面风险的定义：一个投资组合的风险就是资产组合的实际收益和预期收益离差的数学期望的平方，即投资组合 p 的收益率的方差：

$$\sigma_p^2 = \sum_{i=1}^{n}\sum_{j=1}^{n}w_iw_j\sigma_{ij} = w^TQw \tag{9—27}$$

$$Q=\begin{pmatrix}\sigma_{11} & \sigma_{12} & \cdots & \sigma_{1,n-1} & \sigma_{1,n}\\ \sigma_{21} & \sigma_{22} & \cdots & \cdots & \sigma_{2,n-1}\\ \cdots & \cdots & \cdots & \cdots & \cdots\\ \sigma_{n,1} & \sigma_{n-1,2} & \cdots & \sigma_{n,n-1} & \sigma_{nn}\end{pmatrix} \tag{9—28}$$

式中：σ_p——投资组合 p 的收益率方差；

w——各投资证券占总资产的权重；

Q——协方差矩阵。

我们将公式整理可以得到由 n 种证券组成的证券组合方差公式：

$$\sigma_p^2 = \sum_{i=1}^{n}w_i^2\sigma_i^2 + 2\sum_{1\leqslant i\leqslant j\leqslant n}^{n}w_iw_j\mathbf{Covv}_{ij} \tag{9—29}$$

又由式(9—26),式(9—29)也可表示为:

$$\sigma_p^2 = \sum_{i=1}^{n} w_i^2\sigma_i^2 + 2\sum_{1\leqslant i\leqslant j\leqslant n}^{n} w_i w_j \rho_{ij}\sigma_i\sigma_j \tag{9—30}$$

式中:σ_i 和 σ_j——资产 i 和 j 的标准差;

w_i 和 w_j——投资 i 和 j 在证券组合中的比重。

由式(9—28)可知,n 种证券的组合中存在$(n^2-n)/2$ 项不重复的协方差。

进一步地,可以用前述随机变量的两个数字特征——期望收益率和标准差(或方差)来描述任何一种证券或任何一种证券投资组合。我们以包括两种证券组合为例。证券 A 和 B 组成的证券组合 P,分别以 w_a 的比例投资于证券 A,以 w_b 的比例投资于证券 B,且 $w_a+w_b=1$,则满足 w_a 的参数方程:

$$E(r_p)=w_a r_a+(1-w_a)r_b \tag{9—31}$$

$$\sigma_p^2=w_a^2\sigma_a^2+(1-w_a)^2\sigma_b^2+2w_a(1-w_a)\rho_{ab}\sigma_a\sigma_b \tag{9—32}$$

那么给定证券在 A 和 B 的期望收益率和方差,我们就可以得出随着投资组合权重的变化所决定的连接 A 点和 B 点的连续曲线,这条曲线我们称为证券 A 和 B 的配置线。如果证券 A 和 B 分别是风险证券和无风险证券。这里,无风险证券可以理解为银行的储蓄或政府债券,它的特点是能获得确定的收益率 r_b,且 $\sigma_b=0$,$\mathrm{Cov}_{a,b}=0$(即无风险资产的回报率与风险资产的回报率之间的协方差也是零),则资产配置线的确定方程可以简化为:

$$\begin{cases} E(r_p)=w_a r_a+(1-w_a)r_b \\ \sigma_p=w_a\sigma_a \end{cases} \tag{9—33}$$

通过作图可以发现,这是一条由点$(r_b,0)$引出的经过点(r_b,σ_a)的一条向右上方倾斜的射线,如图 9—1 所示。

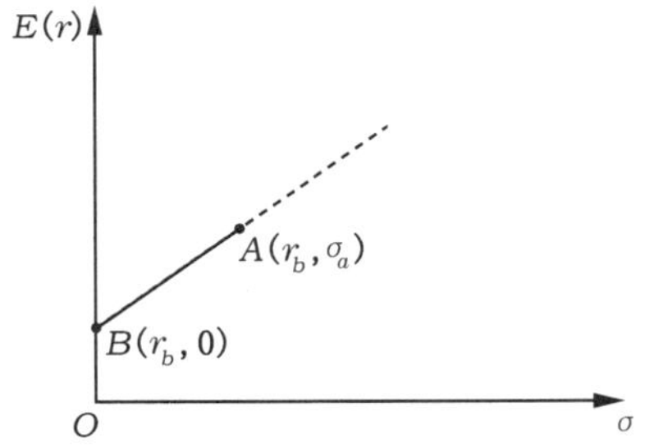

图 9—1 加入无风险资产的结合线

若投资组合落在 BA 线段上的某一点,说明投资者同时投资于风险证券 A 和无风险证券 B;若投资组合落在 BA 线段的延长线上的某一点,说明投资者卖出无风险证券 B 来筹集资金投资于风险证券 A。还可以看到,借入的资金越多,这个组合在直线上的位置就越靠外,投资者的风险和期望收益率也随之增大。

第三节 投资组合最优化的标准

投资组合理论研究的核心就是投资者如何通过选择资产来使其投资组合达到最优的收

益—风险，这里的最优就是以投资者效用最大化为标准的。1952 年，哈利 · 马柯维茨①(Harry Markowitz)发表了《证券组合选择》，被认为是投资组合理论的开山之作。马柯维茨在他的论文中提出，投资者购建投资组合的过程实际上就是不确定条件下权衡收益与风险的过程。高收益往往伴随着高风险，为了解决收益和风险这一矛盾，马柯维茨提出以理性投资者及其基本行为特征为前提，建立有效资产边界，用均值来衡量收益，用方差来衡量风险，通过建立均值—方差(Mean-Variance，MV)模型，确定最小方差资产组合，权衡收益、风险，进行投资决策。在以下的两节中我们将主要讨论建立在该理论②基础上的投资组合的最优化标准及选择问题。

按照马柯维茨的思想，投资者的选择应该实现两个相互制约的目标——预期收益率最大化和收益率不确定性(风险)的最小化之间的某种平衡。投资者需要找到一个最佳的证券组合，且需满足投资者对于风险和收益的平衡关系。为此，我们需要了解可行集、有效集以及投资者效用无差异曲线的概念。

一、投资组合的可行集与有效集

(一)可行集

根据前面的知识可知，只要给定市场上任意两种资产或投资组合的风险收益以及相关系数，我们就可以在 r_p-σ_p 坐标系中确定一个点，每个证券组合对应于 r_p-σ_p 中的一个点，金融市场中的 n 种证券可以形成无穷多个组合，由 n 种证券中任意 k 种证券所形成的所有预期收益率和方差的组合的集合就是可行集(Feasible Set)，如图 9－2 中的阴影部分表示的部分。特别地，当包括两种证券的组合的可行集是条曲线，当证券组合的权数大于或等于三种时，可行集对应的区域就是二维的。投资者利用金融市场上的资产所构成的所有可能投资组合的风险收益状况都可以集中找到对应的点。这一伞形集合的左边界 ABC 实际上就是市场上所有可能曲线的包络线。

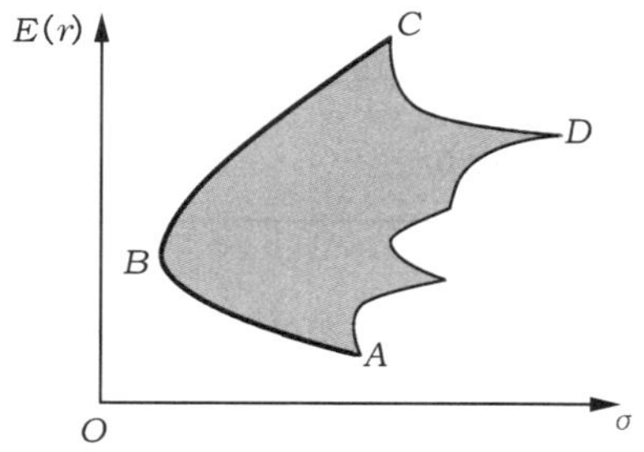

图 9—2　均值—方差模型中的可行集

(二)有效集

可行集中有无穷多个组合，但是投资者并没有必要对所有这些组合都进行评价。在马柯

① 瑞典皇家科学院决定将 1990 年诺贝尔奖授予纽约大学哈利 · 马柯维茨教授，为了表彰他在金融经济学理论中的先驱工作——资产组合选择理论。

② 均值—方差模型不是一个资产选择的一般化模型。它在金融理论中之所以扮演重要的角色，是因为它具有数理分析的简易性和丰富的实证检验。

维茨理论中,假定所有的投资者都是风险厌恶而偏好收益的。对于同样的风险水平,他们将会选择能提供最大预期收益率的组合;对于同样的预期收益率,他们将会选择风险最小的组合。根据这两个条件,由图 9—2 我们可以得出:

(1)对于每一风险水平,提供最大的收益率(图 9—2 中曲线 BCD);

(2)对于每一预期收益率水平提供最小风险(图 9—2 中曲线 ABC)。

同时满足这两个条件的组合被称为有效组合(Efficient Portfolio),而在以期望收益率为纵坐标、标准差为横坐标表示的坐标系中将所有有效组合对应的收益—风险的点连接起来的轨迹称为有效集(Efficient Set)或有效边界(Efficient Frontier),如图 9—3 中的曲线 BC。

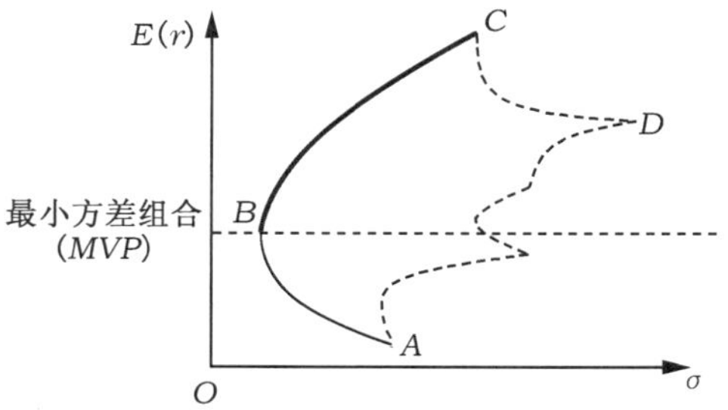

图 9—3 均值—方差模型中的有效集

曲线 BC 正好是曲线 BCD 和曲线 ABC 的交集,该曲线上各点同时满足在各种风险水平下,提供最大预期收益和在各种预期收益下能提供最小风险这两个条件,描绘了投资组合的风险与收益的最优配置。有效集曲线的形状具有如下特点:

(1)有效集是一条向右上方倾斜的曲线,它反映了"高收益、高风险"的原则。

(2)有效集是一条向左凸的曲线。有效集上的任意两点所代表的两个组合再组合起来得到的新的点(代表一个新的组合)一定落在原来两个点的连线的左侧,这是因为新的组合能进一步起到分散风险的作用,所以曲线是向左凸的。

(3)有效集曲线上不可能有凹陷的地方。

我们这里仅仅直观地从图中做出定性的分析,事实上,收益与风险的权衡是求解二次规划的过程。所有可能的点(r_p,σ_p)构成了(r_p,σ_p)平面上可行区域,对于给定的 r_p,使组合的方差最小。求解下列二次规划:

$$\begin{cases}\mathbf{Min}\boldsymbol{\sigma}^2=\sum_{i=1}^{n}\sum_{j=1}^{n}w_iw_j\boldsymbol{\sigma}_{ij}\\ \mathbf{s.\,t.}\ \sum_{i=1}^{n}w_i\boldsymbol{E}(\boldsymbol{r}_i)=\boldsymbol{E}(\boldsymbol{r});\ \sum_{i=1}^{n}w_i=1\end{cases}\tag{9—34}$$

二、投资者的风险态度与效用

在不同的系统性风险中,投资者之所以选择不同的投资组合,是因为他们对风险的厌恶程度和对收益的偏好程度是不同的。对一个特定的投资者而言,任意给定一个证券组合,根据他对期望收益率和风险的偏好态度,按照期望收益率对风险补偿的要求,可以得到一系列满意程度相同的(无差异)证券组合。

在马柯维茨投资组合理论中,遵循的是"理性的投资都是风险厌恶的"这一假设,在下面的期望收益率与标准差曲线图 9—4(a)中，第二象限的资产组合是最受欢迎的，因此在这个区域的资产组合相比较 O 点组合而言，提高了期望收益率的同时降低了收益率的方差，同理在第四象限的资产组合是最不受欢迎的。

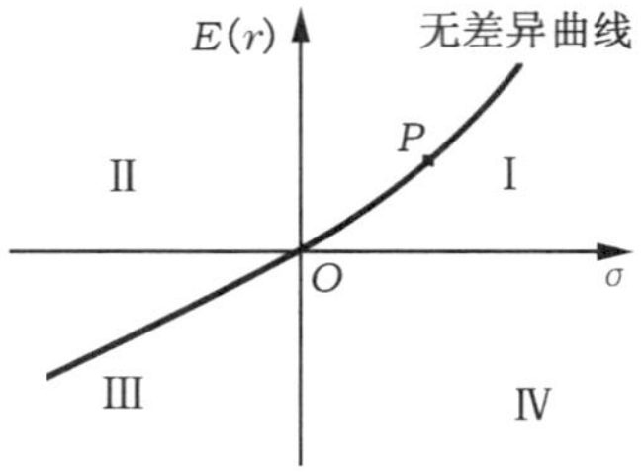

图 9—4(a)　投资者的无差异曲线

那么在第一象限和第三象限的情况又是如何呢？与资产组合 O 相比，这些资产组合完全是取决于投资者的风险厌恶程度。从 O 点开始，效用随着标准差的增加而减少，这就必须以期望收益率的增加作为补偿。因此图中 P 点与 O 点的资产组合对于投资者来说具有相同的吸引力，高风险高期望收益率与低风险低期望收益率的资产组合对于投资者是等效用的，在均值—标准差图中，这些等效用资产组合点由一条曲线连接起来，就称作无差异曲线或等效用曲线。

同一条无差异曲线上的组合满意程度相同；无差异曲线位置越高，该曲线上的组合的满意程度越高。且无差异曲线的陡峭程度反映了投资者对风险的厌恶程度，在图 9—4(b)中，I_1、I_2、I_3 分别表示投资者 1、2、3 的投资无差异曲线，在同一预期收益率 r_0 的条件下，对应了不同程度风险厌恶投资者的标准差水平 σ_1、σ_2、σ_3，且 $\sigma_1<\sigma_2<\sigma_3$，同等收益条件下无差异曲线 I_3 所代表的投资者 3 愿意承担的风险最大，投资者 2 其次，投资者 1 愿意承担的风险最小。由此，无差异曲线越平坦，该投资者愿意承担的风险越大；反之，曲线越陡峭，该投资者愿意承担的风险越小。同时无差异曲线还满足下列特征：

(1)无差异曲线向右上方倾斜。曲线的波动方向一定是从左下方向右上方，按照投资者非满足性和风险厌恶的特征，若要投资者选择风险更大的证券，必须要有相应较高的预期收益率作为对风险的补偿，从而导致无差异曲线具有正斜率。

(2)无差异曲线是下凸的。随着曲线向右移动，曲线将越来越陡，而不是越来越平坦。这表明所增加的风险越大，要求得到的边际预期收益率补偿越大。也就是说，无差异曲线的斜率是不断增大的。

(3)同一投资者有无数条无差异曲线。期望收益率与标准差坐标系中密布的无数条无差异曲线表示投资者不同的效用水平。

(4)同一投资者在同一时间、同一时点的任何两条无差异曲线都不相交。落在不同的无差异曲线上有着不同的效用，每一条无差异曲线都代表着一种投资者的效用水平，因而一个组合不会同时落在两条不同的无差异曲线上，所以对应同一投资者的任意两条无差异曲线都是相互平行的。

三、投资组合最优化标准

在确定了投资者对其投资组合的选择范围以及我们前面讨论的投资组合有效集后，就可

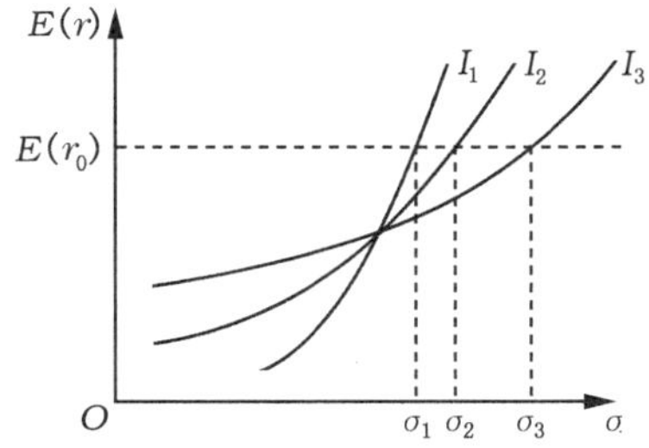

图 9—4(b) 不同厌恶程度的投资者无差异曲线

以得出投资者的最优证券组合的条件了。马柯维茨均值方差模型中的最优投资组合应该是由投资者的无差异曲线与投资组合的有效边界的切点所决定的，即如图 9—5 中的切点 P，这时投资者的效用达到最大的 I_2 水平，投资者获得最大的满意度。虽然无差异曲线 I_1 与有效组合边界相交，但这时投资者效用还未达到最大，$I_1 < I_2$，而比 I_2 效用水平更高的 I_3 无差异曲线与有效边界脱离，也即有效边界上没有任何点所代表的风险收益状况能达到 I_3 的水平。

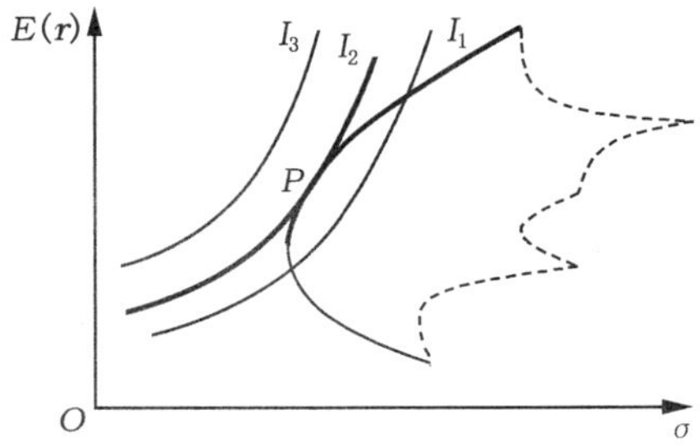

图 9—5 马柯维茨均值方差模型中的最优投资组合的确定

第四节 最优证券投资组合的选择

一、投资组合的风险分散效应

分散化是控制资产组合的一个重要工具，这意味着在金融市场中我们投资于不同的资产，通过把鸡蛋放在不同的篮子里，整个资产组合的风险实际上比任何一个单一资产的风险要低。下面具体分析资产组合是如何做到这一点的。我们先以两种资产组合为例：假定资产 1 在组合中的比重是 w，则资产 2 的比重就是 $1-w$。它们的预期收益率和收益率的方差分别记为 $E(r_1)$ 和 $E(r_2)$、σ_1^2 和 σ_2^2，组合的预期收益率和收益率的方差则记为 $E(r)$ 和 σ^2，则

$$E(r) = wE(r_1) + (1-w)E(r_2)$$

$$\sigma^2 = w^2\sigma_1^2 + (1-w)^2\sigma_2^2 + 2w(1-w)\rho_1^2\sigma_1\sigma_2 \tag{9—35}$$

又因为 $-1 \leqslant \rho \leqslant +1$，那么有：

$$|w\sigma_1 - (1-w)\sigma_2| \leqslant \sigma \leqslant |w\sigma_1 + (1-w)\sigma_2| \tag{9—36}$$

由式(9—36)可以看出，组合的标准差不会大于标准差的组合。事实上，只要 $\rho < 1$，就有

$|\sigma|<|w\sigma_1+(1-w)\sigma_2|$，即证券组合的标准差就会小于单个证券标准差的加权平均数，这意味着只要证券的变动不完全一致，单个高风险的证券与其他证券一起就能组成一个中低风险的证券组合，这就是投资分散化的原理，也被认为是现代金融学中唯一"白吃的午餐"，将多项有风险资产组合到一起，可以对冲掉部分风险而不降低平均的预期收益率，这也是马柯维茨理论的主要贡献。

我们在前面得到式(9－22)、式(9－30)的期望收益率和方差为：

$$E(r_p)=\sum_{i=1}^{n}E(r_i)w_i;\sigma_p^2=\sum_{i=1}^{n}w_i^2\sigma_i^2+2\sum_{1\leqslant i\leqslant j\leqslant n}^{n}w_iw_j\rho_{ij}\sigma_i\sigma_j$$

由上式知，证券组合的预期收益可以通过对各种单项资产加权平均得到，但风险却不能通过各项资产风险的标准差的加权平均得到(这只是组合中成分证券间的相关系数为 1 且成分证券方差相等、权重相等时的特例)，而是协方差矩阵各元素与投资比例为权重相乘的加权总值，它除了与各个证券的方差有关外，而且还取决于各种证券间的协方差或相关系数。

考察投资组合包括的证券个数对方差的影响。这里我们构造一个等权重的组合来看看选择的资产数量对方差的影响，在一个包括 n 种资产投资的组合中，如果每种资产的权重为 $1/n$，那么投资组合方差的公式为：

$$\sigma_p^2=\frac{1}{n}\bar{\sigma}_i^2+\frac{n-1}{n}\overline{\mathrm{Cov}(r_i,r_j)} \tag{9－37}$$

现在考察一下分散化的影响。由式(9－37)可以看出，随着组合证券数目的增加，在决定投资组合方差时，协方差的作用越来越大，而单个资产方差的作用越来越小。当资产收益间的平均协方差为零时，所有的风险都是资产 i 的特有风险，资产组合的方差可为零。从式(9－37)可以看到，在此情况下，右边第二项为零，而当 n 趋近于无穷大时，第一项趋近于零。因此当资产间收益不相关时，资产组合分散化的作用对于有限的资产组合的风险来说是无限的。

但是，事实上大多数金融资产(如股票)之间的收益往往是部分正相关的。在这种情况下，当 n 增大时，尽管资产组合有更大程度的分散化，资产组合的方差仍为正。从式(9－37)中可以看到，尽管第一项表示的公司特有的风险可以分散掉，但是，第二项当 n 趋近于无穷大时，就趋近于平均协方差。因此，分散化资产组合不可降低的风险取决于组合中各项资产的平均协方差水平。

下面我们进一步考察系统风险与相关性的关系。由式(9－37)我们稍做变形可得：

$$\sigma_p^2=\frac{1}{n}\bar{\sigma}_i^2+\frac{n-1}{n}\rho_{i,j}\sum_{1\leqslant i\leqslant j\leqslant n}^{n}\sigma_i\sigma_j \tag{9－38}$$

当 $\rho_{i,j}=0$ 时，所有风险来源都是独立的，分散化就可以把风险降至任意低的水平，也被称为保险原则。因为保险公司通过向具有独立风险来源的不同客户开出许多保单，这只占保险公司资产组合的一小部分，用这种分散化的方法达到降低风险的目的；当 $\rho_{i,j}>0$ 时，资产组合方差为正；当 $\rho_{i,j}=1$ 时，资产组合的方差不管 n 多大都等于 $\sum_{1\leqslant i\leqslant j\leqslant n}^{n}\sigma\rho_j$，即为一个常数，这时分散化没有任何好处，风险都是系统风险 $\rho_{i,j}\sum_{1\leqslant i\leqslant j\leqslant n}^{n}\sigma_i\sigma_j$；当 $\rho_{i,j}<1$ 时，组合的标准差一定小于组合中各种证券的标准差的加权平均数。最理想的方法就是 $\rho_{i,j}=-1$ 的资产且成分证券方差和权重相等时，则可得到一个零方差的投资组合。但由于系统性风险不能消除，所以这种情况在实际中是不存在的，如图 9－6 所示。

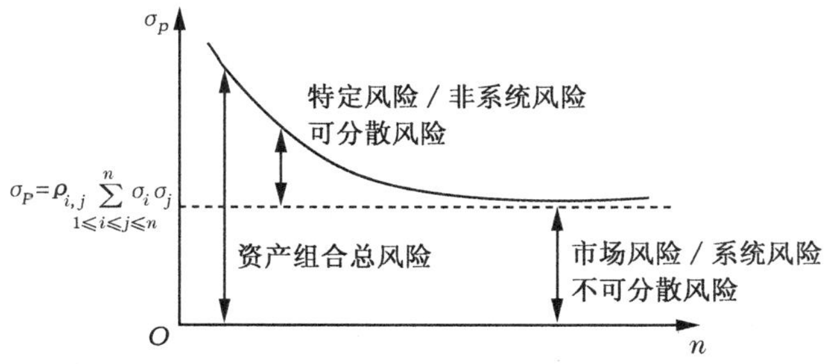

图 9—6 投资组合分散化程度与其风险状况

二、投资组合的管理

投资组合管理是对投资对象进行整体的管理,它有别于分散的单一资产管理方法。在马柯维茨投资组合理论之前,人们往往致力于对个别投资对象的研究和管理,虽然在 20 世纪 30 年代偶尔也有人提出进行整体管理的组合管理的概念,但没有进一步的理论深化。马柯维茨的理论无疑使之大大句前迈进了一步,他用数量化的方法提出了确定最佳资产组合的均值—方差模型。在之后的几十年内,经济学家一直沿用马柯维茨的数理化方法,不断丰富和完善组合管理的理论和实际投资管理方法,现在这已成为投资学中的主流理论。

证券投资组合的选择,狭义上讲,是指如何构筑各种有价证券的头寸(包括多头和空头)来符合投资者的收益和风险的权衡;广义上讲,包括对所有资产和负债的构成做出决策,甚至包括人力资本(如教育和培训)的投资在内。这里我们的讨论限于狭义的含义。而对于本书所关心的证券组合而言,组合中包括的主要对象是有价证券,包括股票、债券、存单等。

(一)投资组合的分类

投资组合的分类通常以组合的投资对象为标准。在美国,组合可以分为避税型、收入型、增长型、收入和增长混合型、指数化型、货币市场型及国际型等。

避税型证券组合通常投资于市政债券,这种债券免交联邦税,也常常免交州和地方税,在美国养老基金也是免税的。收入型证券组合追求基本收益(即利息、股息)的最大化,而增长型证券组合是以资本升值(即未来价格上升带来的资本利得)为目标的。收入和增长混合型证券组合试图在基本收入与资本增长之间达到某种平衡,一般选择那些既能带来收益又具有增长潜力的组合。指数化型证券组合是模拟某种市场的指数,以求获得市场平均的收益水平,如选择购买指数基金。货币市场型证券组合是由各种货币市场工具构成的组合,而国际型证券组合证券则是由不同国家的资产所构成的。

(二)投资组合管理基本步骤

到目前为止,我们对获取最佳风险资产组合的马柯维茨理论有了一定的了解。尽管投资原理可通用,并适用于投资者,但是,问题是特定的投资有它特有的情况,比如税收、收入水平、风险的容忍程度、职业前景及其他不确定因素,这使得不同的投资者面临的问题有着这样或那样的不同。接下来我们就来考察投资组合过程中的几个基本步骤。

1. 确定投资目标及策略

资产组合目标的核心问题是风险—收益权衡,也就是投资者希望得到的期望收益率与他们愿意忍受的风险之间的权衡。根据不同投资者的风险收益态度划分为不同的组合分类,进一步再根据是收入型、增长型还是混合型等制定相应的投资策略。

2. 资产的实证分析

证券的分析方法有基础分析和技术分析两种。前者以价值决定价格为理论基础,以证券价值为研究对象;后者以供求决定价格为理论依据,以证券的价格为研究对象。

3. 构建证券投资组合资产

这一步在前面两个步骤的基础上,根据投资策略和一定的实证分析选择了证券后,确定如何分配资金以使证券投资组合具有理想的风险和收益。其中应该遵循的基本原则是:

(1)本金的安全性原则

本金是未来获得基本收益和资本增值的基础,本金的安全不仅保持本金原值,而且还包括本金的购买力。如购买普通股要比购买债券更利于规避这种风险。

(2)基本收益的稳定性原则

在构建投资中,获得基本收益应当是一种基本的考虑。以股息或利息形式获得当前收益,使投资者可以很现实地享受组合的成果,这可能要比收入的期望值更有意义,因为稳定的收入可以使投资者更准确、更合理地制订投资计划。

(3)资本增长原则

投资者一方面可以通过购买增长型证券,同时也可以通过收益进行再投资。资本增长对改善组合头寸状况、增强管理的灵活性都是有益的。

(4)良好市场型原则

该原则指的是证券组合中的任何一种证券都应该是易于买卖的,这取决于该证券的市场价格及规模,良好的公司形象、稳定的公司收益都保证其股票的优质,保证市场交易的连续性。

(5)流动性原则

资产流动性强,有利于投资者抓住有利的投资机会。

(6)有利的税收地位

大部分金融资本利得都要受到所得税的影响,承担高税赋时很难有理想的收益目标,这就需要考虑选择一些避税的证券投资。在需要避税时,可考虑投资免税的政府债券或较少分红的股票。

4. 调整证券组合结构

对原有的证券组合中的资产组合结构进行调整。证券组合的目标是相对稳定的,但单个证券的收益风险是可变的,随着时间推移以及市场变化,证券组合中一些证券的市场情况与市场前景也可能发生变化。因此,当某种证券收益和风险的变化足以影响组合整体发生不利的变动时,就应当对证券组合的资产结构进行一定的校正,或剔除或增加有对冲作用的证券。

5. 对证券组合资产经济效果进行评价

对证券组合资产的经济效果进行评价,既是对过去一个时期组合管理业绩的评价,也关系到下一个时期组合管理的方向。值得注意的是,评价经济效果并不是仅仅比较收益率的大小,还必须考虑该资产组合所承担的风险,在同一风险水平上的收益率数值才具有可比性;同时,对于收益的获得也应区分哪些是组合管理者主观努力的结果,哪些是市场客观因素造成的。因此,评价证券组合管理者的业绩依赖于证券组合目标风险水平和当时市场的整体业绩这两方面的因素。

三、马柯维茨投资组合理论的局限性

马柯维茨于1952年提出的"均值—方差组合模型"是在资产组合中以个别股票收益率的均值和方差找出投资组合的有效边界(Efficient Frontier),即一定收益率水平下方差最小的投资组合,并导出投资者只在有效边界上选择投资组合。根据马柯维茨资产组合的概念,欲使投资组合风险最小,除了多样化投资于不同的股票之外,还应挑选相关系数较低的股票。因此,马柯维兹的"均值—方差组合模型"不只隐含将资金分散投资于不同种类的股票,还隐含应将资金投资于不同产业的股票。同时马柯维兹均值—方差模型也是提供确定有效边界的技术路径的一个规范性数理模型,在实践中不可避免地存在一些局限性。

首先,模型在应用过程中计算量太大,这对大部分投资者、投资机构来说是不可能的。事实上,该理论一般是应用于不同类别资产的组合,这就相当于把该模型应用于少数的几种资产上,这样计算量相对较小。而各种普通股的证券则使用简化的模型——因素模型——来完成。

其次,排除了消费对投资的影响,假定期初投资额是一个固定值。单期投资是指投资者在期初投资,在期末获得回报,这是对现实的一种近似描述,是一种理论上的简化。该理论所表现的最优组合只是一种暂时的静态组合,这对单阶段情况下影响不大,但不适用动态多阶段的情况。只有根据实际变化做出适时的调整,达到相对较优的投资组合,才是现实要求的。

再次,用方差作为资产风险的度量,这只适用于对称分布的资产收益,收益的数学期望不具备一般性。我们忽略了高阶矩差①的影响,也就是资产组合的收益率的概率分布存在偏度的影响。该理论隐含的一个假设是,收益的数学期望值附近的离中趋势是一个对称性的概率分布。此外,正态分布的中心轴对称与一般股票的有限责任不一致。

最后,该理论无法解释单个资产的均衡价格以及收益率最终是由什么因素决定的,也就是说马柯维茨理论并不是一个市场均衡理论。于是经济学家们在此基础上进一步深化,这就是我们下一章将要考察的问题。

本章小结

证券组合理论解释了投资者应当如何构建有效的证券组合并从中选出最优的证券组合。这一理论说明了如何度量单一资产和资产组合的预期收益率和风险,并说明如何在不减少预期收益率的前提下降低证券组合的风险,从而达到分散投资的目的。

收益和风险是证券投资的核心问题。衡量证券投资收益的指标是收益率,不同的收益率反映投资者持有不同的证券以及在不同买卖价格和持有年限下的不同的收益水平。

证券投资的风险可以分为系统风险和非系统风险两类。系统风险包括市场风险、利率风险与汇率风险、购买力风险等;非系统风险包括违约风险、经营风险等。单一证券的风险用各种可能收益的方差或标准差来衡量。

无差异曲线反映投资者对收益和风险的态度,不同的投资者对投资对象的偏好的选择有所不同。有效组合将满足以下两个条件:第一,在各种风险条件下,提供最大的预期收益率。

---

① 一阶矩差(期望值)表示收益,二阶矩差表示收益的不确定性。所有的偶数矩差(方差,M_4 等)表明有极端值的可能,这些矩差的值越大,不确定性越强。奇数矩差(M_3,M_5 等)表明不对称的侧度,正数与正的偏度相关,是人们所期望的。

第二，在各种预期收益率水平下，提供最小的风险。投资者的无差异曲线和有效组合曲线的切点确定了投资者最优投资组合。

练习题

一、名词解释

投资组合　收入和增长混合型证券组合　货币市场型证券组合

二、简答题

1. 证券投资收益率主要有哪几种？它们分别在什么情况下使用？如何计算？
2. 什么是证券投资的风险？证券投资的风险有哪些类型？如何规避？
3. 试分析证券投资收益与风险的关系。
4. 证券和证券投资组合风险与收益如何计算？
5. 投资组合是如何确定的？
6. 马柯维茨投资组合理论存在哪些局限性？

第十章

证券投资实务

在投资过程中，你想要的利润数量应当取决于你承担风险的能力有多大。

——丁·肯菲德·莫利

第一节　证券投资策略

一、投资策略的分类

（一）投资多元化策略

投资多元化，就是将资金有选择地分散投资于多种证券，以努力减少未来的不确定性，也就是说，要争取以较少的投资风险来获取较多投资收益，这是证券投资者制定投资多元化策略的基本考虑。投资多元化的理论依据是，如在各种股票短期内的趋势难以捉摸时，买进多种股票则可减少风险，因为在一般情况下，一种或几种股票市价下跌，收益受损，但总会有另一些股票市价上升、收益增加，从而能够弥补投资者的部分或全部损失。

投资多元化的具体策略较多，一般是当股票市价轮番上涨时，股票持有者相继以高价抛出手中的股票，以获取收益。但这样往往会把手中的好股票在价格较低时就卖出了，而把一些劣势股票握在手中，为此，也可以采用“追涨卖跌法”，即哪种股票市价上涨就多买一些，哪种股票股价不上涨或者下跌就卖出哪种股票，这样就会获得较多的强势股票，使获利能力大大增强。因此，在具体运用投资多元化策略时，关键是要分析利弊、把握时机。当然，在投资安全性较高时，对投资多元化的要求也就较低；而当投资风险较高时，对投资的多元化要求也就相对较高。

（二）个人投资策略

个人在选择投资策略时，必须结合个人的实际情况综合进行考虑。

一是正确处理好证券投资与日常生活的关系。因为对从事个人证券的大多数人来说，均是依据工薪收入来维持日常家计开支的，结余资金并不充裕。这就要求个人投资者在从事证券投资时，应首先安排和保证家庭生活所必需的开支，再将结余资金投资于证券，切不能因做出不恰当的投资决策而影响家庭正常的生活支出。

二是合理地筹措资金来源。用于证券投资的资金，一般情况下主要利用家庭的结余资金。

如果支用暂时闲置留待未来有特定用途的资金时，则应考虑投资于风险相对较小的证券，如国库券、公司债券等。切莫负债投资，除非所投资的证券限期较短、可靠性极强且收益较好。

三要合理确定投资证券的期限。一般来说，投资期限越长，收益也越高，但风险也越大，这时应以投资者本人可支配资金期限为投资依据，以防止资金周转困难。

四是尽量投资于变现能力强的证券。这样，在投资者需要现金时，或者需要调整投资证券的种类时，能够及时"脱手"变现。为此，投资者在选择投资证券时，应优先考虑投资于上市证券，因为上市证券的流通性与变现性最强，但其收益率可能较非上市证券相对低些。这就需要根据投资者的客观情况进行选择了。

五要权衡证券投资收益与风险的利弊得失，特别要分析自身对风险的承受能力，做好承担风险的心理准备和物质准备，然后再付诸投资。

(三)企业投资策略

企业在进行投资决策时，首先必须分析和选择是从事证券投资合算，还是进行商品生产或经营投资合算。在进行这种选择时，一般通过比较分析来确定：一是对证券投资与其他投资形式的投资收益率进行比较，选择投资收益率较高的投资形式；二是进行投资净收益比较，即在投资收益率比较基础上，还要比较扣除各项成本、税收。如果选择证券投资，就必须对证券发行单位的资信等级、经营状况以及发展前景、财务状况及其变动趋势等情况进行分析评价，从中选择信誉高、营运能力强且具有发展前景的政府债券或企业证券作为投资对象。要合理选择投资证券的期限，既要考虑证券的收益率，又要考虑证券的风险性。

综上所述，进行证券投资决策时，总的原则是应该选择那些收益高、风险小、期限短、变现性好的证券为投资对象，但在现实生活中十全十美的证券是不存在的，还必须由投资者根据自身的条件制订相应的目标，权衡利弊做出恰当的决策。

二、各种投资策略简介

(一)顺势投资策略

对于那些小额股票投资者而言，谈不上能够操纵股市，要想在变幻不定的股市上获得收益，只能跟随股价走势，采用顺势投资法。当整个股市大势向上时，以做多头或买进股票持有为宜，而股市不振或股价趋势向下时，则以卖出手中持股而拥有现金以待时而动较佳。这种跟着大势走的投资做法，似乎已成为小额投资者公认的"法则"。凡是顺势的投资者，不仅可以达到事半功倍的效果，而且获利的概率也比较高；反之，如果逆势操作，即使财力极其庞大，也可能会得不偿失。

采用顺势投资法必须确保两个前提；一是涨跌趋势必须明确；二是必须能够及早确认趋势。这就需要投资者根据股市的某些征兆进行科学准确的判断，就多头市场而言，其征兆主要有：

(1)不利消息(甚至亏损之类的消息)出现时，股价下跌；

(2)有利好消息见报时，股价大涨；

(3)除息除权股，很快做填息反应；

(4)行情上升，成交量趋于活跃；

(5)各种股票轮流跳动，形成向上比价的情形；

(6)投资者开始重视纯益、股利，开始计算本益比、本利比等。

当然，顺势投资法也并不能确保投资者时时都能赚钱。比如，股价走势被确认为涨势，但已到回头边缘，此时若买进，极有可能抢到高位，甚至于接到最后一棒，股价立即会产生反转，使投资者蒙受损失。又如，股价走势被断定属于落势时，也常常就是回升的边缘，若在这个时候卖出，很可能卖到最低价，懊悔莫及。

(二)投资三分策略

证券市场的投资三分策略包括资金三分法和风险三分法两部分。

1. 资金三分法

资金三分法是投资者将金融资产分配在不同形态上的一种方法，也是进行证券投资的一种方法。这种方法在西方国家较为流行。

美国最流行的三分法是：1/3 的现金存入银行以备急需，1/3 的现金购买债券、股票等有价证券做长期投资，剩下的 1/3 投资于房地产等不动产。存入银行的资产具有较高的安全性和变现力，但缺乏收益性。在上述资产分布中，投入有价证券的金融资产虽然有较好的收益性，但却具有较高的风险，因为一般情况下房地产只会增值而不会贬值，这部分投资可以作为准备金和后备基金，以备其他投资蚀本时用以保本或翻本。如将全部资产合理地分布在上述三种形态上，则可以相互补充、相得益彰。

在有价证券的投资上，投资者也往往将 1/3 用来购买安全性高的债券或优先股，1/3 购买普通股，再以一部分作为预备金或准备金，以备机动运用。在这种三分法中，投资于债券的部分虽然获利不大，但比较安全可靠，许多国家的投资者一般都愿意在手头上拥有这部分安全可靠的债券。购买股票虽然风险较高，但往往能够获得比较优厚的红利收入，甚至还能获得较为可观的买卖差价收入，因此，也颇受投资者欢迎。而保留一部分资金作为准备金，则可以在股票市场上出现较好的投资机会时进行追加投资，也可在投资失利时，用作失利后的补充和用作承担损失的能力准备。

目前我国的房地产市场尚未发育成熟，投资者可以把 1/3 资金用于银行存款或持有现金，1/3 购买安全性高的债券，1/3 购买股票。只要投资者能按一定的比例适当分配手中的资金，就能以钱生钱，并能最大限度地抓住获利机会。

2. 风险三分法

风险三分法是一种排列组合法，是投资者运用科学的方法，将股票内容与价位进行全方位的排列组合，并据此进行股票买卖的方法。

股票内容与价位的排列组合，一般有四种情形(见表 10－1)。

表 10－1　　股票内容与价位的排列组合情形

价位＼内容	佳	差
高	A	C
低	B	D

这里所讲的股票内容，除了公司的纯收益或股利之外，还包括公司的营运能力、获利能力以及未来展望等。这里所说的价位是指目前的市价。有了这四种排列组合的架构以后，即可将所有上市的股票予以归类。一般来说，A 类内容佳、价位高的绩优股，以及 D 类内容差、价位低的垃圾股票，应该算是“名副其实”。因此，这两类股票不可能出现大幅度波动。至于 B 类内容佳、价位低的“黑马”股，以及 C 类内容差、价位高的股票，由于名不副实，将会出现调整的可能。因为内容佳的股票，其投资报酬率势必显得突出，游资就会自然而然地往这些投资报

酬率高的地方流，所以此类股票价格极易获得调整。至于内容差、价位高的股票，也必将要调整到内容与价位相一致的水平。将股票内容与价位进行了排列组合后，其买卖策略是，适时卖出 C 类内容差、价位高的股票，并购进 B 类内容佳、价位低的股票。

风险三分法的分散投资主要包括以下几点：

(1)投资行业的分散，即不集中购买同一行业的股票，以免碰上行业不景气而使小散户蒙受损失；

(2)投资企业的分散，不把全部资金集中购买某一企业的股票，即使企业业绩优良也要注意适当的投资分散；

(3)投资时间的分散，不在同一波段满仓，可按行情波动时间叉开选择投资；

(4)投资地区的分散，由于各地的企业会因市场、税负和政策、灾害等诸因素的影响，产生不同的效果，分开投资，便可收到“东方不亮西方亮”的效果。

总之，只要在进行股票投资中能有效地进行投资组合，就能在降低风险的同时，获取较大的收益。

证券投资三分策略兼顾了证券投资的安全性、收益性和流动性三原则，是一种颇具参考性的投资组合与投资技巧。

(三)保本投资策略

保本投资策略是一种在经济景气不明显、股价走势脱节、行情变化难以捉摸时采用的一种以本金安全为主要投资目标的投资策略，投资者运用保本投资法来避免自己的本金遭受损失。

投资者采用保本投资法时，必须先估计自己的“本”。这里所指的“本”，并不是投资者用于购买股票的总金额，而是指投资者心目中主观认为在最坏的情况下不愿被损失的那部分金额，也即处于停止损失点的基本金额。

保本投资的关键在于如何做出卖出决策。在制定卖出决策的时候，首先要明确心目中的“本”，要做好亏损的打算，不愿亏损的部分即为“本”；其次要确定卖出点或停止损失点。

确定获利卖出点是针对行情上涨所采取的保本投资策略。获利卖出点是持股投资者在获得一定数额的投资利润时决定卖出的那一点，这时的卖出不一定是将所有持股全部抛出，而是卖出其所欲保的“本”的那一部分。下面结合一个例子来说明获利卖出点的确定方法。

先假设 T 为投资者购买股票的总金额，b 表示投资者所要保的“本”占总投资金额的比例，$B(B=b\times T)$为投资者所要保的“本”的金额，B_p 为获利卖出点，Q_n 为 n 时期的持股数量，P_n 为 n 时期的股票市价。现在某投资者在开始投资时以每股 50 元的价格买进 100 股某种股票，这时其投资总金额为 $T_1=P_1\times Q_1=50\times 100=5\ 000$(元)，如果该投资者要保的“本”定为总投资额的 60%，即 $b=60\%$，那么保本 B 就等于 $b\times T=60\%\times 5\ 000=3\ 000$(元)。现在行情是上涨的，当价格上升到使其所持有股票的总值达到投资总额加上其所保的“本”时，即达到获利卖出点，那么获利卖出点 $B_p=T+B=5\ 000+3\ 000=8\ 000$(元)，也即 $B_p=P_2Q_1+8\ 000$，则 $P_2=8\ 000/Q_1=8\ 000/100=80$(元)，也就是说，当股价上涨到每股 80 元时，就达到了获利卖出点，这时投资者可卖出一部分持股 C，就能保住原来的“本”即 3 000 元，可卖出的持股数 $C_1=B/P_2=3\ 000/80=75/2$，即可卖出原有持股的 1/3 强。

保本之后的持股数 $Q_2=Q_1-C_1=100-75/2$，股价总值为 $T_2=P_2\times Q_2=80=(100-75/2)=5\ 000=T_1$。也就是说，以后持股数虽然减少了，但其持股价值仍与其最初投资总金额一样。实际上，投资者所收回的“本”3 000 元，可看作其投资利润。

第一次保本之后，投资者可以再确定要保的第二次“本”，其比例可以按第一次保本的比例来定，也可以按另一个比例。一般来说，第二次保本比例可定得低一些，等到价格上升到获利卖出点时，再卖出一部分；行情如果持续上升，可持续地卖出获利；以此类推，可做多次获利卖出。

停止损失点是当行情下跌到投资者心中的“本”时，立即卖出，以保证其最起码的“本”，简单地说，就是投资者在行情下跌到一定比例的时候，全部卖出所持股票，以免蒙受过分亏损。如以 B_s 代表停止损失点，则 B_s 是指当股价下降到持股总值仅等于投资总额减去要保的“本”的那一个价位，即 $B_s=T-B=P_2\times Q_1$。在前例中，假若股价不是上升而是下降了，当股价下降到 P_2 时，即 $P_2=E_s/Q=3\ 000/100=30$(元)，也就是说停止损失点为 30 元，这时把持股全部卖出，正好保住要保的“本”，即 $100\times30=3\ 000$(元)。

保本投资法正好与股市中一条投资法则相吻合：遇有亏损立刻卖出，遇到赚钱时却不要急于出脱。

(四)撒网获利策略

撒网获利策略又名渔夫撒网法，这是一种短期投资的组合策略。它适用于震荡时的行情。当股市行情出现此起彼伏、各种股票轮涨轮跌时，投资者很难有把握总是购进上涨的股票，担心自己买进的股票上涨势头停顿和下跌，而没买进的股票却开始上涨。这时，对投资者特别是中小投资者来说，稳妥的办法是采用以静制动的做法，选择涨幅较小或者尚未调整价格的股票买进持有。

如果投资者觉得准确地选对股票很困难，怕不能买进有利的股票，可用“渔夫撒网”的方法，也就是买进在交易所挂牌且每天有交易的多数或所有股票，每种只买一个单位，如果资金力量不够，则可在每个行业选择一种股票，各种行业买进一个单位；如果资金力量允许，也可对每种股票各买进几个单位。撒网法的投资者可以自己定原则，把涨到一定程度的股票卖出，把跌到一定程度的股票买回来。这样，当出现牛市即股价看涨的情况下，会形成各种股票轮流上涨的格局，此时投资者便可相继抛出手中的股票；即便出现熊市，即行情看跌时，由于投资者手中持有多样化的股票，其中多少也有价格上升的强势股，这样可使涨跌相抵而不至于亏损得太多，还有可能获利。

投资者采用渔夫撒网法时须注意以下几点：

(1)虽然这种方法能通过分散投资来降低风险，但按“哪种股票价格上升便卖哪种股票”的法则行事也产生一个问题，即轻易把手中的强势股票在涨势低微时卖出，丧失本来可能获取更高利润的机会。

(2)投资者采用此方法要有不赚不卖的决心，要排除外界消息的影响而耐心等待。

(3)不要买进过分冷门的劣质股票，因为买进后就会长期握在手中而冻结部分资金，对撒大网的中小投资者来说，应避免这样做。

基于上述三点，就产生了反渔夫撒网法。这种方法就是有选择地买进多种股票，随后哪种股票价格上升就多买一点，哪种股票价格不动或下跌时，就卖掉它。这一操作的结果可能会获得较多的强势股而保障了投资的获利能力。

三、不同股票的投资策略

(一)大型股票投资策略

大型股票是指股本额在 12 亿元以上的大公司所发行的股票。这种股票的特性是，其盈余收入大多呈稳步而缓慢的增长趋势。由于炒作这类股票需要较为雄厚的资金，因此，一般炒家不会轻易介入这类股票的炒买、炒卖。

对应这类大型股票的买卖策略是：

(1)可在不景气的低价圈买进股票，而在业绩明显好转、股价大幅升高时予以卖出。同时，由于炒作该种股票所需的资金庞大，故较少有主力大户介入拉升，因此，可选择在经济景气时期入市投资。

(2)大型股票在过去的最高价位或最低价位上具有较强阻力或支撑作用，因此，其过去的高价位是投资者现实投资的重要参考依据。

(二)中小型股票投资策略

中小型股票的特性是：由于炒作资金较之大型股票要少，较易吸引主力大户介入，因而股价的涨跌幅度较大，其受利多或利空消息影响，股价涨跌的程度也较大型股票敏感得多，所以经常成为多头或空头主力大户之间互打消息战的争夺目标。对应中小型股票的投资策略是耐心等待股价走出低谷，开始转为上涨趋势且环境可望好转时予以买进；其卖出时机可根据环境因素和业绩情况，在过去的高价圈附近获利了结。一般来说，中小型股票在1～2年内，大多有几次涨跌循环出现，只要能够有效把握行情和方法得当，投资中小型股票，获利大多较为可观。

(三)成长股投资策略

所谓成长股，是指迅速发展中的企业所发行的具有报酬成长率的股票。成长率越大，股价上涨的可能性也就越大。

投资成长股的策略是：

(1)要在众多的股票中准确选择出适合投资的成长股。选择成长股，一是要注意选择属于成长型的行业；二是要选择资本额较小的股票，资本额较小的公司，其成长的期望也就较大。因为较大的公司要维持一个迅速扩张的速度将是越来越困难的，一个资本额由5 000万元变为1亿元的企业就要比一个由5亿元变为10亿元的企业容易得多。三是要注意选择过去一两年成长率较高的股票，成长股的盈利增长速度要大大快于大多数其他股票，一般为其他股票的1.5倍以上。

(2)要恰当确定好买卖时机。由于成长股的价格往往会因公司的经营状况变化发生涨落，其涨幅较之其他股票更大。在熊市阶段，成长股的价格跌幅较大，因此，可采取在经济衰退、股价跌幅较大时购进成长股，而在经济繁荣、股价预示快达到顶点时予以卖出。而在牛市阶段，投资成长股的策略应是：在牛市的第一阶段投资于热门股票，在中期阶段购买较小的成长股，而当股市狂热蔓延时，则应不失时机地卖掉持有的股票。由于成长股在熊市时跌幅较大，而在牛市时股价较高，因此一般较适合积极的投资者。

(四)投机股买卖策略

投机股是指那些易被投机者操纵而使价格暴涨暴跌的股票。投机股通常是内地的投机者进行买卖的主要对象，由于这种股票易涨易跌，投机者通过经营和操纵这种股票可以在短时间内赚取相当可观的利润。

投机股的买卖策略是：

(1)选择公司资本额较少的股票作为进攻的目标。因为资本额较少的股票，一旦投下巨资容易造成价格的大幅变动，投资者可能通过股价的这种大幅波动获取买卖差价。

(2)选择优缺点同时并存的股票。因为优缺点同时并存的股票，当其优点被大肆渲染时，容易使股票暴涨；而当其弱点被广为传播时，又极易使股价暴跌。

(3)选择新上市或新技术公司发行的股票。这类股票常令人寄予厚望，容易导致买卖双方加以操纵而使股价出现大的波动。

(4)选择那些改组和重建的公司的股票。因为当业绩不振的公司进行重建时,容易使投机者介入股市来操纵该公司,从而使股价出现大的变动。

需要特别指出的是,由于投机股易被投机者操纵而人为地引起股价的暴涨与暴跌,一般的投资者需采取审慎的态度,不要轻易介入。若盲目跟风,极易被高价套牢,从而成为大额投机者的牺牲品。

(五)蓝筹股投资策略

蓝筹股的特点是:投资报酬率相当优厚稳定,股价波幅变动不大,当多头市场来临时,它不会首当其冲而使股价上涨。经常的情况是其他股票已经连续上涨一截,蓝筹股才会缓慢攀升;当空头市场到来时,投机股率先崩溃,其他股票大幅滑落时,蓝筹股往往仍能坚守阵地,不至于在原先的价位上过分滑降。

对应蓝筹股的投资策略是:一旦在较适合的价位上购进蓝筹股后,不宜再频繁出入股市,而应将其作为中长期投资的对象。虽然持有蓝筹股在短期内可能在股票差价上获利不丰,但以这类股票作为投资目标,不论市况如何,都无须为股市涨落提心吊胆。而且一旦机遇来临,也能收益甚丰。长期投资这类股票,即使不考虑股价变化,单就分红配股,往往也能获得可观的收益。

对于缺乏股票投资手段且愿做长线投资的投资者来讲,投资蓝筹股不失为一种理想的选择。

(六)循环股买卖策略

循环股是指股价涨跌幅度很明显,且一直在某一范围内徘徊的股票。

由于循环股的价格是经常固定在一定范围内涨跌,因此,对应的买卖策略是跌时买进、涨时卖出。实施此项策略的关键是有效地发现循环股。

寻找循环股的一般方法是从公司的营业报表中,或者根据公司有关的资信了解最近三四年来股价涨跌的幅度,进而编制出一份循环股一览表。

循环股一览表能反映出股价的涨跌幅度和范围,投资者据此可确定循环股的买点和卖点。

采取循环股买卖策略时,应避开以下三种股票:

(1)股价变动幅度较小的股票。因为波幅较小的股票,纵然能在最低价买进和最高价卖出,但扣除股票交易的税费后,所剩无几,因而不是理想的投资对象。

(2)股价循环间隔时间太长的股票。间隔时间越长,资金占用的成本越大,宜把股价循环的时间限定在一年以内。

(3)成交量小的股票。成交量小的股票常会碰到买不到或卖不出的情形,所以也宜尽量避免。

(七)业绩激变股投资策略

业绩激变股是受景气或其他因素的影响,公司经营业绩呈现不规则性极端变动的股票。业绩激变股的股价,大多同公司经营业绩的好坏呈正方向变动趋势:业绩看好,股价涨升;业绩转劣,股价跌落。一般来说,这类股票的价格涨跌幅度较大,而其涨势与跌势的时间也比其他类股票为长。

对应业绩激变股的投资策略是:

(1)待其涨势明显后赶紧买进。有时也可抓住时机,抢其短线生意,以增加利润。

(2)在跌势明朗时,应将所持股票尽快抛出,甚至将可融券放空。

采取业绩激变股的投资策略，要求投资者密切注视公司经营业绩变化，如果能抢在公司业绩变动之前进行此类股票的买卖，则投资效果更为理想。

（八）偏高作手股投资策略

偏高作手股是指由于人为炒作而使股价明显偏高的股票，这类股票涨升状况有时脱离常理，因此股价习性也较难以捉摸。有时在公司处于亏损状态时，因某项未来利多情况在背后支撑，或是多空之间已演成轧空的作手战，也导致股价明显偏高。甚至在股价已明显偏高的情况下，仍有有心人在不断做多买进，使股价继续一路上扬。一旦做多者停止操作，则股价会出现大幅下跌。

对应偏高作手股的投资策略是：除了熟悉内幕的经验行家之外，最好不要受股价暴涨的诱惑而轻易介入买卖，但在其股价盘整之后的涨升之初，仍可以小额资金短线抢进，但若遇主力撤离股市使该股转为跌势之时，则要迅速忍痛卖出所持股票。千万不可期望反弹再卖，以免被高价套牢，从而蒙受更大损失。

（九）迅速发展型股票选择的策略

迅速发展型公司是指开始时规模往往比较小，但活力强，年增长率为20%以上的公司。投资者如果选择恰当，股票价格会出现上涨十倍、几十倍甚至上百倍的趋势。

如果投资者要想买迅速发展型公司的股票，关键要认真了解该公司在哪些方面能持续发展。是否能保持迅速发展型增长速度，要注意寻找资产负债情况良好、获利丰厚的公司。简言之，只要是迅速发展型公司，不会永远迅速发展。诀窍就在于要发现这些公司，何时停止发展，什么原因停止发展，发展所用成本占了多大比例。这在选择中有重要的参考意义。

当然，投资发展迅速型企业的股票有很大的风险，尤其是那些热情有余、资金不足的年轻企业，一旦资金不足就会出现麻烦，甚至会出现破产的结局。一旦出现这种情况，其股票价格就会出现下降。

那么何时抛售迅速发展型股票呢？在这个问题上，最重要的是不能错失有可能升值10倍的股票；另一方面，当公司盈利缩小时，收益比也会随之下降。对于那些忠诚的股票持有者来说，这实在是双重的晦气。

投资者应该注意的是迅速发展期的第二阶段。

假如某一股票的股价上涨40倍后，你可以确信这种股票的升值已经到头了，应该抛出其股票。其他的抛售标志有：

（1）最近公司的营业情况令人失望。

（2）公司高级行政人员的离开，或重要雇员转入与之相竞争的公司。

（3）一种股票在售出时，其 P/E 率为几十倍，而在后两年内，最为乐观的收益增长率为15%左右。

（十）发展缓慢型公司股票选择的策略

发展缓慢型公司，其增长速度一般在10%以下。一般来说，大型公司的增长速度不是很高。

发展缓慢型公司在其成长过程中也曾有过迅速发展的历史，而当其发展到顶峰或其能力不足、已无法利用机会时，其发展速度就会明显放慢。再者，当某行业发展不景气时，这一行业的许多公司也就丧失了活力。

发展缓慢型公司总是定期、慷慨地付股息。公司想不出新办法用资金扩大生产时，就会慷慨地付股息。这是保持公司信誉的好办法，因为付股息还能证明企业是有收益能力的。关于何时抛售发展缓慢型股票,应根据投资者的投资而定。对于敢冒风险的短期投资者来说,一旦发现持有发展缓慢型股票时,应立即抛出,从而进行风险较大的发展迅速型股票的投资。而对保守型的长期投资者来说,因该类型的股票可避免投资的风险,而且可以从股息中获得收益,所以不要急于抛售。

(十一)稳健适中型公司选择的策略

稳健适中型公司的增长速度一般在10%~12%之间,多是一些大型公司。该类型公司的增长速度远比不上迅速发展型公司,但比发展缓慢型公司的增长速度要快。

如果投资者要买稳健适中型公司的股票,那么就不能指望该公司的股票在短时期有10倍或更多倍的收益。但是稳健适中型大多是大型公司,其资产比较丰厚,可以在经济衰退和不景气的时候保护投资者的投资利益。因为这类公司一般都不会破产,有能力度过危机,使公司恢复起来。投资者选择该种类型的股票,往往有一种安全感,但不能指望这类公司像迅速发展型公司股票那样,挣几十倍的大价钱。

如果该种股票的价格超过了盈利基线,或盈利率远远超出正常范围,那么投资者可以考虑卖掉它,等到它的价格跌下来后再去买回来,或者,用卖掉它的钱去买别的股票。

(十二)周期起伏型股票选择的策略

周期起伏型公司的增长速度没有稳定的比率,它的销售和利润情况无法完全预料。但也有规律可循,即呈现波浪起伏的规律。

周期起伏型公司呈扩展—收缩—再扩展—再收缩的格局。周期起伏型的公司受外部环境中的政府政策影响很大。

周期起伏型企业的股票最能迷惑人心。不谨慎的购股人最容易在这种股票上赔钱折本,同时还自以为买进了保险的股票,因为周期起伏型的大公司规模、知名度高,自然和可靠的稳健适中型公司混在一起。

要做周期起伏型企业的股票投资,关键在于及时发现萧条或发展的早期迹象。若在汽车、电器等有关行业工作,你就占有优势。在这些部门工作是做这类股票投资最重要的因素。

抛售这种股票的最好时机是在其循环周期快要结束的时候。另一个比较好的时机是在出现一些问题的时候。一个明显的抛售标志是公司的存货积压,而且无法销售出去,这意味着价格和盈利都将越降越低。事实上,这时抛售可能已经有点晚了。

商品价格降低是抛售的另一个征兆。假如你能知道该在什么时候购买周期起伏型的股票,那么就会注意到这种价格上的变化。

四、不同时机的投资策略

(一)新股发行时的投资策略

新股的发行市场与交易市场是相互影响的。了解和把握其相互影响的关系,是投资者在新股发行时正确进行投资决策的基础。

在交易市场的资金投入量一定的前提下,新股的发行将会抽走一部分交易市场的资金去认购新股。如果同时公开发行股票的企业很多,将会有较多的资金离开交易市场而进入股票的发行市场,使交易市场的供求状况发生变化。但另一方面,由于发行新股的活动,一般都通过公众传播媒介进行宣传,从而又会吸引社会各界对于股票投资进行关注,进而使新股的申购数量大多超过新股的招募数量,这样,必然会使一些没有获得申购机会的潜在投资者转而将目光投向交易市场。如果这些潜在投资者经过仔细分析交易市场的上市股票后,发现某些股票本益比、本利比倍数相对低，就可能转而在交易市场购买已上市股票，这样，又给交易市场注入了新的资金量。

虽然在直觉上可将新股发行与交易市场的关系做出上述简单分析和研判，但事实上，真正的相互影响到底是正影响还是负影响，是发行市场影响交易市场，还是交易市场影响发行市场，要依股市的当时情况而定，不能一概而论。例如，1991 年深圳市 11 家公司发行新股的消息公布以后，不少股民担心新股发行会冲击老股，纷纷抛出老股而形成巨大的卖压，致使老股股价出现大的跌幅。但当抽签认购率只有 4.9%时，尚未中签的投资者纷纷将闲散资金投向交易市场购买老股，从而又使老股价格出现连续攀升的市况。

一般来说，社会上的游资状况、交易市场的盛衰以及新股发行的条件，是决定发行市场与交易市场相互影响的主要因素。其具体表现是：

(1)社会上资金存量大、游资充裕、市况好时，申购新股者必然踊跃。

(2)市况疲软但社会上资金较多时，申购新股者往往也较多。

(3)股票交易市场的市况好，而且属于强势多头市场时，资金拥有者往往愿将闲钱投在交易市场搏击，而不愿去参加新股申购碰运气。

(4)新股的条件优良，则不论市况如何，总会有很多人积极申购。

在我国目前的市况下，投资者可根据新股发行与交易市场的关系，灵活地进行相机抉择。

(二)新股上市时的投资策略

新股上市一般指的是股份公司发行的股票在证券交易所挂牌买卖。新股上市的消息，一般要在上市前的十来天，经传播媒介公之于众。新股上市的时期不同，往往对股市价格走势产生不同的影响，投资者应根据不同的走势，来恰当地进行投资决策。当新股在股市好景时上市，往往会使股价节节攀升，并带动大势进一步上扬。因为在大势造好时新股上市，容易激起股民的投资欲望，使资金进一步围拢股市，刺激股票需求。

此外，新股上市时，投资者还应密切注视新上市股票的价位调整，并掌握其调整规律。

一般来说，新上市股票在挂牌交易前，股权较为分散，其发行价格多为按面额发行和中间价发行。即使是绩优股票，其溢价发行价格也往往低于其市场价，以便使股份公司通过发行股票顺利实现其筹资目标。因此，在新股票上市后，由于其价格往往偏低和需求较大，一般都会出现一段价位调整时期。其价位调整的方式大体上有如下几种情况：

(1)股价调整一次进行完毕，然后维持在某一合理价位进行交易。此种调整价位方式，是一口气将行情做足，并维持其与其他股票的相对比价关系，逐渐地让市场来接纳和认同。

(2)股价一次调整过头，继而回升，再维持在某一合理价位进行交易。将行情先做过头，然后让它回跌下来，一旦回落到与实质价位相配时，自然会有投资者来承接，然后依据自然供求状况进行交易。

(3)股价调整到合理价位后，再做第二段行情调整回到原来的合理价位。这种调整方式有涨有跌，可使申购股票中签的投资者卖出后获利再进，以至造成股市上的热络气氛。

(4)股价先调整至合理价位的一半或 2/3 的价位水平后，即予停止，然后进行筹码整理，让新的投资者或市场大户吸进足够的股票，再做二段行情。此种调整方式可能使心虚的投资者或心理准备不充分的股民减少盈利，但有利于富有股市实践经验的投资老手获利。由此可见，有效掌握新股上市时的股价运动规律并把握价位调整方式，对于股市上的成功投资者是不可或缺的。

(三)分红派息前后的投资策略

股份公司经营一段时间后(一般为一年),如果营运正常,产生了利润,就要向股东分配股息和红利。其交付方式一般有三种:一种是以支付现金的形式向股东支付,这是最常见、最普通的形式。在美国,大约80%以上的公司是以支付现金的形式进行的。二是向股东赠送红股,采取这种方式主要是为了把资金留在公司以扩大经营,以追求公司发展的远期利益和长远目标。目前,深圳的股份公司多采用这种送红股的方式分派。第三种形式是实物分派,即把公司的产品作为股息和红利分派给股东。这种方式在我国目前还不多见。

在分红派息前夕,持有股票的股东一定要密切关注与分红派息有关的四个日期。这四个日期是:

(1)股息宣布日,即公司董事会将分红派息的消息公布于众的时间。

(2)派息日,即股息正式发放给股东的日期。

(3)股权登记日,即统计和确认参加本期股息红利分配给股东的日期。

(4)除息日,即不再享有本期股息的日期。

在这四个日期中,尤为重要的是股权登记日和除息日。由于每日有无数的投资者在股票市场上买进或卖出,公司的股票不断易手,这就意味着公司的股东也在不断变化之中。因此,公司董事会在决定分红派息时,必须明确公布股权登记日,派发股息就以股权登记日这一天的公司名册为准。凡在这一天的股东名册上记录在案的投资者,公司承认其为股东,有权享受本期派发的股息与红利。如果股票持有者在股权登记日之前没有登记过户,那么其股票出售者的姓名仍会按照规定分派给股票的出售者而不是现在的持有者。由此可见,购买了股票并不一定就能得到股息红利,只有在股权登记日以前到登记公司办理了登记过户手续,才能获取正常的股息红利收入。

至于除息日的把握,对于投资者也至关重要。由于投资者在除息日当天或以后购买的股票,已无权参加本期的股息红利分配,因此,除息日当天的价格会与除息日前的股价有所变化。一般来说,除息日当天的股市报价就是除息参考价,也即是除息日前一天的收盘价减去每股股息后的价格。例如,某种股票计划每股派发2元的股息,加除息日前的价格为每股11元,则除息日这天的参考报价就是9元(11-2)。掌握除息日前后股价的这种变化规律,有利于投资者在购股时填报适合的委托价,以有效降低其购股成本,减少不必要的损失。

对于有中长线投资打算的投资者来说,还可趁除息前夕的股价偏低时,买入股票过户,以享受股息收入。在除息前夕股价有时偏弱的原因,主要在于这时的短线投资者较多。因为短线投资者一般倾向于不过户、不收息,故在除息前夕多半设法将股票脱手,甚至价位低一些也在所不惜。因此,有中长线投资计划的人,如果趁短线投资者回吐的时候入市,既可买到一些相对廉价的股票,又可获取股息收入。至于在除息前夕的哪一具体时点买入,则是一个十分复杂的技巧问题。一般来说,在截止过户前,当大市尚未明朗时,短线投资者较多,因而在行将截止过户时,那些不想过户的短线客就得将所有的股份沽出,越接近过户期沽出的短线客就越多,故原则上在截止过户的前1～2天,可买到相对适当价位的股票。但切不可将这种情形绝对化。因为如果大家都看好某种股票,或者是某种股票的派息十分诱人,也可能会出现“抢息”现象,即越接近过户期,购买该股票的投资者越多,因此,股价的涨升幅度也就越大,投资者必须具体情况具体分析,以恰当地在分红派息期掌握好买卖火候。

(四)多头市场除息期的投资策略

多头市场是指股价长期保持上涨势头的股票市场,其股价变化的主要特征为一连串的大涨小跌变动。要有效地在多头市场的除息期进行投资，必须首先对多头市场的"除息期行情"进行研判。

多头市场"除息期行情"最显著的特征是：

(1)除息股的股价，随着除息交易日的逐渐接近而日趋上升，这充分反映了股息收入的"时间报酬"。

(2)除息股票往往能够很快填息，有些绩优股不仅能够"完全填息"，而且能够超过除息前的价位。

(3)按照股价的不同，出现向上比价的趋向，投资者所"认同"的本利比倍数愈来愈高。

根据上述"除息期行情"的特征进行分析研判，可以得出多头市场的以下几点结论：

(1)股利的时间价值受到重视，即在越短的时间领到股利，其股票便越具价值，所以反映在股价上，就是出现逐渐升高的走势。

(2)股票除息后能够很快填息，因此，投资者愿意过户领息，长期持股的意愿也较高。

(3)行情发动初期，由业绩优良、股息优厚、本利比倍数很低的股票带动向上拉升；接着，价位较低却有股利的股票调整价位；最后，再轮到除息股冲刺。

(4)股市行情一波接着一波上涨，一段挨着一段跳升，轮做的迹象十分明显。选对了股票不断换手可以赚大钱，抱着股票不动也有"获利机会"，因此，投资者一般都不愿将资金撤出股市。

(5)由于在早期阶段本利比偏低，大批投资者被吸引进场，随着股价的不断向上攀升，使得本利比倍数变得越来越高。

掌握了多头市场"除息期行情"这种变化特征，投资者如何进行操作也就不说自明了。

(五)股价回档时的投资策略

在股价不断上涨的趋势中，经常会出现一种因上涨速度过快而反转跌到某一价位的调整现象。股市上，人们习惯将这种上升中的下跌称为回档。一般来说，股票的回档幅度要比上涨幅度小。道·琼斯理论认为，强势市场往往会回档 1/3，而弱势市场则通常会回档买入。

股票在经过一段时间的连续挺升之后，投资者最关心的就是回档问题。持有股票者希望能在回档之前卖掉股票。未搭上车者，则希望在回档之后予以补进。

股价在涨势过程中，之所以会出现回档主要有以下原因：

(1)股价上涨一段时间后，必须稍做停顿以便股票换手整理。就像人跑步一样，跑了一段之后，必须休息一下。

(2)股价连续上涨数日以后，低价买者已获利可观，由于"先得为快""落袋为安"的心理支撑，不少投资者会获利了结，以致形成上档卖压，造成行情上涨阻力。

(3)有些在上档套牢的投资者，在股价连续上涨数日之后，可能已经够本，或者亏损已大大减轻，于是趁机卖出解套，从而又加重了卖盘压力。

(4)股票的投资价值随着股价的上升而递减，投资者的买进兴趣也随着股价的上升而趋降，因此追涨的力量也大为减弱，使行情上升乏力。

鉴于行情在上涨过程中必然会出现一段回档整理期，投资者应根据股市发展的趋势，对股市回档进行预期，以达到回档前出货和回档后及时入市的目的。

(六)乖离走势时的投资策略

乖离走势指的是股市上的"多空拼斗"的情形。在股票市场，"多空拼斗"的情形时有发生，但其最终结果不论是"杀多"还是"轧空"，都会造成股价的不合理变动。

多头是指投资者对股市前景看好，预计股价将会上涨，于是先低价买进，待上涨到某一高价位时再卖出，从中获利。采用这种先买进后卖出的投资者称为多头。空头则是指投资者对股市前景看坏，预计股价将会下跌，于是先将股票卖出，待其下跌到一价格时再买回，以获差额收益。采用这种先卖出后买进的交易的方法称为空头。由于多头与空头之间采取的方法不同，多头期望股价节节上升，空头则希望股价一路下跌，而多空拼斗就是由于利益不同所引发的。

如果多头、空头的力量不强，则不同的投资方法只能产生一种制衡作用。如若多空力量均十分强劲，且又拖着"必胜"的信念，则拼斗的结果必然有一方受创惨重，并由于股价的不正常起落，而使部分投资者遭受损失。

在这种多空拼斗的乖离走势中，一般小额投资者的策略原则是：不要盲目跟进，既不宜见涨心痒，冒险去追求这种投资股票，也不宜盲目抛空。

(七)淡季进场的投资策略

成交量的增减与股市行情有着相当密切的关系。大凡交易旺盛的时期，多属于股市行情的高峰阶段，而交易清淡的时期，则多为股价走势的低潮阶段。

对于短期投资者来讲，只有在交易旺盛时进场，才有希望获得短期的差价收益；如要着眼于长期投资，则不宜在交易旺盛时期进场，因为在交易旺盛时期，多为股价走势的高峰阶段，这时进场购股，成本可能偏高，即使所购的股票为业绩优良的投资股，能够获得不错的股利收益，但由于购股的成本较高，相对的投资报酬率也就下降了。

如果长期投资者在交易清淡时进场购股，或许在短期内不能获得差价收益，但从长期的观点来衡量，由于投资的成本较低，与将来得到的股利收益相比，相对的投资报酬率也就高得多。因此，交易清淡时期，短线投资者应该袖手旁观，而对长线投资者来说，则是入市的大好时机。

主张长线投资者在交易清淡时进场购股，并不是说在交易开始清淡的时候，就可以立即买进。一般来说，应该是淡季的末期才是最佳的买进时机，问题的难度在于没有人能够确切地知道，到底什么时候是淡季的末期。也许投资者认为已经到了淡季末期而入市，行情却继续疲软；也许认为应该再等一两个月再进场，行情突然上升而错失良机。

所以，有些投资者尤其是中大户投资者，在淡季入市时，采取了逐次向下买进的做法。即先买进一半或三分之一，之后不管行情是上升或是下跌，都加码买进，这样，既能使投资者在淡季进场，不错失入市良机，又可收到摊平成本的效果。

(八)超买、超卖的投资策略

"超买"和"超卖"是股市上的两个专门性的技术名词。股市上对某种股票的过度买入称为超买，而对某种股票的过度卖出则称为超卖。

股市上，经常会因某种消息的传播而使投资者对大市或个股做出强烈的反应，以致引起股市或个股出现过分的上升或下跌，于是便形成了超买、超卖现象。当投资者的情绪平静下来以后，这种超买、超卖现象就会得到适当的调整，因此，超买之后就会使股价出现一段回落，超卖之后也会出现相当程度的反弹。投资者如了解这种超买、超卖现象，并把握了其运动规律，就能在股市上增加更多的获利机会。

这里的关键是，如何适时地测度出股市上的超买、超卖现象。目前，股市上测度超买、超卖现象的分析工具很多，主要有相对强弱指数（*RSI*）、摆动指数（*OSC*）、随机指数（*STC*）及百分比等，而以 *RSI* 指数用得最多。在 *RSI* 指数内一般以 14 天为期计算股市走势的强弱，称为 14*RSI*。计算 14*RSI* 的公式为：

$$14RSI=\frac{14\text{天内上升交易的平均值}}{14\text{天内上升交易日平均值}+14\text{天内下降交易日平均值}}\times 100$$

在上述公式中，如 RSI 高于 80，就可视为“超买”，即过分强势之意，可能会引来较大的获利回吐和出现股价调整，因此许多投资者利用这一指数，伺机回吐。倘若 RSI 低于 20，则可视为“超卖”，即过分弱势之意，可能会引发反弹，因此许多投资者利用这一指标进行低价吸纳。

五、风险投资策略

风险投资公司为了降低投资风险，除了在投资项目的选择上慎之又慎外，经常还采取一些行之有效的投资策略。

(一)组合投资策略

风险投资公司在进行风险投资时一般不把资金全部投向一个项目或企业，而是分散投向多个项目或企业。这样一来，一个或几个项目或企业的损失就可能从另外项目或企业的成功中得到补偿，从而就可以避免风险投资公司“全军覆没”的危险。因为几个项目同时失败的可能性较之一个项目失败的可能性要小得多。据 1990 年诺贝尔奖获得者马柯维茨(Markowitz)教授和夏普(Sharpe)教授的组合投资理论，若干项目的总收益等于这些个别项目收益的加权平均；而若干项目的总风险并不等于个别项目的加权平均风险，而是比它要小。组合投资策略是“不要把鸡蛋放在一个篮子中”的投资准则在风险投资领域中的“翻版”。

(二)联合投资策略

一项风险如果让一个投资者承担，他可能承受不了，而如果同时让多个投资者共同承担，则每个投资者平均承受的风险就要小得多。这就是联合投资策略的基本出发点。对于风险较大、投资额较高的项目或企业，风险投资公司往往不是“孤军奋战”，而是联合其他风险投资机构或个人共同投资。牵头的风险投资公司一般持有控制股份，其他风险投资公司或个人则以股份制形式进行合作投资。联合投资策略一般出于以下考虑：

(1)项目或企业所需投资额巨大，单靠一家风险投资公司承受不了；

(2)可以参考合作伙伴的意见，降低投资风险；

(3)联合投资是组合投资的基础。

(三)匹配投资策略

匹配投资策略与联合投资策略有点类似，它是指风险投资公司在对项目或企业进行风险投资时，要求项目的经营管理者或风险企业要投入相应的资金。这种投资策略的意义在于匹配投资将风险投资者与风险企业捆在了一起，促使风险企业或项目经营管理者加强管理，从而降低了投资风险。值得说明的是，匹配投资策略是政府风险投资经常采用的一种策略，政府采用这种策略的目的在于以少量的国家风险资金带动大量民间风险资金的发展，从而对民间风险投资的发展起到一种示范和导向作用。

第二节　证券投资时机的选择

低买高卖是股市永恒的主题。即便是分红派息，也转变为抢权抢息，权、息消化在股价的上涨中，除权除息则表现在股价的跌落中，真正能获得的权、息，乃是低价位的买进。所以，积极操作，不断低进高出，是证券投资不变的法则。投资时机选择的目的是：我们能在股市中实现低买高卖。

战略投资的买入时机一般在完成整个股票的投资推理分析后，判断当前股价将成为近几个月的低位区域。

至于战略投资的卖出时机，严格地说，战略投资者抛售股票的唯一理由是买入这只股票的理由不再存在或发生重大变化。由于中国股市“牛短熊长”的特征，加上另外两条卖出理由：一是股价跌破大的上升趋势线。所谓大的上升趋势线，只需把股指画面缩到最小，就一目了然了。二是股指大头部形成，所谓覆巢之下安有完卵。按此操作应该可以提升收益率。

一、买入点的时机选择

买涨与买未涨是两种截然相反的股票买进的时机选择技巧。买涨通常是指投资者顺势而为，见涨抢进，且大多有追涨杀跌的习惯。

这种买涨的做法，在大势反转向多头市场时，大多能轻易获得利润；如遇到主力介入操纵股价时，大多也能跟进获利。其不利之处在于进出股市较为频繁，因而手续费的支出较高，若抢到最高价而不能出手，就会出现亏损累累的局面，因此风险也较大。

买未涨是指投资者将购进股票的时机选择在股价处于尚未上涨阶段。这种投资者除了精于计算投资报酬率外，更注重发行公司的业绩展望。这种做法大多对个股进行分析比较，由于股市大多有轮番涨跌的习性可寻，故其选择那些处于尚未上涨的成长股作为投资对象，除了风险较小以外，通常也有利可寻。如果是买到最低价，有时获利甚至能多达数倍。

以上两种方法各有利弊，买涨着眼于短线利润，较具投机性，适合于一般的中短线操作；买未涨着眼于长期利润，适合于较为稳健的投资者进行中长期投资。这两种不同的买进时机选择的技巧，可供不同个性的投资者选用。

在实际操作中，还是要利用基本分析和技术分析的手段来确定买入的时机。“量比价先行，成交量是最真实的”，这句话几乎出现在任何一本股票类书中，然而真正了解它内涵的投资者却只占极少数，这是因为大多数投资者经常孤立地、片面地、静止地研究成交量，因此很容易上当受骗。而在现实股市中，庄家却频频通过自买自卖对敲出短期的虚假成交量，制造骗线。但庄家也并非无懈可击，主要由于印花税及手续费的因素，庄家机构不能维持较长时间的对敲，因此，只要将成交量研究周期适当延长，庄家就会因不堪负担印花税与手续费，而在线路上暴露出其真实意图。正是基于这个原理，投资者就要分析成交量组合。所谓成交量组合，就是把某只股票的当日成交量与其若干日内的成交均量综合起来，一并研判股价后市的走势。经过观察、研究、分析，五日成交均量、十日成交均量与当日成交量相结合，判断买点准确率较高。使用成交量组合选股既符合“成交量是股市的元气，量比价先行”的道理，又可提防某些主力庄家通过对敲短期成交量制造骗线。当某只股票显示成交量组合出现时，表示股价已调整到位，此时投资者应在该股票即将被拉升的前夕跟进买入，即可享受“坐轿”的乐趣。下面试举上叉阳后小阳成交量组合来说明：

（1）五日成交量均线在下，十日成交量均线在上，五日成交量均线自下向上叉，与十日成交量均线趋近交叉，五日成交均量与十日成交均量趋于一致，大致持平。

（2）五日成交量均线与十日成交量均线趋近交叉当日，K线为阳线，与此相对应当日成交量为阳量。

（3）五日成交量均线与十日成交量均线趋近交叉次日，K线为阳线，与此相对应当日成交量为阳量，但此日量比前一日量小。

（4）出现在上涨初段、中段。庄家进行短暂强势调整后，很快会继续上攻。

(5)五日成交均量与十日成交均量趋于一致时，允许有10%以内的正负误差，两者越接近越好。

(6)符合葛南维移动平均线四个买入法则之一。

(7)成交量组合出现同时或出现后一两个交易日内，如有K线组合出现相配合，则该只股票股价上涨概率更大。

(8)按此方法买入股票且股价上涨一段后，如果出现移动平均线八大法则中四个卖出法则之一，应出脱持股。

成交量组合出现背景是：庄家将股价小幅上拉一段后，开始进行强制洗盘，目的是将前段买入股票的散户投资者驱赶出局，以免在庄家大幅拉升时，这些散户投资者因获利太多而抛货砸盘，从而使庄家付出更多的拉升成本。这是庄家绝对不能容忍的，因此强势调整在所难免，于是成交量组合就出现了。

二、卖出点的时机选择

在证券投资中，如何选择卖出的时机是投资证券的关键问题，运用基本分析和技术分析的手段，是决定卖出时机的好方法。下面从使用移动平均线和部分技术指标来举例说明。

(1)平均线从上升逐渐走平，而股价从平均线的上方往下跌破平均线时，应是卖出信号；

(2)股价呈上升突破平均线，但又立刻回复到平均线之下，而且平均线仍在继续下跌时，是卖出时机；

(3)股价钱在平均线之下，股价上升但未达平均线又告回落，是卖出时机；

(4)股价线在上升中，且走在平均线之上，突然暴涨，远离平均线，很可能再趋向平均线，为卖出时机。

第三节　证券投资方法

一、趋势投资法

趋势投资法又称道氏操作法，是证券投资者顺着股价的趋势进行股票买卖的操作技巧进行长期证券投资的方法之一。

趋势投资法要求投资者在整个股市大势向上时，以做“多”或买进股票持有为宜；股价趋势下跌时，则卖出手中股票而拥有现金待机而动为好。大凡顺势投资者，不仅可做到事半功倍的效果，而且获利的概率也大大提高。

采用趋势投资法必须确定的前提是，一种趋势一经形成，便会持续一个相当长的时期，涨跌趋势能明确且能够及早确认，如果不明确且无法及早确认，则不必盲目跟从。需要指出的是，这种股价涨跌的趋势是一种中长期趋势，而不属于昙花一现的短期趋势。因此，相应的操作方法是，投资者顺应股价走势买进股票后，应保持其仓位；只有在股价走势反转向下的信号产生时，才能卖出股票以做观望；待股市出现好的转机趋势时，再入市购进。对于小额投资者来说，只有在股价走向的中长期趋势中，才能顺势买卖而获利。在股价走向的短期趋势中，此种方法应谨慎用之，因为当股价被确认是短期涨势时，可能已到跌势边缘，此时若顺势买进，极可能抢到高价，使接力棒传到自己手中后而传不出去。另一方面，当股价被确认处于短期跌势时，可能已接近回升之时，若这时顺势卖出，极可能卖个最低价，这也使投资者懊悔莫及。

趋势投资法适合于小额投资者采用，小额证券投资者本身谈不上操纵行情，大多跟随股票走势，采用顺势做法，这几乎被公认为小额投资者买卖股票的"铁律"。

趋势投资计划法关心的是市场主要趋势或长期趋势，其优点在于，不会被证券市场的短期波动所左右，如趋势预测正确，则股市收益颇丰。但也存在两点明显的缺陷：一是投资者若错误地估计了证券市场的走势，则运用趋势投资计划相应进行买卖调整，将会给投资者带来灾难性的损失；二是即使投资者正确地估计了证券市场的走势，但证券市场的短期波动也能使投资者减少收益，不利于实现收益最大化的原则。

正因为存在上述明显缺陷，投资者往往使用某些公式投资计划法来进行必要的配合与协调。

(一)10%转换法

10%转换法又称哈奇转换法、过滤嘴法，是股票的短期投资技巧之一，是一种简单机械的顺势操作法。其要点就是价格上涨10%则买进，下跌10%则卖出。10%转换法的含义可归结为三点：

(1)投资者设定一个10%的涨幅为获利目标，只要所购股票的涨幅超过10%，就立即予以卖出而不去考虑其他相关情况的变化。

(2)涨则跟进，以赚差价，在上涨行情中任何一点买入都是正确的，除了最高点；跌则撤出，以减免损失，在下跌行情中，任何一点卖出都是正确的，除了最低点。

(3)追涨杀跌只适用于变化幅度较大的趋势，而不适合于日常的振荡，因此，以10%的变动幅度来滤除日常震荡引导投资地位的改变。10%只是一个经验数值，它应当由市场实际及投资者选择的趋势的长短来调整。

由于股票市场是一个波动的市场，在一两个月内，一些股票的波幅超过10%是很正常的，因此，短期投资者只要选择好所持股票，有效地把握10%的上下限，在恰当的时候购进，便很容易在短期内获取利润。

但使用这种方法也有缺陷，主要是如果投资者在售出股票后，其股价继续上扬，则有可能失去获取更多利润的机会；如果股价上涨长期达不到设定的10%的幅度，则往往会使投资者的资金长期被绑在股票上而不能灵活运用。

此外，需要指出的是，采用10%转换法时，还必须考虑税收的佣金因素。如果这些成本高于或接近股票投资所获利润，则这种投资就是不可取的。

10%转换法的创始人是美国人哈奇。在1882～1935年间，他使用10%转换法，共44次改变仓位，所持股票的期限短则3个月，长则达6年，投资资金由1万美元增加到440万美元。但是这种投资方法并不总是有效的。假设1993年2月22日在深圳股市有价值1万元的股票，按照10%转换法操作，到5月份将5次变换角色，将共损失83点指数(按收盘指数计算)，折算成股票价值，1万元只剩下7 600元；如果从起点一路持有，直到第5次变换角色的同一时点才卖出，1万元尚可保存8 495元。我们举此例并无否定哈奇转换法之意，而是要说明，机械的操作策略必须隶属于关于市场性质的基本分析和认识之下，并由大趋势决定策略的方案与取舍。

(二)三成目标投资法

三成目标投资法又称三成保本法，是股票投资者以赚取三成利润为目标的一种证券投资方法，即不论股价变动的幅度向上或向下，只要达到三成(30%)，就可买进或卖出，此方法由

"行情平均按三成循环涨跌"的经验产生。

股市行情是瞬息万变的。当股价上涨时，若期望着涨到最高点抛出，则往往会错失良机；相反，当股价下跌时，便急忙脱手，这往往也被认为是一种失败的做法。而在一年中，股价以三成以上的幅度上下波动的情况，则为数不少。因此，以股价涨到买价的三成时，就卖出所持股票，当股值下跌到过去一两年平均股价的三成以下时就买入股票，这已成为不少人赚取买卖差额的一种做法。由于这种方法以赚取三成利润为目标，故称为三成目标投资法。

采取三成目标投资法应注意两点：一是不能贪心，在达到目标时应该适时抛出；二是要在抛出旧股后，应该购进具有良好发展前景的股票。

根据国外一些投资者的实践经验，选择股票大致有以下三条标准：一是热心开发新技术或新产品的公司；二是有能力直接操纵市场价格动向的公司；三是知名度高的公司。只要投资者选好了这种具有成长型的公司股票，三成目标投资法就不失为一种赚取买卖差价的较好方法。

二、定式法

(一)平均成本法

平均成本法是指买进股票的一种策略，如果投资者在每月固定用一笔金额购入股票，当股价较高时，买进的股数较少；相反，当股票市价较低时，买进的股数就多，这样会使投资在整体水平上购买股票的平均成本低于股票的平均价格，从而使投资者能以固定的投资总额购买到较多的股票。投资者用平均成本法，会使在一年中购入股票的成本比平均股价低了很多。因此，平均成本法在购买股票中有较大作用。

平均投资策略是证券投资的又一可供选择的策略。这种策略的特点在于：一是选择某种具有长期投资价值的股票，同时这种股票的价格具有较大的波动性；二是投资者可选择或短或长的投资期限，比如说一个月或者半年，不论股价是上涨还是下跌，都必须有规律地投资于同一种股票，这样可以使投资者的每股平均成本低于每股平均价格。

例如，某一投资者选择××公司的普通股作为投资对象，确定投资期为 6 个月，每期以 5 000 元左右的资金投资一次。有关资料如表 10－2 所示。

表 10－2　平均成本法

月份	股票市价（元）	买进股数	成本（元）	累计股数	累计成本（元）	股票总值（元）
1	50.00	1 000	50 000	1 000	5 000	50 000
2	46.00	1 100	50 600	2 100	100 600	96 600
3	30.00	1 600	48 000	3 700	148 600	111 000
4	45.00	1 100	49 500	4 800	198 100	216 000
5	46.00	1 100	50 600	5 900	248 700	271 400
6	60.00	800	48 000	6 700	296 700	402 000

该投资者每月以 50 000 元左右的资金投入股票，到第 6 个月结束时，投资者每股的平均成本为：

$$每股平均成本=\frac{累计成本总额}{累计股票总数}=\frac{296\ 700}{6\ 700}=44.28(元)$$

而每股的平均价格为：

$$每股平均价格=\frac{各月购买价格之和}{投资月数}$$

$$=\frac{50+46+30+45+46+60}{6}=44.17(元)$$

这样，投资者每股平均成本低于每股平均价格。由表10—2可知，连续购买半年后，投资者就可以296 700元的成本换取402 000元价值的股票，从中获利105 300元。

采用平均成本法购买股票时，每次都以接近固定的金额购买，这样股价较高时，购入的股票数就少；当股价较低时，购入的股票数就多。因此，在购入的总股数中，低价股占的比例就大于高价股，每股的成本就会偏低，当股价又上升时，就会获利。如果股价波动幅度大，股价呈上升趋势，那么，投资者就有更多的机会在低价时购买较好的股票，从而在股价上升中获得收益；反之，如果股价持续下跌，在整个投资期中，投资者必然发生亏损。

采用平均成本法这种策略的最大优点是投资者只需定期投资而不必考虑投资时间的确定问题，这对于刚步入证券市场的新投资者是比较适宜的。这种方法的不足之处在于：一是投资者很难获得巨利；二是如果股价持续下跌，那就必然发生亏损。

(二)固定金额投资法

固定金额投资法是投资者把一定的资金分别投向股票和债券，其中将投资于股票的金额定在一个水准上的一种投资方法。其实施步骤是：

(1)投资者分别购买股票和债券。

(2)把投资于股票的资金确定在某一个固定的金额上，并不断地维持这个金额。

(3)在固定投资金额的基础上确定一个百分比，当股价上升使所购买的股票市价总额超过百分比时，就以出售股票的增值部分来购买债券；同时确定另一个百分比，当股价下降使股票市价总额低于这个百分比时，就以出售债券来购买股票，以弥补不足额部分。

例如，某一投资者以4 000元资金分别投资于股票和债券各2 000元，并将股票的固定金额确定为2 000元，投资期限为5个月；投资者决定当股票上涨，其市价总额超过固定金额的20%时出售股票，并把所得的资金用来购买债券；当股票下跌，其市价总额低于固定金额的10%时出售债券来购买股票，如表10—3所示。

表10—3　　固定金额投资法

月份	调整操作	股价指数	股票总额(元)	债券总额(元)	所购证券的价格总额(元)
1		100	2 000	2 000	4 000
2		125	2 500	2 000	4 500
	卖出500			2 500	4 500
3		90	1 800	3 000	4 800
	买进200			2 800	4 800
4		92.5	1 850	2 750	4 600
5		97.5	1 950	2 850	4 800

通过表 10—3 可以看出，如果投资者于 1 月份购进 2 000 元股票后，到 2 月份股价上升达 2 500 元，超过固定金额的 20%，那么就出售超过固定金额 2 000 元以上的 500 元股票，用所得的款项购买债券；3 月份股价下降，市价总额为 1 800 元，下降幅度为固定金额 2 000 元的 10%，投资者就出售债券 200 元来购买股票，以保持股票市价总额为 2 000 元；4、5 月份股价上升或下跌都没有达到预定的比率，所以投资者不需进行调整。

从上例中可以看出，在固定金额投资计划中，有三个需要投资者合理确定的环节：一是确定股票的恰当固定金额。二是确定适当的买卖时间表。其确定方法有两种，一种是依据股票市价变动超过一定比率的方法，另一种则是利用股价指数变动超过一定比率的方法。三是确定适当的买卖时机，其目的在于避免当股价达到高峰时买进或股价跌到谷底时卖出。

固定金额计划的优点是：(1)方法简单。投资者只要依照预定的投资计划，当股价涨至某一水平时即卖出，当股价跌至某一水平时即买进，而不必对股价的短期趋势做研判。(2)在正常情况下，股价的变动要比债券价格的变动大，而固定金额计划以股票价格为操作的目标，其制作过程遵循“逢低进，逢高出”的原则，即当股价高时卖出股票，股价低时买进股票，在这样不断地循环中，投资者是可以获利的。因为从长期的投资来看，随着经济周期性的变动，在繁荣阶段发行公司盈利增加、股价上升，但同时银行存款利率也会上升，从而债券价格就会下跌，因此卖出股票而买进债券可以获得价格差额；反之，在经济萧条时期股价下降，而债券价格上升，从而卖出债券、买进股票也同样可以获得利益。

这种投资计划的不足之处是：如果所购股票的行市是持续上升的，投资者不断卖出股票就容易丧失更多的获利机会。同时，如果股票持续下跌，由于投资者不断出售债券来补进股票，以维持事先确定的股票价格总额，从而失去股价继续下跌后以更低的价格购进股票的机会。所以，固定金额投资计划法在两种情况下不适宜采用：一是涨势不停的多头市场；二是跌风难竭的空头市场。

(三)固定比率法

固定比率法的操作是将投资资金分为两个部分：一部分是保护性的，主要由价格波动不大、收益较为稳定的债券构成；另一部分是风险性的，主要由价格波动频繁、收益幅度相差较大的普通股构成。这部分的比例一经确定，便不轻易变化，还要根据股市价格的波动来不断维持这一比例。

固定比率计划与固定金额计划的差别在于：前一个是股票投资额在投资总额中所占的比率固定；后一个是股票投资金额固定，进行调整时不顾及调整后股票与债券投资额的比例分配问题。

例如，某一投资者以 4 000 元投资于股票和债券，并确定股价总额与债券价格总额为 50∶50 的固定比率。投资组合内的股价总额每上升 10%或下降 10%，就卖出股票来买入债券或者卖出债券来买入股票，使股票市价总额与债券价格总额一直维持在 50∶50 的比率上，如表 10—4 如示。

表 10—4　　固定比率法

月份	调整操作	股票总额（元）	债券总额（元）	所购证券的价格总额（元）
1		2 000	2 000	4 000
2		2 600	1 900	4 500

续表

月份	调整操作	股票总额（元）	债券总额（元）	所购证券的价格总额（元）
调整	卖出股票350元，买进债券350元	2 250	2 250	4 500
3		2 000	2 340	2 340
调整	买进股票170元，卖出债券170元	2 170	2 170	4 340
4		1 900	2 260	4 160
调整	买进股票180元，卖出债券180元	2 080	2 080	4 160
5		2 200	2 100	4 300

表10－4表明，投资者于1月份把4 000元以50∶50的比率投资于股票和债券；2月份股票从2 000元上升到2 600元，幅度超过10％，为了维持原来的固定比率，必须卖出股票350元，再买进350元债券，经过调整后使股价总额和债券价格总额一样，均为2 250元；3月份股价从2 250元下降到2 000元，下降幅度达到了10％(2 250×10％＝225元)，必须卖出债券170元，把款项用来购买股票，使两者50∶50的固定比率得以维持；4月份的调整同样根据上述原则来进行。

由于固定比率计划法实质上是固定金额计划法的变形或派生物，所以前面固定金额法的优点及注意事项的论述同样适用于固定比率计划，且这种计划的难点在于确定一个适当的固定比率。

固定比率投资计划又称耶鲁投资计划，这是因为这项计划最早为美国耶鲁大学所使用(1938年)，当时资金总额为8 500万元。当时确定的比率是以70％的资金购买高级公司债或一小部分优先股，余下30％的资金用于购买普通股。该计划规定，一旦股票价格上升，如股价与公司债价格总额的比率变为40∶60，便卖出股票，从而使股票与公司债的比率降为35∶65；一旦股价下跌，将原有比率变为20∶80，便购进股票，使股票与公司债的比率变为25∶75；当股价上升到两者的比率为40∶60时，方才再次采取行动卖出股票。

固定比率投资法基本上是固定金额投资法的变形，它与固定金额投资法的区别是：固定金额投资法是要维护固定的金额，并不注重股票总额和债券总额在总投资中的比率，而固定比率投资法则只考虑在一定的总投资额中维持债券金额与股票金额的固定比率。

至于两者的比率确定，则取决于投资者对前景的预期。如果投资者喜欢冒险，则他投资于股票的份额就可能要大一些；如果投资者比较稳健，则他投资于债券的份额就可能很大，相应地投资于股票的份额就较小。固定比率投资法的优点与固定金额投资法相类似，具有操作简单、易于掌握的特点。采用固定比率投资法，即使股票损失惨重，但因债券的收益相对稳定，因此不至于把血本赔光。但由于固定比率一经确定就不宜轻易改变，因此，它是一种比较保守的投资策略，会丧失一些较好的投资机遇。

(四)可变比率投资法

可变比率投资法并不要求股票和债券的比例始终维持在预先确定的固定比率上。假如某投资者投资于股票和债券的比例在开始时各占50％，当以后股值上升超过某种水准时，就出售股票以减少股票的比例和增加债券的比例；或者反之。

可变比率投资法的基础是确定一条股票的预期价格趋势线，当价格在趋势线上时，就卖出股票；当价格在趋势线以下时，就买入股票。在买卖股票时，相应地买卖债券。

可变比率投资计划也属于公式投资计划的一种，即将投资资金分别投资在股票及债券上，并确定两者恰当的比率，以后随着股价的变动来随时调整股票在投资总额中所占的比率。采用这种计划时，须事先明确以下事项：

(1)通过计算以往几年股价或股价指数的平均水平，确定出中央价值，如在美国通常以过去 10 年道·琼斯股价指数的平均值作为中央线。

(2)确定持有股票的最大比率及最小比率。

(3)确定在持有股票的最大与最小比率之间每一次股票买卖的点数。

(4)调整股票与债券比率时的股价或股价指数水平。

(5)确定在股票买卖的行动点上的股票与债券的比率。

可变比率计划按照在股票买卖行动点的行动规则的不同可划分为非标准型计划及标准型计划两种。所谓非标准型计划，就是随股价的上涨或下跌，积极减少或增加投资组合中的股票比率。所谓标准型计划，就是在股价虽上涨但未超过中央价值时，并不降低股票比率；反之，在股价虽下跌但尚未低于中央价值时，就不考虑增加股票比率。

表 10—5　　可变比率法

行动点（股价指数）	股票与债券的比率		
	非标准型计划		标准型计划
	股价上涨	股价下跌	
250	25∶75	25∶75	
235	30∶70	30∶70	
220	35∶65	35∶65	
205	40∶60	40∶60	
190	45∶55	45∶55	
175	50∶50	50∶50	50∶50
160	55∶45	55∶45	
145	60∶40	60∶40	
130	65∶35	65∶35	
115	70∶30	70∶30	
100	75∶25	75∶25	

在表 10—5 中，假定股价指数在 100 点及 250 点时，该投资组合维持最大及最小的股票比率，则非标准型投资计划与标准型投资计划有所不同。

1. 非标准型投资计划

依据该计划，当股价指数每上升 15 点就卖出股票，每下跌 15 点就买入股票。换言之，只要股价达到特定水平，就可随时调整股票与债券的比率。因此，无论股价向上涨、下跌之任何方向的变动，对买卖行动不产生影响。

2. 标准型投资计划

该计划分为上涨股市的买卖程序与下跌股市的买卖程序两种。在上涨股市的场合，股价指数没有达到中央价值(如 175 点)或超中央价值时，则不卖出股票；反之，在股市下跌的场合，股价指数还未低于中央价值时，则不买入股票。换言之，股价的高低变动方向是决定促使买卖行动的重要因素。在表 10－5 所示的例子中，非标准型计划的股票买卖的范围在股价指数 100～250 点之间，而标准型计划的股票买入行为发生在 175～100 点之间，卖出行为则发生在 175～250 点之间。

例如，当某股票价格上涨 30%时，就卖出 50%的股票；上涨 10%时，卖出 10%的股票；下跌 30%时，就买进 50%的股票。

需要说明的是，上述规则的百分比是随意选择的，投资者在现实决策时，应根据具体情况来确定其买卖的比例。

采用可变比率法克服了固定比率法中不论在任何情况下一律按固定比例保留股票和债券的呆板做法，显得较为灵活和合理。但这种方法较为麻烦，既要根据各种情况确定正确的趋势线，又需要对价格的变化进行持续的监视，以便随时调整投资的比例。

总之，变动比率投资计划法具有使投资者不必逐次决定投资的时机的好处。当然，做好这种投资的前提是恰当地计算出中央价值，并能够对股价的变动做出较准确的预测。

(五)分级投资法

分级投资法又称尺度法，是进行股票投资的方法之一。其具体操作是：在确定以某种股票作为买卖对象之后，继而确定所选股票市场变动的某一等级作为买卖时机，当以后股价下降一个等级时，就买进领先确定的一个单位的股数；当股价上升一个等级时，就出售一个单位的股数。

例如，某投资者选定 A 公司股票作为投资对象，确定股价每变动一次为一个等级，每次买卖 1 000 股。若第一次按每股 10 元买进 1 000 股，市价降到 9 元时，再买进 1 000 股，降到 8 元时，又买进 1 000 股，假定现在市场价格开始上升，价格升到每股 9 元，卖出 1 000 股，上升到 10 元时，再卖出 1 000 股，上升至 11 元，又卖出 1 000 股，其买卖结果如表 10－6 所示。

表 10－6　　**分级投资法**

市价(元)	买进股数(股)	买进金额(元)	卖出股数(股)	卖出金额(元)
10	1 000	10 000		
9	1 000	9 000		
8	1 000	8 000		
9			1 000	9 000
10			1 000	10 000
11			1 000	11 000
合计	3 000	27 000	3 000	30 000

根据表 10－6 所示，最终交易结果表明，共计投入资金 27 000 元，卖出后收回资金 30 000 元，收支相抵后尚有盈余 3 000 元(未除去手续费等成本开支)。

需要指出的是，等级投资计划法不宜在股价持续上涨或股价持续下跌的行情中运用。如果股价较长时间内是持续上涨，那么这种分段抛售的办法，就可以使投资者失去本来可以获取的更大利润；反之，如果股价在较长时间内持续下跌，投资者要是按照事先确定的分级标准不断购买，就可能在高价被“套牢”，而失去股票出手的机会。

(六)定时定量投资法

这种投资计划包括两个步骤:第一步,选择某种具有长期投资价值的股票,同时这种股票的价格最好具有较大的波动性;第二步,投资者可以选择或长或短的投资时间,但在这个投资期间必须以相同的资金定期购买股票,不论股价是上涨还是下跌,都必须持续投资。这样可以使投资者的每股平均成本低于每股平均价格。

例如,某一投资者选择某公司的普通股为投资对象,确定的投资期间为 5 个月,每月定期投资 1 000 元,如表 10—7 所示。

表 10—7　　定时定量投资法 I

月份	每股市价(元)	本期购进股数(股)	累积购进股数(股)	投资总额(元)	所购股票的价格总额(元)
1	40	25	25	1 000	1 000
2	50	20	45	2 000	2 250
3	30	33	78	2 990	2 340
4	50	20	98	3 990	4 900
5	60	16	114	4 950	6 840

投资者每月以 1 000 元购买股票(或大约 1 000 元,如第三个月市价为 30 元,1 000 元可购买 33.3 股,所以就以 990 元购买 33 股),到第五个月结束时,投资者每股的平均投资成本为:投资总额除以累积购进股数的数量,即:

每股平均成本=投资总额/累积购进股数=4 950/114=43.42(元)。

那么,投资者每股平均市场价格是多少呢?每股平均市价等于各期的购买价格的简单算术平均数,即:

每股平均价格=各期的购买价格/投资次数=(40+50+30+50+60)/5=46(元)

这样,投资者每股平均成本就低于每股平均价格。为什么会出现这种情况呢?因为投资者每月用固定的资金购进股票,当市价低时购买的股数就多(如在第三个月市价为 30 元,购进股数为 33 股);当市价较高时购买的股数就少(如在第五个月市价为 60 元,只购进 16 股);这样在总的 114 股股票中,低价的股票占的比例大于高价股所占的比例,所以其平均成本会低于平均价格,也就意味着投资者能用固定的投资金额购买到更多的股票。在上述的五个投资月中,投资者的总投资额为 4 950 元,最后的股票价格总额为 6 840 元,如果在此时出售,投资者可获得 1 890 元的利润(未扣除交易成本)。

定时定量法中平均购进成本低于平均价格的特征,使投资者可以获得收益。这就使有些投资者和投资咨询公司片面地夸大这个优点,认为它是一种稳操胜算的投资计划。实际上,如果较深入地分析就会发现这种优点是有限的,它只适用于股价波动幅度大并且股价呈上升趋势的那些股票(如上面的例子,股价的波动在 30 元至 60 元之间,上升了 30 元)。在另一种情况下,投资者每月仍以 1 000 元投资,但股票的波动幅度小,且股价呈下跌趋势,则投资可能会发生亏损。表 10—8 反映了这种情况。

表 10—8　　定时定量投资法Ⅱ

月份	每股市价（元）	本期购进股数（股）	累积购进股数（股）	投资总额（元）	所购股票的价格总额(元)
1	40	25	25	1 000	1 000
2	35	28	53	1 980	1 855
3	37	37	80	2 979	2 960
4	35	28	108	3 959	3 780
5	33	30	138	4 949	4 554

在这个例子中，每股平均购进成本为 35.86 元，而每股平均价格为 36 元。平均成本仍低于平均价格。但如果在第五个月时出售，则 138 股股票的市场价格总额为 4 554 元，而投资者投资的总额为 4 949 元，在没有扣除交易成本之前就亏损了 395 元。

上述两例表明，如果股价波动幅度大，股价呈上升趋势，那么投资者就有更多的机会在低价时购买较多的股数，从而在股价上升中获得收益；反之，如果股价持续下降，在整个投资期中，投资者必然要发生亏损。

定时定量投资计划的最大优点是，投资者只定期投资而不必考虑投资的时间确定问题。它适用于股票市场中新手的股票买卖。其不足之处是：

(1)很难使投资者获得巨额利润；

(2)不论投资者有无资金，都要求定期、等量投入资金；

(3)如果股价持续下跌，那么必然发生亏损。

(七)博傻投资法

博傻投资法是短期股票的技巧之一。博傻投资法是一种典型的投机方法，是大户操纵股市的惯用手法。

这种投资策略的具体做法在较高价位上买入股票后，等行情继续上涨到有利可图时即可迅速卖出。

投资者预计股价上涨还将持续一段时间，大胆以高价买进，伺机在价格更高时出手获得价差；当行情下跌时，投资者预期下跌还会持续一段时间，在低价时卖出，而在价格更低时购回。这种方法的前提是自己是“傻瓜”，但总会有人比自己更傻，因此就可能“傻瓜赢傻瓜”。

这种策略的指导思想是，不怕自己是“傻瓜”而买了高价货，只要别人比自己更傻，愿意以更高的价格进货，自己就可将股票卖给后一位“傻瓜”而赚钱。博傻主义策略只宜在股市行情处于上升阶段采用。

需要指出的是，采用这种投资策略的风险很大，如果高价捧到手后而卖不出去，就会被套牢而蒙受损失。因此，心理承受能力较弱和收入不够宽裕的投资者不宜采用此种投资方法。投资者操作时必须注意以下几点：

首先，所选股票必须具有很好的前景，在人们眼中普遍看好，因此即使买进后价格下跌，也有保留和等待的价值；

其次，要密切关注股市的人气，只有大家普遍乐观时股价才有可能继续上扬，“博傻”才能成功；

再次，选择的股票应该是绩优股，这类股票由于公司业绩稳定，出现价格意外波动的可能性较小。

这种高买低卖策略有极大的投机性和风险性，因此要求投资者必须对行情走势、对大户的行踪有深入的分析，否则无异于孤注一掷。

（八）最大风险法

最大风险法又称大中取大法，是一种甘冒最大风险以获取最大收益的股票投资方法。

最大风险法是从若干自然状态的各方案的最大收益中，选取最大收益中的最大值所对应的方案为最优方案，然后加以采纳和实施。例如，当投资者准备购买某公司的股票，且该公司经营状况分为好、中、差时，相应也有大批、中批和小批量三种购买方法。这三种购买方法如表10—9所示。

表10—9　　最大风险法　　单位：元

自然状态 / 购买方案	收益值			最大收益值
	好	中	差	
大批购买	130	100	—30	130
中批购买	90	60	20	90
小批购买	60	40	30	60

最大收益值中的最大收益值为130，拟采用方案：大批购买。

在上述三种方案中，各种方案的最大收益值分别为130、90和60。由此可见，最大收益值中的最大值为130。故选择最大收益值130时，所对应的是大批购买方案。这种方案的选择方式是以公司在最好情况下获得盈利状况为依据来进行决策的。如果未来状况与决策的预期完全吻合，则投资者或许能获得最大收益值130元。但如果结果与决策者的乐观预期完全相反，则有可能导致投资者亏损30元的结局。因此，采用此种投资方法，需要投资者具备足够的勇气和冒险精神。

最大风险法适合那些具有一定的经济基础且属于进取型的投资者选用。

（九）最小风险法

最小风险法又称小中取大方法，是一种把风险降低到最低程度来获取收益的股票投资方法。

最小风险方法是从诸方案中找出不同自然状态下的最小收益值，再从这些最小值中选择一个收益值最大的方案作为最优方案，然后予以采纳和实施。

这里，我们仍以前述最大风险法中列举的三种购买方法为例，如表10—10所示。

表10—10　　最小风险法　　单位：元

自然状态 / 购买方案	收益值			最大收益值
	好	中	差	
大批购买	130	100	—30	—30
中批购买	90	60	20	20
小批购买	60	40	30	30

最小收益值中的最大收益值为30，拟采用方案：小批购买。

在上述三种方案中，各种方案的最小收益分别为—30、20和30，由此可见，最小收益值中的最大值为30，也即在最小收益值为30元时，所对应的购买方案风险最小，故宜选取小批购买的方案。

上述情况表明:此种决策方法是以投资者承担较小风险为前提,以公司处于最不利的自然状态为依据决策的。因此,不管公司经营状况如何,投资均可获得最小收益30元,如果情况比预料的不利状况要好,投资者将可获得十分可观的收益。

最小风险法是一种较为稳妥的股票投资决策,适合保守型的股票投资者采用。

(十)最小后悔法

最小后悔法是股票投资者力图使后悔降到最低限度的证券投资方法。

前述最大风险法与最小风险法,投资者是从风险的角度来确定当企业处于不同自然状态下的最优购买方案,由于选取的购买方案往往与预测的企业经营状况存在很大差异,这样就会出现实际收益大大低于目标收益的状况,而使投资者产生后悔。最小后悔法的目的就是要使投资者将这种后悔降低到最低程度。最小后悔法的操作程序是:

(1)列出投资者在各种状态下的购买方案,并在每一购买方案中选出各自自然状态下的最大收益值。

(2)求出各种自然状态下各种方案的后悔值,其后悔值的公式是:某方案后悔值等于某自然状态下的最大收益值减去该方案的收益值,然后,将此方案的后悔值填入该方案栏中。

(3)由此找出各方案在不同自然状态下的最大后悔值。

(4)在各方案的最大后悔值中找出最小的后悔值,最小后悔值所对应的方案即为最优方案。

根据这种操作方法,我们以最小风险法的表格中所列的各自然状态下的购买方案为例,可求出如表10—11所示的结果。

表10—11 最小后悔法 单位:元

自然状态 / 购买方案	后悔值			后悔值
	好	中	差	
大批购买	130—130=0	100—100=0	30—(—30)=60	60
中批购买	130—90=40	100—60=40	30—20=10	40
小批购买	130—60=70	100—40=60	30—30=0	70

最大后悔值中的最小后悔值为40,因此拟采用方案:中批购买。

由表10—11的计算可知,最大后悔值中的最小后悔值为40,故而选取后悔值40所对应的中批购买方案。这样,不管公司的经营状况如何,只要选择中批购买方案,都可将未来的后悔值降至最低。

最小后悔值适合于那些“老爱吃后悔药”的股票投资者使用。

(十一)梯形投资法

它是将全部投资资金平均投放在各种期限的证券上的一种组合方式。具体的做法是买入市场上各种期限的证券,每种期限购买数量相等,当期限最短的证券到期后,用所兑现的资金再购买新发行的证券,这样循环往复,投资者始终持有各种到期日证券,并且各种到期日的数量都是相等的。这种情况反映在图形上,形似间距相等的阶梯,故称“梯形投资法”,也称“梯形期限法”。这种方法的特点是计算简单,收益稳定,便于管理,但不便于根据市场利率变动转换证券。

(十二)加码买进摊平法

加码买进摊平法是股票中避免亏损的一种操作技巧,是投资者所购股票被高档套牢后随着跌势在下档加码买进的证券投资方法。其目的是加码买进同种股票后,降低单位平均购股成本,使投资者在股价反弹中获利。采用加码买进摊平法的条件是,整个经济发展前景展望乐观,所投资股票的实质条件没有发生变化。

加码买进摊平法主要有两种方式:

第一种方式是平均加码摊平法,指的是当所购股票高档套牢后,待其股价跌到一定程度,再按原来所持股数加码买进,以达到降低成本的目的。采用此种加码摊平方式,如若股价一旦回升一半,则可保本;如若回升一半以上,即可获利。例如,投资者以每股 10 元的价格买进某种股票 1 000 股以后,股价出现急速跌落,当跌至每股 6 元时,再加码买进 1 000 股,这样当该股回升至每股 8 元时,即可够本,超过 8 元则可获利。

第二种方式是倍数加码摊平法,它是在股价跌落后,加倍或加数倍买进原先已持有的股票,以达到摊薄成本的目的。如原来投资者以每股 10 元的价格买进 1 000 股,当其价格跌至 6 元时,再买进 2 000 股(即为原来股票的 2 倍),则其平均成本就降为每股 7.34 元,将来股价回升超过 7.34 元以后,即可获利。由此可见,采用加码买进摊平法时,如果在下档摊平中加码买进越多,可使上档套牢成本降得越低。

运用这种方法进行操作时,至关重要的是确定好加码摊平的价格。一般来说,其价位越近谷底,对投资者越有利。因为较低的摊平价位一方面可使投资成本下降,另一方面则可减轻加码部分的投资风险。

此外,采用加码买进摊平法还需要特别注意分析大势走向,因为摊平采用的是越低越买,但若遇到空头市场跌幅过深,则资金有可能长期套牢,这将会给投资者带来沉重的心理负担,因此,必须密切注意股市动向。

(十三)均价成本投资法

均价成本投资法又称金额平均法、平均资金投资计划法和固定投入法。它是在一定时期内,固定一定量的资金分期平均购买某种股票的投资方法。

均价成本投资法的具体操作是:选定某种具有长期投资价值且价格波动较大的股票,在一定的投资期间内,不论股指是上涨还是下跌,都坚持定期以相同的资金购入该种股票。

例如,某投资者每月投入 1 000 元(或大约 1 000 元)用于购买某种股票,5 个月后所购买的股票情况如表 10—12 所示。

表 10—12　　均价成本投资法

购买时间	每股市价(元)	购入股数(股)	累积购入股数(股)	投资数额(元)	所购股价总额(元)
1 月	40	25	25	1 000	1 000
2 月	50	20	45	2 000	2 250
3 月	30	33	78	2 990	2 340
4 月	50	20	98	3 990	4 990
5 月	60	16	114	4 950	6 480

表 10—12 说明,由于各个时期的股价不同,所购股票的数量也不相同。5 个月的每股平

均市价为：

$$\frac{40+50+30+50+60}{5}=46(元)$$

而投资者每股的平均投资成本为：

$$\frac{投资总额}{累计购入股数}=\frac{4\ 950}{114}=43.42(元)$$

这样，投资者的每股平均购值就低于每股平均市值。

造成每股平均购值低于市场价的原因在于，每一时期的投资总额为一定数，而当股票的市价低时，所购买的股票数量就较多，其结果必然是在所有股数中，低价所购的股票所占的比例较大，而高价所购的比例较少，所以，其平均购值就会低于平均市值。均价成本投资法的优点在于：

(1)方法简单，投资者只定期定额投资，不必考虑投资的时间确定问题。

(2)既可避免在高价时买进过多股票的风险，又可在股票下跌时有机会购进更多的股票。

(3)少量资金便可进行连续投入，并可享受股票长期增值的利益。

采用这种方法应注意三点：一要选择经营稳定、利润稳定上升的公司的优良股票。二要有一个较长的投资期间。如果期限较短，则效果将不很明显。三要价格波动幅度较大，且股价呈上升趋势的股票，如股价一直处于跌势，则会发生投资亏损。

均价成本投资法适用那些有定期、定额来源的投资者。

本章小结

证券组合的分类通常以组合的投资目标为标准。收入型证券组合追求基本收益(即利息/股息收益)的最大化，增长型证券组合以资本升值(即未来价格上升带来的价差收益)为目标，而收入—增长混合型则综合考虑了两者。投资策略根据投资主体分为个人投资和企业投资策略；根据股票的不同分为大型、中小型股票投资策略；根据不同时机分为新股发行及上市、分红派息、股价回档、乖离走势、淡季进场时等投资策略；根据风险控制方式分为组合、联合及匹配等投资策略。证券投资买卖时机的选择尤为重要。证券投资方法一般应用趋势投资法和定式法。

练习题

一、名词解释

收入投资法　增长投资法　收入—增长混合型投资法　趋势投资法

二、简答题

1. 简述证券投资策略的主要分类。
2. 简述不同股票的投资策略。
3. 简述不同时机的投资策略。
4. 简述证券投资方法的应用。

附录

中国证券市场大事记（1984～2019年）

1984年11月，中国第一股——上海飞乐音响股份公司成立。

1985年1月，上海延中实业有限公司成立，并全部以股票形式向社会筹资，成为第一家公开向社会发行股票的集体所有制企业。

1986年11月14日，邓小平会见纽约证交所董事长约翰·范尔霖，并向其赠送了中国第一股——飞乐音响股股票。

1987年5月，深圳市发展银行首次向社会公开发行股票，成为深圳第一股。

1990年12月19日，上海证券交易所成立。

1991年4月，经国务院授权中国人民银行批准，深圳证券交易所成立，7月3日正式营业。

1991年7月11日，上海证券交易所推出股票账户，逐渐取代股东名卡。

1991年10月31日，中国南方玻璃股份有限公司与深圳市物业发展（集团）股份有限公司向社会公众招股，这是中国股份制企业首次发行B股。

1992年2月21日，上海真空电子器件股份有限公司人民币特种股票上市。这是我国第一只上市交易的B股股票。

1992年3月21日，全面放开股价，实行自由竞价交易。

1992年8月10日，深圳发售1992年新股认购抽签表，出现百万人争购抽签表的场面，并发生震惊全国的“8·10风波”。

1993年6月29日，青岛啤酒股份有限公司在香港正式招股上市，成为中国内地首家在香港上市的国有企业。

1993年8月6日，上海证券交易所所有上市A股均采用集合竞价。

1995年1月1日起实行T+1交易制度。

1995年5月18日，受暂停国债期货交易的消息刺激，沪深股市齐放异彩。沪市A股跳空130点开盘，留下新中国股市上最大的一个跳空缺口。全日涨幅达30.99%，A股成交量也巨幅放大至84.93亿元，创T+1以来的最高纪录，引发“5·18”行情。

1995年7月11日，中国证监会正式加入证监会国际组织。

1996年5月29日，道·琼斯推出中国股票指数，分别为道·琼斯中国指数、上海指数和深圳指数。

1996年12月13日，沪深两交易所发出通知，决定自16日起对在两交易所上市和交易的股票(含 A、B 股)和基金类证券的交易价格实行 10%的涨跌幅限制。沪深两交易所发出通知,对在一个交易日内收市价相对于上一交易日收市价涨跌幅超过 7%的前五个证券当日成交金额最大的若干家证券营业部或席位的名称、交易金额进行公开信息制度。

1997 年 4 月 10 日,发行可转换公司债券试点拉开序幕。

1997 年 6 月 6 日,为了严格禁止银行资金通过各种方式违规流入股市,防范金融风险,经国务院批准,中国人民银行发出通知:禁止银行资金违规流入股票市场。

1997 年 12 月 12 日,中国证监会发布《证券投资基金管理暂行办法》的有关实施准则,中国证监会开始受理设立基金管理公司和证券投资基金的申请。

1998 年 4 月 22 日,深沪两市的交易所开始针对财务状况异常的上市公司实行"特别处理"制度。

1998 年 11 月 20 日,成都红光实业股份有限公司因编造虚假利润、骗取上市资格并欺骗投资者、隐瞒重大事件和挪用募集资金买卖股票等一系列违法行为,被证监会处以重罚。

1998 年 12 月 29 日,酝酿 5 年多的《证券法》终于获得人大常委会的通过。该法于 1999 年 7 月 1 日起正式实施,它是我国证券市场健康发展的强有力保障。

1999 年 5 月 19 日,深沪股市启动大幅上攻行情,至 6 月末,两市综指及日成交金额均刷新历史纪录。

1999 年 7 月 1 日,我国第一部《证券法》开始实施,它是除《宪法》以外第一部依靠社会力量和专家,由全国人大自己起草的法律。它的实施为我国券商在一、二级市场竞争提供了公平、公开的环境;同时,给一批历经市场洗礼、具有较强市场竞争力的券商带来一个崭新的发展机遇。

1999 年 10 月 26 日,国务院批准保险公司购买证券投资基金间接进入证券市场,中国证监会和中国保监会透露有关方案即可付诸实施。

2000 年 6 月 17 日,深沪两市证交所发布《上市公司股票暂停上市处理规则》,决定从 6 月 23 日起实施 PT 股票限涨不限跌。

2000 年 7 月 12 日,南化股份转债股推上市场,沪市迎来首只国企转债股。

2000 年 10 月 12 日,中国证监会正式发布并实施《开放式证券投资基金试点办法》,基于该办法试点设立的又一金融创新品种开放式基金不久将推出。试点办法共 39 条,在对制定宗旨,开放式基金的设立、募集、申购等一系列活动进行了相应规定后,着重针对开放式基金的特征以及不同阶段的具体业务做了规定。

2000 年 12 月 14 日,四川省成都市中级人民法院做出一审判决:红光公司犯欺诈发行股票罪,判处罚金人民币 100 万元。PT 红光被判欺诈发行股票罪,成为我国证券市场历史上首个被刑事处罚的上市公司。

2001 年 1 月 11 日,《外资保险公司管理暂行条例》草案拟就。

2001 年 4 月 30 日,中国证监会发布上市公司发行可转换公司债券实施办法。

2001 年 6 月 1 日,B 股市场对境内居民全面开放,B 股指数创历史新高。

2001 年 6 月 14 日,《减持国有股筹集社会保障资金暂行办法》发布,国有股减持办法出台。

2001 年 8 月 2 日,银广夏造假案曝光。

2001 年 8 月 17 日,中国首只开放式基金华安创新获准成立。

2002 年 4 月 5 日,证券交易佣金实行浮动制,上限不高于交易金额的 3‰,下限不能低于证券交易监管费和证券交易所手续费,5 月 1 日起执行。

2002 年 5 月 21 日，中国证监会决定恢复向二级市场投资者配售新股的发行方式。

2002 年 6 月 20 日，上证所宣布将于 2002 年 7 月 1 日起正式对外发布上证 180 指数，以取代原来的上证 30 指数。

2002 年 7 月 4 日，随着 7 月 1 日《外资参股证券公司设立规则》的正式实施，中国证监会机构部日前发布了中外合资证券公司申请表(内容详见中国证监会网站)。业内人士指出，申请表的发布使中外合资证券公司的设立更具操作性，也预示着中外合资证券公司的出现指日可待。

2003 年 1 月 2 日，上证国债指数正式发布，它填补了我国证券市场债券指数的空白，标志着交易所国债市场的投资者终于拥有了反映债券市场价格整体动态演变的风向标。

2003 年 2 月 24 日，深圳确定国企改革方略。同日，沪深证券交易所决定，调整扩大上市公司临时公告的事后审核范围。此举旨在增强上市公司信息披露的自觉意识，提高信息披露质量，并调动市场来共同监督上市公司的披露行为。

2003 年 4 月 1 日，北京市第二中级人民法院对有“中国股市第一案”之称的“中科创业”操纵证券交易价格案进行了一审公开宣判。

2003 年 5 月 27 日，瑞士银行、野村证券获中国证监会批准，成为首批取得证券投资业务许可证的合格境外机构投资者。中国证券市场的对外开放步伐又迈出了一大步。

2003 年 6 月 9 日，全国社会保障基金正式进入证券市场运作，6 家基金公司管理的社保基金开始在二级市场购买股票及有关债券。社保基金入市为中国证券市场增添了新的资金来源，社保基金也多了一条保值增值的渠道。

2003 年 9 月 8 日，中国证监会、国务院国资委联合发布《关于规范上市公司与关联方资金往来及上市公司对外担保若干问题的通知》，进一步规范了上市公司与控股股东及其他关联方的资金往来，有效控制上市公司对外担保风险，保护投资者合法权益。

2003 年 10 月 28 日，《中华人民共和国证券投资基金法》获得通过。这是继证券法颁布和实施后，我国资本市场发展史上的又一个重要里程碑。

2004 年 2 月 1 日，《证券发行上市保荐制度暂行办法》正式实施，证券发行的保荐人制度开始正式推行。

2004 年 11 月 29 日，证监会公布了新修订的《上市规则》，新规则在信息披露上更侧重于科学性、持续性和公平性。新规则虽然只是修订和补充性的，但重要的一点就是充分地细化、填补了旧规则中具有的一些不确定性，挤压和剔除灰色空间，强化了规则的可操作性和执行力，从而体现了证券市场公平、公开、公正的“三公”原则。

2005 年 2 月 1 日，爱建股份公告，香港名力集团通过具有 QFII 资格的恒生银行购买并持有爱建股份 5.066%的股权。这是海外投资者第一次通过 QFII 举牌 A 股公司。

2005 年 2 月 20 日，《商业银行设立基金管理公司试点管理办法》公布施行，标志着商业银行设立基金管理公司试点工作进入实质性操作阶段。

2005 年 2 月 23 日，上证 50ETF 在上证所上市交易并开展申购、赎回业务。

2005 年 4 月 29 日，经国务院批准，中国证监会发布《关于上市公司股权分置改革试点有关问题的通知》，宣布启动股权分置改革试点工作。

2005 年 5 月 9 日，清华同方、金牛能源、紫江企业和三一重工发布公告，已被中国证监会确定为股权分置改革试点单位。股权分置改革试点拉开序幕。

2005 年 5 月 13 日，QFII 额度扩至 100 亿美元，允许 QFII 购买资产证券化债券产品。

2005年6月6日，沪综指盘中探998.23点新低。这是自1997年2月21日踏上千点以来，沪综指第一次回到三位数。

2006年1月5日，《上市公司股权激励管理办法》(试行)日前正式发布，中国证监会通知称，已完成股权分置改革的上市公司，可遵照《办法》实施股权激励。

2006年2月14日，深交所发布《深圳证券交易所交易型开放式指数基金业务实施细则》，并表示有关ETF的业务和技术准备工作已就绪，深交所首只ETF产品——以深证100指数为标的的易方达深证100ETF将于近期推出。

2006年2月15日，新会计准则颁布，并率先在上市公司中实施。

2006年6月14日，基金"封转开"正式启动。华夏基金发布《基金份额持有人大会公告》，决定7月14日召开基金兴业的份额持有人大会，表决该基金转型有关事项的议案。这标志着业内首例基金"封转开"正式进入实质性推进阶段。

2006年7月3日，中国证监会发布了《证券公司融资融券业务试点管理办法》和《证券公司融资融券业务试点内部控制指引》，两个规范性文件将于同年8月1日起实施，这标志着证券公司融资融券业务试点正式启动。

2006年9月8日，中国金融期货交易所在上海挂牌成立。

2006年9月12日，《证券发行与承销管理办法》面向社会公开征求意见，明确规定大盘股发行可引入"绿鞋"制度。《办法》还规定，在深交所中小企业板上市的公司，可以通过初步询价直接定价。

2006年10月9日，沪深交易所发布通知，对有关股改公司的股票简称做出调整。自当日开始，沪深两市主板已完成股权分置改革的1 014家公司将摘去"G"帽，恢复原来的股票简称；而没有完成股改的公司，股票简称前面加"S"。从"G"到"S"，这意味着我国资本市场的股权分置改革已经基本完成。

2006年10月27日，中国金融期货交易所宣布将于10月30日启动沪深300股指期货的仿真交易，以完善股指期货合约、规则与系统测试，深化投资者交易活动。

2007年5月8日，中国金融期货交易所公布《沪深300股指期货合约》《交易规则》及8项实施细则，即日起至5月11日向社会公开征求意见。

2007年7月4日，《合资境内机构投资者境外证券投资管理试行办法》实施，有关部门开始接收审批国内基金管理公司、证券公司设计的QDII(合格境内机构投资者)方案。

2007年8月30日，上海证券交易所发布实施《上海证券交易所证券投资基金上市规则(修订稿)》。

2007年9月12日，中国证监会批准上海期货交易所上市黄金期货。

2007年10月9日，国内首只主投港股的股票类QDII基金——嘉实海外中国股票基金发售。

2007年10月10日，深交所发布《信息披露工作指引第7号——会计政策及会计估计变更》，规定上市公司不得利用会计政策变更和会计估计变更操纵利润、所有者权益等财务指标。

2007年11月23日，上海证券交易所与中证指数有限公司公布上证180金融股指数编制方案。

2007年12月7日，国家外汇管理局宣布，将QFII投资总额度从100亿美元扩大至300亿美元。

2008年10月5日，证监会宣布将启动融资融券试点工作，明确提出将确定试点证券公司的资质条件和标准，建立公开透明的受理、审核和专家评价制度。

2008年10月10日，中国证监会发布《关于修改上市公司现金分红若干规定的决定》，提高了再融资上市公司现金分红标准。

2008年10月27日，经国务院批准，财政部、国家税务总局决定自2008年10月9日起，对证券市场个人投资者取得的证券交易结算资金利息所得，比照储蓄存款利息所得，暂免征收个人所得税。

2009年3月31日，中国证监会发布《首次公开发行股票并在创业板上市管理暂行办法》，自5月1日起实施。这意味着筹备十余年之久的创业板正式开启。

2009年10月30日，首批创业板股票共计28家公司在深圳登陆，当日盘中爆炒而几度被停牌。

2010年3月28日，证监会批复同意中金所上市沪深300股票指数期货合约，上市启动仪式于4月8日举行，首批四个沪深300股票指数期货合约于4月16日上市交易，标志着股指期货的正式推出。

2010年9月6日，证监会加大对证券市场违法违规行为的打击力度，首次将"老鼠仓"基金经理移送司法。这也是首例涉嫌违反利用未公开信息交易罪被移送公安机关追究刑事责任的案件。

2010年9月14日，证监会首开"过失泄露内幕信息"罚单。

2010年12月29日，中国证券业协会正式发布《证券公司信息隔离墙制度指引》，明确提出证券公司应建立信息隔离墙制度，控制敏感信息的不当流动和使用。

2011年1月14日，全国证券期货监管会议闭幕，提出全年八项重点工作，包括扩大中关村新三板试点，研究推出发行体制后续改革措施，完善退市制度，完善打击证券期货违法犯罪协作机制等。

2011年5月24日，上证高端装备制造60指数、上证180等权重指数和行业分层等权重指数发布。

2011年7月22日，证监会宣布保荐信用监管系统正式上线，强化对保荐机构和保荐人的外部监督。

2011年8月17日，中央政府宣布允许RQFII投资内地证券市场及在内地推出港股组合ETF。

2011年11月28日，创业板新退市方案征求意见，新增市场化退市条件。

2011年12月9日，证监会通报史上最大"抢帽子"操纵案件，该案涉及552只股票，累计交易金额高达571.76亿元，非法获利4.26亿元。

2011年12月16日，RQFII试点启动，初期额度为200亿元。同日，百亿社保资金增资受托基金偏股组合。

2012年1月11日，首批RQFII产品海通人民币收益基金和汇添富人民币债券基金在香港发售。

2012年1月30日，香港恒生银行宣布将推出首只以人民币计价的黄金交易所买卖基金(ETF)，该基金于2月14日在港交所挂牌上市。

2012年2月3日，中国金融期货交易所出台《中国金融期货交易所套期保值与套利交易管理办法》，在进一步优化套期保值管理业务同时引入套利业务的制度。

2012年3月30日，证监会公布《上市公司监管指引第1号——上市公司实施重大资产重组后存在未弥补亏损情形的监管要求》，明确公司的资本公积金不得用于弥补亏损，也不得采用资本公积金转增股本同时缩股以弥补亏损，并应在临时公告和年报中充分披露不能弥补亏损的风险并做出特别风险提示。

2012年4月20日，深交所发布《深圳证券交易所创业板股票上市规则》(2012年修订)，并自2012年5月1日起施行。

2012年4月29日，上交所公布《关于完善上海证券交易所上市公司退市制度的方案(征求意见稿)》，向社会公开征求意见。深交所同日发布《关于改进和完善主板、中小企业板上市公司退市制度的方案(征求意见稿)》，向社会公开征求意见。

2012年5月30日，中金所发布修订后的《中国金融期货交易所风险控制管理办法》及配套通知，并宣布自31日起将沪深300股指期货的持仓限额由100手调升至300手。

2012年6月29日，首批跨境ETF——华夏恒指ETF与易方达国企ETF及连接基金获批。

2012年7月14日，证监会要求上市公司从完善《公司章程》相关条款、建立分红决策的工作机制、切实执行现金分红方案、如实披露现金分红信息四个方面，建立持续、清晰、透明的现金分红政策和科学的决策机制，提高上市公司现金分红信息披露的透明度，便利投资者尤其是中小投资者决策。

2012年7月27日，中国证券金融公司发布《转融通业务规则(试行)》和《融资融券业务统计与监控规则(试行)》，上海证券交易所、深圳证券交易所和中国证券登记结算公司同日发布转融通业务配套细则。

2012年9月23日，保监会发布《保险资金参与金融衍生产品交易暂行办法》和《保险资金参与股指期货交易规定》，允许保险资金参与包括股指期货在内的金融衍生品交易。

2012年11月4日，上证指数盘中创出1 949.46点年内新低。深交所上市委员会对4家暂停上市公司提出的恢复上市申请进行审议；其中，*ST丹化、*ST方向股票恢复上市申请事项获审议通过；*ST炎黄、*ST创智股票恢复上市申请事项未获审议通过，将终止上市。

2013年2月26日，中国证监会公布《证券公司资产证券化业务管理规定(征求意见稿)》，降低了证券公司从事资产证券化业务的准入门槛。

2013年4月2日，《上海证券交易所上市公司募集资金管理办法(2013年修订)》发布实施，以进一步规范上市公司募集资金的使用与管理，提高募集资金使用效益，保护投资者的合法权益。

2013年4月8日，深交所对《上市公司信息披露工作考核办法》进行了修订，加强对上市公司履行现金分红承诺等考核。

2013年5月30日，备受瞩目的深圳前海股权交易中心正式开业，当天共有1 200家企业实现挂牌展示。

2013年6月13日，阿里巴巴与天弘基金合作的余额宝上线，用户在支付宝网站内就可直接购买基金等理财产品，获得较高的收益。

2013年7月26日，深交所发布《深圳证券交易所交易规则(2013年修订)》，对大宗交易制度进行了完善，并明确债券ETF实行当日回转交易。其中，A股、B股、基金大宗交易的最低交易股数和金额降至原标准的60%左右。

2013年9月4日，证监会公布《公开募集证券投资基金投资参与国债期货交易指引》，要求基金参与国债期货交易，应当根据风险管理的原则，以套期保值为目的，并按照中国金融期货交易所套期保值管理的有关规定执行。

2013年10月24日，国内首只中小企业可交换私募债在深圳证券交易所备案并完成发行。

2013 年 11 月 8 日，证监会和银监会联合发布《关于商业银行发行公司债券补充资本的指导意见》，允许境内外上市以及正在排队等待境内上市的商业银行发行公司债券以补充资本。

2013 年 11 月 14 日，光大证券公告，收到证监会《行政处罚决定书》：因"8・16 事件"涉嫌利用内幕信息进行交易共计被处罚 5.23 亿元。相关 4 位责任人每人罚款 60 万元，并予以市场禁入，董秘则被处罚 20 万元。

2013 年 11 月 30 日，证监会发布《关于进一步推进新股发行体制改革的意见》。这是逐步推进股票发行从核准制向注册制过渡的重要步骤。

2013 年 12 月 27 日，《国务院办公厅关于进一步加强资本市场中小投资者合法权益保护工作的意见》对外发布。证监会发布七项配套规则。这标志着新三板试点扩大至全国。

2014 年 4 月 10 日，中国证监会与香港证监会就开展沪港股票市场交易互联互通机制（沪港通）试点发布联合公告，沪港通总额度为 5 500 亿元人民币。

2014 年 5 月 9 日，国务院印发《关于进一步促进资本市场健康发展的若干意见》（"新国九条"），表示进一步促进资本市场健康发展，健全多层次资本市场体系，对于加快完善现代市场体系、拓宽企业和居民投融资渠道、优化资源配置、促进经济转型升级具有重要意义。

2014 年 5 月 16 日，证监会发布《首次公开发行股票并在创业板上市管理办法》和《创业板上市公司证券发行管理暂行办法》。创业板首发办法适当放宽财务准入指标，取消持续增长要求。

2014 年 6 月 20 日，证监会发布《关于上市公司实施员工持股计划试点的指导意见》，在设计层面体现出股票来源及资金来源多样化特征。

2014 年 7 月 4 日，证监会就《关于改革完善并严格实施上市公司退市制度的若干意见（征求意见稿）》向社会公开征求意见，这标志着新一轮退市制度改革启动。

2014 年 10 月 19 日，上交所对《股票上市规则》涉及退市制度的相关内容进行了修改和完善，并发布修订后的《上市规则》。

2014 年 11 月 17 日，沪港通开通仪式在上海、香港同时举行。伴随沪港通试点的启动，沪港两地证券市场成功实现联通，中国资本市场国际化进程取得重大进展。

2014 年 11 月 19 日，国务院总理李克强主持召开国务院常务会议：指出抓紧出台股票发行注册制改革方案，取消股票发行的持续盈利条件，降低小微和创新型企业上市门槛。建立资本市场小额再融资快速机制，开展股权众筹融资试点。11 月底，证监会将股票发行注册制改革方案上报国务院。注册制改革之后将会彻底厘清政府监管与市场发展的边界。注册制改革将使我国资本市场的发展进入一个崭新的历史时期。

2014 年 12 月 30 日，新三板挂牌公司突破 1 500 家。

2015 年 1 月 9 日，证监会发布《股票期权交易试点管理办法》及配套规则。上交所和深交所分别发布通知，称经证监会批准，跨境 ETF 和跨境 LOF 可实行 T+0 交易。

2015 年 1 月 3 日，上海证券交易所发布《关于上证 50ETF 期权合约品种上市交易有关事项的通知》。

2015 年 2 月 9 日，上证 50ETF 期权合约上市交易。上交所同日发布《上海证券交易所股票期权持仓限额管理业务指引》，明确上证 50ETF 期权试点初期单个投资者的权利持仓限额为 20 张，总持仓限额为 50 张，将允许投资者申请提高限额。

2015 年 3 月 17 日，中国证券业协会发布《证券公司股票质押式回购交易业务风险管理指引（试行）》，规定单一融入方累计融资余额不得超过证券公司净资本的 10%。

2015年3月26日，证监会发布实施《公开募集证券投资基金参与沪港通交易指引》。

2015年4月12日，中国证券登记结算有限公司发布《关于取消自然人投资者A股等证券账户一人一户限制的通知》，明确自4月13日起，A股市场全面放开一人一户限制，允许自然人投资者根据实际需要开立多个沪深A股账户及场内封闭式基金账户。

2015年4月16日，经证监会批准，上证50与中证500股指期货在中国金融期货交易所挂牌上市。

2015年6月26日，A股遭遇重挫，沪综指跌破4 200点，创业板指数创历史最大单日跌幅，行业概念板块全面下跌，两市超过2 000只股票跌停。沪深300、中证500股指期货各合约全线跌停。

2015年7月8日，证监会、公安部执法人员进场对涉嫌恶意做空大盘蓝筹股的十余家机构和个人开展核查取证工作，部署公安机关依法打击证券期货领域的违法犯罪活动。

2015年7月25日，中国金融期货交易所连续发布一系列股指期货管控措施，包括：上调股指期货各合约非套保持仓交易保证金，严格异常交易行为监管，进一步抑制股指期货市场过度投机。

2015年8月3日，上海证券交易所和深圳证券交易所对融资融券交易实施细则进行修改，明确规定投资者在融券卖出后，需从次一交易日起方可通过买券还券或直接还券的方式偿还相关融券负债。

2015年8月23日，中国政府网公布《基本养老保险基金投资管理办法》，明确养老基金投资股票、股票基金、混合基金、股票型养老金产品的比例，合计不得高于养老基金资产净值的30%；投资国家重大项目和重点企业股权的比例，合计不得高于养老基金资产净值的20%；参与股指期货、国债期货交易，只能以套期保值为目的。

2015年12月27日，全国人大常委会表决通过《关于授权国务院在实施股票发行注册制改革中调整适用〈中华人民共和国证券法〉有关规定的决定》。此决定的实施期限为两年，决定自2016年3月1日施行。

2016年2月4日，国家外汇管理局表示，放宽单家QFII机构投资额度上限，进一步扩大境内资本市场开放。

2016年3月21日，上交所决定停牌近一年的＊ST博元股票终止上市；公司于3月29日进入退市整理期，30个交易日后被摘牌。

2016年3月31日，国务院批转国家发改委《关于2016年深化经济体制改革重点工作的意见》(以下简称《意见》)。《意见》提出了10个领域共50项重点工作。关于深化资本市场改革，《意见》提出，推进股票、债券市场改革和法治化建设，促进多层次资本市场健康发展，提高直接融资比重。适时启动“深港通”。

2016年4月15日，中国基金业协会正式发布《私募投资基金募集行为管理办法》，对私募基金的募集主体、募集程序、募集义务等做了明确规定，要求募集机构需向特定对象进行宣传，并设置不低于24小时的投资冷静期，探索回访确认制度。

2016年6月21日，人社部、财政部发布《职业年金基金管理暂行办法》征求意见稿。根据征求意见稿，职业年金基金财产投资股票、股票基金、混合基金、股票型养老金产品的比例合计不得高于投资组合委托投资资产净值的30%。

2016年8月1日，中国证券投资基金业协会表示，根据2月5日发布的《关于进一步规范私募基金管理人登记若干事项的公告》，累计超过1万家机构被注销私募基金管理人登记。

2016 年 9 月 2 日，中国证监会就《证券期货投资者适当性管理办法》公开征求意见，强调将适当的产品销售给适当的投资者，普通投资者在信息告知、风险警示、适当性匹配等方面享有特别保护。23 日，证监会正式发布并实施《公开募集证券投资基金运作指引第 2 号——基金中基金指引》，支持基金行业推出基金中基金。

2016 年 9 月 30 日，中国证监会发布《内地与香港股票市场交易互联互通机制若干规定》，并于发布之日起施行。

2016 年 11 月 25 日，中国证监会和香港证监会联合公告，中国证监会、香港证监会决定批准深圳证券交易所、香港联合交易所有限公司、中国证券登记结算有限责任公司、香港中央结算有限公司正式启动深港股票交易互联互通机制(简称“深港通”)。深港通下的股票交易于 12 月 5 日开始。此举旨在促进内地与香港资本市场共同发展。

2016 年 12 月 2 日，上海、深圳证券交易所修订《融资融券交易实施细则》，对可充抵保证金证券折算率进行调整，并同步扩大融资融券标的证券范围。

2017 年 1 月 15 日，上海证券交易所发布《上市公司信息披露监管问答》，供上市公司在信息披露实务中参考使用。这是上交所在强化监管的同时优化监管服务的一项重要举措。

2017 年 1 月 18 日，国资委公布了新修订的《中央企业投资监督管理办法》和《中央企业境外投资监督管理办法》。

2017 年 3 月 10 日，证监会宣布，首批传统基础设施领域的 PPP 资产证券化项目落地，国家发改委向证监会提供了首批 9 单 PPP 资产证券化项目的推荐函，包括交通设施、工业园区、水务、固废处理等类型的传统基础设施领域项目。

2017 年 5 月 3 日，财政部、国家发改委等六部门联合下发《关于进一步规范地方政府举债融资行为的通知》，要求各省级政府组织地方政府及其部门对融资担保行为摸底排查并清理整改到位。

2017 年 6 月 20 日，摩根士丹利资本国际公司(MSCI)宣布，从 2018 年 6 月开始将中国 A 股纳入 MSCI 新兴市场指数和全球基准指数。

2017 年 7 月 2 日，中国人民银行、香港金融管理局发布联合公告，决定批准两地基础设施机构香港与内地债券市场互联互通合作上线，“北向通”3 日上线试运行。

2017 年 12 月 18 日，发改委等五部门联合印发《民营企业境外投资经营行为规范》(以下简称《规范》)。《规范》指出，民营企业境外投资不得以虚假境外投资非法获取外汇、转移资产和进行洗钱等。

2017 年 12 月 26 日，中国人民银行、银监会、证监会、保监会发布《关于规范债券市场参与者债券交易业务的通知》，明确参与者不得通过任何债券交易形式进行利益输送、内幕交易、操纵市场、规避内控或监管，或者为他人规避内控与监管提供便利。

2018 年 5 月 31 日收盘后，A 股正式纳入 MSCI 新兴市场指数。

2018 年 6 月 4 日，人民银行会同国家外汇管理局发布《中国人民银行 国家外汇管理局关于人民币合格境外机构投资者境内证券投资管理有关问题的通知》，完善合格境外机构投资者(QFII/RQFII)境内证券投资相关管理，进一步便利跨境证券投资。

2018 年 7 月 9 日，小米集团上市，首日即告破发。

2018 年 9 月 27 日，富时罗素宣布，将 A 股纳入其全球股票指数体系，分类为次级新兴市场，2019 年 6 月开始生效。富时罗素是继 MSCI 之后第二家将 A 股纳入其指数体系的全球主要股票指数公司。

2018年9月28日,《商业银行理财业务监督管理办法》落地,明确允许公募理财产品通过投资各类公募基金间接进入股市。

2018年10月12日,证监会正式发布《上海与伦敦证券市场互联互通存托凭证业务监管规定(试行)》,自公布之日起施行。

2018年11月2日,上海证券交易所发布实施上交所与伦敦证券交易所互联互通存托凭证业务相关配套业务规则。

2018年11月5日,国家主席习近平出席首届中国国际进口博览会开幕式并发表题为《共建创新包容的开放型世界经济》的主旨演讲,宣布在上海证券交易所设立科创板并试点注册制。

2018年11月16日,沪深交易所发布《上市公司重大违法强制退市实施办法》,并同时发布经修订完善的《股票上市规则》《退市公司重新上市实施办法》等规则。深交所启动对长生生物重大违法强制退市机制。

2018年12月14日,证监会发布消息称,人民银行、证监会紧密协作,继银行间债券市场之后交易所债券市场推出民营企业债券融资支持工具,以市场化方式支持民营企业债券融资。

2019年1月30日,证监会发布《关于在上海证券交易所设立科创板并试点注册制的实施意见》。

2019年2月18日,国务院发布《粤港澳大湾区发展规划纲要》,打造粤港澳大湾区,建设世界级城市群,有利于丰富"一国两制"实践内涵,进一步密切内地与港澳交流合作,为港澳经济社会发展以及港澳同胞到内地发展提供更多机会。

2019年2月28日,银保监会提出,要从五方面深入推进金融供给侧结构性改革,即改善金融供给、畅通供给渠道、优化金融机构、提高配置效率、降低供给成本。

2019年3月1日,证监会发布《科创板首次公开发行股票注册管理办法(试行)》和《科创板上市公司持续监管办法(试行)》,自公布之日起实施。经证监会批准,上交所、中国结算相关业务规则随之发布;18日,上交所科创板股票发行上市审核系统正式运行;22日,科创板上市申请首批共9家受理企业名单正式出炉。7月22日,科创板首批企业上市仪式在上交所举行。

2019年5月31日,A股收盘后被正式纳入MSCI新兴市场指数。这是自2013年6月MSCI启动A股纳入MSCI新兴市场指数全球征询后的首次正式纳入,也是中国资本市场对外开放的又一标志性时刻。

2019年9月10日,国家外汇管理局宣布,经国务院批准,决定取消合格境外机构投资者(QFII)和人民币合格境外机构投资者(RQFII)投资额度限制,有助于进一步便利境外投资者投资境内证券市场,提升我国金融市场开放的深度和广度。

2019年9月23日,是标普道琼斯指数纳A、富时罗素A股扩容决定生效后的第一个交易日。此后,A股在标普道琼斯指数"标普新兴市场指数"中的纳入因子为25%,在富时罗素全球股票指数系列中的纳入因子为15%。至此,MSCI、富时罗素、标普道琼斯指数三大指数公司均将A股纳入。

2019年10月25日,证监会宣布重点推进新三板五方面改革,包括设立精选层、建立挂牌公司转板上市机制等。

2019年11月15日,经国务院批准,证监会全面推开H股"全流通"改革。

2019年12月27日,2019年以来新成立基金的发行份额达14 144.12亿份,创历史新高;新成立基金数量达1 040只,首次突破千只。

2019 年 12 月 28 日，新修订的证券法在十三届全国人大常委会第十五次会议闭幕会上表决通过，在证券发行制度、法律责任、投资者保护等方面进行了完善，于 2020 年 3 月 1 日起施行。

参考文献

[1]中国证券业协会编:《中国证券业发展报告(2019)》,中国财政经济出版社 2019 年版。

[2]吴晓求主编:《证券投资学》(第四版),中国人民大学出版社 2019 年版。

[3]常巍:证券投资学(第三版),复旦大学出版社 2019 年版。

[4]高广阔编著:《投资学》,清华大学出版社 2019 年版。

[5][美]博迪等著,汪昌云等译:《投资学》(第十版),机械工业出版社 2017 年版。

[6]邵宇:《证券投资分析:来自报表和市场行为的见解》(第二版),复旦大学出版社 2019 年版。

[7]高广阔编著:《证券投资分析:理论、方法和实验》,格致出版社 2016 年版。

[8]姜国华编著:《财务报表分析与证券投资》,北京大学出版社 2019 年版。

[9]吴晓冬:《价值投资从入门到精通》,清华大学出版社 2019 年版。

[10][美]杰弗里 C. 胡克著,林东等译:《华尔街证券分析:股票分析与公司估值》(原书第二版),机械工业出版社 2016 年版。

[11][美]普雷姆·杰恩,沃伦·巴菲特著,汪涛等译:《价值投资之外的巴菲特:为什么巴菲特在投资时注重公司成长与管理》,中国青年出版社 2019 年版。

[12][美] 罗伯特·雷亚著,江海等译:《道氏理论:股市技术分析的基础》,四川人民出版社 2019 年版。

[13][美]拉尔夫·艾略特著,李隽薇、江海译:《艾略特波浪理论:13 种股价结构形态》,四川人民出版社 2019 年版。

[14]申银万国策略研究团队:《策略投资方法论》,山西人民出版社 2019 年版。

[15]廖英强编著:《股市廖聊吧》,上海三联书店 2015 年版。

[16][加]约翰·C. 赫尔著:《期权、期货和其他衍生品》(第八版),清华大学出版社 2019 年版。